Wolfgang Lück

Die Zukunft der Kirche

Wolfgang Lück

Die Zukunft der Kirche

Evangelische Gemeinden im 21. Jahrhundert

Die Deutsche Bibliothek verzeichnet diese Publikation
in der Deutschen Nationalbibliografie;
detaillierte bibliografische Daten sind im Internet über
http://dnb.ddb.de abrufbar.

Die Herausgabe des Werkes wurde durch
die Vereinsmitglieder der WBG ermöglicht.
Gedruckt auf säurefreiem und alterungsbeständigem Papier
Einbandgestaltung: Peter Lohse, Büttelborn
Satz: WMTP, Birkenau
Printed in Germany

Besuchen Sie uns im Internet: www.wbg-darmstadt.de

ISBN-13: 978-3-534-19348-6
ISBN-10: 3-534-19348-2

INHALT

EINLEITUNG:

DIE KIRCHE IN DER KRISE

Nicht nur die Verantwortlichen in den Gemeinden und Landeskirchen machen sich Gedanken über die Zukunft ihrer evangelischen Kirche. Auch viele Protestanten tun das. Der vorherrschende Eindruck gegenwärtig ist: Die Kirche ist in der Krise. Der Berliner Bischof Wolfgang Huber machte in seinem Buch „Kirche in der Zeitenwende" gleich sieben Krisen aus. Die Evangelische Kirche von Westfalen spricht in ihrem Kirchenreformproponendum „Kirche mit Zukunft" von fünf Krisen. Es gibt nicht die *eine* Krise der Kirche. Vielmehr lassen sich unterschiedliche Krisenphänomene benennen. Zur Krise tragen verschiedene Entwicklungen bei. Dementsprechend lässt sich der Krise auch nur mit verschiedenen Maßnahmen beikommen. Die Zukunft der Kirche wird davon abhängen, ob man die Krisenphänomene ausreichend analysiert und bereit ist, sich den Ergebnissen vorbehaltlos zu stellen.

Die verschiedenen Krisenphänomene, von denen gegenwärtig in der Kirche, in den Medien und bei der Auswertung von Umfragen gesprochen wird, lassen sich auf drei Grundmuster oder Ursachen zurückführen. Es lassen sich zunächst Schrumpfungsprozesse verschiedener Art beobachten. Sodann bringt der gesellschaftliche Wandel insbesondere seit dem letzten Drittel des vergangenen Jahrhunderts mit sich, dass vieles in und an der Kirche in Frage gestellt wird. Und schließlich ist die religiöse Evolution zu nennen, die liebe Glaubensgewissheiten und religiöse Selbstverständlichkeiten zu erschüttern in der Lage ist.

Verschiedenartige Schrumpfungsprozesse

Vielfach wird von dem Eindruck berichtet, dass die Kirchen leerer würden. In absoluten Zahlen gefasst, ist diese Beobachtung richtig. Doch meist wird der Gottesdienstbesuch in Prozenten bezogen auf die Zahl der Mitglieder ausgedrückt. Danach besuchen dann vier oder fünf Prozent der Kirchenmitglieder sonntäglich den Gottesdienst. Diese Prozentzahl nimmt nicht ab, sondern ist seit Jahrzehnten konstant (Weltsichten 2004, S. 8). Allerdings: Die Zahl der Mitglieder nimmt ab und deshalb nimmt dann auch bei gleichbleibenden Prozentzahlen die absolute Zahl der Gottesdienstbesucherinnen und -besucher ab. Zwei Prozesse kommen hier zusammen: Kirchenaustritte und der Überhang von Sterbefällen gegenüber den Geburtenraten der Evangelischen. Seit der ersten Erhebung über Kirchenmitgliedschaft der Evangelischen Kirche in Deutschland im Jahr 1972 sind 5,2 Millionen Mitglieder aus der Kirche ausgetreten. Dem stehen nur 1,2 Millionen Aufnahmen gegenüber. Die andere Entwicklung, der Geburtenrückgang, betrifft nicht nur die Kirchen. Er ist ein Phänomen der deutschen und europäischen Gesellschaft. Für die Zeit von 1970 bis 1990 errechnet Meinhard Miegel bei der deutschen Bevölkerung ein Geburtendefizit von 3,2 Millionen Menschen (2002, S. 15). Hätte es nicht die Zuwanderung gegeben, hätte Deutschland heute statt 82 Millionen Einwohnern nur siebzig Millionen. Nun wandern aber bis auf einige Gruppen von Aussiedlern aus dem Osten kaum Evangelische zu. So muss man davon ausgehen, dass der Verlust infolge des Sterbeüberhangs auf der evangelischen Seite voll eingetreten ist und sich auch künftig verstärkt zeigen wird. Wolfgang Huber geht von einem jährlichen Verlust von 250.000 Menschen aus (S. 229). Miegel wirft den Politikern vor, dass sie die demografische Entwicklung kaum berücksichtigten. Auch in der Kirche und der Praktischen Theologie ist dies kaum jemals ein Thema. Huber, die Studie „Kirche mit Zukunft" der Evangelischen Kirche von Westfalen und eine Studie der Evangelischen Kirche in Deutschland (Christsein gestalten 1986, S. 21) bilden eine Ausnahme. Dabei ist im kollegialen Gespräch davon durchaus die Rede. Mir fallen ein paar Anlässe ein. In einem Stadtviertel mit Blockrandbebauung aus der Gründerzeit zogen straßenweise die deutschen Mieter aus und es kamen Griechen, Italiener und später Türken nach. In der Kirchengemeinde dieses Stadtviertels kam es auffällig oft zu Konflikten. Eine Analyse im Kollegenkreis der Pfarrerinnen und Pfarrer lautete: Die Gemeinde wird sich in ihrem Stadtteil selbst fremd. Ihre Mitglieder werden weniger. Ganze Straßenzüge sind nicht mehr evangelisch. Die jungen Leute ziehen in die Neubaugebiete. Eine andere Beobachtung: In den ersten Jahren meiner Tätigkeit als Pfarrer nach 1968 hatte ich im Konfirmandenunterricht Jahrgangsstärken von ca. 40 Mädchen und Jungen. Fast über Nacht halbierten sich die Jahrgänge. Der s.g. Pillenknick hatte seine Wirkung getan. Diese Entwicklung bedauerte zunächst niemand. Unterricht und Konfirmationsfeiern wurden eher spürbar entlastet. Allerdings wurde es im folgenden schwieriger aus den Neukonfirmierten Jugendgruppen zu bilden. Einem Erfahrungssatz zufolge konnte man damit rechnen, dass ein Viertel eines Konfirmandenjahrgangs für die weiterführende Jugendarbeit ansprechbar ist. So konnte ich anfangs noch mit einer Gruppenstärke von zehn rechnen. Aber bei zwanzig Konfirmanden blieben nur noch fünf und, als die Zahl später weiter zurückging, noch weniger. Da hatte Jugendarbeit im Gefolge der Konfirmation keine Chance mehr. Die Jugendarbeit ist es denn auch, die vor allem den Geburtenrückgang zu spüren bekommt. Kenner spotten bereits, dass die Jugendarbeit mangels Jugendlicher eingestellt werden müsse. Bislang wurden solche Beobachtung jedoch damit abgetan, dass es sich wahrscheinlich nur um örtliche Entwicklungen handele. Dies geschieht mit einem gewissen Recht, weil die Entwicklung regional durchaus unterschiedlich verlaufen kann. In der Evangelischen Kirche von Westfalen gibt es eine Bandbreite von 15% Wachstum bis zu einem Rückgang von 30% (2000, S. 24). Die Gesamtentwicklung ist jedoch negativ.

Auch die Veränderung der statistischen Zahlen im Zusammenhang mit der Vereinigung Deutschlands hat zu dem Eindruck von Krise beigetragen. Die Anzahl der Evangelischen, bezogen auf die Gesamtzahl der Bürgerinnen und Bürger in Deutschland, hatte sich drastisch reduziert. Dies war die Folge davon, dass nun die Zahlen aus der ehemaligen DDR mit einem überaus hohen Anteil an Konfessionslosen mit denen aus der alten Bundesrepublik zusammengerechnet wurden. Plötzlich gab es neben 26,65 Millionen Katholiken, 26,45 Millionen Evangelischen auch 23 Millionen Konfessionslose, sowie 3,3 Millionen Moslems und gut 2 Millionen Andersgläubige. Hatte man bis dahin noch grob gerechnet, dass knapp die Hälfte der Bevölkerung evangelisch sei, so musste man nun von nur noch einem Drittel ausgehen. Da auch die Kirchenmitglieder insgesamt nur noch Zweidrittel der Bevölkerung ausmacht, ist für viele auch das politische Gewicht der Kirchen geringer einzustufen.

Ist die Zahl der Mitglieder rückläufig, so sind selbstverständlich auch die Einnahmen der Kirchensteuer davon betroffen. Enttäuschend ist es dann, wenn Pfarrstellen gestrichen oder nicht mehr besetzt werden, Mitarbeitende in der Jugendarbeit reduziert werden oder die Zukunft der Evangelischen Akademie in Frage gestellt wird. Die Zahl der Pfarrer wird nach einem Schlüssel berechnet, der vor allem die Zahl der Mitglieder berücksichtigt. Wieviel Pfarrstellen eine Kirche sich leisten kann, hängt aber auch von den Einnahmen ab. Und da gibt es neben der Entwicklung der Mitgliederzahlen auch noch den Faktor, dass bei den Steuerreformen der jüngsten Zeit eine Tendenz weg von den personbezogenen Steuern zu beobachten war. Das bedeutete geringeren Finanzspielraum für die Kirche, da einerseits die Kirchensteuer sich nur an die personbezogenen Steuern anlehnt und damit die Einnahmen sinken, andererseits aber bei der Erhöhung von Verbrauchssteuern höhere Ausgaben im Sachkostenbereich zu kalkulieren sind. Zur akuten Finanzkrise trug nicht wenig auch die Vereinigung Deutschlands bei. Sie traf die Kirche nicht nur hinsichtlich des Kirchensteuerrückgangs, sondern auch hinsichtlich der Transferzahlungen der westdeutschen Landeskirchen für die ostdeutschen.

Gegenwärtige Erfahrung ist: Es gibt kein Wachstum mehr. Rückbau ist angesagt. Die Kirche hatte Teil gehabt an dem allgemeinen Wirtschaftswachstum in der Nachkriegszeit. Man konnte zahlreiche Kirchen und Gemeindezentren neu bauen. Die Zahl der Pfarrstellen und der anderen Stellen in der kirchlichen Praxis wuchs. Man konnte das Verhältnis von Pfarrerinnen und Pfarrern zu Gemeindegliedern um die Hälfte herabsetzen. Nun kamen auf eine Pfarrerin und einen Pfarrer nicht mehr dreitausend Mitglieder, sondern nur noch tausendfünfhundert. Wie aber die Kirche das Wirtschaftswachstum teilte, so teilt sie nun auch – wie Meinhard Miegel es nennt – die „Rückkehr zur Normalität“ (S. 94). Das Wachstum der Nachkriegsjahre ist nach Miegel ziemlich einmalig gewesen. Wäre es weitergegangen, wären wir heute bei aberwitzigen Zahlen hinsichtlich der Einkommen, aber sicher auch hinsichtlich der Umweltzerstörung und dergleichen. Doch die Politik wie die Bevölkerung wollen die einfache Rechnung nicht wahrhaben, dass hohes Wachstum nicht der Normalfall sein kann. Sie sehen in der Rückkehr zur Normalität eher eine unverdiente und unbegreifliche „Heimsuchung“. In der Kirche hatte man zwar immer davon gesprochen, dass das Wachstum nicht unendlich sein könne und dürfe. Doch wenn Stellen abgebaut werden müssen, Gemeinden um ihren Gemeindepädagogen oder die dritte Pfarrstelle bangen müssen, oder Dörfer ihren Pfarrer verlieren sollen, dann ist auch in der Kirche die Empörung groß. Dabei ist gar nicht ausgemacht, dass eine höhere Dichte an Hauptamtlichen auch zu einer lebendigeren und effektiveren kirchlichen Praxis führt! Auch vor dem starken Anstieg der Personalstellen in den siebziger Jahren des vergangenen Jahrhunderts gab es durchaus lebendige Gemeinden und viele engagierte Mitglieder. Etwas zynisch meinte ein Mitglied einer Kirchenleitung kürzlich: „Die Zeit der größten Pfarrerdichte war auch die Zeit der höchsten Kirchenaustritte". In manchen Kirchengemeinden erzählt man sich noch immer begeistert von der lebendigen Zeit, als man keinen Pfarrer hatte und alles selbst machen musste. Die Kirche hat mit Gesellschaft und Wirtschaft hohe Zuwachsraten geteilt. Sie wird jetzt auch die Rückgänge zu teilen haben.

Dabei wird es nicht nur um die geringeren Finanzmittel gehen, sondern auch um die geringere Zahl an Mitgliedern. Man muss sich auch in der Kirche mehr Gedanken über die Fragen machen, die daraus entstehen, dass es immer weniger Mitglieder gibt. Wie kann die Kirche sinnvoll schrumpfen? Es geht dabei nicht nur ums Gesundschrumpfen, wie man in der Vergangenheit gern die Entwicklung der Kirchen in der DDR beschrieb. Es wird immer beides geben, Chancen und Nachteile, Mut Machendes und Angst Machendes. Unter dem Motto „Wir werden weniger" diskutierte im Herbst 2004 die Wochenzeitung DIE ZEIT die verschiedenen Aspekte der Schrumpfungsprozesse in der Gesellschaft. Es zeigt sich, dass weniger Menschen auch mehr Chancen bedeuten können. Man wird viel umgestalten müssen. In der Kirche wird diese Diskussion bislang vor allem an zwei Punkten geführt: Der Zusammenlegung von Gemeinden und Kirchenbezirken einerseits und dem Verkauf, der Umwidmung, dem Abriss von kirchlichen Gebäuden andererseits. Meist reagiert die kirchliche Öffentlichkeit kritisch auf die Forderung nach Umstrukturierungen, die außerkirchliche Öffentlichkeit reagiert kritisch, wenn es um die Gebäude geht. Am besten bewältigt werden diese Probleme wahrscheinlich dann, wenn Bürger und Bürgerinnen oder eben Kirchenmitglieder möglichst viel Verantwortung selbst übernehmen und die Veränderungen nicht den „Machern" überlassen. Meinhard Miegel plädiert hinsichtlich des Umbaus im staatlichen Bereich dafür, dass Bürgerinnen und Bürger ihre Abhängigkeit vom Staat stärker zurückdrängen sollten (S. 210). In eine ähnliche Richtung gehen meine Überlegungen für die Kirche.

Gesellschaftlicher Wandel

Während über die oben beschriebenen Schrumpfungsprozesse in Kirche und Theologie allenfalls am Rande einmal theologisch nachgedacht wird – man überlässt diese Fragen den Verwaltungsleuten und dem Management –, ist der gesellschaftliche Wandel insbesondere hinsichtlich Individualisierung und Pluralisierung durchaus ein wichtiges Thema. Die durch diese Entwicklungen entstehende Vielfalt wird auf weite Strecken nicht als Reichtum, sondern als Bedrohung empfunden. Tatsächlich bedeutet der damit verbundene Wandel das Ende von Selbstverständlichkeiten, auf denen die kirchliche Praxis und das Selbstverständnis der Mitglieder bislang beruhten. Glaubensformen, Werte und Normen, die Orientierung geben, waren selbstverständlich der Kirche und ihren Mitgliedern vorgegeben. Die Tradition gab Orientierung. Doch in dem Maße wie die einzelnen sich nicht mehr fremdbestimmen lassen, sondern nur noch glauben, was ihnen einleuchtet, wird die Tradition brüchig und zum Zwangsrahmen, den man zu durchbrechen hat. Die Menschen müssen ihre mentale Landkarte (Huber 1998, S. 19) heute selbst schreiben. Sie müssen ihre Wertvorstellungen und Lebensentwürfe selbst erstellen und selbst dafür einstehen. Es gibt in der Gesellschaft keine selbstverständlich anerkannten Maßstäbe mehr. Christentum und Kirche haben ihre Monopolstellung hinsichtlich Religion eingebüßt. Verantwortliche in der Kirche wie Mitglieder erleben diese Entwicklung als Krise. Man kann von Säkularisierung und Entkirchlichung sprechen. So tut es Wolfgang Huber. Man kann die beobachteten Differenzierungsschübe aber auch positiv sehen als Gewinn an Freiheit und Entwicklungsmöglichkeiten, wie Matthias Kroeger es tut. Wenn man über Auflösungserscheinungen klage, müsse man sich auch „des Terrors der geschlossenen Gesellschaft und ihrer geschlossenen geistigen und moralischen Systeme – also auch der Kirchen und Theologien – erinnern“ (1997, S. 42). Die Ambivalenz der Entwicklungen macht die Sache nicht leichter. Sie zu sehen, bewahrt jedoch vor der Sehnsucht nach den „Fleischtöpfen Ägyptens“. Ein einfaches Zurück gibt es nicht mehr. Man muss sich der Sache stellen. Die Perspektivkommission der Evangelischen Kirche in Hessen und Nassau sah hier schon vor Jahren eine entscheidende Aufgabe: „Was Mitgliedschaft in der Kirche unter den Bedingungen der Individualität bedeutet und wie sie praktiziert werden kann, das ist zu einem Existenzproblem der Volkskirche geworden. Wir sind genötigt, die Beziehungen zwischen dem einzelnen, der Kirche und der Gesellschaft grundlegend neu zu formulieren“ (Person und Institution 1992, S. 21). Bereits in der ersten Befragung über Mitgliedschaft der Evangelischen Kirche in Deutschland im Jahre 1972 erkannte man ein Kommunikationsproblem zwischen der Kirche und ihren Mitgliedern (Hild 1974, S. 259). Eberhard Hauschildt spricht von einer „Verständigungskrise“ (2004, S. 15). Was gelten soll, steht nicht mehr von vornherein fest, sondern muss verhandelt und immer neu ausgehandelt werden. Die klassischen „Großerzählungen“ wie Christentum oder Marxismus-Leninismus haben ihre Verbindlichkeit und legitimierende Wirkung in der Postmoderne verloren (Graf RGG 6, Sp. 1515). Die Menschen sind weder in feste Milieus eingebunden, noch finden einheitliche Deutungssysteme ihre automatische Zustimmung. An die Stelle der festen Vorgaben ist die andauernde Bemühung um das getreten, was tragen kann. Statt Einordnung wird Wahl verlangt. Will man sich in dieser Situation verständigen, kann man sich nicht mehr auf gemeinsame Sätze, allgemein anerkannte Werte usw. berufen, sondern muss an den Erfahrungen der Menschen bleiben.

Auf der Seite der Mitglieder wie der Bürgerinnen und Bürger äußert sich diese Verständigungskrise in so etwas wie einer „Vertrauenskrise“ gegenüber all den Institutionen in der Gesellschaft, von denen man sich bevormundet und nicht in die Kommunikation einbezogen fühlt. So jedenfalls könnte man die Umfrageergebnisse deuten, die nach den Institutionen fragten, denen man Vertrauen entgegenbringt. Die geringsten Werte haben hier die politischen Parteien, Arbeitsämter, Gewerkschaften, Arbeitgeberverbände und eben auch die Kirchen, wobei die evangelische Kirche noch etwas besser abschneidet als die katholische. Hohes Vertrauen genießen dagegen die Einrichtungen, die für die Sicherheit, die Bildung oder die Gesundheit gebraucht werden, also: Militär, Polizei, ADAC, Schulen, Kindergärten, Krankenhäuser, Diakonie und Caritas (Weltsichten 2003, S. 12). Wenn man etwas für sich tun will, kommen viele offenbar nicht auf die Idee, in Richtung Kirche zu blicken. „Das dominante Bild von Kirche ... ist, dass sie schon über die Wahrheit verfügt, dass sie die Wahrheit vertritt, und das nicht ohne Pathos" (Schloz 2004, S. 95). Solches Überlegenheitsgebahren wirkt auf viele einfach abstoßend.

Religiöse Evolution

So gesehen betrifft der gesellschaftliche Wandel auch die theologisch-religiösen Aspekte und Inhalte. Die Menschen nehmen für sich in Anspruch, bei der Wahrheitsfrage mitreden zu können. Nur die Inhalte und Angebote, die für sie nach eigener Einschätzung lebensdienlich sind, können akzeptiert werden. Wahrheit kann darüber hinaus nur als steter Prozess der Suche verstanden werden. Ein Besitz der Wahrheit ist Menschen in der Gegenwart schlichtweg unverständlich und unakzeptabel. Wahrheit kann nur streng geschichtlich gedacht werden, abhängig von Situation, Zeit und Ort. Es gibt sie nicht an sich. Und was Religion ist, ändert sich damit jeweils. So kann es in der Gegenwart dazu kommen, dass die Kirche nicht als Ort der Religion erlebt wird. Als „geistige, *geistliche,* religiöse Größe" fällt nach Matthias Kroegers Beobachtungen die Kirche weitgehend aus (1997, S. 165). Vielfach würden nur theologische Richtigkeiten mitgeteilt, aber nicht zu lebendiger Religion und Spiritualität angeleitet. Die Religion, die jeweilige Ausprägung von Christentum entwickeln sich fort. Gegenwärtig lässt sich u.a. eine Tendenz hin zur Mystik erkennen. Das ethisch und dogmatisch geprägte Christentum verliert an Interesse. Traditionelle Gottesdienste werden als langweilig und lebensfremd empfunden. Auch für die Ergebnisse der historisch-kritischen Erforschung der Bibel interessiert sich kaum jemand. Das Programm der Entmythologisierung, das eine ganze Generation von Theologinnen und Theologen geprägt hat, bewegt niemanden mehr. Nahrung für die Seele erwächst daraus nicht. So kommt es zu dem Slogan „Religion ja, Kirche nein". Matthias Kroeger beschreibt zwei Modelle möglicher Orientierung der kirchlichen Praxis. Das offene Modell lässt Suche zu, erlaubt Häresie und versucht mit dem Schatz der Tradition der Seele Nahrung und Hilfe zum Verstehen zu geben. Es erkennt die religiöse Autonomie der Menschen an. Dieses Modell wird jedoch in der Regel in der Kirche abgelehnt. Hier wird das geschlossene Modell bevorzugt und praktiziert, das sich orientiert an Offenbarung, Buße und Gehorsam. Wo die an der

Autonomie der einzelnen orientierte Religion abgelehnt und nicht unterstützt wird, kommt es zu einer Privatisierung der Religion, die sie gesellschaftlich und kirchlich zum Verschwinden bringt. Das war die These, die Thomas Luckmann schon in den sechziger Jahren des vergangenen Jahrhunderts in seinem Essay „Die unsichtbare Religion" vertreten hat. In Deutschland und auch sonst in Europa gibt es davon noch die besondere Variante, dass Religion nicht nur Privatsache ist, sondern auch eine Angelegenheit von höchster Intimität. Nach dem auch mit viel religiösen Motiven ausgefochtenen Wahlkampf zur Präsidentenwahl in den USA 2004 eröffnete Bernd Ulrich seinen Leitartikel „Glauben oder eifern" in DIE ZEIT mit dem Satz: „In Deutschland kennt man seine Politiker in allen Lebenslagen – beim Tanzen, beim Joggen, beim Küssen, beim Kochen. Nur beim Beten, da sehen wir sie nie" (2004, S. 1). Den eigenen Glauben nicht zu zeigen sei eine deutsche Besonderheit, die von nur wenigen Völkern geteilt werde. Ulrich stellt einen Zusammenhang mit fehlenden Gemeinschaftswerten und Bindekräften in der Gesellschaft überhaupt fest. Ähnlich sieht es Kroeger, der von Entsolidarisierung spricht (1997, S. 16). Tatsächlich ist es möglich, dass in Deutschland kirchliche Feiertage immer wieder zur Disposition gestellt werden. Man diskutiert über die Zeitgemäßheit des Gottesbezugs in der Verfassung. Reimer Gronemeyer meint, Kirche und Religion seien nur noch archäologische Themen (1995, S. 37). Begründet werde diese Nichtachtung mit dem vielfältigen Versagen der Kirchen im Dritten Reich und an vielen anderen Punkten der abendländischen Geschichte vorher. Mit der Kirche als religiöser Institution will man nichts zu tun haben. Als kürzlich ein zufälliger Gesprächspartner erfuhr, dass ich Pfarrer gewesen sei, bekannte er herausfordernd: „Ich bin Atheist". Kroeger unterstellt den Medien, dass sie sich des „Kitzels des Blasphemischen" (1997, S. 70) nur zu gern bedienten. Was die in diesen Äußerungen liegende Aggressivität gegenüber der Kirche angeht, hege ich die Vermutung, dass sich hier die fehlende Wahlmöglichkeit, die fehlende Anerkennung der religiösen Autonomie der einzelnen, das Missbehagen an der Gehorsamsforderung und an dem Überlegenheitsgestus niederschlagen. Das würde auch die andersgeartete Stimmung in den USA erklären. Dort hat es nie eine flächendeckende Staatskirche gegeben. Kirchenmitgliedschaft war immer ein autonomer Akt der Wahl. Trotz aller Pluralisierungen in der Gesellschaft hat es in Deutschland keine wirkliche Pluralisierung von Frömmigkeitsformen gegeben, die ein entspannteres Verhältnis zur Kirche hätte entstehen lassen können.

Wie es scheinbar nur eine sanktionierte Frömmigkeitsform gibt, so gibt es scheinbar auch nur eine sanktionierte theologische Sprache und eine sanktionierte theologische Vorstellungswelt. Gottesbild und Deutung Jesu Christi scheinen festzuliegen. Wer aufgrund seiner Erfahrungen und intellektuellen Einsichten dem nicht zustimmen kann, fühlt sich ausgestoßen. Mancher vermutet, dass selbst Theologinnen und Theologen diese Dinge so nicht mehr glauben könnten. Aber es gibt für die Mitglieder kaum eine Möglichkeit, sich selbst ein Bild zu machen. Dass der Himmel leer ist, dass es Gott nicht „gibt" usw. mögen sich Theologinnen und Theologen selbst noch eingestehen, aber öffentlich bekennen sie sich nicht dazu. Das führt dazu, dass die Menschen vermuten, dass die Geistlichen selbst nicht glauben, was sie verkündigen. Das wiederum führt zu neuem Misstrauen und das ist der Grund dafür, dass Matthias Kroeger einen „Ruck in den Köpfen der Kirche“ fordert. Es ist viel in Bewegung auf der Seite der Mitglieder und es ist viel in Bewegung auf den Seiten der Theologinnen und Theologen. Aber es fehlt an dem offenen und ehrlichen Gespräch.

Trotz dieser Spannungen, dieses Misstrauens und der fehlenden Kommunikation sprechen alle Mitgliedschaftsuntersuchungen der Evangelischen Kirche in Deutschland von einem erstaunlichen Maß an Stabilität der Mitgliedschaft. Eine Massenabkehr von der Kirche findet nicht statt. Man geht in der Mehrzahl der Fälle auf Distanz, bricht aber die Beziehungen nicht vollständig ab. In der jüngsten Untersuchung vermutet man, dass diese Spannung in der Geschichte des deutschen Protestantismus begründet liegt. „Seit der Reformation war die Kirche einerseits institutionell bis nach dem 1. Weltkrieg vom Staat getragen, was auch in die volkskirchlichen Verhältnisse seitdem nachwirkte. Andererseits haben Reformation und Aufklärung die Freiheit des Gewissens, Denkens und Urteilens befördert. Die Kombination beider Faktoren scheint in der Mitgliedschaft bei allen Größenverhältnissen gleichbleibend ein relatives Gleichgewicht von Distanz und Nähe zu bewirken“ (Weltsichten 2003, S. 10).

Um beim Letzten anzufangen: Man wird sich auch die Geschichte des Protestantismus ansehen müssen, um die gegenwärtige Krise der Kirche verstehen und damit umgehen zu können. Dazu gehört die Geschichte des evangelischen Kirchentums mit den durch es geprägten Mentalitäten genauso wie die jüngere Theologiegeschichte mit ihren Weichenstellungen. So beginnt diese Arbeit mit der Frage nach der Zukunft der Kirche mit einem Blick in die Vergangenheit protestantischer Gestaltwerdung. Welches waren und sind die Leitideen im Kirchenverständnis? Wie war und ist das Verhältnis von Institution und Person? Wie kamen und kommen die Mitglieder in den Blick? Was bedeutete und bedeutet die Kirche für die einzelnen? Wenn die Zahlen zurückgehen, werden ja die Einzelnen um so wichtiger. Man kann sich um sie mehr kümmern, muss es auch, wenn der Bestand nicht noch weiter schrumpfen soll. In einer Gesellschaft, die von Individualisierung und Pluralisierung gekennzeichnet ist, muss auch eine Großinstitution wie die Kirche sich intensiv mit den einzelnen beschäftigen als ihren Mitgliedern mit den Erwartungen und Wünschen, als religiösen Menschen mit dem, was Religion heute im Leben der Einzelnen und im Leben der Gesellschaft bedeutet. Als Kirche der Reformation muss sich die evangelische Kirche außerdem immer fragen, wie sie es institutionell mit dem von ihr verkündeten allgemeinen Priestertum der Getauften halten will. Und die Evangelischen selbst sollten sich Klarheit darüber verschaffen, was für eine Kirche sie wollen und brauchen. Sie müssen ihrer selbst bewusst die religiöse Autonomie pflegen und einfordern, aber auch deutlich machen, was sie dazu brauchen. In erstaunlich hohem Maße nehmen die Protestanten ihre Verantwortung für die Kirche durch die Zahlung der Kirchensteuer und von Spenden wahr. Sie haben das Recht, entsprechende Forderungen zu stellen.

Mit dieser Arbeit soll der Blick für die Mitglieder und die Einzelnen geschärft werden. Nur darin dürfte die evangelische Kirche eine Zukunft haben, dass sie entschlossen zu einer Kirche der Mitglieder und der Einzelnen wird. Schrumpfungsprozesse, gesellschaftlicher Wandel und religiöse Entwicklung weisen in diese Richtung. Worauf müssen Verantwortliche wie Evangelische achten, wenn ihre Kirche „mitgliederorientiert" sein soll? Welche Entwicklungen gehen längst in die notwendige Richtung, ohne entsprechend gewürdigt zu werden? Ist die Wirklichkeit der evangelischen Kirche wirklich so defizitär einzuschätzen, wie es vielen vorkommt? Die vorliegende Studie folgt einem phänomenologischen Ansatz. Sie versucht anhand von Beobachtungen und nicht von Glaubenssätzen ein Bild von Kirche zu zeichnen. Selbstverständlich wird das entstehende Bild mit den reformatorischen Einsichten abgeglichen, aber es wird nicht aus ihnen abgeleitet. So werden auch keine Rezepte zur Rettung der Kirche formuliert. Wenn Vorschläge gemacht werden, dann verdanken sie sich den analysierten Beobachtungen. Allenfalls am Rande wird deshalb auch überlegt, wie mit den Folgen der Schrumpfungsprozesse konkret umgegangen werden soll, also mit zurückgehenden Finanzmitteln, zu großem Gebäudebestand usw. Hier geht es um einen Schritt davor, um das Bewusstsein für eine mitgliederorientierte Kirche.

Eine mitgliederorientierte Kirche ist nicht unbedingt auch eine Kirche, die ihre Mitglieder umwirbt, etwa eine einladende Kirche, die damit wirbt, das es bei ihr „lebendige Gemeinschaft" gibt, dass sie „Raum für persönliches Engagement" schafft, dass sie für ihre Mitglieder „in Glück und Trauer da" ist usw. So wirbt ein Mitgliederprospekt der Evangelischen Kirche in Hessen und Nassau (Das Leben 2003). Mitgliederorientierung heißt, wahrnehmen was die Mitglieder nutzen, wofür sie sich interessieren und was sie aus ihrer Sicht brauchen. Aus dieser Perspektive heraus werden in dieser Arbeit fünf Bereiche näher in den Blick genommen. Es geht um den Bedarf an Religion, das Interesse an „heiligen" Orten und Räumen, die Orientierung an den Pastoren, die Notwendigkeit von Bildung auch in religiösen Fragen und nutzerfreundliche Strukturen. Mit diesen Punkten dürften die meisten Fragen abgearbeitet werden können. Die Auswahl ist nicht systematisch begründet, sondern folgt der Wahrnehmung. Sie ist eine Erweiterung der drei Aspekte, die Jan Hermelink als Bezugspunkt für die Mitgliedschaft in der evangelischen Kirche heraus gearbeitet hat: Rituale, Räume und Personen (2000, S. 343).

Für die Darstellung wird vielfältiges Material verwendet: Die Ergebnisse der Mitgliedschaftsbefragungen der Evangelischen Kirche in Deutschland seit dreißig Jahren, Praxisberichte und eigene Beobachtungen aus der kirchlichen Praxis. Verarbeitet wird außerdem die neuere praktisch-theologische Literatur. Argumentiert wird nicht nur im theologisch-kirchlichen Rahmen. Vielmehr werden auch anthropologische, soziologische und kulturtheoretische Überlegungen einbezogen.

ERSTES KAPITEL:

DAS KIRCHENPROBLEM DES PROTESTANTISMUS

„Es weyß Gott Lob eyn kind von VII Jaren was die kirche sey. Nemlich die heylig(en) gleubigen und die schefflin die yhres hirten stymme ho(e)ren". Joachim Rogge zitiert diesen Satz aus den Schmalkaldischen Artikeln Luthers von 1537 und bringt dann auch das Bonmot aus einem Seminar: „*Dieses* Kind möchte ich kennenlernen" (1995, S. 1052 und 1054). Tatsächlich: Dogmatisch lässt sich im Protestantismus mit wenigen Worten sagen, was die Kirche nach evangelischem Verständnis ist oder sein soll, wo und wie man sie findet. Schwierig wird es erst bei der konkreten vorfindlichen Gestalt. Ein katholischer Kollege erzählt, dass sein Vater immer gesagt habe: „Gut, dass es uns nicht geht wie den Protestanten, denen alles zerfließt". Ein Kollege aus der gewerkschaftlichen Bildungsarbeit sagte aus irgendeinem Anlass zu den evangelischen Kollegen: „Ihr Evangelischen werdet euch doch nie richtig einig". Bei einer Tagung zum Thema evangelisches Profil der Erwachsenenbildung meinte der Referent: „Ich weiß gar nicht, was ihr immer mit dem Profil habt. Man riecht doch meilenweit gegen den Wind, dass ihr evangelisch seid".

Das sind ein paar Stimmen zum Kirchesein der Protestanten.

Wovon soll die Rede sein, wenn von Kirche gesprochen wird? Es geht um die geschichtlich gewordene Kirche, die in ihrer Gestalt immer Produkt mehrerer Faktoren ist. Man kann sie nicht auf einen einzigen Nenner bringen. Diese Kirche wird nicht nur geglaubt, sie hat als geschichtlich gewordene auch eine soziologisch beschreibbare Gestalt. Diese Gestalt ist semper reformanda. Die Mitglieder dieser Kirche werden befragt. In dieser Kirche werden Prioritäten gesetzt. Auf diese Kirche richten sich Erwartungen. Diese Kirche kann enttäuschen. In dieser Kirche wird mit theologischen Normen gemessen.

Die Gestalt der realen, geschichtlich gewordenen Kirche lässt Joachim Mehlhausen fragen, warum es keine Abhandlung über die Geschichte der evangelischen Kirche nach 1945 gibt. Worüber wäre zu schreiben, wenn es um eine Kirchengeschichte in der Nachkriegszeit ginge? Würde eine Institutionengeschichte schon die Entwicklung des protestantischen Christentums erfassen? Und welche Institutionen wären zu erfassen? Allein die EKD? Was ist mit den anderen konfessionellen Zusammenschlüssen und den Landeskirchen? Was ist mit dem Bund der Evangelischen Kirchen in der DDR? Schon schwierig wäre es, hier die großen Linien heraus zu arbeiten. Selbst wenn dies gelänge, wäre das alles? „Es bliebe die ekklesiologische Grundsatzfrage unbeantwortet, ob mit der Erfassung dieser Ereignisse, Entscheidungen und Geschehensabläufe tatsächlich die Geschichte der evangelischen Kirche in der Nachkriegszeit beschrieben worden sei. Es blieben weite Bereiche des Gesamtgeschehens unberücksichtigt, die man zur Geschichte der Kirche hinzurechnen muss, wenn der Begriff der Kirche nicht auf die Institutionen beschränkt werden soll. Selbst der funktionale Kirchenbegriff von CA 7 (Augsburger Bekenntnis Art. 7 – W.L.) legt es nahe, mit dem Wort Kirche die Summe des gelebten Glaubens zu bezeichnen, der sich als je eigene Antwort auf die Verkündigung des Evangeliums versteht. Der kirchliche Zeithistoriker muss unter dem so erweiterten Kirchenbegriff alle jene Phänomene mit berücksichtigen, die sich in unterschiedlicher Distanz und Nähe zur institutionalisierten Kirche bemerkbar machen und den Anspruch erheben, *auch* (wenn nicht sogar vorrangig!) creatura verbi divini zu sein" (1990, S. 425). Mehlhausen betont, dass sich bei aller intakten Struktur der Volkskirche in den vergangenen Jahrzehnten doch viele eigenständige Einheiten herausgebildet hätten, die womöglich in vielem die eigentlichen Anreger und Beweger der Kirchengeschichte nach 1945 gewesen seien. Gerade aufgrund der Erfahrungen in der NS-Zeit haben sich viele evangelische Christen bewusst für die Entwicklung verantwortlich gezeigt. Eine Folge dieses Engagements ist ein Pluralismus, der den gesamten innergesellschaftlichen Pluralismus widerspiegelt. Die offizielle Kirche reagiert in vielem bloß auf Entwicklungen. „Die zu Veränderungen oder Erneuerungen führenden Kräfte kommen nur sehr selten unmittelbar aus den Synoden oder Kirchenleitungen; viel öfter wachsen sie in Bereichen heran, die der institutionalisierten Kirche fern stehen und über die der kirchliche Zeithistoriker nur sehr wenig weiß" (S. 428). Schließlich gehören zur kirchlichen Zeitgeschichte nicht nur Aktivitäten und Verlautbarungen der „Amtskirche", sondern auch Kirchbauten, Kunstwerke und Musik. In solchen Zeugnissen spiegelt sich die theologische und spirituelle Entwicklung mindestens so gut wider wie in kirchlichen Denkschriften.

Die Frage entsteht, wie weit eigentlich die Verantwortung der Theologie reicht, und wo in diesem ganzen Geflecht von religiösen Entwicklungen die Kirche als Institution zu stehen kommt. Wofür trägt sie die Verantwortung? Welche Verantwortung ist sie bereit zu übernehmen? In jüngeren Untersuchungen der Praktischen Theologie wird immer wieder ein großer Horizont angemahnt. Martin Kumlehn fordert: „Die Kirche muss ... nicht nur ihr organisatorisches Potenzial zur situationsadäquaten Darstellung und Vermittlung christlichen Glaubens weiter ausbauen, sondern auch ihre Wahrnehmungskompetenz für die mannigfaltigen *außerkirchlichen* Religionsvollzüge zu steigern versuchen" (2000, S. 13). Gerald Kretzschmar versucht nachzuweisen, dass distanzierte Kirchlichkeit einen Normalfall protestantischer Frömmigkeit darstellt (2001). Er nimmt die von Dietrich Rössler schon 1986 vorgestellte dreifache Gestalt der Entwicklung des neuzeitlichen Christentums als kirchliches, persönliches und öffentliches Christentum auf. Immer geht es um die Forderung, dass die Kirche und die Theologie in ihre Verantwortung und Reflexion die gesamte religiöse Landschaft einzubeziehen hätten und sich nicht auf einen kleinen Ausschnitt des explizit Kirchlichen beschränken dürften.

Leitideen des evangelischen Kirchentums

Anders als der römische Katholizismus hat der Protestantismus keine Gestalt einer Weltkirche hervorgebracht. Die Kirchengestalt des Protestantismus könnte man eine Regional- oder Territorialkirche nennen. Die Kirchenleitung einer evangelischen Kirche ist in ihren Überlegungen nicht auf die ganze Welt, sondern auf eine Region, oftmals ein Territorium innerhalb eines Staates bezogen. Während Rom sich mit den Auffassungen von Mitgliedern und Amtsträgern aus den verschiedensten Kulturkreisen und politischen Systemen, d.h. den verschiedensten Kontexten, auseinander setzen muss, kann beispielsweise Bielefeld (Evangelische Kirche von Westfalen) sich auf den Kontext des Bundeslandes Nordrhein-Westfalen beschränken. Diese Unterscheidung ist schon von der Reformationszeit an kennzeichnend gewesen. Der Begriff der Landeskirche zeigt an, dass sich diese Art der Kirchengestaltung an einem Territorium, einem Land, orientiert. Solche Kirche ist eine Kirche in einem oder für einen bestimmt umgrenzten Raum. Die räumliche Gliederung der Kirche hat in Deutschland ihre Anfänge in der karolingischen Zeit. „Sämtliche Christen, die innerhalb eines fest umrissenen Bezirks lebten, sollten durch einen für sie zuständigen Priester betreut werden" (Roosen 1997, S. 22). Zweifellos war damit auch ein Programm verbunden. Die Christianisierung Deutschlands sollte administrativ gefestigt und gesichert werden. Das Christentum wurde flächendeckend eingeführt. Mit dieser Maßnahme ist noch nicht der Begriff der Landeskirche verbunden. Hier wird lediglich erst einmal ein System entwickelt, das ganze Territorien lückenlos erfasst (Landau TRE 19, S.137). Die Landeskirche ist eine Weiterentwicklung dieses Systems in der Reformationszeit.

Luther ging es nicht nur um eine lückenlose religiöse Versorgung der Bevölkerung, sondern um eine Vertiefung und Verinnerlichung des christlichen Glaubens. Seine „deutsche Messe" sollte der „öffentlichen Reizung zum Glauben und zum Christentum" dienen. Es sollte nicht mehr genügen, dass man die Messe besuchte. Es sollte nicht mehr darum gehen, nur dabei gewesen zu sein. Vielmehr sollten die Menschen auch verstehen, was sie sahen und hörten, sollten sich die Angebote, die Lehren und Gebote der Kirche auch selbst zu eigen machen (Roosen 1997, S. 23). Luther schrieb die Katechismen, mit deren Hilfe die Hausväter ihre Hausgemeinde fortbilden und in Sachen Glauben zu einem angemessenen Verständnis bringen konnten. Er wollte das Volk erreichen. Er setzte auf die Menge der Menschen. Jede einzelne und jeder einzelne sollte Trägerin und Träger des Glaubens sein. So wendet er die Glaubenssätze der Kirche auf jede und jeden einzelnen an. Jetzt heißt es nicht mehr nur „Ich glaube an Gott, den Vater, den Allmächtigen, Schöpfer Himmels und der Erde...". Jetzt heißt das vor allem auch: „Ich glaube, dass mich Gott geschaffen hat samt allen Kreaturen, mir Leib und Seele, Augen, Ohren und alle Glieder, Vernunft und alle Sinne gegeben hat und noch erhält; ..." Die Menschen sollten begreifen: Der Glaube ist nicht nur eine Sache der Kirche oder des Staates, sondern er ist eine Sache, die mit jedem einzelnen zu tun hat. Das war ein gewaltiges Erziehungs- oder Bildungsprogramm. Zu dessen Unterstützung und Umsetzung wandte sich Luther an die Verantwortlichen in den Kommunen genauso wie an die Obrigkeiten in den deutschen Landen. Luther forderte den Schulbau wie die Wiederherstellung oder Aufrichtung einer christlich verantwortbaren moralisch-sittlichen Ordnung. „Wer aber das ganze Volk erreichen wollte, und Luther wollte das ohne Zweifel, der brauchte die Loyalität der Fürsten, und diese Loyalität hatte ihren Preis. Der Preis, der zu entrichten war, war das landesherrliche Kirchenregiment“ (Roosen 1997, S. 26). Luther und Melanchthon definierten den Gedanken der Verantwortung der weltlichen Obrigkeit für das Bekenntnis und das Kirchenwesen (cura religionis) neu. Danach war zu unterscheiden: „In ihrem *weltlichen Amt* soll die Obrigkeit kraft göttlicher Einsetzung die Welt als Gottes Schöpfungsordnung bis zum jüngsten Tage erhalten ... So obliegt ihr auch der äußere Schutz der kirchlichen Funktionen, Kirchendiener, Kirchengüter der Kirche Jesu Christi vor der Unterdrückung der reinen Evangeliumspredigt ... Aber die Obrigkeit ist dabei auf diese äußere weltliche Schutzaufgabe beschränkt“ (Heckel RGG, Bd 2, Sp. 505). Die Reformatoren lehnten ein landesherrliches Kirchenregiment ab. „Aber den Christen im obrigkeitlichen Amt trifft kraft seiner Gliedschaft in der Kirche (als membrum praecipuum ecclesiae, nicht kraft seiner weltlichen Gewalt!) beim Versagen der Bischöfe als der an sich zuständigen kirchlichen Instanzen die Pflicht zum *brüderlichen* Hilfs- *und Notdienst* bei der Kirchenreform im Sinn evangelischer Wahrheit, Freiheit und Bruderliebe“. Dieser Notdienst soll im Konsens, ohne Zwang und Anspruch auf Gehorsam für die reine Evangeliumsverkündigung, die Beilegung von Lehrstreitigkeiten, die Ordnung des Gottesdienstes, die Berufung der Prediger und die Durchführung der Visitationen sorgen. Dieser „Notepiskopat“ steuerte die Kirche noch nicht nach den Vorgaben des Staates. Staat wie Kirche blieben beide auf das Land bezogen, dem ihre Bemühungen galten. Doch bereits seit dem Augsburger Religionsfrieden von 1555 und der Formulierung neuer kirchenrechtlicher Theorien für das Episkopal- und Territorialsystem wurden diese Unterscheidungen weitgehend zurückgedrängt zugunsten eines protestantischen Staatskirchentums, das dem Staat nach dem Prinzip des cuius regio – eius religio auch die Macht über den Bekenntnisstand seiner Bürgerinnen und Bürger einräumte. „Die cura religionis galt danach als staatsrechtlich begründeter Annex bzw. als Bestandteil der landesherrlichen Territorialgewalt“ (Heckel RGG Bd 2, Sp. 506). Die Fürsten wurden in Kirchendingen nicht mehr als Kirchenmitglieder tätig, sondern das Kirchenregiment gehörte zu ihren staatlichen Aufgaben und Rechten. Die Kirche wird vom Staat gesteuert. Die Symbiose von Kirche und Staat wird erst in der Aufklärungszeit wieder aufgelöst. Das Kirchenregiment ist nicht mehr eine Sache des Staates. Vielmehr gewinnt der Gedanke des contract social (Gesellschaftsvertrag) an Bedeutung, nach dem die Bürgerinnen und Bürger sich in persönlicher Autonomie zur Verfolgung ihrer Interessen zu besonderen Vereinigungen zusammenschließen können. Von diesem Gedanken ist das preußische Allgemeine Landrecht von 1794 bestimmt. Danach verbinden sich die Bewohner eines Staates zum Zwecke der Religionsausübung zu „Religionsgesellschaften“. Diejenigen Religionsgesellschaften, die öffentliche Gottesdienste halten wollen, werden „Kirchengesellschaften" genannt (Lück 1978, S. 18). Von hierher datiert der Status der Kirchen als Körperschaften öffentlichen Rechts. Der § 17 des Allgemeinen Landrechts bestimmt: „Die vom Staat ausdrücklich aufgenommenen Kirchengesellschaften haben die Rechte privilegierter Corporationen".

Mit der Aufklärung lockert sich das staatliche Kirchenregiment. Gleichwohl bleibt es bei der Staatskirche. Der Staat hat ein Interesse an einer funktionierenden Kirche. Er braucht sie zur Integration der Gesellschaft. Religion ist für ihn ein Instrument zur Verhaltenssteuerung der Bürger. Der Teil der Religion, der die allgemeinen Bürgerpflichten einübt, bleibt Staatsaufgabe. „Alle Staatsdiener sollten selbstverständlich ‚Religion' haben und damit ihre Treue zum Staat unter Beweis stellen. Der Landesherr sollte selbst für die gleichmäßige und flächendeckende Versorgung des Landes mit Pfarrstellen sorgen" (Roosen 1997, S. 47). Von daher gesehen war es notwendig, dass die Pfarrer Staatsbeamte waren. Eine feste staatliche Besoldung wurde dementsprechend eingeführt Da man von der Pfarrerschaft ohnehin pädagogische Leistungen erwartete, war es im Sinne dieser Erwartungen auch logisch, dass die Pfarrer fest in das staatliche Schulsystem einbezogen und mit dessen Aufsicht betraut wurden. Diese Konstellation wurde erst 1918 beendet.

Ob nun Landeskirche oder Staatskirche – beide Konstrukte gehen von der Zugehörigkeit aller Einwohnerinnen und Einwohner des entsprechenden Territoriums zu dieser Kirche und davon aus, dass sie sich eigentlich auch nach deren Regeln verhalten müssten. In Deutschland gilt hier zwar seit dem dreißigjährigen Krieg das Prinzip der Bikonfessionalität. Doch ändert das im wesentlichen nichts. Die Erwartung, dass alle Bürgerinnen und Bürger „Religion" haben müssten, wird dadurch nicht tangiert. Konfessionslose sind in diesem Denkzusammenhang nicht vorgesehen. Kirchenaustritte sind ein Systembruch. Aus der Kirche in diesem Verständnis kann man im Prinzip nicht austreten, genauso wenig wie man aus dem Staat austreten kann. Es gibt demzufolge für die einzelnen auch keine Wahlmöglichkeit. Die Wanderungsmöglichkeit zwischen den Konfessionen ist unbedeutend, weil man sich ja immer noch im Bereich der staatlich anerkannten Religionsgemeinschaften bewegt. Weil die beiden großen Konfessionen Landes- oder Staatskirchen sind, haben sie gewissermaßen auch das Religionsmonopol. Genau wie es für einen Ort nur einen Bürgermeister gibt und geben kann, gibt es in einem Ort nur einen Pfarrer, gegebenenfalls zwei, wenn es die jeweilige Konfessionsstärke zulässt. Vielfach wird die Kirchengemeinde in kirchlichen Kreisen durchaus noch als die unterste Organisationsebene im Gemeinwesen begriffen. Individualität und Pluralität in Sachen Religion ist nicht vorgesehen. Wer eine Amtshandlung an einem anderen Ort vornehmen lassen will als seinem Wohnort oder durch einen anderen Geistlichen als den für ihn oder sie zuständigen, braucht ein Dimissoriale, eine amtliche Erlaubnis für dieses Abweichen von der Regel. Wenn die kirchliche Organisation sich noch immer weithin an der Parochie, diesem untersten territorialen Zuordnungsprinzip, orientiert, dann ist sie nach wie vor von Vorstellungen staatskirchlicher Natur gelenkt. Auch die Parallelisierung von kirchlicher und öffentlicher Verwaltung bis hin zu der kameralistischen Haushaltsführung kann man dem Motiv nach kaum anders verstehen als in seiner Herkunft aus dem Staatskirchenmodell. Entsprechendes lässt sich hinsichtlich der Verrechtlichung des Kirchenwesens mit Gesetzen, Rechts- und Verwaltungsverordnungen usw. beobachten. Es ist zwar nicht mehr der staatliche Souverän, der die Kirche steuert, wohl aber das Modell des Staates in den kirchlichen Organisationsformen. Damit soll nicht gesagt werden, dass die evangelischen Landeskirchen im Deutschland des 21. Jahrhunderts de facto Staatskirchen seien. Aber sie haben Momente des Staatsgedankens, an dem sie sich nach wie vor orientieren. Selbstverständlich gibt es auch andere Orientierungsmarken.

Bereits im 19. Jahrhundert kam der Begriff der Volkskirche auf. Man wollte sich am Volk orientieren, auf das Volk hin Kirche sein. Das Volk sollte die Kirche steuern als Grundsatz aber durchaus auch im Sinne von Herrschaft. Friedrich Schleiermacher hat den Begriff nach 1820 geprägt. Er wollte damit nicht eine kirchliche Realität beschreiben. Für ihn war Volkskirche ein Programmbegriff. In einer Zeit, in der die Kirche infolge von Aufklärung und Industrialisierung zumindest den inneren Abschied großer Teile der Bevölkerung erfahren musste, sollte eine Hinwendung zum Volk Besserung bringen (Huber 1979, S. 169). Das war eine Absage an die Staatskirche. Die Kirche sollte sich nicht mehr von Staatsinteressen leiten lassen, sondern sich aus der Sicht des Volkes sehen lernen. Die Kirche sollte sich als Kirche aller verstehen. Bei Johann Hinrich Wichern bekommt der Begriff später eine andere Wendung, wie es etwa im Wort Volksmission erkennbar ist. Die Kirche will das Volk für sich gewinnen, sie wollte „Kirche für das Volk" sein. Zeitweilig konnte Volkskirche auch gleichbedeutend mit Nationalkirche sein. Bei Richard Rothe zeigt sich eine Tendenz hin zu einer Kirche, die ganz im Volk, oder besser: in der Gesellschaft aufgeht (Mette 1982, S. 16f.). Wolfgang Huber hat die verschiedenen Varianten des Begriffs zusammengestellt: „Volkskirche ist Kirche *durch das Volk.*" Sie ermöglicht allen die Partizipation. „Volkskirche ist Kirche *hin zum Volk*". Sie will das Volk christlich durchdringen. „Volkskirche ist die Kirche *eines* Volkes". Sie ist Nationalkirche. „Volkskirche ist Kirche *für das* Volk." Sie gewährleistet die flächendeckende religiöse Versorgung. „Volkskirche ist Kirche *für das* Volks*ganze.*" Sie umfasst die ganze Gesellschaft in allen ihren Gliederungen und Schichten (1979, S. 170f). Neu virulent wurde die Diskussion um die „Volkskirche" 1918 nach dem Wegfall des landesherrlichen Kirchenregiments. Jetzt musste geklärt werden, wer die Kirche leiten sollte. Das Wort Volkskirche signalisierte damals, dass man weiterhin an dem Prinzip der Flächendeckung festhalten wollte und daran, dass man in die Kirche gewissermaßen genauso hinein geboren wird wie in das Volk. Diese beiden Elemente gewährleisteten die Kontinuität mit der vorauf gehenden Phase der Staatskirche. Die Kirche wollte und sollte weiter die Kirche des ganzen Volkes und der ganzen Gesellschaft sein. Sie sollte der Öffentlichkeit verpflichtet sein und erhob ihrerseits Anspruch auf die Öffentlichkeit. Praktisch führte das dazu, dass man möglichst viel Garantien vom Staat für das Einwirken auf die Gesellschaft zu bekommen versuchte. Der Status einer Körperschaft des öffentlichen Rechts, der Religionsunterricht in den Schulen, das Subsidiaritätsprinzip usw. verdanken sich diesem Bemühen um eine Volkskirche im Sinne einer Kirche für die ganze Gesellschaft (Raab 1966, S. 125f). Eine weitere Diskussion um die Kirchenstrukturen, die mit dem Begriff der Volkskirche geführt wurde, entspann sich in den 70er Jahren des zwanzigsten Jahrhunderts. Die Diskussion entstand an der Erfahrung, dass die eine Gesellschaft, auf die man sich als Kirche bezog, sich ausdifferenzierte und plural wurde. In der Kirche entstanden eine ganze Anzahl von Diensten, die dieser Ausdifferenzierung zu entsprechen suchten. Wie sollte die so entstehende Vielfalt kirchlicher Praxis verstanden werden? Wie konnte sich Pluralität mit der Einheit der Kirche vertragen? Der Theologische Ausschuss der Vereinigten Evangelisch-Lutherischen Kirche Deutschlands argumentierte: „Wenn nun einer behauptet, das Evangelium sei nur je und je in punktuellen Akten bruderschaftlichen Zeugendienstes zur Sprache zu bringen und das kirchliche Amt sei in eine Vielzahl einzelner Funktionen aufzuteilen, die verschiedenen Fachleuten zu übertragen sind, so muss dem widersprochen werden, weil damit die Einheit stiftende Kraft der Evangeliumsverkündigung verdunkelt wird“ (Volkskirche 1977, S. 26). Das Amt bleibt das eine Amt. Die Kirche bleibt die eine Kirche. Aber sie ist gegliedert, weil sie Verantwortung trägt für alle Bürger des Gemeinwesens und für alle Berufe und alle Mandatsträger usw. Niemand darf draußen bleiben. „Gerade die Volkskirche ist deswegen ein gegliedertes und differenziertes Miteinander von verschiedenen Verantwortungsbereichen“ (S. 28). Die Volkskirche ist die Orientierung der Kirche an der Gesellschaft, genannt Volk, nachdem die Orientierung am Staat nicht mehr möglich war. Auch für die EKD ist klar, dass sich die so orientierte Kirche wandeln muss, wenn sich die Gesellschaft, also ihr Bezugspunkt, wandelt. „Die pluralistische Struktur der Öffentlichkeit, allgemeiner noch: die gesellschaftliche Differenzierung, spiegelt sich natürlich gerade in der *Volks*kirche wider, weil dieser mit geringen Einschränkungen die Bevölkerung in ganzer Breite angehört“ (Thema Volkskirche 1978, S. 133). Mit dem Begriff der Volkskirche verband man in dieser Diskussion die flächendeckende kirchliche Versorgung. Dazu gehörte eine neue Wertschätzung der Amtshandlungen, die Rechtfertigung der besonderen Beziehungen zum Staat, der Religionsunterricht, die Kirchensteuer usw. Und dazu gehörte auch die Legitimierung von Pluralität in den eigenen Reihen. In der Diskussion der siebziger Jahre beginnt man Pluralität als Reichtum zu begreifen. Man sieht in der entstandenen Offenheit eine Möglichkeit für Fortschritt. In Ostdeutschland wird die Kirche als Lerngemeinschaft begriffen. Aus der ökumenischen Bewegung wird der Gedanke der Konziliarität übernommen. Die Einheit der Kirche besteht gerade darin, dass man als Verschiedene miteinander im Gespräch bleibt.

Das Problem der Individualisierung taucht noch kaum auf. Man denkt noch in den Kategorien der Versorgung und des Betreuens der Mitglieder. Norbert Mette urteilt: „Dass die Betreuten von heute auf morgen ihre Sache selbst in die Hand nehmen, ist nicht zu erwarten. Im Gegenteil, viel deutet darauf hin, dass gerade solche, die Eigeninitiative zu entwickeln in der Lage wären, sich mittlerweile – wie sie sagen – relevanteren Aufgabenfeldern zugewandt haben, als dass sie sich weiterhin im innerkirchlichen

Kleinkrieg verschleißen lassen. Zurückgeblieben sind weitgehend jene, die in der Kirche den Raum der Geborgenheit suchen, den ihnen ihre gesellschaftliche Umwelt nicht mehr bietet" (1982, S. 102). Die EKD scheint die Lage ähnlich einzuschätzen. Sie verweist darauf, dass die Kirche sich in der Vergangenheit dominant und direktiv verhalten habe und deshalb von den Mitgliedern jetzt nicht viel Interesse an einer aktiven Beteiligung zu erwarten hätte. Dennoch könne die Volkskirche etwas tun. „Die Veränderungen, in die sie gestellt ist, erfordern, dass sie neben der bewussten Pflege ihrer überkommenen ‚Versorgungsstruktur' ihre ‚missionarische Struktur' ausbaut und festigt. Mission bedeutet immer Auseinandersetzung mit Fremdem, Neuem, Unvertrautem" (Thema Volkskirche 1978, S. 77). Die Mitglieder als einzelne sind der kirchlichen Organisation noch fremd und unvertraut. Darf man den Satz über das Wesen der Mission so verstehen? Jedenfalls kann man nicht behaupten, dass es die Mitglieder sind, die mit ihren Interessen, Einstellungen und Erwartungen die Kirche steuern.

Die Differenz von Kirche und Welt

Dass sich die Kirche von anderen Organisationen unterscheiden, dass kirchliche Aktivitäten erkennbar anders sein sollten als nicht kirchliche, ist eine in der Christentumsgeschichte immer einmal wieder auftauchende Forderung. Sie war selbstverständlich in Verfolgungssituationen. Sie gehörte zum Selbstverständnis der Christen in der gesellschaftlichen Minderheit. Im Protestantismus hat dieser Gedanke im Pietismus und in der Erweckungsbewegung einen wichtigen Platz. Die wahrhaft Glaubenden unterscheiden sich von der Welt. Eine bildliche Darstellung hat diese Forderung in den „Zwei-Wege-Bildern" gefunden, die in immer neuen Varianten noch bis heute im Buchhandel erhältlich sind. Obwohl es sich um eine Komposition mit gemeinsamem Rahmen und Thema handelt, sind die linke und die rechte Hälfte des Bildes völlig voneinander getrennt. Vorgestellt werden zwei separate Welten, in die man auch nur durch separate Eingänge gelangen kann. Das Wort aus der Bergpredigt „Gehet ein durch die enge Pforte. Denn die Pforte ist weit, und der Weg ist breit, der zur Verdammnis führt, und ihrer sind viele, die darauf wandeln. Und die Pforte ist eng, und der Weg ist schmal, der zum Leben führt, und wenige sind ihrer, die ihn finden" (Mt. 7,13-14) liegt diesem Bildmotiv zugrunde. In einer Fassung von 1866, die Martin Scharfe wiedergibt, sind die zwei Pforten mit einem Hinweisschild versehen: Reich der Welt und Reich Gottes. Das Reich der Welt enthält Vergnügungsstätten aller Art. Dazu gehört auch das Theater. Der breite Weg führt jedoch weiter, kreuzt die Eisenbahn und endet in Krieg und allgemeiner Zerstörung. Der schmale Weg führt an einer gotischen Kirche, der Sonntagsschule, der Kinderrettungsanstalt und dem Diakonissenhaus vorbei steil ansteigend zum himmlischen Jerusalem (S. 85). Welt und Reich Gottes (Kirche) haben nichts miteinander zu tun. Die Menschen müssen sich zwischen beiden Sphären entscheiden. Der hier sichtbar werdende Dualismus zwischen einer Welt des Heils und einer Welt des Unheils hat in der Christentumsgeschichte unterschiedliche soziale Gestalten gehabt. Er war zuweilen mehr auf die Gesinnung, die innere Einstellung, den Glauben bezogen. Sozial wirksam wurde er, wenn Menschen „der Welt entsagten" und „ins Kloster gingen". Um die Mitte des 19. Jahrhunderts wurde die Gegenüberstellung von Kirche und Welt im Protestantismus in neuer Weise soziale Realität. Mit evangelischen Einrichtungen neben den Kirchengemeinden in Dörfern und Städten, wie sie am schmalen Weg des Bildes angesiedelt sind, konnte man eine eigene christlich geprägte Welt errichten. Man fing an, ein gesellschaftliches Teilsystem Kirche zu denken, das nach eigenen Grundsätzen gesteuert wurde. Theologisch war die Besinnung auf die Kirche als Sonderwelt eine Reaktion auf die Aufklärung und die mit ihr verbundenen gesellschaftlichen Umwälzungen. Lutherische Theologen suchten nach einer Theologie, die in all den Veränderungen Halt geben konnte. Wolf-Dieter Marsch versucht die Stimmung der Zeit einzufangen: „Hatte nicht Luther mit seiner Rechtfertigungsfrömmigkeit sola fide einen Bruch nicht nur mit der römischen Kirche, sondern auch mit allen weltlichen Vermittlungen des Heils vollzogen? Konnte sich eine *Theologie der Differenz* – zur Zeit, zur Kultur, zum autonomen Ethos – nicht zu Recht auf ihn berufen? Und musste nicht in der Kirche auch dieses Bewusstsein der Differenz lebendig bleiben, wenn sie nicht angesichts von Aufklärung und Idealismus zum ideologischen Überbau des Zeitgeistes werden wollte?" (1970, S. 40). Im Gefolge solchen Fragens kam es zu lutherisch konfessionalistischen Bestrebungen, die die Kirche zu einer festen Burg gegenüber allen Verfallserscheinungen der säkularen Kultur ausbauen wollten. Der prägnanteste Verfechter dieser Kirche-Welt-Differenz war Friedrich Julius Stahl. Marsch zitiert dessen Bekenntnis gegen den Zeitgeist: „Zwischen den Prinzipien, die sich feindlich gegenüberstehen, gibt es keine Versöhnung und keine Mitte. Entweder alle Ordnung und Obrigkeit ist vom Menschen gesetzt und besteht zu Menschen Zwecken, oder sie ist von Gott gesetzt und um seinen Willen zu erfülle". Auch die zweite Welle des Pietismus, die Erweckungsbewegung, richtete die Aufmerksamkeit auf die Kirche. Sie ging wie der alte Pietismus von dem Gegensatz von Glauben und Unglauben aus. Sie sah die Organisation der Kirche aber nicht tendenziell auf der Seite des Unglaubens, sondern fand in der Kirche den Ort, an dem man seinen Glauben leben konnte. Die Differenz verlagerte sich. Es ging bei Glaube und Unglaube jetzt um Kirche und Welt.

Verstärkt, vielleicht auch allererst hervorgerufen, wurde diese kirchliche Orientierung durch die politischen Entwicklungen in der nachnapoleonischen Zeit. In großem Maßstab waren mit dem Wiener Kongress 1815 die deutschen Staaten neu zugeschnitten worden. Häufiger als zuvor zählten diese neuen Staaten sowohl Protestanten wie Katholiken zu ihren Bürgerinnen und Bürgern. Die Staaten waren nicht mehr nur von einer Konfession geprägt. Sie waren mehr als einer Konfession verpflichtet. So wurde beispielsweise in der fast rein evangelischen Stadt Darmstadt in den 1820er Jahren eine große katholische Kirche gebaut. Das Großherzogtum Hessen-Darmstadt hatte im Zuge der politischen Neuordnung große Gebietsanteile mit überwiegend katholischer Bevölkerung bekommen. Da sollte auch die katholische Konfession in der Hauptstadt entsprechend repräsentiert sein. Staatsbürgerschaft und religiöses Bekenntnis waren erkennbar nicht mehr identisch. Musste sich da die Kirche nicht ganz neu auf sich selbst besinnen?

Die Veränderung der politischen und konfessionellen Lage führte nicht nur zu Kirchbauprojekten wie in Darmstadt, sondern auch zu Bestrebungen einer kirchlichen Neuordnung im Sinne einer kirchlichen Verfassung. Besonders in Rheinland und Westfalen kämpfte man für eine synodal-presbyteriale Kirchenordnung. Es kam zwar in diesen Jahren noch nicht zu einer eigenständig organisierten evangelischen Kirche. Doch erschien dieser Schritt als die logisch notwendige Folge davon, dass sich der Staat nicht mehr konfessionell verstand. Was aber zustande kam, war ein neues Verständnis des landesherrlichen Kirchenregiments. „Nach der neuen Anschauung war der Landesherr nicht als Staatsoberhaupt, sondern als vornehmste Standesperson, der die erbliche Würde des ‚summus epsicopus' zusteht, der Herr des Kirchenregiments; aus der Kirche des Staates war die Kirche des Landesherrn geworden" (Heussi 1960, S. 457). Was bedeutete das für das Selbstverständnis der Kirche? Mit dem Ende des Alten Reiches 1806 war auch die Auflösung des Corpus evangelicorum (Zusammenschluss der evangelischen Reichsstände) verbunden. Damit hatten die evangelischen Landeskirchen in Deutschland kein gemeinsames Organ mehr. Nach langen Auseinandersetzungen kam es 1853 in Eisenach zur Einrichtung der „Deutschen Evangelischen Kirchenkonferenz". Ziel dieser alle zwei Jahre tagenden Konferenz war, über wichtige alle evangelischen Kirchen betreffende Fragen wie Kirchenreform, Gesangbuchreform, Kindergottesdienst usw. zu gemeinsamen Regelungen zu gelangen (Graf RGG Bd 4, Sp. 1179). Die politischen Verhältnisse zwangen die Landeskirchen zu einem eigenständigen Handeln.

Schließlich muss daran erinnert werden, dass das kirchliche Christentum in dieser Zeit stark an Akzeptanz verlor. Zunächst waren es die Gebildeten, die auf Distanz gingen. Im Zuge der Industrialisierung waren es auch die Arbeiter, die sich den kirchlichen Forderungen entzogen. Für viele in der Kirche waren die Modernisierungsschübe der Zeit Grund genug, sich auf das Kirchliche allein zurückzuziehen. Die Kirche verlor in vielem ihre selbstverständliche gesellschaftliche Anerkennung. War Rückzug in den eigenen Bereich, der unumstritten war, nicht die notwendige Folge?

Oliver Janz hat in einer groß angelegten historischen Untersuchung für die preußischen Gebiete herausgearbeitet, wie sich die verschiedenen oben genannten Faktoren auf Selbstbild und Verhalten der evangelischen Pfarrerschaft ausgewirkt haben (1994). Am Beginn des 19. Jahrhunderts waren die Pfarrer ein wichtiges Segment des Bürgertums. „Ihr Status, Prestige und Selbstverständnis basierte vor allem auf ihrer Bildung und auf der engen Verflechtung von Kirche und Staat" (S. 130). Seit der Mitte des 19. Jahrhunderts kam es jedoch zu einem massiven Bedeutungsverlust im Vergleich zu anderen Berufen. Der Anteil an der Gesamtzahl der Akademiker sank rapide: von 34 % im Jahr 1830 auf 4,5 % vor dem Ersten Weltkrieg. Verglichen mit Ärzten, Anwälten usw. sank die Nachfrage nach den theologischen Dienstleistungen stark. Die Teilnahme am kirchlichen Leben seitens des gehobenen Bürgertums ging zurück. In kirchlichen

Gremien, die z.T. erst nach 1850 eingerichtet wurden, kam es zu einer klaren „Verkleinbürgerlichung". „Parallel zur Entkirchlichung, dem Bedeutungsverlust der Pfarrerschaft, dem Wandel der Gemeindestruktur und der Entbürgerlichung des kirchlichen Lebens zogen sich bedeutende Teile der preußischen Pfarrerschaft zunehmend in das kirchlich-pastorale Milieu zurück, Prozesse, die sich gegenseitig bedingten und verstärkten. Sie wurden erheblich gefördert durch Neuluthertum und Erweckungsbewegung" (S. 134). Bis dahin hatten den Pfarrer die persönliche Qualifikation und seine pädagogisch-sittlichen Leistungen in Staat und Kirche ausgezeichnet. Das änderte sich. „Mit dem Neuluthertum und der Erweckungsbewegung traten die sakramentalen und kultisch-liturgischen Kernelemente der Pfarrerrolle wieder in das Zentrum des Amtsverständnisses. Durch die Dogmatisierung des kirchlichen Bekenntnisses wurde das Amt gegenüber den Laien stark aufgewertet". Die Ordination bekam den Charakter einer Amtsweihe. Der Pfarrer wurde wieder zu einem über der Gemeinde stehenden Mittler zwischen Gott und den Menschen. „Mit der Resakralisierung der Pfarrerrolle trat die Bildung als zentrale Amtsvoraussetzung deutlich zurück". Das hatte Folgen für das soziale Verhalten und Selbstverständnis der Pfarrerschaft. „Große Teile der Pfarrerschaft orientierten sich nun an einem klerikalen Sonderethos, das sie deutlich von anderen bürgerlichen Berufsgruppen abhob und alle Bereiche der pastoralen Lebensführung durchdrang". Selbst liberale Pastoraltheologen forderten die Einhaltung einer „geistlichen Amtswürde" und warnten vor dem Besuch von Theater, Opern und Bällen. „So wurde letztlich die gesamte Pfarrerschaft in Kleidung, Sprache, geselligem Umgang und Auftreten, in Lebensstil und Sozialverhalten auf eine soziale Distanz verpflichtet, die sie nicht nur nach unten abgrenzte, sondern auch aus dem Bürgertum herauslöste" (S. 135). Damit solch ein Ausscheren auch materiell möglich wurde, wurden neue Möglichkeiten kirchlicher Beschäftigung in der Zeit nach 1850 eröffnet. An den Beginn der amtlichen Laufbahn kam die Hilfspredigerzeit. Zusammen mit Studium, Lehrvikariat und Predigerseminar bildete die Hilfspredigerzeit einen durchstrukturierten Ausbildungsblock. Dies förderte die Verkirchlichung des Pfarrernachwuchses insofern, als jetzt eine genaue Kontrolle möglich wurde. Bis zur Jahrhundertmitte waren die jungen Theologen zwischen Studium und Antritt ihrer ersten Pfarrstelle weithin auf sich gestellt. Sie suchten sich Stellen als Hauslehrer, in der Schule oder anderen Tätigkeiten und waren damit einer kirchlichen Sozialisation entzogen. Einher mit der beruflichen Verkirchlichung ging auch die Verkirchlichung des privaten Lebens. Zu Beginn des Jahrhunderts waren Pfarrer noch in großer Zahl in Geselligkeitsvereinen, Casinogesellschaften, Kunstvereinen des Bürgertums maßgeblich vertreten und beteiligt. Nach 1850 zogen sie sich jedoch aus diesen bürgerlichen Aktivitäten zurück und beschränkten den geselligen Verkehr fast ausschließlich auf die eigene Berufsgruppe.

Diese wenigen Hinweise auf die kirchliche Lage in der ersten Hälfte des 19. Jahrhunderts mögen genügen, um zu verstehen, welche Bedeutung die Forderung nach einer Selbststeuerung der Kirche für Teile des Protestantismus in dieser Zeit gewann und seither behalten hat. Es ging um die Verarbeitung der Prozesse der Loslösung vom

Staat und vom Bürgertum, sowie der Erfahrung von gesellschaftlichem Bedeutungsverlust im Zuge von Modernisierung durch Aufklärung, Industrialisierung, Verstädterung und Differenzierung. In dem Maße allerdings wie sich die Kirche aus den gesellschaftlichen Bezügen löste und in eine kirchliche Sonderwelt eintrat, verlor sie die Instrumentarien um die Gesellschaft, deren Teil sie doch war, angemessen wahrnehmen zu können. Man nahm zu Thesen wie der der Säkularisierung Zuflucht. Jahrzehnte später, nach Jahrhundertwende, Erstem und Zweitem Weltkrieg konnte Joachim Matthes in seinem Aufsehen erregenden Buch „Die Emigration der Kirche aus der Gesellschaft" die entstandene Situation so schildern: „Die Vorstellung, dass eine entkirchlichte Gesellschaft und eine ‚entgesellschaftlichte' Kirche einander gegenüberstehen, beherrscht das zeitgenössische Denken ‚außerhalb' und ‚innerhalb' der Kirche und bestimmt den Rahmen des kirchlichen Handelns, den Zweitakt der *Sammlung*, des Herausrufens der Gläubigen aus ihren gesellschaftlichen Bindungen, und der *Sendung*, des Hineinschickens der Gläubigen auf die vielfältigen Felder der funktionalen Gesellschaft" (1964, S. 16). Matthes hält diese Sicht für falsch und empfiehlt, sich aus der Vorstellung zu befreien, als ob *der* Gesellschaft als Objekt *die* Kirche gegenüber stehe. Was geschichtlich geschehen sei, sei die Folge der *Emanzipation* der Kirche aus staatskirchlichen Verhältnissen. Man dürfe diese *Emanzipation* nicht zu einer *Emigration* umdeuten oder gar zu machen versuchen. Für Matthes stellt sich hier im wesentlichen ein Wahrnehmungsproblem, ein Problem, das die kirchensoziologische Arbeit und die Praktische Theologie weiter beschäftigen sollte. Dies geschah dann jedoch nicht freiwillig oder aufgrund intensiver Wahrheitssuche, sondern weil gesellschaftlicher Druck die lieb gewordene Sicht der Dinge nicht mehr weiter zuließ. Darüber ist im folgenden Abschnitt zu handeln.

Das neue Interesse an den Mitgliedern

Ergebnis der Entwicklungen im 19. Jahrhundert war, dass Religionszugehörigkeit und Staatsbürgerschaft für die Menschen nicht mehr identisch waren. „Nun galten die staatsbürgerlichen Rechte nicht mehr als unmittelbar mit der Kirchenmitgliedschaft verknüpft, damit war im prinzipiellen Sinn die Kirchenmitgliedschaft freigestellt und der Entscheidung der einzelnen anheim gegeben – auch wenn diese Verschiebung nur sehr allmählich in ein allgemeineres Bewusstsein Eingang fand, so dass bis heute für einen großen Teil der Bevölkerung die Kirchenmitgliedschaft als vorgegebene Selbstverständlichkeit, als ‚zugeschriebenes Merkmal' also, gilt" (Huber 1979, S. 153). Außenstehende merkten zunächst nichts von den Veränderungen. Der Rückzug von Theologie und Pfarrerschaft fiel weiter nicht auf und hatte für diese auch keine nachteiligen Folgen. Die Geldmittel flossen weiter. Weder Staat noch Mitglieder hatten irgendwelche materiellen Konsequenzen gezogen. Dass die entstehende innerkirchliche Kommunikation mit einer eigenen Sprach- und Begriffswelt sich nicht mehr zum Austausch mit der Außenwelt eignete, kam nicht weiter zum Tragen (Matthes 1964, S. 9). Trotz der Turbulenzen von Erstem und Zweitem Weltkrieg, sowie Drittem Reich blieb die Kirchenmitgliedschaft erstaunlich stabil. Man konnte die Kirchenpolitik der zwanziger Jahre als ein Meisterstück feiern. Martin Dibelius nannte das 20. Jahrhundert gar „Das Jahrhundert der Kirche“, so der Titel seines 1926 erschienenen Buches.

Das änderte sich für viele überraschend am Ende der sechziger Jahre des 20. Jahrhunderts. „Lautloser Abschied von der Kirche?“ fragen die Autoren der ersten Mitgliederbefragung der Evangelischen Kirche in Deutschland und beginnen die Schilderung des Hintergrunds für die Befragung mit den Sätzen: „Das Jahr 1969 markiert, kirchenstatistisch gesehen, einen bedeutsamen Einschnitt. Die Kurve der Kirchenaustritte schnellt in die Höhe, die des Gottesdienst- und Abendmahlsbesuchs in die Tiefe.“ (Hild 1974, S. 7). Sicher hatte es schon in der Weimarer Republik und im Dritten Reich hohe Kirchenaustrittszahlen gegeben. Doch dass die Austritte innerhalb von zwei bis drei Jahren sich vervielfachten, hatte es in der Bundesrepublik noch nicht gegeben. Das war eine überraschende Neuheit. Armin Kuphal kommentierte das so: „Wenn Ereignisse überraschen, so ist dies stets ein Zeichen für fehlende Theorie oder für mangelhafte Messinstrumente – was freilich mit dem Theorie-Manko einher geht“ (1979, S. 2). Die Mitglieder hatten sich zum ersten Mal nach dem Zweiten Weltkrieg erkennbar zu Wort gemeldet. Sofort entbrannte ein Streit darüber, wie die Austrittswelle zu verstehen sei. Kuphal meint, dass es im Grunde keine wirklich dramatischen Ereignisse oder Bewegungen waren, die zu der Flut an Austritten geführt hätten. In der Zeit habe sich hinsichtlich der Kirchen „kein Lüftchen geregt“ (S. 472). Vielmehr sei eingetreten, was längst zu erwarten gewesen wäre: „Das Kontinuum der Kirchenferne hat seinen ‚natürlichen Nullpunkt‘ erhalten – den formellen Austritt aus der Kirche als echte Handlungsmöglichkeit“ (S. 470). Mit anderen Worten: Nach fast hundert Jahren merkten die Mitglieder erst, dass die Kirchenmitgliedschaft ihnen frei gestellt war.

Für die Kirchenleitungen und -verwaltungen war das neue Verhalten ein Grund zur Nachfrage bei ihren Mitgliedern. 1972 wurde die erste Mitgliederbefragung durchgeführt. Sie wird seither im Abstand von zehn Jahren mit modifizierten Fragestellungen wiederholt. In den Auswertungen werden Erklärungsmuster erarbeitet, aber auch Handlungsempfehlungen formuliert. In allen drei Untersuchungen (Hild 1974; Hanselmann 1984; Engelhardt 1997) wird davon gesprochen, dass zwischen den Mitgliedern und der Institution Kirche ein Kommunikationsproblem bestehe. Die „da drinnen“ verstehen die „da draußen“ nicht und umgekehrt. Die Kirchenverantwortlichen sehen bzw. akzeptieren nicht, was die Mitglieder eigentlich von der Kirche haben wollen bzw. was die Kirche für sie bedeutet. Die Mitglieder umgekehrt nehmen große Teile der sich ausdifferenzierenden Kirchenwelt nicht wahr und sehen auch überhaupt nicht ein, was das alles mit ihrem Leben zu tun haben soll (Engelhardt 1997, S. 354).

In der Auswertung der ersten Befragung wird überlegt, ob man nicht das kirchliche Selbstverständnis hinsichtlich der Erwartungen der Mitglieder und hier insbesondere hinsichtlich des Stellenwerts der Amtshandlungen korrigieren müsse (Hild 1974, S.

233ff). Auch wenn Bildung eher zu Kirchendistanz führt, hilft zu einer bewusst bejahten Kirchenmitgliedschaft wiederum nur Bildung (Hild 1974, S. 252ff). Reformen allein helfen noch nicht, wenn es nicht auch gelingt, den Konsens der Mitglieder über Soll und Nichtsoll der Kirche zu verändern. Schließlich wird man – so die Studie „Wie stabil ist die Kirche?“ – von der Beschränkung auf den Sonntagsgottesdienst als Kommunikation mit den Mitgliedern Abschied nehmen und eine größere Vielfalt anstreben müssen (S. 259ff). Die Organisation Kirche wird sich mit anderen Worten mehr auf ihre Mitglieder zu bewegen und von ihnen her zu denken lernen müssen.

Die Studie „Was wird aus der Kirche?“ (Hanselmann 1984) hebt darauf ab, dass sich die Kirchenmitglieder untereinander über Kirche und Christentum anders zu verständigen scheinen als dies kirchliche Handlungsträger tun. „Daraus ergibt sich für die Kirche vordringlich die Aufgabe, ihre Wahrnehmungsfähigkeit zu erweitern, ein offenes Sensorium als Voraussetzung von Kommunikation und Verständigung zu entwickeln. Vereinfacht gesagt: Wer wirklich mit den Menschen reden will, muss ihnen ‚aufs Maul schauen‘, muss lernen, mit den Augen der anderen, seiner Partner zu sehen und ihre Sprache zu sprechen“ (Hanselmann 1984, S. 65).

Die dritte Mitgliedschaftsstudie will die Mitglieder ernst genommen wissen. Die Kirche habe keine Monopolstellung mehr. Sie müsse begreifen, dass sie nach außen wie im Innern in einer pluralen Situation sei. Die Formen der Mitgliedschaft sind genauso vielgestaltig geworden wie die Praxis der Kirche und die Positionen ihrer Mitarbeitenden auch (Engelhardt 1997 S. 352). Die Kirche selbst muss sich neu verstehen lernen. „Unsere Kirchen leben – so die Studie – weithin aus dem Herkommen und den sich abschwächenden Traditionsbindungen und Konventionen. Sie müssten dagegen ihre Organisation darauf ausrichten, aktiv, initiativ, quasi ‚unternehmerisch‘ um Akzeptanz, Förderung und Mitgliedertreue zu werben ... Das Gewiesensein an alle war unter Monopolbedingungen kein Organisationsproblem, unter Konkurrenzbedingungen ist es ein solches geworden“ (S. 353). Dazu gehören nach der Studie: Besuche, Öffentlichkeitsarbeit in den Medien, Gestaltung der Amtshandlungen so, dass sie als lebensdienlich erfahren werden, religiös kompetentes Profil und Verantwortung für die Gesellschaft. 2002 folgte eine vierte Befragung, die in ihren Ergebnissen noch deutlicher forderte, sich auf die Mitglieder und ihre Weltsichten einzulassen (Weltsichten 2003).

Mit anderen Worten: Die Kirche muss ihre Mitglieder als ihrer selbst mächtige und kompetente Partnerinnen und Partner anerkennen und ansprechen. Wenn das geschieht, ist das Drinnen und Draußen im Grunde überwunden. Die Kirche tritt wieder in die Öffentlichkeit ein. Die Kirchenaustritte ohne politische Agitation wie vor den Weltkriegen haben dafür die Augen geöffnet. Eine Kirche, die sich als Teil der Öffentlichkeit, als öffentliche Religion begreift, kann auch die Frage besser beantworten, weshalb es Religionsunterricht an öffentlichen Schulen und theologische Fakultäten an öffentlichen Universitäten geben soll. Sie wird auch eher Antworten finden auf die Frage, was mit den großen Citykirchen geschehen soll, die keine oder nur noch sehr kleine Gemeinden haben usw. Im folgenden soll beispielhaft vorgestellt werden, wo erkennbar wird, dass sich die evangelischen Kirchen in Deutschland wieder in die gesellschaftliche Öffentlichkeit hineinbegeben.

Das Ende des Kirchenmonopols

In dreierlei Hinsicht kann beobachtet werden, wohin die Entwicklung der kirchlichen Praxis wohl gehen mag. Kirchenpolitisch bzw. -organisatorisch lässt sich ein Trend hin zu einer Orientierung an Mitgliedern und Öffentlichkeit erkennen. Entsprechende Plädoyers sind in verschiedenen praktisch-theologischen Studien zu finden. Seit den 90er Jahren ändern sich auch das Vokabular und die Denkmuster in der kirchlichen Praxis.

Es ist nicht mehr die ihrer selbst bewusste Mehrheits- oder Monopolkirche, Staatskirche oder Volkskirche, die den Weg in die gesellschaftliche Öffentlichkeit antritt. Es ist vielmehr eine Kirche, die sich selbst als Organisation zu betrachten lernt, die sich selbst zu reflektieren beginnt und ihr Verhältnis zur Öffentlichkeit wie ihren Mitgliedern neu zu bestimmen versucht. Es ist eine Kirche, die nicht mehr ganz selbstverständlich die Vorgaben macht, sondern sich selbst auf die Suche begibt, die ihre Geschichte neu entdeckt, die Spuren zu lesen versucht, die das Christentum in der kulturellen und sozialen Geschichte des Landes hinterlassen hat.

Wolfgang Huber hat wohl weniger in seiner Rolle als Professor für Systematische Theologie denn in der Rolle des Bischofs der Evangelischen Kirche von Berlin und Brandenburg diese Kirche und die vor ihr liegenden Aufgaben zu beschreiben unternommen (1998). Hubers Stichwort ist Öffentlichkeit und öffentliche Kirche, wenn es um das Bild einer zukünftigen Kirche geht. „Das Leitbild der ‚Volkskirche' hat seine Selbstverständlichkeit verloren – schreibt Huber – ; aus der vor allem im Osten Deutschlands gegebenen Situation einer ‚Minderheitskirche' ist eine Zukunftsvision nicht abzuleiten. Mit dem Begriff der ‚offenen und öffentlichen Kirche' werden Konturen einer Kirche gezeichnet, die sich den Herausforderungen der Gegenwart stellt und die ihr anvertrauten Überzeugungen öffentlich zur Geltung bringt" (S. 37). Die Kirche muss sich als Institution in der Gesellschaft neu definieren. Sie hat sich ihrer öffentlichen Orte bewusst zu werden und sie hat öffentlich Verantwortung zu übernehmen.

Die Kirche darf sich nicht mehr als staatsanaloge Institution verstehen, sondern sollte lernen, sich als eine intermediäre, eine vermittelnde Institution in der Zivilgesellschaft zu begreifen. Sie kann und darf nicht mehr obrigkeitlich orientiert sein. Sie muss sich als ein Faktor innerhalb einer pluralistisch bestimmten Gesellschaft erkennen. Die Kirche ist für Huber nicht nur als soziale Institution in der Gesellschaft präsent, die durch ihre Gottesdienste und anderen Veranstaltungen Orte der Begegnung schafft, sondern auch durch ihre Gebäude. In ihnen steht leibhaftig vor Augen, worum es der Kirche geht. Sie sind wörtlich genommen Orte der Begegnung, des Schutzes und der Geborgenheit und das in aller Öffentlichkeit und für die Öffentlichkeit.

Die öffentliche Verantwortung der Kirche sieht Huber wiederum an drei Punkten, nämlich in der Verantwortung für Bildung, in der Wahrnahme einer politischen Verantwortung, wie sie etwa in dem Konsultationsprozess zur wirtschaftlichen und sozialen Lage in den neunziger Jahren zum Ausdruck kam, und in dem Einstehen für eine Kultur des Helfens. Voraussetzung für eine zukünftige Kirche bzw. für die Zukunft der Kirche ist, dass die Kirche ihre Mitglieder ernst nimmt, sich um ihre Mitarbeiter kümmert, sich als Organisation begreift und verbessert und erkennbarer wird in dem, was ihre Botschaft ist.

Damit ist eine Reihe von Stichworten genannt, die auch in anderen Landeskirchen diskutiert werden.

Die Evangelische Kirche in Hessen und Nassau hat 1988 eine Perspektivkommission eingesetzt, die die Aufgabe hatte nach einer Kirche zu suchen, „die von ihrem Wesen her einladend ist, nach einer Kirche, die Fragen stellt und Antworten gibt, in denen sich die Menschen wiederfinden und weiterfinden, nach einer Kirche, die ihr Geheimnis als Lebensgeheimnis auslegt und erfahrbar macht“ (Person und Institution 1992, S. 5). Schon in den ersten Sitzungen wurde der Kommission klar, dass auch nach den Lebenssituationen und Erfahrungen der Menschen gefragt werden musste, an die man sich wenden wollte. Auf keinen Fall wollte man „in einer rein binnenkirchlichen Sicht befangen bleiben“. So kreisen die Überlegungen im Grunde um zwei Fragen: Wie soll und kann die Kirche ihre Mitglieder sehen und Beziehungen zu ihnen herstellen? Und: Wie kann und soll sich die Kirche auf die Gesellschaft beziehen? Mit Blick auf Formulierungen der Kirchenordnung wird festgestellt: „Dieses Bild des Kirchenmitglieds als jemand, der fürsorglich angeleitet wird, steht im Widerspruch zu Eigenverantwortung und Engagement“ (S. 112). Man fragt sich, ob die Mitarbeiterschaft, insbesondere die Pfarrerinnen und Pfarrer, hier nicht einiges zu lernen hätten. Reicht die Parochialstruktur, um der heutigen differenzierten Gesellschaft und den eigenverantwortlich agierenden Menschen noch gerecht zu werden? Die Kirche wird auf den Prüfstand aus der Sicht der gegenwärtigen Gesellschaft und ihrer Mitglieder gestellt.

Auch eine Vorlage der Evangelischen Kirche von Westfalen aus dem Jahr 2000 fragt nach gegenwärtig notwendigen Akzentsetzungen. Man plädiert für eine mitgliederorientierte kirchliche Arbeit. Auch hier wird dann sogleich nach den Mitarbeiterinnen und Mitarbeitern gefragt und den für eine mitgliederorientierte Kirche angemessenen Strukturen.

Die Beziehung zwischen einer mitgliederorientierten Kirche und ihren Mitgliedern charakterisiert das Proponendum der Evangelischen Kirche von Westfalen als ein „Gespräch auf Augenhöhe“. „Mitgliederorientierung ergibt das Bild einer auf Charismen, Begabungen und Fertigkeiten angewiesenen Kirche, die sich an ihren Mitgliedern erfreut“ (2000, S. 31). Das klang dreißig Jahre zuvor in der vorangehenden Strukturdebatte noch anders. In einer Schrift der Evangelischen Kirche in Hessen und Nassau hieß es damals: „Grundlegend für das Verständnis der Kirche ist ihre „ *missionarische Struktur*“. Damit ist gemeint, dass ihr Dienst ohne Vorbehalt allen Menschen gilt, gleich ob sie am kirchlichen Leben teilnehmen oder nicht, aufgeschlossen oder ablehnend sind“ (Roessler/ Dienst 1971, S. 7). Die Kirche will für alle da sein, nicht nur den inneren Kreis, den Kern. Dabei kommt sie mit ihrem Dienst oder Angebot jedoch gewissermaßen von außen. Ihr Angebot entsteht nicht im Dialog mit den Menschen, nicht in der Mitte der Mitglieder und aus deren Interessen heraus. Diese Struktur erkennt Karl-Fritz Daiber auch noch für die Kirche der neunziger Jahre. In einem Geleitwort zur Bestandsaufnahme von Kooperationsmodellen in der Braunschweiger Landeskirche schreibt er: „Eine Angebotskirche ist eine von ‚Mitarbeitern‘ gestaltete Kirche. Dieser Eindruck drängt sich in den Braunschweiger Berichten auf... Die Volkskirche ist nicht mehr eine reine Pastorenkirche, eher eine Kirche der ‚Mitarbeiter‘. Mitarbeit und Nichtmitarbeit stehen einander gegenüber“ (1995, S. 14). Daiber ist kritisch. Mit einem Verständnis von Kirche als Dienstleistungsunternehmen kann zwar in einer differenzierten Gesellschaft den Bedürfnissen der Mitglieder besser Rechnung getragen werden. Doch kommen die verschiedenen Beteiligungsformen der Mitglieder so nicht in den Blick. Nicht jedes Engagement kann als „Mitarbeit“ bezeichnet werden. Die Teilnahme an einem Hauskreis, das Singen im Chor usw. ist von einer anderen Struktur und lässt sich kaum als Mitarbeit definieren. Es ist eine eigene Form der Beteiligung. Zielvorstellung für eine Kirche der Zukunft ist für Daiber eine Gemeinde, die weitgehend von selbstverantwortlichen Gruppen gestaltet wird. Es ginge – wenn man so will – nicht um eine Kirche für andere, für die Menschen, für die Mitglieder, sondern um eine Kirche aller, eine Kirche der Menschen und der Mitglieder.

Die an diesen Beispielen aufscheinende Tendenz der Kirchenpolitik ist auch in Entwürfen der Praktischen Theologie zu erkennen.

„Notwendig ist es ..., über handlungswissenschaftliche und empirische Forschung hinaus zu einer integralen Wahrnehmung christlicher Lebenspraxis im Kontext nicht nur der Kirche, sondern auch von Gesellschaft, Kultur und Alltag zu kommen“, meint Günter Heimbrock (2001, S. 224). Es macht einen Unterschied, ob Kirche und Theologie der alles bestimmende Horizont sind oder ob Religiöses nur als eine Dimension des Lebens unter anderen erscheint, die noch nicht einmal ständig präsent zu sein braucht. Gelebte Religion oft im Gegenüber zu gelehrter Religion, Lebenswelt, Alltag, Kontextualität, Wahrnehmung, Phänomenologie sind Begriffe, die anzeigen, dass man die Religion der Menschen zu erforschen versucht und nicht die Anwendung von theologischen Einsichten für das Handeln der Kirche in den Vordergrund stellt.

„Während in der dogmatischen Kirchenlehre versucht wird, von der theologischen Theorie her die Praxis zu erfassen und zu normieren, definieren die Kirchenmitglieder ihr Christsein oftmals in bewusster Abgrenzung gegen ein theologisch fixiertes Kirchenverständnis“, stellt Reiner Anselm fest (2000, S. 11). Für die Kirchenmitglieder stehen nicht wie für die theologische Tradition Verkündigung und Sakramentsverwaltung im Mittelpunkt, sondern die Erfahrung, wie ihnen die Organisation und insbesondere der Pfarrer bzw. die Pfarrerin konkret begegnet. Das heißt aber: Ohne die kritische Auseinandersetzung mit der gelebten Kirchlichkeit kann auch die Dogmatik nicht ans Ziel kommen. Sie würde zu einem „geschichtslosen Konstrukt“ ohne Wirkung.

Martin Kumlehn entwirft eine Kirchentheorie, die „die Strukturen individueller Frömmigkeit ebenso erschließt wie die Funktionsmechanismen kirchlich bzw. gesellschaftlich vermittelter Religiosität“. Ziel ist es, die bleibende und besondere Funktion der Kirche für christliches Glauben und Handeln zu verdeutlichen. Dabei ist nicht daran gedacht, christliches Glauben und Handeln an kirchliches Glauben und Handeln zu binden. Vielmehr geht es darum, die Kirche als Institution auch für die nicht-kirchliche Religionspraxis zu erschließen. Kumlehn will die Kirche öffnen hin zu einer „Kirche für die Religion der Menschen“ (Kumlehn 2000, S. 219). Sie muss sich als eine „religionsvermittelnde Organisation“ begreifen.

Gerald Kretzschmar hat untersucht, wie die distanzierte Kirchlichkeit in der praktischen Theologie vorkommt und wahrgenommen wird (Kretzschmar 2001, S. 32). Er verlangt, dass „distanzierte Kirchlichkeit als eigenständige, nicht defizitäre Form praktizierter Kirchenmitgliedschaft“ verstanden werden müsse. Man brauche einen mehrdimensionalen Kirchenbegriff. Kretzschmar findet einen solchen differenzierten Kirchenbegriff bei Albrecht Ritschl vorgeformt. Ritschl unterscheidet zwischen einem dogmatischen und einem rechtlichen Kirchenbegriff. Zwischen beiden vermittelt ein ethischer Kirchenbegriff. „Insbesondere die ethische Dimension von Ritschls Kirchenbegriff erlaubt die ekklesiologische Verortung distanzierter Kirchlichkeit. Schließlich wird mit ihr die Tatsache wahrgenommen, dass die im Raum der Kirchenorganisation anzutreffende Verkündigung der liebenden Zuwendung Gottes zum Menschen ethische Folgen im Leben jeder und jedes einzelnen hat“ (S. 306). Entscheidend ist, dass die Kirche nicht nur dogmatisch und rechtlich-organisatorisch beschrieben werden kann, sondern dass die Kirche auch da ist, wo die einzelnen die kirchliche Verkündigung auf ihr Leben beziehen. Will man der Kirchenmitgliedschaft in ihrer individuellen Ausgestaltung gerecht werden, bzw. will man möglichst allen Mitgliedern „Andockpunkte“ an die Organisation Kirche geben, muss man mehrdimensional oder mehrschichtig denken und handeln. Jan Hermelink führt die negative Entwicklung in der Mitgliedschaft auf eine Reduktion des kirchlichen Angebots zurück (2000, S. 21). Soziologisch bzw. phänomenologisch betrachtet hat die Kirchenmitgliedschaft im wesentlichen eine rituelle Struktur. Sie baut sich im Laufe des Lebens durch die Begegnung mit entsprechenden Gottesdiensten auf (S. 282). Sie bezieht sich auf eine allgemeine Zugänglichkeit „in *räumlicher, personaler* und in *ritueller* Hinsicht“. Man kann nicht einen Zugang davon als normativ hervorheben (S. 351). Die Kirchenmitgliedschaft ist keine *Sozialbeziehung*, sondern sie stellt eine *institutionelle Bindung* dar (S. 365). Auch für Hermelink also besteht die Problematik der kirchlichen Perspektive darin, dass sie zu wenig differenziert ist und den Mitgliedern zu wenig Spielraum lässt.

ZWEITES KAPITEL:

DIE ÖFFNUNG DER KIRCHE FÜR DIE RELIGION

Für die Mitglieder persönlich bedeutsam ist eher Religion als Kirche. Mit dem Begriff Religion wird die subjektive Seite des Glaubens ausgedrückt. In diesem Kapitel wird in unterschiedlichen Perspektiven über Religion gesprochen. Es geht um den neuen Gebrauch des Wortes, um eine neue Aufmerksamkeit für das Phänomen aber auch um die religiöse Dienstleistung der Kirche.

Leitbegriff Religion

In der gegenwärtigen Theologie vollzieht sich ein Wandel. Vielfach werden die Fäden der Theologie vor dem Ersten Weltkrieg wieder aufgenommen. Ulrich Körtner sieht eine „Neuauflage des Kulturprotestantismus". „Hierbei spielt die Abkehr von der dialektischen Theologie bzw. der Theologie des Wortes Gottes ... eine entscheidende Rolle. Die jüngere Theologengeneration fühlt sich nicht nur zu Schleiermacher, sondern auch zum Kulturprotestantismus des 19. Jahrhunderts hingezogen" (2002, S. 63). Christentum und Kultur werden neu zusammen gedacht. Solche veränderten Programmatiken äußern sich auch in der Terminologie. „Auch der von der dialektischen Theologie geächtete Begriff der Religion erfährt seine Rehabilitierung und hat den Begriff des Wortes Gottes längst als Leitbegriff evangelischer Fundamentaltheologie, der er seit den Tagen Barths und Bultmanns war, abgelöst" (S. 63). Allerdings hat der Begriff durchaus auch eine neue Füllung erfahren. Man kann ihn nicht mehr unbefangen nur im Singular benutzen. Und das Religiöse selbst hat auch andere Erscheinungsformen angenommen. Religion ist an die Stelle des Leitbegriffs Wort Gottes getreten. Martin Kumlehn beobachtet, das Wort Religion habe in praktisch-theologischen Publikationen weithin das Wort Kirche verdrängt (2001, S. 355).

Die Veränderung im Sprachgebrauch lässt sich auch in der dritten Mitgliederbefragung der Evangelischen Kirche in Deutschland erkennen. Der Begriff der Volkskirche ist fast ganz verschwunden. Neben den Begriff der Kirche ist der Begriff Religion getreten. Nicht dass mit Religion dasselbe gesagt würde wie mit Volkskirche. Vielmehr erschien der Begriff Volkskirche nicht mehr geeignet zu sein für das, was man herauszufinden versuchte. Man beobachtete, wie religiöse Themen plötzlich wieder interessant waren. Religiöses als eine allgemeine Sinnsuche oder neues Weltdeutungsmuster konnte nicht mit den Begriffen Kirche oder Volkskirche angesprochen werden. So wurde gegenüber den beiden vorangegangenen Befragungen von 1972 und 1982 der Fragebogen insbesondere um das Religionsthema erweitert. Man wollte die subjektive religiöse Haltung und Sprache ermitteln (Engelhardt 1997, S. 34). Dazu wurde als neues

Instrument das Erzählinterview eingesetzt. Man wollte so weit als möglich die Perspektive der Partnerinnen und Partner einnehmen. Die Menschen haben eine eigenständige Entwicklung des Themas für sich genommen, die sich nicht ohne weiteres mit kirchlichen Begrifflichkeiten beschreiben lässt (S. 56). Interessant sind vor allem die Distanzierten unter den Mitgliedern. Die These ist: „Die erzählte Lebensgeschichte ist der ‚Sitz' der Religion" (S. 61). Gefragt wird nach persönlichen Erfahrungen und Erinnerungen, nach Weihnachtsgottesdiensten, Kirchenräumen, Orgelklängen und Kerzenschein (S. 60). Was da erzählt wird, findet bislang die Zustimmung der Kirche kaum. Doch für die Studie ist klar: Solange die Kirche „sich selbst – wie in manchen Interviews lebhaft geschildert – eher zur Wächterin einer korrekten, konventionell definierten Glaubenshaltung macht und ihre hermetische religiöse Sprachwelt ängstlich als Besitzstand verteidigt, statt Hilfestellungen zum Verständnis und zur Darstellung individueller religiöser Erfahrung zu geben und die christliche Sprachtradition anschlussfähig zu machen für das unabgeschlossene Feld lebensgeschichtlicher Erfahrungen, solange darf man sich nicht wundern, wenn etwa der Kfz-Meister Wolf den Begriff ‚Gott' für sich selbst als autoritär und einengend verwirft und statt dessen lieber von seinem ‚persönlichen Schutzengel' reden möchte" (S. 64).

Religion ist die persönlich erlebte Seite des Glaubens. Für die Studie sind Kirche und Religion zweierlei. Daraus zieht sie die Konsequenz: Wenn man für die Zukunft der Volkskirche etwas tun wolle, müsse man sich nicht nur um das Kirchenverhältnis der Distanzierten kümmern, sondern auch und gerade um ihr Religionsverständnis (S. 35). Es ist nicht mehr nur die Frage, wer eigentlich alles zur Kirche gehört, sondern auch was diese Menschen glauben und wie sie ihren Glauben ausdrücken. Die Frage ist: Welches ist die Religion der Mitglieder?

Der Bericht der Perspektivkommission der Evangelischen Kirche in Hessen und Nassau „Person und Institution" stellt Glaube und Religion nebeneinander. Beide sind zu einer „Sache der Subjektivität" (1992, S. 23) geworden. Wenn der Begriff Religion neuerdings wieder vermehrt gebraucht wird, dann wird damit ausgedrückt, dass man die Subjektivität und die Autonomie der Subjekte anzuerkennen bereit ist. Die einzelnen sind nicht mehr gebunden an eine von Kirche, Theologie oder sonstiger Tradition sanktionierte Ausdruckweise und Begrifflichkeit. Es wird ihnen zugestanden, selbst über ihre Sprache und ihre Deutungen von Erfahrungen verfügen zu können. .

Insbesondere im neuzeitlichen Protestantismus wird diese enge Verbindung von Religion und Subjektivität, von Frömmigkeit und Individualität schon lange beobachtet, auch wenn dieses Grundprinzip nicht immer akzeptiert wurde. Für die Gegenwart kann man aber feststellen: „Die Religion bezeichnet somit die Dimension menschlicher Lebenspraxis, die den einzelnen Menschen in charakteristischer Weise von anderen Individuen unterscheidbar macht, und die Wirklichkeitsperspektive, die die Privatwelt als eine gegenüber den Konventionen und Institutionen der öffentlichen Lebenssphäre abgeschirmte und von der Logik individueller Selbstentfaltung und Selbstreflexion dirigierte Lebensregion konstituiert" (Steck 2000, S. 118). Die einzelnen werden nicht mehr aus der Perspektive der Kirche betrachtet, sondern um ihrer selbst willen wahrgenommen.

Die Wiederkehr der Religion

Es hat sich etwas verändert. Von dieser Beobachtung wird vielfach ausgegangen. Bereits seit den siebziger Jahren des vergangenen Jahrhunderts ist in der Theologie, aber auch in Philosophie und Kulturwissenschaft Religion wieder Thema geworden. Rainer Volp gab 1975 einen Aufsatzband heraus mit dem Titel „Chancen der Religion". Im Klappentext heißt es: „Neue Formen der Religiosität haben in den letzten Jahren zunehmende Beachtung gefunden. Auf die eine Zeit lang verkannte Bedeutung von Religion in unserem Leben und Denken machen hier Theologen, Soziologen, Religionsphilosophen und Künstler erneut aufmerksam". In der Einleitung schreibt Volp: „Die Beiträge kreisen um das Problem *Religion und Erfahrung.*" (S. 8). Volp verweist auf Dorothee Sölle, die zur selben Zeit die Religiosität neu im Zusammenhang mit Erfahrung thematisierte. Sölles Buch „Die Hinreise" aus dem Jahr 1975 trägt den Untertitel „Zur religiösen Erfahrung" (1983). Es gibt in dieser Zeit ein Bewusstsein davon, dass Religion neu entdeckt wird. Und sie wird im Zusammenhang mit dem persönlichen Leben und Erleben der Menschen gesehen, nicht als Tradition, nicht als eine Sache der Kirche. Noch ist auch Religion nicht der alleinige Leitbegriff für das zu bezeichnende Phänomen. In Volps Sammlung findet sich auch ein Aufsatz von Leszek Kolakowski mit dem Titel „Die Rache des Heiligen an der profanen Kultur" (Volp 1975, S. 17). Dietmar Kamper und Christoph Wulf gaben unter dem Titel „Das Heilige. Seine Spur in der Moderne" 1987 einen Aufsatzband heraus, in dem sie von einer ähnlichen Beobachtung ausgehen wie Volp in Bezug auf die Religion: „Das Heilige ist nicht vergangen, sondern es ist als Verschobenes, Verborgenes, Verdrängtes und Vergessenes durchaus aktuell. Man muss es nur kenntlich zu machen verstehen, d.h. man muss es entdecken, darstellen und noch aus seinen verwischten Spuren rekonstruieren können" (Kamper/Wulf 1987, S. 1). Kamper und Wulf meinen, wenn sich das Heilige so zeigen ließe, dann sei die These von Entzauberung der Welt hinfällig. Damit wird der Bogen geschlagen von der Entzauberung zur Wiederverzauberung der Welt. Max Weber hatte die These von der Entzauberung der Welt durch die Wissenschaft aufgestellt (Daiber 1995, S. 10). Carsten Colpe begründet den Wandel: „Das neue Interesse am Heiligen kommt aus der natürlichen Theologie, aus Krisenbewusstsein und manchem anderen. ... die neue Beschäftigung mit ‚dem Heiligen' kann auch ein Mittel zum Weiterdenken, Weiterglauben und Weiterhandeln sein" (Colpe 1987, S. 57). Religion oder das Heilige sind nicht einfach eine Rückkehr zu Vergangenem, sondern eine Überwindung von gegenwärtigen Sackgassen.

Mit Beginn der neunziger Jahre verstärkt sich die Debatte um die Religion. Die Kirchenbünde der Lutheraner und der Unierten veröffentlichen 1991 eine Studie „Religionen, Religiosität und christlicher Glaube". In der Studie wird gefragt, ob es sich am Ende des 20. Jahrhunderts um eine Wiederkehr der Religion handele (S. 25). Auch hier kommt man im Blick auf die Phänomene zu dem Ergebnis, es handele sich nicht um Rückkehr. „Es geht also in den religiösen Bewegungen des 20. Jahrhunderts in Westeuropa nicht eigentlich um eine ‚Wiederkehr von Religion' sondern offenbar vielmehr um ein starkes Freisetzen der Religiosität, d.h. zugleich ein Anwachsen der Nichtigkeitserfahrung des Menschen" (S. 29). Insofern geht es nicht um die Wiederentdeckung von etwas längst Bekanntem, sondern um die Entdeckung von etwas Neuem, in dieser Art noch nicht Geläufigem oder mit bekannten Kategorien Erfassbares. Colpe meint deshalb: „Auf das ‚Phänomen des Heiligen' stößt man überhaupt nur, wenn man sich irgendwie phänomenologisch einstellt" (S. 53). Dieser Linie folgen dann später Wolf-Eckart Failing und Hans-Günter Heimbrock und andere mit ihrem phänomenologischen Ansatz.

Die einen beobachten ein neues Aufkommen von Religion und sehen darin die Rehabilitation der Tradition von Christentum und Kirche. Die anderen verhalten sich spöttisch distanziert wie Eberhard Jüngel: „Damit Hand in Hand ging die – sit venia verbo – Entmythologisierung der Wissenschaft vonstatten. Gerade die von ihr ermöglichten gewaltigen Erfolge produzierten die bekannten Folgeprobleme, die ihrerseits das bisherige Grundvertrauen in die Wissenschaft und in den durch sie ermöglichten technischen Fortschritt nachhaltig erschütterten ... Es begann eine Entzauberung der Wissenschaft ... Und mit dieser Entzauberung der Entzauberin ging und geht auch eine neue Religiosität einher, die zwar eine ausgesprochen vagabundierende Religiosität (religio vagans) ist, aber gleichwohl als ‚Wiederkehr der Religion' lauthals begrüßt wurde" (1996, S. 180). Diese Religion mag viele altbekannte Elemente haben. Bei näherem Zusehen ist sie jedoch neu, weil sie auf eine neue Situation im Leben der einzelnen und der Gesellschaft mit neuen Mitteln reagiert, die es in der Form so noch nicht gab. Auf die Terrorakte in New York vom 11. September 2001 sah der Philosoph Jürgen Habermas die Religion neu in Erscheinung treten. Seine Rede aus Anlass der Verleihung des Friedenspreises des deutschen Buchhandels erregte deswegen großes Aufsehen, weil Habermas bis zu diesem Zeitpunkt sich kaum mit Religion beschäftigt und zu Religion geäußert hatte. Er meinte zu sehen, dass die Attentate, „eine religiöse Saite" im Innersten der säkularen Gesellschaft zum Schwingen gebracht hätten (2001, S. 10). Habermas bricht dann in seiner Rede eine Lanze für religiöses Denken und Argumentieren, das durch die Säkularisierung durchaus nicht einfach als erledigt zu betrachten sei. Es müsse weiterhin in bestimmten Grenzen Gehör finden. Habermas wörtlich: „Säkulare Sprachen, die das, was einmal gemeint war, bloß eliminieren, hinterlassen Irritationen. Als sich Sünde in Schuld, das Vergehen gegen göttliche Gebote in den Verstoß gegen menschliche Gesetze verwandelte, ging etwas verloren" (2001, S. 24). Die Suche nach diesem Verlorenen mag auch die Erklärung sein für die Beliebtheit von Büchern wie denen von Aleida und Jan Assmann, in denen die Religion als das kulturelle Gedächtnis nachgezeichnet wird (1992 und 1998).

Hier ist Religion nicht einfach eine Erneuerung der goldenen Vergangenheit einer kirchlich geprägten Religion, sondern sie kann nur aus ihren Erscheinungen heraus verstanden und gedeutet werden. Theologie und Kirche können nicht mehr ihre kritischen Fragen allein stellen, sondern sie müssen sich selbst auch fragen lassen, wie sie auf die neue religiöse Situation zu reagieren in der Lage sind. „Wie religionsfähig ist die Volkskirche?" fragte Volker Drehsen (1994) und nach ihm viele andere. Die Frage steht auch im Raum, wenn es um die Begegnung mit anderen Religionen geht. Die religiöse Landkarte ist ja nicht nur durch die Phänomene geprägt, die man als Reaktion auf die Technisierung und Verwissenschaftlichung unserer Welt ansprechen kann, sondern auch durch Wanderungsbewegungen, die alte und neue Weltreligionen in den Nahbereich gebracht haben, oder die Möglichkeit von Reisen in alle Kulturgegenden der Welt. Wie begegnet das Christentum den Religionen der Welt, die in so große Nähe gekommen sind? Auch das ist eine verhältnismäßig neue Situation, die mit überkommenen Kategorien nicht mehr hinreichend beschrieben und verstanden werden kann.

Mit diesen Entwicklungen hat sich auch die Situation der Kirche verändert. Es gibt keinen Weg mehr zurück hinter die Unterscheidung von Kirche und Religion. Religion ist kein Gegensatz zur Kirche. Sie spricht aber die individuelle Glaubenserfahrung an. Wenn also heute der Begriff der Religion ein Programmbegriff ist, dann in dem Sinne eines Plädoyers für die individuelle Seite der Religion. Von daher gesehen, geht es bei der gern wiederholten Feststellung von der Religion, die boomt, und der Kirche, die sich leert, nicht um eine Feststellung gegen die Kirche, sondern darum, dass sich offenbar Gewichte verlagert haben (Gräb 1995, S. 43). Religion greift weiter als das, was man mit Kirche verbinden kann. Religion umfasst auch Phänomene wie Esoterik, Satanismus, so manches aus der Therapieszene und vieles andere mehr (S. 47). Um diesen großen Bereich anzuzeigen wird deshalb oft nicht einfach nur von Religion, sondern gelebter Religion gesprochen. Neu ist hier vor allem, dass die Menschen Religion erfahren und erleben möchten. Religion ist für sie nicht nur Weltanschauung oder Ethik und hat auch nicht nur mit absoluten Wahrheiten zu tun, sondern mit der subjektiven Gewissheit eines und einer jeden einzelnen (S. 50). Hinzu kommt: Wie vieles andere muss auch Religion Erlebnischarakter haben (Schulze 1992).

Gelebte und gelehrte Religion

Die Menschen wollen Religion erleben. Herausgefunden werden muss aber auch, „ob und inwiefern im Alltäglichen von Subjekten selbst Erfahrungen von gelebter Religion gemacht werden können" (Heimbrock 2000, S. 275). Wenn von gelebter Religion her gedacht wird, dann wird nicht nur an die Religionspraxis im Rahmen von Institutionen gedacht, sondern auch an eine Praxis, die fernab von „gelehrter Religion" ihr Wesen treibt. Es geht um die religiösen Suchbewegungen, die sich oft außerhalb von aller „sonntäglichen und kirchlich normierten Religion" vollziehen (Heimbrock 2000, S.

276). Diese Religion ist als Praxis nicht deduziert aus theologischen Einsichten, vielmehr ist es gerade umgekehrt. „Theologie als lehrhaft-reflexives Element von Religion in Gestalt (kulturell bedingter) wissenschaftlicher Theorie ruht auf lebensweltlich elementarer Theoriebildung, folgt der religiösen Erfahrung von Individuen und Gruppen rekonstruktiv sekundär, um die Identität ihres Erfahrungskerns sowie den Wahrheitswert von Religion systematisch zu explizieren und zu kommunizieren“ (Heimbrock 2000, S. 279). Gelebte oder erlebte Religion ist wie das Ethos, das der Philosophie oder dem konkreten Recht voraus liegt. Philosophie und Recht korrigieren wie die Theologie, aber sie bringen nicht selbst hervor, nicht Ethos und auch nicht Religion (vgl. Lück 1992, S. 23f).

„Religion wird als eine Gestimmtheit des Herzens aufgefasst, als eine Regung des Gemüts, als Nukleus persönlicher Überzeugung, als innere Verfassung der Persönlichkeit, als ein das Leben begleitendes Gefühl“ (Steck 2000, S. 117). Wie solche Beschreibung moderner Religion in der Praxis begegnet, wissen Seelsorgerinnen und Seelsorger wie andere Menschen, die in Gespräche gezogen werden über das, was im Leben wichtig ist. Noch vor dreißig Jahren machten sich Theologinnen und Theologen lustig über die Volksfrömmigkeit. Man verachtete Lieder wie „Stille Nacht, heilige Nacht“, „So nimm denn meine Hände“ oder „Stern, auf den ich schaue“. Diese und andere Lieder, die nicht im Einklang mit der „Hochtheologie“ oder der „gelehrten Religion“ zu stehen schienen, sind mit der Gesangbuchrevision der neunziger Jahre wieder in den akzeptierten Kanon aufgenommen worden. Man findet die genannten im Evangelischen Gesangbuch unter den Nummern 46, 376 und 407.

Während sich die beiden ersten Mitgliederbefragungen der Evangelischen Kirche in Deutschland von 1972 und 1982 fast ausschließlich für das Verhältnis der Menschen zur Kirche und dem, was aus kirchlicher Perspektive wichtig zu sein schien, interessierten, ließ man bei der dritten Befragung 1992 die Menschen erzählen. Man gab ihnen Raum, ihre eigene Vorstellung von Religion zu entwickeln und merkte, „dass die erzählenden Personen ihre Religiosität kaum einmal abgehoben von der Lebensgeschichte in ihrem positiven, materialen Gehalt beschreiben“ (Engelhardt 1997, S. 62). Religion ist als gelebte und erlebte Religion kein allgemeines Denksystem, das losgelöst vom konkreten Leben und Erleben eine Bedeutung für sich haben könnte. Religion kann eigentlich nur bezogen auf den Kontext, auf Wirtschafts-, Herrschafts- und Schichtungsverhältnisse sowie deren Folgen für Kultur und Lebensführung betrachtet werden, meint Helmut Bremer im Blick auf Webers Überlegungen zum Beziehungsgeflecht des Religiösen und Bourdieus These vom ‚religiösen Feld‘. Religion ist keine feststehende „Substanz“, sondern historisch und sozial wandelbar (Bremer 2002, S. 75ff). Auch hier zeigt sich: Wenn nach Religion gefragt wird, wird nach den einzelnen, nach dem individuellen Leben und Erleben gefragt. Insofern also Religion Thema wird, sind Kirche und Theologie auf dem Weg zu den Mitgliedern.

An dieser Stelle soll nicht die ganze Diskussion um die Wahrnehmung von gelebter Religion wiederholt werden. Es sei auf die Arbeiten von Failing, Heimbrock und Lotz mit den Titeln „Gelebte Religion wahrnehmen" (Failing/Heimbrock 1998) und „Religion als Phänomen" (Failing/Heimbrock/Lotz 2001), sowie auf Albrecht Grözingers „Praktische Theologie als Kunst der Wahrnehmung" (1995) hingewiesen. Vielmehr soll eher zur Veranschaulichung in einer kleinen Skizze vorgestellt werden, was man zu sehen bekommt, wenn man die besagte gelebte Religion zu sehen bereit ist. Die Skizze entstand als Ergebnis eines Auswertungsgesprächs in einem Projekt der Erwachsenenbildung. Das Projekt hatte das Ziel herauszufinden, inwieweit religiöse Fragen und Sinnfragen bei den „jungen Alten", also in der Altersgruppe 55 plus – so hieß das Projekt denn auch – eine besondere Rolle oder überhaupt eine Rolle spielen. Ausgangspunkt war die Kritik an einem Buch über religiöse Bildung Erwachsener gewesen. Hier waren die Zielgruppen und insbesondere die unterschiedlichen Lebensalter nicht weiter differenziert worden. Aber stellen sich mit dem reifen Erwachsenenalter nicht womöglich andere Fragen und ergibt sich nicht überhaupt ein anderes Fragen, als es im frühen Erwachsenenalter der Fall ist? Junge Eltern fragen anders als es Großeltern tun, so hieß die These. In dem Projekt waren vier Teilprojekte entstanden.

In einem Ort stand ein Kirchenjubiläum an. Der Ort war fast ausschließlich von einem einzigen Industrieunternehmen geprägt. Der Pfarrer der Kirchengemeinde hatte sich vorgenommen zusammen mit Werksvertretern aus Anlass des Kirchenjubiläums auch ein Stück weit die Ortsgeschichte aufzuarbeiten. Hier kam es zu Erzählrunden an Nachmittagen. Die Teilnehmenden erzählten aus der Geschichte des Ortes und ihrem eigenen Leben. Besonders standen die Traditionen der jahreszeitlichen Feste und des Kirchenjahres im Mittelpunkt des Interesses.

In einem anderen Ort ging die Mitarbeiterin in einen Ehepaarkreis, der nach Aufträgen bzw. Aufgaben Ausschau hielt. Hier entstand die Idee, zur Advents- und Weihnachtszeit in der Kirche eine Ausstellung über Weihnachtsbräuche durchzuführen. Der Kreis konzipierte und erstellte die Exponate und setzte den Plan in die Tat um bis hin zur Präsenz während der Öffnungszeiten.

In der Stadt des Dekanats wurde die Öffnung der zentralen Kirche betrieben. Sie sollte regelmäßig für Besuche offen sein. Was dazu alles nötig war, wurde in einer Gruppe erarbeitet.

Zusammen mit der Volkshochschule und der Personalabteilung eines Autowerks wurde ein Seminar für Vorruheständler und angehende Ruheständler geplant und durchgeführt. Es ging um Fragen der Gesundheit, des Testaments und der Patientenverfügung. Neben den rein sachlich an den Themen orientierten Fragen kamen hier auch Beziehungsfragen zur Sprache. Zur Begründung, warum man sich mit den juristischen Fragen beschäftigte, wurde u.a. angeführt, dass man doch „alles recht machen" wolle.

Auf den ersten Blick sind diese Veranstaltungen Unternehmungen, die man für Senioren überall anbietet und die nicht besonders an religiösen Fragen orientiert sind. Gelebte Religion wahrnehmen heißt nun aber, Religion auch im Alltag und in der Lebenswelt der Menschen wahrzunehmen, d.h. sie auch da wahrzunehmen, wo weder die

Beteiligten noch die Beobachtenden im alltagssprachlichen Sinn von Religion reden würden (Failing/Heimbrock 2001, S. 15ff). Sieht man genauer hin, so geht es natürlich in allen Beispielen des Projekts um religiöse Fragen. Einleuchtend ist, dass die Beschäftigung mit Kirchengebäuden und Kirchenjahr schon an sich eine Beschäftigung mit religiösen Themen ist. Man mag zwar einwenden, die Motivation der Teilnehmenden sei eher nur volkskundlich oder kunstgeschichtlich, doch wird dabei missverstanden, wie sich die Mitglieder tatsächlich an die Kirche und ihre Tradition binden. „Die praktisch-theologische, am tatsächlichen Handeln der Kirche orientierte Wahrnehmung der Mitgliedschaft wird darum in die Irre gehen, wenn sie eine bestimmte kirchliche Zugangslogik normativ hervorhebt“ (Hermelink 2000, S. 351). Es kann nicht um eine Bewertung der Zugänge zum Religiösen gehen, sondern nur um eine Wahrnehmung dessen, was tatsächlich geschieht und was einen gemeinsamen Rahmen für alle Mitglieder darstellt: „In einer spezifischen Raum- und Zeiterfahrung, im Kontakt mit der biblischen und kirchlichen Überlieferung, in der Wahrnehmung elementarer Texte und Riten realisiert sich der *Zusammenhang* der kirchlichen Bindungsformen. Dazu sind es die für den Gottesdienst verantwortlichen Personen, die Pfarrerinnen und Pfarrer, die für jede Zugangslogik fundamentale Bedeutung haben“ (Hermelink 2000, S. 352). Wenn Menschen sich diesen Personen, dem Kirchenraum oder dem Kirchenjahr aussetzen, so kann man davon ausgehen, dass es sich, auch subjektiv gesehen, um einen religiösen Akt handelt.

Auch biografisches Arbeiten ist religiös motiviert, selbst wenn es den einzelnen so nicht bewusst ist. Dass es sich bei der Reflexion der Lebensgeschichte um Religiöses handelt, wird klar, wenn man erkennt, wie eben dieses Erzählen dazu führt, Ordnung und Deutung in das eigene Leben zu bringen. „Im lebensgeschichtlichen Erzählen versichern wir uns gegenseitig unserer Identität und bringen sie zur Darstellung, indem individuelle und kollektive Geschichte bewahrt, verdrängt, gestaltet und gedeutet und indem sie darüber zum artikulierten Bestandteil der jeweiligen Gegenwart wird“ (von Engelhardt 1990, S. 240).

Schließlich ist die Maxime „es recht machen“ zu wollen ein Hinweis auf eine ethische Grundeinstellung. Wer so etwas zum Ausdruck bringt, will damit sagen, er oder sie fühle sich einer Ethik verpflichtet. Es wird als selbstverständlich vorausgesetzt, worum es sich dabei handelt, und dass die entsprechenden ethischen Grundhaltungen auch allgemein akzeptiert sind. Über das „recht“ oder „richtig“ braucht nicht diskutiert zu werden. Das ist die Grundlage, auf der alle gemeinsam stehen. Es geht im Grunde um das, was „mir heilig ist“, um „Ehrfurcht vor dem Leben“.

Religion und Religiöses in diesem Verständnis müssen in aller Regel erst entdeckt werden. Sie begegnen nicht in ausgeformten Sätzen und Bekenntnissen. Sie werden vielmehr gelebt. Ich möchte im Blick auf die Erscheinungsformen, die uns bisher begegnet sind, vier Typen solcher gelebten Religion unterscheiden: Die Alltagsreligion, die Familienreligion, die religiöse Tradition der Kirche und die religiöse Tradition des persönlichen Lebens.

Was sieht man, wenn man gelebte Religion wahrzunehmen sich bemüht? Einen Ausdruck von Alltagsreligion haben wir oben bereits angesprochen: Die selbstverständlich vorausgesetzte gemeinsame Basis der Ethik, wie sie in dem Satz „ich möchte es recht machen" zum Ausdruck gebracht wird. Alltagsreligion wird meist nicht als Religion wahrgenommen. Unter Religion wird in der Regel ein Zusammenhang verstanden, der eben nicht alltäglich und schon gar nicht bei allen Menschen zu finden ist. Religion ist insbesondere nach Ansicht von Theologinnen und Theologen oder kirchlich Verantwortlichen eher etwas Separates oder Apartes. Deshalb erscheint der Satz „ich möchte es recht machen" auch nicht als speziell religiös begründet. Alltagsreligion wird als solche nicht wahrgenommen. Sie wird normalerweise den alltäglichen Regeln und Spruchweisheiten zugeordnet. Dazu gehören Sätze wie „immer wenn du denkst es geht nicht mehr, kommt dir von irgendwo ein Lichtlein her". Dazu gehören Goethe-Zitate genauso wie Bibelverse. Dazu gehören auch Grundsätze wie „ich will niemandem zur Last fallen" oder Sitten wie der Gang zu den Gräbern. Alltagsreligiös ist auch die goldene Regel „was du nicht willst, was man dir tu, das füg auch keinem andern zu". In den Tageszeitungen findet man Sprüche des Tages und Sprüche der Woche, die ebenfalls Religiosität ausdrücken. Im Kulturteil kann man z.B. unter der Überschrift Tagesspruch lesen: Kein Mensch hat Geist genug, um niemals langweilig zu sein (Luc de Vauvenargues). Wahrscheinlich geht man nicht fehl mit der Vermutung, die protestantische Spruchkultur habe hier Pate gestanden hat. Es ist evangelische Sitte, zu Taufe, Trauung und Konfirmation Bibelsprüche zuzusprechen. Im 19.und 20. Jahrhundert gab es kleine Büchlein mit Sprüchen für jeden Tag: Das christliche Vergissmeinnicht. In kirchlichen Kreisen liest man die Herrenhuther Losung. Auch Spruchsammlungen mit eher profaner Ausrichtung sind beliebt. Nach Form und Inhalt ist die so skizzierte Alltagsreligion der jüdisch-christlichen Herkunft verpflichtet.

Gelebte Religion hat vielfach die Gestalt einer Familienreligion. Diese Form wird erlebbar in den Festen und wie man die Feste feiert. Sie können als „privatisierte Gottesdienste" (Steck 2000, S. 390) angesehen werden. Die häuslichen Geburtstagsfeiern sind mit ihrer Fokussierung auf den einzelnen eine typisch protestantische Erscheinung. Familienfeiern aus Anlass von Taufe oder Trauung oder Beerdigung werden in je eigener Weise begangen. Sie sind Ausdruck von Familienreligion, die über die Brüche des Lebens hinwegzuhelfen in der Lage ist. Das berühmte Lied Dietrich Bonhoeffers „Von guten Mächten wunderbar geborgen, erwarten wir getrost, was kommen mag" hat seinen Ursprung in der Familienreligion. Bonhoeffer hat das Lied im Gefängnis geschrieben. In den Weihnachtstagen vergegenwärtigte er sich die Stimmung und den Ablauf der häuslichen Weihnachtsfeier. In dieser Erinnerung verspürte er jene „Mächte", die ihm Geborgenheit selbst in der Gefangenschaft vermitteln konnten (Lück 1992, S. 70). In protestantischer Tradition ist die Familie oder das Haus die kleinste Zelle der christlichen Gestaltwerdung. Man könnte sagen: Die protestantische Gemeinde ist die Hausgemeinde. Luther schrieb seine Katechismen für die Hausväter. Hauskreise, Hausmusik, Haustaufen, Hausandachten usw. sind die religiösen Formen, die sich herausgebildet haben. Der protestantische Herrgottswinkel ist die Ecke mit den Fotos der Familienmitglieder. Ältere Menschen erzählen von ihren Kindern und Enkeln. In ihnen leben sie weiter. Schlimm ist es für sie, Kinder zu verlieren oder keinen Kontakt mehr mit ihnen zu haben.

Am selbstverständlichsten wird mit Religion alles das verbunden, was mit der Kirche zu tun hat: Das Kirchenjahr, die Kirchengebäude, die Pfarrerinnen und Pfarrer, Gottesdienste und Amtshandlungen, sowie der Religions- und Konfirmandenunterricht. Daran haben die meisten Menschen aus eigenem Erleben Erinnerungen. Sie wissen, was damit anzufangen ist und was man damit tut. Dabei ist nicht gesagt, dass die einzelnen was die kirchliche Tradition anbietet auch im Sinne des kirchlichen Selbstverständnisses und der kirchlichen Lehre nutzen. Vielmehr folgen sie eigenen Interessen und eigenen Interpretationen. Familienreligiöse Traditionen und alltagsreligiöse Gepflogenheiten und Einstellungen sind vielfältig mit dem kirchlichen Angebot verknüpft. Dies zeigt sich etwa da, wo als Aktion von Erinnerungsarbeit Ausstellungen oder Erzählrunden arrangiert werden. Da mag zwar das Weihnachtsfest ein Fest des Kirchenjahres sein und von daher seine Impulse bekommen haben, aber wie das Fest dann tatsächlich gefeiert wird, oder was die Menschen damit verbinden und welche Gegenstände etwa dazu gehören, das unterliegt nicht kirchlicher Kontrolle, sondern wird frei gestaltet. Entsprechendes kann man bei Konfirmationen als kirchlicher Amtshandlung hören. Es ist höchst unterschiedlich, welche Bedeutung und welche Nachwirkung dieses kirchliche Angebot letztlich für die Menschen gehabt hat, wenn sie z.B. nach fünfzig Jahren zur Goldenen Konfirmationsfeier zusammenkommen und sich erinnern. Ähnliches lässt sich beobachten, wenn es um die Rolle geht, die die Kirchengebäude für die einzelnen spielen. Im Zusammenhang mit der Öffnung von Kirchen und mit kirchenpädagogischen Veranstaltungen kann man viel von dem erfahren, was die Gotteshäuser für die einzelnen bedeuten. Die hier zum Vorschein kommende Kirchenreligion ist nicht unbedingt identisch mit dem, was Kirche und Theologie über die Kirche lehren. Gebäude sind dabei nicht nur Veranstaltungsorte, sondern auch Orte der persönlichen Frömmigkeit. Geöffnete Kirchen mit einem Angebot von Stille, meditativem Lichteinfall, Bildwerken, Bänken, Gästebuch, Kerzenständer und Schriftentisch geben Gelegenheit nach eigener Vorstellung, nach eigenem Rhythmus sich Zeiten der Andacht, der Meditation, der Bitte und Fürbitte zu nehmen.

Eine vergleichbar privatreligiöse Bedeutung haben auch Pfarrerinnen und Pfarrer als an sich öffentliche Vertreterinnen und Vertreter der Kirche. Sie werden als priesterliche Gestalten genauso angesprochen wie als Nachbarn und theologische Gewährsleute. Die Pfarrerin bzw. der Pfarrer sind so etwas wie die personifizierte Religion. In der Begegnung mit ihnen, begegnet man der Religion. Das bedeutet nicht, dass die Auslegung von Religion und Glauben, die die Pfarrerin oder der Pfarrer im Sinn haben, auch angenommen wird. Vielmehr wird die Gestalt des Pfarrers durchaus auch kritisch gesehen. Die Erwartungen an die Religion richten sich auch an ihn oder sie. Es gibt Grunderwartungen, die Pfarrerinnen und Pfarrer durchaus nicht immer erfüllen. Man wünscht sich einen „volksnahen“ Pfarrer, einen oder eine, die sich einmal sehen lassen – sei es in den Vereinen, sei es am Stammtisch, sei es in der Familie (Lück, Arbeiter 1992, S. 48ff). Die Füllung der Kirche und der Religion inhaltlich wird von den Menschen selbst vorgenommen. Die Geistlichen werden daran gemessen. Von der Bedeutung der Gebäude und Personen wird im Übrigen ausführlicher in den folgenden Kapiteln gehandelt.

Schließlich ist die religiöse Tradition der einzelnen zu nennen. Es gibt auch heute nicht viele Menschen, die von sich ernsthaft behaupten können, sie seien nicht in der einen oder anderen Weise von Religion geprägt worden oder hätten nicht wenigstens Religiöses bei anderen erlebt. In den meisten Biographien finden sich die Spuren des Religiösen. Damit verbinden sich positive wie negative Gefühle. Das beginnt bei den Gute-Nacht-Ritualen, die das Kind erlebte, geht weiter über Lieder, Sprüche und Geschichten, die je nach Empfänglichkeit geprägt haben und wenn sie im Erwachsenenalter wieder begegnen Erinnerungen hervorrufen und unterschiedliche Gefühle auslösen. Und das endet vielleicht bei den Zweifeln und heftigen Streitgesprächen mit Menschen, die anderes glaubten. Vieles verbindet sich mit dem Leben in der Familie. So manches aber hat auch seinen Ort in der Gruppe der Gleichaltrigen, oder auch in kirchlichen Veranstaltungen. In diesen Begegnungen bildet sich mit der Zeit die eigene Meinung in Sachen Religion heraus. Fragt man gezielt nach dem Religiösen im Lebenslauf, so können wohl die meisten recht deutlich Auskunft geben und sogar eine religiöse Biographie erzählen. Was in solch einer Erzählung aufbewahrt ist, hängt mit der Identität des jeweiligen Menschen eng zusammen. Es ist eine Religiosität des Subjektiven, die Religion der einzelnen.

Wechselwirkung: Religion und Kirche

Es stimmt, „dass die religiöse Praxis des Einzelnen im Zuge gesellschaftlicher Differenzierungsprozesse nicht länger deckungsgleich mit der von religiösen Großinstitutionen wie Kirchen vorgeschriebenen Praxis übereinstimmt“ (Failing/Heimbrock 2001, S. 39). Doch es ist nicht zu einer vollkommenen Trennung von Religion und Kirche gekommen. Failing und Heimbrock definieren deshalb „gelebte Religion“ völlig zu Recht als „vornehmlich private, subjektive, unreflektierte Gesinnung und Praxis oder auch die persönliche Aneignung institutioneller Religion“. Auch wenn es kirchlich Orientierte erstaunen mag, so gibt es eine starke Wechselwirkung zwischen kirchlicher und privatreligiöser Praxis.

Dies war eine der Entdeckungen der dritten Mitgliedschaftsbefragung der Evangelischen Kirche in Deutschland. Hier hatte man erstmals Erzählinterviews durchgeführt. Die Auswertung dieser Interviews beginnt mit einem Eingeständnis. „Zu Beginn unserer Arbeit an den Interviews stand eine Irritation: Wir hatten ‚distanzierte‘ Kirchenmitglieder gesucht – Leute, die von sich behaupteten, wenig mit der Kirche zu tun zu haben. Begegnet aber waren wir Menschen, die engagiert ihre Erfahrungen mit der Kirche erzählten, ihre persönliche Perspektive auf Religion und Glauben entwickelten; Menschen, die mal wütend, mal anerkennend, mal kritisch, begeistert oder sehnsüchtig, kaum einmal aber gleichgültig schilderten, was ihnen zu den genannten Stichworten in den Sinn kam. Sie alle hatten **ihre** Geschichte mit der Kirche, hatten gute und schlechte Erfahrungen gemacht, und die Intensität, mit der sie diese schilderten ließ aufhorchen. Sind das die ‚Distanzierten'? Sind das diejenigen, von denen so gerne behauptet wird, sie hätten ja doch kein Interesse mehr an der Kirche und ihr Austritt sei nur noch eine Frage der Zeit oder der günstigen Gelegenheit?" (Engelhardt 1997, S. 58f.). Es wird viel von Enttäuschungen und Ärger erzählt. Wenn die Interviewten jedoch auf religiöse Erfahrungen zu sprechen kommen, ändert sich der Tonfall. Erinnerungen an Ereignisse der Kindheit, an Geschichten, Weihnachtsgottesdienste, Klang der Glocken, einen bestimmten Kirchenraum, Orgelspiel und Kerzenschein sprechen eine andere Sprache. Hier gibt es die Distanzierung von der Kirche und ihrer Tradition nicht (S. 60). Deshalb scheint bei den Interviewten auch in der Regel durch, wie sie sich zu Unrecht von der Kirche zurückgewiesen und nicht akzeptiert fühlen. Sie selbst meinen dazu zu gehören, erfahren aber bei gelegentlichen Kontaktversuchen, dass sie nicht angesprochen und wahrgenommen werden.

Für kirchlich Distanzierte ergibt sich insbesondere hinsichtlich der religiösen Sprache ein Problem. Die traditionell kirchlich-dogmatische Redeweise wird nur unter großen Vorbehalten benutzt. „Woran jemand im Letzten glaubt, worin der Sinn des Lebens gesucht und was als religiöse Erfahrung qualifiziert wird, das alles wird in vielfältigen Sprach- und Bildtraditionen kommuniziert" (S. 63). Dabei fließen Elemente aus verschiedenen Quellen ein. Volksreligiöses, Aberglaube, humanistisches Bildungsgut, fernöstliche Weisheiten und vielfach auch psychologische Denkmuster kommen zusammen. Die einzelnen suchen nach ihnen plausibel erscheinenden Ausdrucksmöglichkeiten für ihre Erfahrungen. Der Schutzengel kann dann für Bewahrung in einer kritischen Lebenssituation stehen. Astrologisches mag zur Erklärung für einen besonderen Schicksalsweg herangezogen werden. Insgesamt scheint es durchaus keinen Verlust an religiösen Erfahrungen zu geben. Vielmehr ist eine größere Vielfalt an Ausdrucksmöglichkeiten zu erkennen. Die kirchliche Sprache wird deshalb oft abgelehnt, weil sie als Bevormundung angesehen wird.

Den kirchlichen Praktikern bleiben diese Vorbehalte nicht verborgen. Vielfach versuchen sie die „steile" theologisch-kirchliche Sprache verträglicher zu machen. Das mag sich auf feministisch-theologische Anliegen beziehen, aber oft ist es eher auch der oben schon zitierte „Kfz-Meister Wolf" (Engelhardt 1997, S. 64), der mit einer anderen Sprache erreicht werden soll. In Gebeten wird Gott dann nicht mehr traditionell mit Gott, Herr oder Vater angesprochen, sondern z.B. mit „Gott, der du uns Vater und Mutter bist". Neuerdings lässt sich vermehrt die Anrede „guter Gott" feststellen. Soll Gott hier verträglicher gemacht werden, wie das sicher mit der Anrede „lieber Gott" geschehen ist? Theologisch lassen sich gute Gründe für die Prädikate „gut" und „lieb" anführen. Aber wenn es um Gebetssprache geht, kommen doch die alltagssprachlichen Ober- und Untertöne mit ins Spiel. Man kann fragen, ob hier womöglich die dunklen Seiten Gottes ausgeblendet werden und Gott und mit ihm die Kirche allein für die Sonnenseiten des Lebens in Anspruch genommen werden sollen (vgl. Heusel 2003, S. 54f.). Das würde darauf hinaus laufen, die kirchliche Praxis der gesellschaftlichen Praxis der Werbung anzugleichen.

Die Theologie hat natürlich immer nach der Sprache Ausschau gehalten, in der das Evangelium unter den jeweiligen Bedingungen am verständlichsten kommuniziert werden kann. Doch es hat auch immer den Streit darüber gegeben, was bei einer bestimmten Sprache womöglich alles inhaltlich verändert wird oder verloren geht.

Es gibt im übrigen ja auch die Übernahme theologisch-kirchlicher Begrifflichkeit in den gesellschaftlichen Bereich. Oft beobachtetes Beispiel ist die ältere Debatte um den Umweltschutz. Besonders in konservativen Kreisen wurde hier gern der Begriff der Schöpfung benutzt: Die Gesellschaft trägt eine Verantwortung für die Schöpfung. Es gilt die Schöpfung zu bewahren.

Nicht nur in sprachlicher Hinsicht ist eine Wechselbeziehung zwischen kirchlicher Praxis und privatreligiöser Sphäre zu beobachten. Wolfgang Steck meint, man könne das kirchliche Leben der Gegenwart überhaupt nicht verstehen ohne den Zusammenhang von privatem und kirchlichem Christentum. Die Praxis in der Kirchengemeinde trägt wesentliche Grundzüge der ursprünglich im Haus kultivierten privaten Frömmigkeit. „Die kirchliche Religionskultur nahm im Zuge ihrer neuzeitlichen Entwicklung vielfältige Momente der privaten Religionspraxis in sich auf und entwickelte die in der Privatwelt ausgearbeiteten Formen ästhetischer und reflexiver Religionspraxis kunstvoll weiter." Und umgekehrt: „Das private Christentum lebt, wenn auch in schwindendem Maße, von Impulsen, die es aus der kirchlich praktizierten Religion erhält" (2000, S. 309). Steck macht diese Entwicklung fest u.a. an einer gefühlsbetonten Gebetssprache, an der in persönlichem Ton gehaltenen Predigt oder den zeitgenössischen Liedern, die ins Gesangbuch aufgenommen wurden. Die Kultur der Familiengottesdienste ist ein schönes Beispiel für die Übernahme von Elementen aus dem privaten Bereich, aber auch für die Weitergabe von kirchlichen Stücken in die private Familienpraxis. Für Steck sind Familiengottesdienste und Christvespern „Klammern zwischen häuslicher und parochialer Lebenswelt" (S. 376). Er sieht die „häuslichen Geburtstagsfeiern als privatisierte Gottesdienste" und die „familiären Weihnachtsfeiern als privatreligiös inszenierte Festliturgien" (S. 390).

Ein Beispiel für die Übernahme von Motiven aus dem privaten Bereich in den kirchlichen sind für Steck auch die in Frauenkreisen entwickelten Liturgien und Gottesdienstformen. Die Hochschätzung von Ganzheitlichkeit und Körperarbeit einschließlich Tanzkultur haben für ihn nicht ursprünglich in der theologisch-kirchlichen Tradition ihren Ort, sondern sind aus einer veränderten gesellschaftlichen Praxis eingewandert (S. 321ff).

Religiöses wird aus anderen Bereichen in die kirchliche Praxis hinein geholt. Zu nennen wäre hier auch die „Lebenskunst“ als zur Gestaltung des Lebens der einzelnen wichtiger Methode. Sie lehrt die einzelnen wichtige Situationen und Fragen des Lebens verstehen und darin eine eigene Wahl zu treffen. Wenn die einzelnen die Verantwortung für ihr Leben haben, brauchen sie auch die Fähigkeit zur Lebensgestaltung. Sie können sich nicht mehr einfach nach vorgegebenen Regeln verhalten und an vorgegebenen Mustern orientieren (Schwindt 2003). So wird denn auch die Philosophie der Lebenskunst in der Kirche neu entdeckt (Die Kunst zu leben 2001).

Es scheint in der kirchlichen Praxis einen Bedarf an Einführung in die Welt der Religion zu geben. 2002 veröffentlichte Manfred Josuttis eine „Handlungslogik spiritueller Methoden“ für Menschen, die im Bereich der Religion tätig sind. Er will vor allem das Handwerkliche vermitteln. Er definiert: „Religion ist ein Handwerk, das in der Theologie überdacht wird“ (2002, S. 9). Und er fährt fort: „Wenn Religion ein Handwerk ist, dann bedeutet das auch, dass die Leibesübungen der Spiritualität – keine Anwendung theologischer Lehre und – kein Ausdruck persönlicher Frömmigkeit sind. Sie werden von Menschen praktiziert, nicht weil diese Menschen fromm sind, sondern weil sie fromm werden wollen. Und sie werden in der Theologie reflektiert, um sie, soweit das in diesem Rahmen möglich ist, vor gesetzlicher Verfälschung, emotionaler Aufladung und profaner Entleerung zu bewahren“ (S. 18). Josuttis zieht einen deutlichen Trennungsstrich zwischen einerseits Kirche und Theologie und andererseits Religion und Spiritualität. Man kann die Methoden der Spiritualität erlernen, aber man kann dieses Lernen nicht durch eine Institution oder durch Integration in ein Curriculum herstellen (S. 47). Die Vermittlung geschieht allein in der Begegnung von Personen. Die Kirche kann sich also die Sache der Religion nicht zu eigen machen. Religion bleibt eine Sache der einzelnen Menschen.

Die einzelnen Menschen kommen nun andererseits zur Kirche, um für sich religiöse Güter zu bekommen. Failing und Heimbrock beobachten eine intensive Suchbewegung vieler Menschen in Richtung auf das Heilige, das sie als die „verdichtete Präsenz der Religion im Alltag“ bezeichnen (Failing/ Heimbrock 2001, S. 207). Menschen mit unterschiedlichster religiöser Einstellung erwarten etwas vom Segen. Darauf weist eine „zunehmende Nachfrage nach Segenshandlungen außerhalb kirchlicher Kasualien (Einsegnung gleichgeschlechtlicher Beziehungen; Segnungen von Eltern bei Totgeburt)“ hin (S. 193). Hinzu kommt ein Zweites: „In der Gesamtkultur wie in gesellschaftlichen Teilkulturen der Gegenwart ist ein resistentes bzw. wieder erwachendes Bedürfnis nach besonderen, ‚heiligen‘ oder auch sakralen Räumen zu beobachten“ (S. 194). Hier also ist ein traditionelles Angebot der Kirchen auf Grund eines religiösen Bedarfs gefragt. Die Befriedigung dieses Bedarfs ist innerhalb der Kirche jedoch auch umstritten. Zwischen den einzelnen Landeskirchen wird gegenwärtig die Legitimität der Segnung homosexueller Paare noch unterschiedlich gesehen. Auch die Segnung von Eltern bei Totgeburten ist noch keine Selbstverständlichkeit. Nur zögerlich geht man auch auf die Nachfrage nach „heiligen Räumen“ ein. Hier spielt die kirchliche Erwachsenenbildung derzeit noch den Vorreiter. Ein Zögern ist auch bei einer umgekehrten Bewegungsrichtung zu beobachten. Das große Interesse, das gegenwärtig das Thema Engel findet, ist zweifellos nicht in der Kirche entstanden. Aber es wird hier aufgenommen, einerseits weil es zu den religiösen Phänomenen gehört, die gegenwärtig gefragt sind, andererseits weil Engel in der kirchlichen Tradition selbstverständlich ihren Platz haben. Doch ist man nicht bereit, den Engeln einen so zentralen Platz einzuräumen, wie er in der religiösen Literatur und sonstigen Szene zu beobachten ist. Insbesondere werden besondere Engelsrituale vermieden.

Das religiöse Interesse der Gegenwart hat seine eigene Dynamik entfaltet. Ob in der Beratungspraxis, der Erwachsenenbildung oder der Kinder- und Jugendarbeit, überall stößt man auf die Anwendung und Einübung von Ritualen. Auch den Einzelnen werden Rituale empfohlen. Hauptthema des Heftes April 2004 der populärwissenschaftlichen Zeitschrift „Psychologie heute" war Rituale. Auf dem Cover war zu lesen: „Rituale. Nutzen Sie die Kraft sinnvoller Traditionen". In einem Werbetext wird erläutert, heute seien die konventionellen Rituale und Zeremonien im Schwinden. Man hat in ihnen zu viel Zwang erfahren. Doch die neue Formlosigkeit macht auch nicht glücklich. So müssten nun alle ihre eigenen kleinen Rituale erfinden, um so ihrem Leben Struktur und Tiefe zu geben. Rituale werden eingesetzt, um neuem Verhalten Dauer zu verleihen. Veranstaltungen zum Thema Rituale finden sich in so manchem Bildungsprogramm.

In der Seelsorge andererseits kann man beobachten, wie traditionelle Rituale durch Gespräch ersetzt werden, das es ermöglicht, erst einmal religiöse Erfahrungen selbst zu machen. Seelsorger und Seelsorgerinnen regen dazu an, im Gespräch Religiöses zu erleben (Nassehi/ Saake 2004, S. 74). Glaube wird nicht mehr vorausgesetzt, sondern induziert. Die Seelsorger reden von „Gesprächsbereitschaft" angesichts von Tod und Sterben. Im Gespräch soll das Religiöse, das nicht mehr empfunden wird, ins Erleben kommen. Nicht das Faktum allein scheint mehr Religiöses anzuregen (S. 75).

Aus den Medien kommen andererseits an die kirchliche Praxis auch ganz eigene und neue religiöse Gestaltungswünsche heran. Die „Traumhochzeit" ist zwar nur ein Spiel, aber sie ist auch als eine Herausforderung an die kirchliche Trauung zu sehen (Dutzmann 1999, S. 28). Wie in diesem Fall für die Trauung aus dem Fernsehen kommen neue Bestattungsformen, -sitten und -gebräuche auch bei der Beerdigung von außen auf die kirchliche Praxis zu. An die Stelle der festgelegten Tradition tritt auch hier die Wahlmöglichkeit (Nüchtern 2003, S. 452). Die kirchliche Beerdigung findet sich auf einem Markt wieder. Das fordert zu einer bewussteren Gestaltung dieser kirchlichen Amtshandlung heraus. Die Kirche hat religiöse Konkurrenz bekommen.

So besteht an verschiedenen Punkten eine gewisse Spannung zwischen Religion und Kirche, wie es eine Spannung zwischen der individuellen und der kirchlichen Religion, zwischen Person und Institution gibt. Diese Spannung kann man nicht auflösen. Die Kirche muss die religiöse Selbstständigkeit achten. Die Menschen sollten sich andererseits mit der theologischen Tradition konfrontieren und in einen bleibenden Dialog ziehen lassen.

„Kirche für die Religion der Menschen“

Wenn die Kirche sich auf die einzelnen und ihre Religionspraxis beziehen will, braucht sie eine Kirchentheorie, die nicht einfach von einer dogmatischen Kirchenauffassung abgeleitet ist. Diese These vertritt Martin Kumlehn und fordert eine „Kirche für die Religion der Menschen“ (2000, S. 219). Was bedeutet das praktisch? Kumlehn meint, eine solche Kirche müsse ihre Binnenorientierung aufgeben und sich als „religionsvermittelnde Organisation“ begreifen. Sie dürfe die kirchliche Gestalt des Christentums nicht mehr absolut setzen, sondern müsse eine vielfältige christliche Religionskultur entwickeln helfen (S. 15). Wenn die Rechtfertigungslehre gilt, so könnte man dogmatisch argumentieren, dann kann es keine Pflicht der Menschen zur Teilnahme an von anderen in der Kirche entwickelten Veranstaltungen und Praxisformen geben. Dann müssen die einzelnen je ihre Form religiöser Praxis entwickeln können. Dann gilt auch 2. Kor. 1,24: „Nicht dass wir Herren wären über euren Glauben, sondern wir sind Gehilfen eurer Freude; denn ihr stehet im Glauben“. Damit ist auch die Aufgabe der Kirche beschrieben: Sie ist Glaubenshilfe. Sie kann und soll die Suchenden zu einer eigenen Religionspraxis anleiten (Kumlehn 2000, S. 70). Dazu gehören vornehmlich zwei Dinge: Die Religionsvermittlung und die Unterstützung religionsproduktiver Kräfte bei den einzelnen. Denn die einzelnen sind die eigentlichen Experten ihres Glaubens (S. 249). Die Kirche soll nicht mehr an den einzelnen religiös handeln, sondern das religiöse Handeln der einzelnen im Alltag unterstützen. Damit ihr dies gelingt, muss sie zu allererst einmal die religiöse Produktivität der Menschen wahrnehmen (S. 249). Dann bekommt die Kirche eine Art Schutzfunktion für religiös suchende Menschen. Diese Menschen sollen vor Vereinnahmung geschützt werden (S. 254). Die Kirche trägt „nach protestantischem Verständnis eine besondere Verantwortung nicht nur für ihre eigene Praxis, sondern auch für die Lebensdienlichkeit kulturell vermittelter Religiosität. Es ist gewissermaßen die geschichtliche Aufgabe des kirchlich vermittelten Protestantismus, zwar nicht mehr jede Gestalt von Religion selbst inszenieren zu können, gleichwohl aber für den Bestand wesenhaft christlicher, d.h. die Selbstunterscheidung des Transzendenten von seiner symbolischen Darstellung bewahrender Religion verantwortlich zu sein und zu bleiben. Diese Einsicht ist in kirchentheoretischer Hinsicht eng mit dem Begriff der *Volkskirche* verknüpft“. Die Aufgabe der Praktischen Theologie ist es deshalb, „die Handlungssubjekte kirchlicher Praxis über die Bedingungen und Möglichkeiten außerkirchlicher Religiosität aufzuklären“ (S. 255). Aus der „Beteiligungs- und Versorgungskirche“ wird so eine „nachfragende Kirche“, die sich an der religiösen Lebenswelt der Menschen orientiert (S. 256). Sie geht auf die Menschen in helfender Absicht zu. Sie gibt z.B. das Material, mit dessen Hilfe die einzelnen ihre religiöse Praxis aufbauen, verändern und verbessern können.

Hier ist jedoch ein Aspekt zu bedenken, auf den Gerald Kretzschmar aufmerksam gemacht hat. Im Protestantismus ist letztlich ungeklärt geblieben, „wie der individuelle Glaube des einzelnen Menschen, d.h. die individuelle Beziehung zwischen Gott und

Mensch, die der Rechtfertigungsartikel reflektiert, mit dem Leben der Kirche als Institution zusammenzubringen sei". Man habe die offene Situation nur deshalb nicht negativ erlebt, „weil die Kirchen der Reformation die katholische Kirche bezüglich des Kultuslebens (vgl. z.B. die Gottesdienstordnungen in Anlehnung an den katholischen Messtypus) und auch der rechtlichen Organisation von Kirche (vgl. z.B. die Parochialstruktur) weitgehend beerbten" (2001, S. 309). Zur Beurteilung von Frömmigkeit im protestantischen Bereich werden denn auch oft Maßstäbe herangezogen, die aus dem katholischen Bereich stammen und dem Gedanken der Sonntagspflicht nahe stehen. Das spezifische Verhältnis einer eigenständigen, auf der Rechtfertigung beruhenden religiösen Praxis zur Kirche kann so nicht in den Blick kommen. Kretzschmar schlägt auf Grund seiner Untersuchung vor, dieses Verhältnis neu zu bestimmen. Kirche ist für ihn das *„religiöse kulturelle Gedächtnis"* (S. 314). Sie hat die Aufgabe der *„Pflege lehrmäßig reflektierten Wissens"*. Sie ist *„religiöse Kulturträgerin"* (S. 315). Für die ethische Orientierung sind Denkschriften nicht zu unterschätzen. Die Rechtsgestalt der Kirche ermöglicht allen Mitgliedern eine gewisse Teilhabe (S. 319). Entscheidend für die Kultur aber ist auch die religiöse Bildung. Damit wird der Religionsunterricht zentral.

Ähnliche Punkte tauchen immer wieder auf, wenn es um die Aufgaben geht, die die Protestanten ihrer Kirche zuschreiben. Schule ist eine Aufgabe, die allenthalben von der Kirche erwartet wird. Das Lehrgeschäft umfasst dabei mehrere Aspekte. Einerseits geht es um die Traditionsvermittlung. Andererseits geht es um Vermittlung von Fähigkeiten, die für die autonome Gestaltung des Christ-/Protestantseins oder für die persönliche religiöse Praxis erforderlich sind. Dazu gehört aus protestantischer Sicht die eigenständige Lektüre der Bibel, das selbst verantwortete Gebet und dergleichen. Schließlich geht es um die Schärfung der Gewissen, um die Vermittlung von Werten und Maßstäben, die eine eigenständige Urteilsbildung ermöglichen. Protestanten denken bei dem Vollzug dieser Aufgaben vor allem an die Jugend. Man nimmt selbst für sich in Anspruch bereits hinreichend gebildet zu sein. Die Kirche hat diese Leistungen vor allem gegenüber anderen, gegenüber denen zu erbringen, „die es nötig haben".

Neben der Inanspruchnahme der Kirche als „Schule" brauchen die Protestanten auch den rituellen Dienst der Kirche an Knotenpunkten des Lebens, d.h. die Amtshandlungen, dann aber auch bei bestimmten Anlässen wie etwa Weihnachten. Hier bedarf die private, häusliche Religiosität offenbar der Unterstützung oder des Segens durch die kirchlich-öffentliche Religion. Schließlich erwarten Protestanten von ihrer Kirche auch, dass sie ihre protestantische Religion in der Öffentlichkeit darstellt. Es soll öffentliche Gottesdienste mit Glockengeläut und in erkennbar sakralen Gebäuden geben. Die Kirche soll das Gewicht des Protestantismus in der Gesellschaft öffentlich zum Ausdruck bringen. Das soll auch durch öffentliche Stellungnahmen zu auftretenden Problemen geschehen (Lück 1992, S. 119-120).

Solche Erwartungen reichen aber durchaus über den Protestantismus und das Christentum hinaus. Wolfgang Grünberg erzählt von einem Barmbecker türkischen Gastwirt, der um eine Unterstützung für die Kirchturmrenovierung gebeten wird. Der sagt:

„Ich bin Muslim und Barmbecker. Diese Kirche gehört hierher. Die darf doch nicht verfallen! Ich biete an, dass die, die dies Projekt betreuen, bei mir tagen und ich sie bewirte – auf meine Kosten versteht sich“ (2003, S. 51). Von der Bedeutung dieser Faktoren für die private Religion auf die Bedeutung der Kirchengemeinde zu schließen, wie etwa Grünberg es tut, wäre allerdings wohl etwas voreilig. In jedem Fall wird nicht akzeptiert, wenn zum Ausdruck gebracht wird, Kirchengebäude hätten nur dann einen Sinn, wenn die Menschen auch die dort stattfindenden Veranstaltungen besuchen, oder man Pfarrerinnen und Pfarrer eigentlich nur in Anspruch nehmen kann, wenn man auch auf deren sonstige Angebote mit Teilnahme reagiert. Die Kirche soll sich zu Wort melden, soll Orientierung in ethischen Fragen geben, aber nicht erwarten, dass man zu entsprechenden Veranstaltungen auch kommt. Die Kirche soll sich einmischen, aber nicht vereinnahmen wollen.

Die Reaktion des Gastwirts hat nur darin eine besondere Pointe, weil hier ein Muslim und ein Ausländer spricht. Doch ist solches Denken und solche Einstellung weit verbreitet. Gern ist man bereit, die Kirchengemeinde zu unterstützen, wenn es darum geht Kirchengebäude zu erhalten. Aber deswegen wird sich keine Mehrheit finden, die sich als zur Gemeinde gehörig und zur Teilnahme verpflichtet fühlt. Man begrüßt es, wenn die Kirche Gemeinwesenarbeit betreibt oder Stadtkirchenarbeit als auf die Stadt oder den Stadtteil bezogene Kulturarbeit.

„Die Kraft des Christentums wird nicht an der Stärke der Institution oder an Gottesdienstbesucherzahlen gemessen, sondern an der Vernetzung und Verästelung christlicher Gehalte mit gesellschaftlichen Strukturen“, meint Rolf Schieder (2001, S. 20). Für die Mehrheit der Protestanten gibt es keine gesonderte kirchliche Lebenswelt. Christliches kann und soll seine Wirksamkeit in den weltlichen gesellschaftlichen Zusammenhängen entfalten. Die Kirchen mögen dabei gelegentlich Orte sein, an denen man über religiöse wie auch andere Fragen diskutieren kann. Jedoch muss sich die Meinung über Religiöses letztlich im öffentlichen Diskurs herausbilden (S. 139). Religion kann nur plural verstanden werden. Wenn die Kirche akzeptiert werden will, muss sie sich für eine plurale Religionskultur einsetzen. „Nur eine Kirche, die die Vielfalt des christlichen Lebens nicht seufzend erträgt, sondern diese Pluralität aus innerer Überzeugung zum erkennbaren Organisationsziel macht, wird für die suchenden, kritisch fragenden Menschen von heute attraktiv sein“ (Hermelink/Kähler/Weyel 2001, S. 40). Diesem Kriterium genügt die Kirchengemeinde in aller Regel nicht. Sie setzt nicht auf die Stärkung der Individuen und die Pluralität, sondern auf Gemeinschaft. Die einzelnen haben hier kaum einen eigenen Platz. Sie kommen nur eingebunden in Nachbarschaften, Familien, Gruppen und Kreise vor. Sie sind im großen Wir des Kollektivs eingemeindet. Das ist anders bei Angeboten auf regionaler oder landeskirchlicher Ebene, die gewissermaßen auf einem Markt gemacht werden und die sich an thematisch Interessierte wenden. Hier konstituiert sich das Wir der Versammelten erst über das Thema. Man kommt nicht als Neuer zu einer schon konstituierten Gemeinschaft hinzu. Es gibt zwei unterschiedliche Kulturen, einerseits die in der kirchengemeindlichen Praxis herrschende Kultur, andererseits die Kultur der kirchlichen Praxis in Regionen, Bildungseinrichtungen usw. In der Kultur der gemeinschaftsorientierten Praxis der Kirchengemeinde hat das Individuum kein eigenes Recht, während es in der sach- oder themenorientierten Praxis die Freiheit der Wahl hat. Die beiden Kulturen verhalten sich ähnlich zueinander wie die klassischen Welten von Dorf und Stadt. Für die einzelnen Menschen heißt das: Stadtluft macht frei (Lück 1996).

Beide Kulturen haben je ihr Recht nebeneinander.

Religion als Programm schafft den einzelnen Raum. Wo Religion thematisiert wird, ist der Rahmen nicht die Kirche, sondern die Kultur, sind es die protestantischen, katholischen, jüdischen, muslimischen Traditionen in der Kultur, die zur Debatte stehen. Und es sind die Menschen, die mit diesen Traditionen konfrontiert werden, die sich orientieren müssen, die ihren Ort haben oder suchen. Eine an den Einzelnen orientierte Kirche ist eine an der Religion orientierte Kirche. Die Zukunft der Kirche wird sich daran entscheiden, ob die Kirche erkennbar religiös und auf religiöse Bedürfnisse einzugehen bereit ist. Dazu wird es in vielen Fällen noch eines Umdenkens bedürfen. Die Prioritäten der Pfarrerinnen und Pfarrer werden anders gesetzt werden müssen als in folgendem Beispiel. In einer Kirchengemeinde wird seit einiger Zeit die Goldene Konfirmation gefeiert. Der Ortspfarrer meint: Das hat die Leute auf den Geschmack gebracht. Jetzt kommen sie schon und wollen mich bei den jährlichen Gedenkfeiern für verstorbene Jahrgangskameraden auf dem Friedhof dabei haben. Wie aber soll ich das alles noch dazwischen kriegen? In Zukunft werden jedoch wohl religiöse Anfragen Vorrang vor Gruppen- und Verwaltungsaktivitäten etwa haben müssen. Die religiöse Begleitung der Menschen muss Vorrang haben.

DRITTES KAPITEL:

DIE ENTDECKUNG „HEILIGER“ ORTE UND RÄUME

Bis heute erkennt man schnell die konfessionelle Prägung eines Landstrichs in Deutschland. Man erkennt sie daran, ob es Weg- und Feldkreuze gibt oder eben nicht. Religionen und Konfessionen prägen nicht nur das religiöse Verhalten der Menschen und hinterlassen nicht nur schriftliche Zeugnisse, sondern geben auch in der Landschaft, den Städten und Dörfern von ihrer Tradition Kunde. Gebäude können Zeugnisse von Religion sein. Sie sind typisch gestaltet und stehen an ausgezeichneten Orten. Auch das Christentum hat in seinen verschiedenen Ausprägungen jeweils typische Baulichkeiten hervorgebracht. Kirchengebäude sind unübersehbare Dokumente der christlichen Tradition.

Gebäude als Zugang zur Kirche

Wohl jede Gemeindepfarrerin und jeder Gemeindepfarrer hat schon erlebt, wie Menschen kamen und um die Taufe eines Kindes in „dieser Kirche“ baten. Schon die Eltern seien dort getraut worden. Oder es wird um eine Trauung gebeten. Diese Kirche sei so anheimelnd. Die Pfarrerinnen und Pfarrer – gewohnt parochial zu denken – befremdet solch ein Wunsch leicht. Die Bittsteller haben weder zu ihm bzw. ihr noch zu der entsprechenden Kirchengemeinde einen Kontakt. Sie wünschen sich nur das Kirchengebäude als Ort einer Amtshandlung. Was den Mitarbeitenden in der Kirche fremd ist, ist den Mitgliedern in der Regel eine Selbstverständlichkeit. Ihr Zugang zur Kirche kann durchaus über das Kirchengebäude erfolgen. Sie brauchen meistens die Gemeinde nicht und auch nicht den Kontakt zu ihrem Ortspfarrer.

Eine andere Beobachtung untermauert diese Feststellung. Stolz zeigt man Gästen „unsere“ Kirche im Dorf oder im Stadtteil. Wenn eine Renovierung ansteht, fühlen sich auch diejenigen angesprochen, die nicht zum aktiven Kern der Gemeinde gehören. Ja selbst Angehörige anderer Religionen wie der oben zitierte türkische Gastwirt in Hamburg fühlen sich als Stadtteilbewohner angesprochen. In den neuen Bundesländern beobachtet man, wie für den Erhalt und die Erneuerung des Kirchengebäudes viel mehr Menschen zu aktivieren waren, als zu den klein gewordenen Kirchengemeinden gehörten.

Das Kirchengebäude ist darüber hinaus der Ort, an dem die kirchliche Versorgung für die Mitglieder konkret wird. Wenn man umzieht, fragt man: „Zu welcher Kirche gehören wir eigentlich?“ Gemeint ist damit nicht die Institution allgemein, sondern die lokale Zweigstelle mit ihrem Gebäude. Hier spiegelt sich das Parochialsystem wider, das eine räumliche Zuordnung aller Getauften zu einer Kirche mit dem entsprechenden Amtsträger vorsieht. Hier erfolgt der Zugang zur Kirche im wörtlichen Sinne über ein Gebäude, das an einem bestimmten Ort steht. Die Mehrheit der Mitglieder der evangelischen Kirchen sieht in der Kirchengemeinde die kirchliche Versorgung am Wohnort. Sie wird konkret in der Person des Pfarrers und dem Kirchgebäude (Lück 1978, S. 16).

Dieser Zugang ist nun aber keineswegs ein Zugang, den die Mitglieder beliebig wählten, sondern es ist der Zugang, den die Institution Kirche durch die Einteilung in Parochien selbst vorgibt bzw. vorgegeben hat. Wer immer etwas mit der Kirche zu tun hat, bekommt es vermittelt über besonders gestaltete Gebäude. „Wohin der Lebenslauf der Einzelnen auch immer führt – sie werden jedenfalls einem Gebäude begegnen, das die kirchliche Präsenz an diesem Ort darstellt“ (Hermelink 2000, S. 343). Dabei können die Signale, die die einzelnen mit den Gebäuden verbinden, auf unterschiedlichen Ebenen liegen. Das mag das Glockenläuten sein, die Erinnerung an den Kirchgang zu Weihnachten, das Orgelspiel, der Anblick des in die Höhe weisenden Kirchturms oder was immer. Wenn Mitglieder davon erzählen, tun sie es meist mit positiven Gefühlen. Die dritte Mitgliederbefragung der Evangelischen Kirche in Deutschland fasst solche Schilderungen bei kirchlich Distanzierten zusammen: „Gleichsam visualisierte Geborgenheitsgefühle werden geschildert und verleihen einem Kirchenverhältnis Ausdruck, das mit der kritischen Abstandsbekundung kollidiert“ (Engelhardt 1997, S. 60). Gerade auch kirchlich Distanzierte haben hier einen Zugang zur Kirche. Die Befragten haben sich in ähnlicher Weise nicht zu den möglichen anderen kirchlichen Gebäuden geäußert, etwa zu Pfarrhäusern, Gemeindehäusern oder vielleicht auch Friedhöfen. Die Assoziation zur Verbindung mit der Kirche war bei diesen Gebäuden offenbar für die Erzählerinnen und Erzähler nicht in gleichem Maße gegeben. Man hätte sie direkt daraufhin ansprechen müssen.

Eigentlich ist die Feststellung banal zu nennen, dass ein Zugang zur Kirche für die Mitglieder sehr stark über die Kirchengebäude hergestellt wird. Das hätte man sich im Grunde denken können. Doch in Theologie und Kirchentheorie und oft auch in der kirchlichen Praxis spielte dieses Phänomen bis vor kurzem fast keine Rolle. Es waren die Mitglieder, die diesen Zugang wahrnahmen und nicht die Mitarbeitenden. Kirche und Theologie sahen nur den Zugang über das Wort, die Verkündigung und die Gemeinde. Dafür aber war und ist im Prinzip kein besonderes Gebäude vonnöten. Wort und Versammlung sind ortsungebunden. So verwundert es denn auch nicht, wenn in gut reformatorischer Tradition die Wortorientierung auch in der Praktischen Theologie vorherrscht. Praktisch-theologische Entwürfe wie die von Dietrich Rössler (1986) oder Gert Otto (1986 und 1988) können ganz auf die Erwähnung von Kirchengebäuden verzichten. Lediglich in der Liturgik spielen Orte und Räume eine Rolle (Volp 1992). Bei der liturgischen Gestaltung von Gottesdiensten kommt es dann ja auch auf die räumlichen Gegebenheiten an. Festzuhalten ist: Es macht einen Unterschied, ob die Mitglieder, die religiös suchenden, fragenden und praktizierenden Menschen im Blick sind, oder die kirchliche Praxis mit ihrem Auftrag zur Verkündigung des Wortes und zur Sammlung von Gemeinde. Wo die Kirche das handelnde Subjekt ist, haben Gebäude, Orte und Räume nur einen nebensächlichen und dienenden Charakter.

Neues Wahrnehmen von Orten und Räumen

Dass Gebäude und Räume kaum wahrgenommen werden, hat sich geändert. So weit ich sehe, kam der Impuls zu einem neuen Wahrnehmen der kirchlichen Gebäude in den achtziger Jahren des vergangenen Jahrhunderts aus drei Richtungen oder drei Notlagen. Das eine war das Problem der großen Innenstadtkirchen, die für den Normalbetrieb einer Kirchengemeinde überdimensioniert waren und kaum mehr sinnvoll unterhalten werden konnten. Hier entstand die Frage, was man mit diesen Gebäuden machen sollte: Abgeben, umnutzen, abreißen? Daraus entstand dann eine Debatte über die Besonderheiten von Kirchengebäuden. Das andere war die Flüchtlingswelle. Politisch engagierte kirchliche Mitarbeiterinnen und Mitarbeiter, Pfarrerinnen und Pfarrer sahen in so mancher Maßnahme der staatlichen Ausländerbehörden krasse Ungerechtigkeiten und Unmenschlichkeiten. Sie versuchten in einzelnen Fällen, den betroffenen Menschen, meist Familien mit Kindern, Schutz zu geben vor sofortiger Abschiebung. So erneuerte man den Gedanken eines Asyls in der Kirche. Von wieder anderer Seite kam das Interesse an den Kirchenräumen im Rahmen der Religionspädagogik. Hier entstand als ein eigener Zweig die Kirchenpädagogik, die zum Ziel hat, Kirchengebäude zu erschließen, Raumerfahrungen zu ermöglichen und das kulturelle Erbe in vielfacher Weise erlebbar zu machen.

Die Frage, was man mit den meist aus der zweiten Hälfte des neunzehnten Jahrhunderts stammenden Großkirchen in Innenstadtbereichen machen solle, beschäftigt insbesondere die Evangelischen Kirchbautage und Beiträge in der Zeitschrift „Kunst und Kirche“ seit den siebziger Jahren des zwanzigsten Jahrhunderts (Löwe 1999, S. 4). Es war klar, dass diese Art Gebäude für ein in Form von Gruppen und Kreisen organisiertes Gemeindeleben nicht geeignet war. Zudem lagen diese Kirchen meist auch in Gebieten, in denen die evangelische Wohnbevölkerung einen drastischen Rückgang zu verzeichnen hatte. Im Zuge steigenden Wohlstands drängten die Evangelischen zunehmend in Wohneigentum am Stadtrand oder ins Stadtumland. Der frei werdende Wohnraum in der Innenstadt wurde entweder in Büro- und Geschäftsraum umgewandelt oder von wohnungssuchenden Ausländern und Flüchtlingen übernommen, die in aller Regel nicht der evangelischen Konfession zuzurechnen waren. Schließlich erwiesen sich diese großen Kirchen auch als ausgesprochen kostenträchtig. So sann man auf andere Aufgaben für diese Gebäude als die einer Gemeindekirche.

Ein erstes Projekt, das eine Kirche vorsah ohne kirchengemeindliche Nutzung, war der Wiederaufbau der Lübecker Petrikirche. Seit 1987 setzt dann eine verstärkte Diskussion ein, bei der es auch und gerade darum ging, die besonderen Chancen der entsprechenden Kirchengebäude wahrzunehmen und neue Nutzungsformen zu entwickeln. Es begannen die fachbereichsübergreifenden Berliner Gespräche, zu denen auch Politikerinnen und Politiker zugezogen wurden, zum Thema „Neue Nutzungen von alten Kirchen“ (Löwe 1999, S. 5). Ebenfalls 1987 wurde die Dokumentation einer Tagung der Evangelischen Akademie Arnoldshain veröffentlicht, die sich unter dem Titel „Die Wiederkehr des Genius loci“ mit den Innenstadtkirchen Frankfurts am Main beschäftigt hatte (Die Wiederkehr des Genius loci 1987). Seither blieb in vielfacher Weise die Innenstadtkirche oder Citykirche in der Diskussion. Die Aufgabe, um die es zunächst ging, hieß: „Die Existenz einer Citykirche zu sichern, heißt ..., eine Gemeinde zu finden, die sich nicht über ihren Wohnort definiert, sondern die sich überparochial konstituiert“ (Löwe 1999, S. 9). In der Diskussion wurde schnell klar, wie die großen Innenstadtkirchen schon durch ihre Monumentalität und architektonische Gestaltung gar nicht als Gemeindekirchen, d.h. für Versammlungszwecke einer Nachbarschaft, allein gedacht waren, sondern die Religion bzw. das Christentum in der Stadt darstellen und repräsentieren sollten. Diese Kirchengebäude sollten den Beitrag der Religion für die Gesellschaft und die Kultur zur Darstellung bringen. Martin Neddens unterscheidet hier zwischen einem öffentlichen Tempel, bzw. einer öffentlichen Kathedrale, und einer privaten Kapelle. „Die ‚Kapelle‘ ist gemeindeorientiert mit einer Tendenz zum Privaten. Ihre Größe entspricht dem tatsächlichen, üblichen Bedarf der örtlich vorhandenen Gemeinde als überschaubare und begrenzte Gruppe, deren Handeln und deren Gottesdienst die Form bestimmen. Zu ihnen gehören die Hauskirchen der ersten nachchristlichen Jahrhunderte, die Pfarrkirche und besonders auch der größte Teil des Kirchenbaus in protestantischer Tradition. ... Der ‚Tempel‘ ist öffentlichkeitsorientiert. Als ‚Dom‘, ‚Münster‘ oder – seit der Gotik – als ‚Kathedrale‘ ist er im christlichen Kulturraum ausgeprägt worden“ (Neddens 1987, S. 24). Wolfgang Grünberg bemerkt: „Die City-Kirchen als Stadtkirchen gehören nicht den Kirchenmitgliedern, sondern den Bürgern der gesamten Stadt“ (1995, S. 168). Von daher gesehen war klar, die Arbeit in den Innenstadtkirchen musste sich von der normalen parochialen Arbeit unterscheiden. Die Stadt- bzw. City-Kirchen- Diskussion drehte sich deshalb im weiteren auch um die Frage, wen man denn mit welchen Angeboten erreichen wolle. Und es ging um die Frage, wie ein öffentliches Christentum gegenwärtig aussehen könne und müsse.

Ende der siebziger, Anfang der achtziger Jahre des vergangenen Jahrhunderts kam es zu heftigen Protesten gegen den Ausbau des Frankfurter Flughafens und den Bau einer weiteren Startbahn. Diese Startbahn sollte ein großes Waldgebiet zerstören. Auch kirchliche Gruppen beteiligten sich vehement an Aktionen des Widerstands gegen diese Maßnahme, die insbesondere von Initiativen der Umweltbewegung getragen waren. Man „besetzte“ einen Teil des Waldes und errichtete ein Dorf aus selbst gebauten Holzhütten. Fast wie selbstverständlich kamen Gemeindeglieder auf die Idee, man brauche in diesem Dorf auch eine Kirche. Ein Architekt, ein Schreiner und zahlreiche Spender setzten die Idee in die Tat um. In der Hüttenkirche – wie sie genannt wurde – fanden fast ein Jahr lang regelmäßig Gottesdienste statt. Außerdem wurde der Bau zu Versammlungen und Diskussionsveranstaltungen genutzt. Als schließlich die Flughafen

AG eine Räumung des Hüttendorfes durchsetzen konnte, wurden zwar die Hütten mit Planierraupen beseitigt, die Kirche aber wurde sorgfältig zerlegt und auf einem städtischen Bauhof gelagert (Failing 1997, S. 379-381).

An diesen Vorgängen kann man sehen, wie ein Kirchenbau auch als eine Präsenz von politischem Willen verstanden werden kann. Von einigen wurde die Hüttenkirche zudem als mögliche Zufluchtsstätte für die Bewohner des Hüttendorfes angesehen. Die Gemeindeglieder, die den Bau der Kirche betrieben hatten, verbanden damit offenbar die Hoffnung, dass dieser Bau ein wirksames Zeichen sein möge. Der Bau der Kirche war zweifellos eine Willensbekundung. Die Art, wie dann die Betreiber des Flughafenausbaus mit diesem Bau verfahren sind, zeigt auf der anderen Seite, wie ein solches Zeichen Respekt erheischt. Eine Kirche ist keine Privatangelegenheit. Sie ist in mehrfacher Hinsicht eine Machtfrage, die auch menschlich Mächtige für eine kurze Zeit wenigstens stutzen lässt.

Ähnlich zu verstehen ist die Praxis, Flüchtlinge, Migranten, denen seitens der Ausländerbehörden Abschiebung droht, im Raum der Kirche zu beherbergen. Diese Praxis hat es schon in den Niederlanden, England und der Schweiz gegeben. Auch hier wird das Kirchengebäude benutzt, um politisch Protest anzumelden und Menschen, die möglicherweise ungerechtfertigt bedrängt werden, zumindest vorübergehend einen Zeitgewinn zu verschaffen.

Der Begriff Kirchenasyl, der dafür umgangssprachlich benutzt wurde, könnte nahe legen, man gehe davon aus, es gebe tatsächlich einen solchen Raum, einen heiligen Raum, in dem auch der Staat kein Recht mehr hat. Sicher soll mit dem Begriff und dem entsprechenden Handeln an eine uralte religiöse Praxis des Schutzraums im Tempel erinnert werden. Doch ist allen Beteiligten klar, dass es in einem demokratischen Staat solche dem staatlichen Recht entzogenen Räume nicht geben kann (Failing 1997, S. 381f.). „Wer ‚Kirchenasyl‘ gewährt, muss daher negative Rechtsfolgen bis hin zur Strafbarkeit auf sich nehmen. Dabei ist aber in Deutschland im Einzelfall der Schutz der zugrunde liegenden Gewissensfreiheit (Art. 4,1 GG) zu berücksichtigen“ (de Wall RGG Sp. 867).

Auch in diesen Fällen geht es also darum, das Kirchengebäude neu wahrzunehmen und darin mehr zu sehen als nur einen Versammlungsraum. Das Kirchengebäude beinhaltet auch für Gegenwartsmenschen eine Bedeutung, einen Sinn und eine Zuschreibung, die über den Gebrauchsgegenstand eines Versammlungshauses für gemeindliche Gruppen hinausgeht. Dieses Mehr zielt einerseits auf einzelne Menschen, in unserem Fall hier, auf den Schutz von Menschen, die nicht einmal zu der Gemeinschaft derer gehören müssen, denen das Gebäude gehört, also letztlich auf alle, die dieses Gebäudes in der entsprechenden Funktion bedürfen. Und dieses Mehr zielt auf die gesellschaftliche Öffentlichkeit. In unserem Fall hier wird das Gebäude zur Mahnung, zum Zeichen für Verantwortung, die die Gesellschaft schuldig ist.

Seit Mitte der neunziger Jahre ist kirchenpädagogisches Arbeiten in ganz Deutschland verbreitet. Diese Art von Religionspädagogik hatte ihre Anfänge in den achtziger

Jahren. 1988 wurde in Hamburg das Projekt „Lernort Kirchenraum“ institutionalisiert. Zunächst wandten sich die Initiatoren – fast ausschließlich Frauen verschiedener pädagogischer Richtungen – an Kinder und Jugendliche im Rahmen des Schulunterrichts. Mit den Schülerinnen und Schülern ging man für einige Stunden an den Ort des Geschehens, um dort zu lernen. „Die Arbeit im und mit dem Kirchenraum entwickelte sich zu einer Lernform, mit der Kindern die christliche Religion in ihren Auswirkungen auf das konkrete Leben der Menschen verständlich gemacht werden konnte. Dies schien nach einer langen Phase des problemorientierten Religionsunterrichtes und gleichzeitig zunehmender Säkularisierung dringlicher denn je. Außerschulische Lernorte mit attraktiven Lernangeboten waren gefragt“ (Neumann/ Rösener 2003, S. 41f.). Die Kirchenpädagogik erwies sich ähnlich wie Bibliodrama mit ihrem leib-räumlichen Ansatz als sehr hilfreich, um neue Impulse für den Religionsunterricht zu geben. Man konnte in anderer Weise zum Lernen anregen als über die Vermittlung von Glaubenssätzen oder die Diskussion von Problemen. Hier war eine sinnlich-ganzheitliche Erfahrung möglich. Man konnte auch die Fremdheit, mit der die Schülerinnen und Schüler zunächst dem Raum begegnen ernst und aufnehmen, ihre Empfindungen und Vorerfahrungen einbeziehen. Dadurch wurde eine sehr viel größere Breite erreicht als bei einem Unterricht im Klassenzimmer.

Eine der Initiatoren der Kirchenpädagogik, Erika Grünewald, schreibt: „Wie in der Medizin das Wort ‚ganzheitlich‘ notwendig wurde, um den hoch spezialisierten Ärzten zu signalisieren, dass der Patient mehr sei als die Summe seiner Organe und Funktionen, so entstand der Begriff ‚Kirchenpädagogik‘, um zu signalisieren, dass die Kirche mehr vermitteln will als die Summe ihrer Inventare und Funktionen“ (Grünewald 2002, S. 10). Dabei sind die Menschen auch aufgefordert, sich in ihrer Ganzheit einzubringen. „Der Sinn der Kirchenpädagogik liegt darin, den Kindern, durch das Ansprechen und Einbinden ihrer ureigensten Gefühle und Ängste, aufzuzeigen, dass es einen Ort gibt, wo sie befugt sind, diese Gefühle zu spüren, sie zuzulassen, sie auszusprechen“ (a.a.O.).

Religionspädagogisches Arbeiten wird in der Kirchenpädagogik nicht nur in sinnlicher und leiblicher Hinsicht erweitert. Es wird auch bereichert durch das Einbeziehen von Arbeitsweisen der Museumspädagogik, der Kunst, der Geschichte oder der Germanistik. Kirchenpädagogik fragt nicht vornehmlich nach dem Stoff, der zu vermitteln ist, sondern nach dem, was die Schülerinnen und Schüler mitbringen, nach dem, was sie erleben und was sie zu sagen haben.

Die Generalsynode der Vereinigten evangelisch-lutherischen Kirche (VELKD) 1986 sah in der Öffnung von Kirchen eine neue Möglichkeit für missionarische Bemühungen. Sie empfahl, zu prüfen auf welchem Wege Kirchen geöffnet werden könnten. Aus dieser Empfehlung hat das Gemeindekolleg in Celle dann ein Projekt in Kirchenpädagogik entwickelt mit dem Titel „Kirchen erzählen vom Glauben“ (Neumann/ Rösener 2003, S. 43). Kirchengebäude kamen hier als Wege in den Blick, um die christliche Tradition in neuer und attraktiver Weise vermitteln zu können. In Ostdeutschland kam man nach 1989 angesichts geringer Mitgliederzahlen auf die Idee, die Gebäude könnten nicht nur eine Belastung für die Kirche sein, sondern auch eine Chance. Mit ihrer Hilfe könnte man in einer weitgehend kirchenfremden Umgebung die Sache der Kirche zur Sprache bringen. Bischof Axel Noack schreibt in seinem Vorwort zu dem Arbeitsbuch zur Kirchenpädagogik: „Denn wir selber glaubten nicht immer an die Kraft und die Wirkung, die den Kirchenräumen eigen sind. Und nun erstaunt und freut es uns zu sehen, welche Anziehungskraft von unseren Kirchen auf die Menschen in Stadt und Land ausgeht und wie viele Besucher nicht nur in den berühmten Domen und Kirchen der Romanik zu finden sind“ (Neumann/ Rösener 2003, S. 7). Auch die Verfasserinnen des Arbeitsbuchs staunen offenbar über die Attraktion, die Kirchengebäude haben können. Gleich im ersten Kapitel stellen sie den Gottesdienstbesuch und den Besuch in geöffneten Kirchen am Beispiel der Erfurter Kaufmannskirche gegenüber: „In acht statistisch ausgewerteten Monaten wurden ca. 8000 Gottesdienstbesucher gezählt und ca. 60.000 Menschen, die die Kirche außerhalb des Gottesdienstes aufsuchten.“ Selbst die Konfessionslosen in Ostdeutschland besuchen mit ca. 28% jährlich einmal eine Kirche. In Westdeutschland tun dies nur 13% (S. 11).

In der kirchlichen Praxis hat sich so von verschiedenen Seiten her, von unterschiedlichem Bedarf und unterschiedlichen Notlagen her eine Aufmerksamkeit für die Kirchengebäude entwickelt und eine Diskussion entzündet. Verschiedene Ansätze wurden weiterentwickelt, auf die noch näher einzugehen ist, wie die Stadtkirchenarbeit oder die „Offenen Kirchen“. In den Jahren 2002/ 2003 kam es zu einer Art vorläufigem Höhepunkt: Der Evangelische Kirchbautag in Leipzig und die erste Tagung der 10. Synode der Evangelischen Kirche in Deutschland ebenfalls in Leipzig hatten die Kirchengebäude als ein Zentrum für die kirchliche Praxis zum Thema. Der 24. Kirchbautag stand unter dem Thema „Sehnsucht nach heiligen Räumen“. Die EKD-Synode hatte das Schwerpunktthema „Der Seele Raum geben – Kirchen als Orte der Besinnung und der Ermutigung“.

Der Kirchbautag verabschiedete eine „Leipziger Erklärung: Nehmt eure Kirchen wahr!“. Man habe beobachtet, so heißt es, wie die Menschen nach Rastplätzen für ihre Seele suchten, Freiräumen, Oasen und Feierorten. In Notsituationen suchten sie Kirchen auf. Kirchen seien auch tatsächlich „Anderorte“ in der diesseitigen Welt und der ökonomisch geprägten Gesellschaft. Sie seien Seelen und Gedächtnis der Gemeinwesen, zwar Gemeindeeigentum, aber auch Kulturgut der Allgemeinheit. „Hier versichern sich Menschen ihrer religiösen Identität, hier erfahren sie Begleitung in den Schwellensituationen ihre Lebens.... Hier findet der Ausgegrenzte Asyl, hier kann der Erschöpfte aufatmen – in einem offenen, zweckfreien Raum“ (Leipziger Erklärung 2003, S. 54). Kirchen als „Schatzkammern des christlichen Glaubens“ und als „Kraftorte“ müssen „geöffnet und allen Menschen zugänglich sein“. Sie müssen entsprechend ihrer Bedeutung entdeckt und neu zur Geltung gebracht werden. „Kirchräume gehören allen“.

Nach diesen Worten ist klar: Die rechte Nutzung und Wahrnehmung von Kirchen geschieht dort, wo man alle Menschen und die ganze Gesellschaft im Blick hat. Die

Menschen sollen die Gebäude für ihre eigene Frömmigkeitspraxis als „heilige Räume“ nutzen können. Die Gebäude selbst sind in ihrem Zeugnis so etwas wie Mitverkündigende. Sie sollen erschlossen werden nicht nur durch die christliche Tradition, sondern auch durch „Grenzgängerei“ hin zu Musik, bildenden Künsten und Literatur.

Ähnlich und an die Erklärung des Kirchbautages anschließend äußert sich die Synode der EKD in ihrer Kundgebung: „Unsere Kirchen dienen der christlichen Gemeinde zum Gottesdienst. Dazu sind sie gebaut. Aber sie sind mehr: Sie haben eine Ausstrahlungskraft weit über die Gemeinden hinaus, denen sie gehören“ (EKD-Synode 2003, S. 1).Auch hier wird von einer Art Mitverkündigung ausgegangen: „Kirchen sind Orte, die Sinn eröffnen und zum Leben helfen können. Sie sind Räume, die Glauben symbolisieren, Erinnerungen wach halten, Zukunft denkbar werden lassen, Beziehungen ermöglichen: zu uns, zu unserer Welt, zu Gott“. Auch begegnet wieder der Gedanke des Zufluchtsorts und der Öffentlichkeit des Raums. Empfohlen wird die Öffnung der Kirchen generell. Bei mehreren Kirchen an einem Ort, solle man über eine Arbeitsteilung nachdenken und jeweils unterschiedliche Profile anstreben. Damit wird auch der Pluralität der Gesellschaft Rechnung getragen. Die Kirchen sollen für Veranstaltungen der unterschiedlichsten Art genutzt werden. Der Gottesdienst ist nicht die alleinige Form, mit der den Menschen Glaube und Religiöses nahe gebracht werden können. Die Erschließung der Schätze einer Kirche durch Kirchenpädagogik und entsprechend geschulte Menschen wird ausdrücklich als wichtige Aufgabe genannt. Unter der Überschrift „Suchet der Stadt Bestes“ wird daran erinnert, dass die Kirchen zum Ort und zur Stadt gehören, dass sie mitten im Gemeinwesen ihren Platz haben als Wahrzeichen aber auch als Orte des „gemeinsamen Empfindens, gemeinsamer Freude und Ermutigung im Leid“. Verwiesen wird auf die Gottesdienste anlässlich von Kriegen und Katastrophen. Hier leihe die Kirche dem Entsetzen oder der Freude Sprache. Als Fazit wird festgestellt: „Die Kirche muss sich bewusst werden, dass ihr Platz in der Mitte der Gesellschaft ist“. Der Kirchraum soll so zur Agora werden und nicht als Rückzugsmöglichkeit aus der Gesellschaft dienen.

Fast spiegelbildlich klingt es aus der Tourismusbranche. Bei der Bewerbung um den Status eines Weltkulturerbes für das Mittelrheintal hatte das Land Rheinland-Pfalz zunächst die Kirchen nicht einbezogen. Doch bald schon erkannte der Fremdenverkehr, dass hier etwas fehlte. Der Geschäftsführer des entsprechenden Verbandes formulierte Thesen zu den Kirchen am Mittelrhein. Darin heißt es u.a.: „2. Die Kirchen am Mittelrhein waren und sind Einkehrstätten, dienen der Verkündigung und sind zugleich wertvollste Kulturgüter. 3. Kirchen sind ... auffallende Baukörper, städtebaulich prägend... 5. Kirchen sind als Baukörper Solitäre, als Gotteshäuser Zeichen der christlichen Verkündigung. 8. Kirchen tragen Verantwortung und Hoffnung. Sie helfen Menschen in allen Lebenslagen, in Not und Freude“ (Meinung, 2003, S. 20).

Mensch und Raum

Gegenwärtig wird also der Kirchenraum neu entdeckt. Hintergrund dafür ist sicher einerseits der Rückgang an Finanzmitteln, der nach dem Nutzen und Sinn von Gebäuden fragen lässt. Andererseits ist die Hinwendung zum Einzelnen, die Wahrnehmung von gelebter Religion eine Ursache, dass der Raum als heiliger, als besonderer Raum neu in den Blick kommt. Aber insgesamt wird auch überhaupt in der Wahrnehmung der Faktoren, die die menschliche Existenz ausmachen, erst seit einem halben Jahrhundert der Raum reflektiert. Wolf-Eckart Failing zitiert Michel Foucault mit dem Satz: „Die große Obsession des 19. Jahrhunderts ist bekanntlich die Geschichte gewesen... Hingegen wäre die aktuelle Epoche eher die Epoche des Raumes" (1997, S. 386). Mit einer vergleichbaren Feststellung beginnt Otto Friedrich Bollnow sein bereits 1963 in erster Auflage erschienenes Werk „Mensch und Raum": „Das Problem der zeitlichen Verfassung des menschlichen Daseins hat die Philosophie der letzten Jahrzehnte in einem so außerordentlichen Maße beschäftigt, dass man es geradezu als das Grundproblem der gegenwärtigen Philosophie bezeichnen kann... Das Problem der räumlichen Verfassung des menschlichen Daseins oder, einfacher gesprochen, das des konkreten, vom Menschen erlebten und gelebten Raums, hat demgegenüber ganz im Hintergrund gestanden, was bei der überlieferten, fast schon sprichwörtlich gewordenen Verknüpfung der Fragen nach dem Raum und der Zeit eigentlich erstaunlich ist" (2000, S. 3). Die evangelische Theologie macht von dieser Beschreibung der Philosophie keinen abweichenden Eindruck. Das Problem der Geschichtlichkeit des Glaubens hat sie seit der Aufklärung in hohem Maße beschäftigt und auch beunruhigt. Die Frage nach der Räumlichkeit des Glaubens wurde kaum gestellt. So kann es heißen: „Der praktisch-theologische Diskurs über den Raum bewegt sich auf einem noch brach gelassenen Stoppelfeld, in einem Vakuum zwischen großen Worten (etwa von der Universalität Gottes und der prinzipiellen Heimatlosigkeit der Christen und Christinnen) und schmächtigen Gedanken über die schwer zu bändigende Einsicht in die leiblich-territoriale Verfasstheit des Menschen" (Failing 1997, S. 375f). Wo die räumliche Verfasstheit des Menschen nicht in den Blick kommt, kann sein „In-der-Welt-Sein" nicht wirklich begriffen werden. Es könnte also sein, dass mit der neuen Wahrnehmung von Räumen sich etwas Tieferes verbindet als nur etwa die Entdeckung eines kulturellen Erbes für die Kirche oder eine neue Möglichkeit religionspädagogischen Handelns. Es könnte sich um eine ganz neue Wahrnehmung des Menschen und seiner Religion handeln, die vielleicht manche liebgewordene Sichtweise in Frage stellt, dafür aber auch befreiende Wirkung hat. Es könnte sein, dass sich eine individuelle religiöse Praxis entwickelt, die sich der Kontrolle des Amtes und überhaupt aller Kontrolle entzieht und die wirkmächtiger ist als aller inszenierter Gottesdienst.

Was macht den Raum aus? Bei Raum ist nicht an eine mathematische Beschreibung zu denken.

Es geht um den „erlebten Raum". Während es beim mathematischen Raum keinen natürlichen Mittelpunkt oder keine ausgezeichnete Richtung gibt, hat der erlebte Raum für die Menschen in irgendeiner Weise einen Mittelpunkt, hat er Achsen, unterschiedlich gewichtete Gegenden und Orte, fließende Übergänge. Der erlebte Raum ist nicht einfach unendlich. Er wird zunächst als abgeschlossen erlebt. Er ist keineswegs wertneutral. Er hat Bedeutungen für die Menschen und ist nur beschreibbar in Beziehung zu den Menschen (Bollnow 2000, S. 17f.). Was gehört wohin? Was hat wo seinen Platz? Wo habe ich meinen Platz? Das sind Raumfragen, die hier zu bedenken sind. Mircea Eliade beginnt seine Untersuchung zu „Das Heilige und das Profane“ mit den Überlegungen zum Raum: „Für den religiösen Menschen ist der Raum *nicht homogen*. Er weist Brüche und Risse auf; er enthält Teile, die von den übrigen qualitativ verschieden sind“ (Eliade 1957, S. 13). Bollnow sieht hier keineswegs die Eigenart nur der religiösen Wahrnehmung: „Auch für den heute lebenden Menschen – so schreibt er – ist der Raum keineswegs homogen, sondern jeder Ort in ihm ist mit besonderen Bedeutungen behaftet. Es sondern sich bevorzugte und gemiedene Bezirke. Erinnerungen angenehmer wie unangenehmer Art verbinden sich mit den einzelnen Orten“ (S. 69). Ähnlich argumentiert der Architekt Günter Pfeifer: „Eigentlich bin ich immer wieder überrascht, wie wenig selbstverständlich die Tatsache ist, dass Räume die seelische Befindlichkeit der Menschen maßgeblich beeinflussen. ... Die Beschreibungen der Phänomenologen ... haben uns gelehrt, dass wir nicht in einem homogenen und leeren Raum leben, sondern in einem Raum, der mit Qualitäten aufgeladen ist. ... Wir leben innerhalb einer Ansammlung von Beziehungen“ (Pfeifer 1999, S. 11). Im Grunde lehrt uns schon die alltägliche Erfahrung die Ungleichheit der Orte und Räume. Gebäude und Orte sind für Familien und Einzelne Sinnträger. Man besucht sein Elternhaus, seine erste Schule, seine erste eigene Wohnung zusammen mit dem Familiennachwuchs oder der Freundin, dem Ehemann usw. Anhand von Orten kann ein Lebenslauf rekonstruiert werden. Wenn man nach längerer Zeit einmal an einem früheren Wohnort vorbei kommt, wird einem warm ums Herz. Man macht Bilder und zeigt sie herum: So sieht es da heute aus. All das hat zunächst gar nichts mit Kirche und Religion zu tun.

Nicht nur Einzelne und Familien kennen für sie heraus gehobene Orte und Gebäude. Auch der Politik und der Stadtplanung sind solche Überlegungen vertraut. Rathäuser werden nicht an einen beliebigen Ort in der Stadt gebaut. Sie werden dorthin gebaut, wo Macht signalisiert werden kann: In der Regel im Zentrum der Siedlung. Dort standen zuerst die Kirchen, danach wurden dort die Schlösser der weltlichen Herrscher errichtet. Und so stehen eben auch Rathäuser nicht da, wo es die meisten Parkplätze gibt, sondern im Zentrum. Mit Gebäuden wird repräsentiert. Es wird Bedeutung gezeigt und demonstriert. Die Hochhäuser in Frankfurt am Main sind nicht etwa deshalb so zahlreich, weil dies die funktionalste Weise sei, um wirtschaftlich Büroraum zur Verfügung stellen zu können, sondern weil sie die Bedeutung der Bank, der Versicherung, des Konzerns oder Wirtschaftsunternehmens herausstreichen sollen. Ein Gebäude ist nicht wie das andere. Und ein Ort ist nicht wie der andere.

„Der Mensch wird in einen Ort hineingeboren, und dieser Ort ist einmalig geprägt

– geographisch und vielleicht auch historisch“ (Sieverts 1999, S. 36). Der bestimmte Ort gehört zur menschlichen Existenz dazu und macht einen Teil ihrer Identität aus. Jedenfalls war das so. Bis ins 17. Jahrhundert hinein hatten die Orte sogar jeweils ihre eigene Zeit, die Ortszeit. Das hörte mit verstärktem Verkehr in der Moderne auf. Die Zeit musste überall die gleiche sein. „Wie sich nun in der Moderne die Zeit vom Ort ablöst und abstrakte, physikalische Zeit wird – eine Zeit, die auf der ganzen Welt und in jedem Maßstab die gleiche Zeit ist –, so löst sich auch der Ort auf: Ort wird zum abstrakten *Raum*.... Und in diesem abstrakt vermessenen physikalischen Raum ist der *Ort* als etwas einmalig Vorgeprägtes verschwunden“ (S. 37). Die Moderne hält die Besonderheit des Ortes sogar für hinderlich. Ortlosigkeit wird zum Ideal. Die Gesellschaft und ihre Einrichtungen müssen unabhängig von örtlichen Bedingungen und Nachbarschaften funktionieren. Der spezifische Ort widersetzt sich einer Standardisierung, die wiederum das Ideal der Moderne ist. Flughäfen, Einkaufszentren, Hotels usw. müssen auf der ganzen Welt gleich aussehen. Die Besonderheit des Ortes muss deshalb sogar bekämpft werden (S. 39).

Doch es hat sich gezeigt, diese Ortlosigkeit hat ihren Preis. Sie belastet die Menschen. Insbesondere für die Kinder ist ein Aufwachsen ohne Verwurzelung an einem spezifischen Ort zu einem Orientierungsproblem geworden. Andererseits helfen selbstverständlich wiedererkennbare Strukturen in der Fremde auch sich zurecht zu finden. Insgesamt aber mag wohl gelten: „Es scheint zur *conditio humana* zu gehören, dass eine völlig ortlose Existenz wahrscheinlich nur ausnahmsweise und vielleicht auch nur für kurze Zeit möglich ist“ (S. 49). Der Architekt Sieverts beobachtet denn auch, wie sich insbesondere in Grauzonen neue Orte bilden. Stadtplanung und Städtebau sollten das Entstehen von Orten ermöglichen. Orte mit Symbolcharakter seien besonders wichtig. Dazu gehörten insbesondere auch die Kirchen und Kathedralen. Es können aber auch Rathäuser und Wochenmärkte sein. Sein Fazit: „Von den alten drei mönchischen Regeln, der Ortsgebundenheit, der Keuschheit und der Armut, haben uns die Keuschheit und die Armut immer irgendwie eingeleuchtet. Vielleicht ist es so, dass gerade die *stabilitas loci*, die Treue einem Ort gegenüber, wieder zu einer Tugend wird, die an Bedeutung gewinnt“ (S. 52f).

Ähnlichen Gedanken folgt der Städteplaner Martin Neddens, wenn er von der Wiederkehr des Genius loci (Geist des Ortes) spricht. Der Genius loci lässt sich nicht definieren. „Er ist nur zu entdecken und ggf. behutsam auszuformen“ (Neddens 1987, S. 49). Der Genius loci hat schöpferische, offenbarende Qualitäten. Man kann ihn nicht messen, sondern ihn allenfalls mit phänomenologischen Methoden bearbeiten. Er enthält zwei Wertdimensionen: die geschichtliche und die natürliche. Der Denkmalschutz hat die geschichtlich wertvollen Orte bereits weitgehend gewürdigt. Der Bedeutungsüberschuss natürlicher Ort wird dagegen oft noch nicht wahrgenommen wie z.B. Bergkuppen, Talsenken, Flussmündungen (S. 54). Werte von Orten müssen erfahren werden.

Solche Erfahrung beschreibt Ingrid Riedel als Ergriffenheit von einem Ort. Sie spricht von beseelten Orten: „ ‚Beseeltheit' erlebte ich in einer spontanen Ergriffenheit von ihrer Lage, Gestalt, Geschichte und Bedeutsamkeit" (2001, S. 7). Riedel bemüht sich, Kriterien herauszuarbeiten, die von der rein subjektiven Erfahrung abgesehen auch andere für ihre Erfahrung von Orten als einleuchtend empfinden. Auch sie unterscheidet die natürliche Beschaffenheit der Orte von der geschichtlichen Bedeutung. „Es ist also die Landschaft, die tief berühren kann, die sich immer mehr beseelt, je mehr ich meine persönliche Geschichte mit ihr habe. Eines ist die Landschaft, ein Zweites sind die Begegnungen mit Menschen, die in solche Landschaften gehören und die einem in dieser Landschaft widerfahren" (S. 10). Neben der Qualität der Landschaft, der Lage der Orte in der Landschaft, den menschlichen Begegnungen gehört für Riedel zur Seele eines Ortes auch das kulturgeschichtliche Wissen um den Ort. Und dazu gehört eben auch die Religion (S. 13). Solche Ortswahrnehmung ermöglicht es, dass Menschen an qualifizierten Orten eine Erfahrung von Stimmigkeit machen, von Faszination, spiritueller Qualität und Ganzheit. Warum ist so etwas möglich? „Es muss mit einer Art von Heimweh zu tun haben, das viele unserer Zeitgenossen ergreift: Wurzeln zu finden, die über uns als vereinzelte Individuen einer späten Kultur hinausreichen, Wurzeln in der größeren Geschichte, der Menschheitsgeschichte, einer größeren Kultur und Religion, einer Menschheitskultur und -religion" (S. 19). Mit dieser Überlegung deutet Riedel an, welche Bedeutung Räume und Orte besonders für den Menschen der Gegenwart in der höchsten Stufe der Individualisierung haben mögen. Räume und Orte lassen Zugehörigkeit erfahren, die die Individualisierung nicht zurückzunehmen zwingt, die nicht gemeinsame Lehre und gemeinsame Bekenntnisse erfordert. Hier entsteht womöglich eine unsichtbare Gemeinde, die von nichts anderem als dem Geist (Genius) bestimmt wird. Dieser Geist setzt sich aus verschiedenen Komponenten zusammen. Es geht, wie bereits gesagt, um die Stimmigkeit in der Gestalt eines Ortes, aber auch um seine Geschichte und dabei durchaus auch um Kult, Musik, Tanz, aber auch um die Gegenwartsmenschen, mit denen man es zu tun bekommt. Dazu gehören auch die, die solche Orte mit ihrem Geist bei Führungen erschließen können (S. 209).

Nicht nur erwachsene Menschen werden in der geschilderten Weise von Orten und Räumen ergriffen. Heiner Barz hat in seiner Untersuchung religiöser Einstellungen Jugendlicher auch die Frage nach besonderen, affektiv besetzten Orten gestellt. Kirchen, Überreste alter Kulturen, Naturphänomene, Friedhöfe, Fußballstadien, Rockkonzerte oder Kinosäle sind mit besonderen Gefühlen verbunden. Insbesondere Kirchen und Dome „werden spontan sehr häufig bei der Frage nach Orten mit besonderer Ausstrahlung genannt und auch bei der Frage nach heutigen Äquivalenten häufig als alternativlos empfunden.... Kirchen scheinen ... ihre spezielle Dienstleistungsrolle ins neue ichzentrierte Sinngefüge hinüberretten zu können: weniger ‚Gotteshaus' als vielmehr Ort der Selbstbegegnung ist dabei ihre Funktion, sie bieten ‚das Gefühl, dass ich mir ganz nahe bin'" (Barz 1992, S. 58).

Noch einmal anders ausgedrückt: „Raum ist aufgeladen mit Erinnerungen, mit den Erinnerungen derer, die ihn gestaltet, ausgestaltet haben. Aber ebenso wird Raum aufgeladen mit den Erinnerungen des Betrachters" (Kallmeyer 1999, S. 55). In vielerlei Hinsicht wirkt in der Wahrnehmung des Ortes oder des Raumes auf den Menschen zurück, was zuvor von ihm gestaltet wurde, bzw. was er hinein projiziert hat. „Ob darüber hinaus bestimmte Kräfte der Erde oder des Himmels, kosmoterrestrische Energien also, zu der Beseelung solcher Orte beitragen, will ich zuletzt noch einmal fragen", sagt Ingrid Riedel. „Ich kann es nicht ausschließen, aber auch nicht beweisen" (Riedel 2001, S. 210).

Auch aus theologischer Sicht soll diese Frage offen bleiben. Es ist die Frage, inwiefern in der Natur eine eigene Offenbarungsqualität gesucht werden kann und darf. Festzuhalten bleibt aber in jedem Fall die starke Wirkung, die Orte und Räume für das menschliche Leben und darin auch für das religiöse Leben haben. „Raum ist mehr als alles andere eine *Kategorie des Lebens,* so vieldimensional wie dieses, so *grundlegend* für die Wahrnehmung wie Zeit und Materie, so *persönlich* und *allbestimmend* wie die Fragen nach dem Ich und dem Wir, nach dem Sinn, nach der Bedeutung des begrenzten Seins... Gerade als begrenzter Raum ruft der Raum die Paradoxie des Unendlichen hervor" (Zink 1999, S. 125).

Sachlich gehört in diesen Zusammenhang auch der Begriff der Heimat. Was bedeutet Heimat für die Menschen? Was macht Heimat eigentlich aus? Vieles von dem, was bereits zum genius loci gesagt wurde, hat auch seine Bedeutung für den Heimatgedanken. „Heimat meint zunächst den umgrenzten Raum der Herkunft bzw. des Wohnens, mitsamt seiner Umwelt und ‚heimatlichen' Landschaft" (Kreß TRE S. 778). Man spricht von „symbolischer Ortsbezogenheit oder Territorialität des Menschen". Daneben enthält der Heimatbegriff mehr als nur den Ortsbezug. Es geht auch um die Menschen einer Gegend mit ihrer Kultur, ihren Sitten und Gebräuchen. Heimat ist nicht nur die Beziehung zu einem Ort und seinen Anmutungen, sondern auch eine soziale Beziehung. „Grundsätzlich vermag die Heimat zum Bewusstsein menschlicher Identität beizutragen". Heimat kann sogar ganz losgelöst von jedem konkreten Ortsbezug gedacht werden. Bei dem Titel der Studie „Fremde Heimat Kirche" ist nicht an Kirchengebäude gedacht, sondern an die Möglichkeit einer Beheimatung in der Kirche als sozialem Gebilde, als Gemeinde, als themenbezogener Gruppierung oder anderer Form der Vergemeinschaftung. Hier hat der Begriff Heimat eine große Nähe zum Begriff der Gemeinschaft. Seit Schleiermacher und Hegel gibt es auch den Gedanken einer religiösen oder philosophischen Beheimatung (S. 779). Der konkrete Ortsbezug spielt dabei keine Rolle mehr. Heimat kann insbesondere was ihren Ortsbezug angeht durchaus ähnlich ins Spiel gebracht werden, wie das oben vorgetragene Plädoyer für eine „stabilitas loci". Thomas E. Schmidt fasst seine Erwägungen zum Thema Heimat so zusammen: „Im besten Fall wirkt das Erlebnis einer Heimat als Mittel gegen die Verflüchtigung in einer globalen Kultur, gegen die Standardisierungen des Meinens, Fühlens, Handelns. Heimat ist eine Denkfigur des Innehaltens" (Schmidt 1999, S. 112).

Nicht nachgegangen werden soll dem, was „virtuelle" Räume für den Menschen bedeuten können und inwiefern Menschen hier beheimatet sein können. In Zukunft wird man sich damit allerdings wohl ausführlich beschäftigen müssen. Da wir bei den Überlegungen zum Raum von den konkreten Kirchengebäuden ausgegangen sind, soll auf eine derartige Ausweitung der Fragestellung vorerst verzichtet werden. Mehr als in der Vergangenheit jedoch scheinen die Menschen danach zu fragen und zu suchen, wo ihr je eigener Raum eigentlich ist oder sein könnte. Die Menschen brauchen den Ort und den Raum, nicht unbedingt aber die Organisation Kirche.

Kirche und Raum

Das Wort Kirche bezeichnet wie das Wort Schule zugleich mehreres. Es bezeichnet ein Gebäude, eine Organisation und eine Veranstaltung. „Wann ist bei euch Kirche?“ kann man fragen und sich damit nach der Gottesdienstzeit erkundigen. Genauso kann man fragen: „Wann ist die Schule aus?“ „Wo ist eure Kirche?“ fragt nach dem Kirchengebäude. „Wieviele Menschen sind im letzten Jahr aus der Kirche ausgetreten?“ meint die Organisation. Die Fachleute wehren sich meist, wenn das Wort Kirche benutzt wird an Stelle des Wortes Gottesdienst. Genauso sagen Lehrerinnen und Lehrer nicht „ich halte Schule“, sondern „ich unterrichte“ und natürlich sprechen sie vom Ende des „Unterrichts“ und nicht der „Schule“. Die Fachsprache kennt eigene Begriffe. Die Alltags- und Kindersprache benennt die Veranstaltungen nach dem Ort, an dem sie stattfinden. Was sagen diese Beobachtungen? Im Grunde weisen sie darauf hin, dass von außen betrachtet mit Kirche oder Schule Räume benannt sind, die nicht zum eigenen Alltag gehören. Was dort vorgeht, gehorcht anderen Regeln, folgt anderen Regeln als den häuslichen und beruflichen Riten oder denen in den öffentlichen Räumen wie Straßen und Plätzen.

Welche Rolle spielen die Räume und Orte für die Kirche? Ohne im einzelnen den Fragen nachgehen zu wollen, ist festzuhalten, dass für die katholische Kirche das Gebäude theologisch wichtiger ist als für die evangelische. Römisch-katholische Kirchen werden für den gottesdienstlichen Gebrauch geweiht. Im evangelischen Bereich werden die Kirchen zwar auch „eingeweiht“. Doch meint dies nur eine feierliche In-Gebrauch-Nahme. Zuständig für das Gebäude ist in den Kirchengemeinden nicht das Pfarramt, sondern der Kirchenvorstand. In den deutschen Kirchentümern ist das Bistum oder die Landeskirche in der Regel verantwortlich für die Versorgung der Gemeinden mit Pfarrerinnen und Pfarrern. Die Versorgung mit dem notwendigen Raum ist jedoch traditionellerweise die Sache örtlicher Autoritäten. Bis zur Trennung von Kirche und Staat waren das die Kommunen oder Patrone. Später ging die Verantwortung an die Körperschaft öffentlichen Rechts am Ort über, die vom Kirchenvorstand repräsentiert wird. So ist nicht nur in der Kirchengemeindeordnung der Evangelischen Kirche von Hessen und Nassau die Verantwortung für die kirchlichen Gebäude ausdrücklich als Zuständigkeit des Kirchenvorstands fest geschrieben. Das bezieht sich nicht nur auf Kauf, Ausstattung und Verkauf, sondern auf das ganze Management: „Der Kirchenvorstand verfügt unbeschadet der Aufsicht der kirchenleitenden Organe über die kirchlichen Gebäude und gottesdienstlichen Räume ... (Er) beschließt über die Überlassung von kirchlichen Räumen zu gottesdienstlichen Veranstaltungen an christliche Kirchen oder Gruppen..." (EKHN KGO §28). Diese Beobachtung ist nicht nebensächlich. Die Zuständigkeit des Kirchenvorstands, Presbyteriums oder wie immer das örtliche Leitungsorgan heißt hat nämlich zur Folge, dass in der Regel Räume und Orte theologisch nicht reflektiert werden. Nach wie vor bezieht sich die theologische Wissenschaft auf die Tätigkeiten, die im Rahmen des Pfarramts anfallen. Dazu aber gehören die Räume eben nicht.

Hinzu kommt, dass für eine stark am Wort und Wortgeschehen orientierte Theologie der Ort des Geschehens relativ gleichgültig ist. So hat Luther keine eigene Theorie für den Kirchenbau erarbeitet, wenngleich er der Meinung war, der Gottesdienst sollte an einem besonderen Ort gehalten werden, wie es die Kirchen seiner Zeit nun einmal waren. Der Chorraum solle neu als Ort der Feier des Abendmahls begriffen werden. Auch Calvin hält ein öffentliches Kirchengebäude für nötig. Es soll allerdings auf allen Aufwand verzichtet werden (Hammer-Schenk TRE S. 461). So bleibt es im Protestantismus beim Kirchenbau. Diskutiert wird nur immer wieder die dem Gottesdienst angemessenste Gestalt. Der Bau hat dienenden Charakter. Cornelius Gurlitt formulierte 1906: „Die Liturgie ist die Bauherrin" (Schwebel TRE S. 14). Der damalige Präses der Evangelischen Kirche im Rheinland sagte auf dem Kölner Kirchbautag 1993: „Das Wortereignis muss Platz haben, bedarf aber nicht unbedingt eines Raumes. Nicht Raum ist die Vorbedingung für das an die Gemeinde ergehende Wort, sondern das Wort selbst schafft Raum im Ereignis des Hörens" (Beier 1995, S. 43). Kirche ist Zweckbau. Das bedeutet aber nicht, dass dieser Bau lieblos, stallartig oder nach Art einer Fabrikhalle gestaltet sein dürfte. Um des Besonderen des Gottesdienstes und der Menschen willen sollte auch der Kirchenraum qualitätvoll sein.

Die an Gottesdienst und Gemeinde orientierten Überlegungen zum Kirchbau betrachten nun allerdings nur einen Teil der tatsächlich existierenden Gebäude. Die großen Dome und Citykirchen können so nicht verstanden werden. Wir haben oben bereits auf die von Martin Neddens vorgenommene Unterscheidung von Kapelle und Tempel hingewiesen. „Der städtische Tempel hatte nicht primär Gemeindefunktionen – die Gemeinde blieb im öffentlichen Tempelraum stets anonym, nur ‚zugelassen', unbedeutend – sondern er hatte *darstellende* Funktion: Darstellung dessen, wie sich die Gesellschaft ihre Existenz zwischen Himmel und Erde vorstellt" (Neddens 1987, S. 25). Solange Kirche und Ortsgesellschaft zusammen waren, konnte man die Kirchbauten also auch als gebaute Glaubensbekenntnisse der christlichen Gesellschaft verstehen. Auch die kleinen, von Neddens eher als Kapelle charakterisierten, Dorfkirchen haben im konkreten Fall darstellende Funktion. Die dörfliche Gesellschaft leistet sich zwar keinen Dom, bringt ihr Selbstverständnis aber durchaus mit dem einen oder anderen Detail zum Ausdruck. Wenn die Theologie der jüngeren Vergangenheit nicht viel mit Kirchengebäuden anzufangen weiß, hängt dies mit ihrer Wortorientierung zusammen.

Die Botschaft, die zu überbringen ist, die Inhalte, die vermittelt werden sollen, das Evangelium mittels dessen der Sinn menschlichen Lebens ausgelegt werden soll, – all dies wird im wesentlich als Wortgeschehen verstanden. Gebäude und Bilder sind hierfür keine geeigneten Instrumente.

Die Studie „Fremde Heimat Kirche", die von solch einem Ansatz ausgeht, würdigt Räume denn auch vor allem als zur religiösen Erfahrung der Mitglieder gehörend. Deshalb sollte man ihnen Aufmerksamkeit schenken. Räume können religiöse Heimat geben (Engelhardt 1997, S. 346f.). Vom Gemeindegedanken, vom Gottesdienst, allgemein vom theologischen Auftrag der Kirche oder einem dogmatischen Ansatz her, kommen Räume und Orte nicht in den Blick, wohl aber, wenn man die Perspektive der Mitglieder einzunehmen versucht. Im Blick auf die religiösen Erfahrungen der Mitglieder kann „Fremde Heimat Kirche" denn auch formulieren: „Das macht die Pflege und Weiterentwicklung der Sprache und Symbolwelt des Christentums sowie die Pflege der kirchlichen Formen, Riten und Räume, in denen religiöse Beheimatung stattfinden kann, zu einer vordringlichen Aufgabe" (347). Wenn also gegenwärtig die Räume und Orte neu entdeckt werden, dann geschieht das nicht aus dem Blickwinkel eines theologischen Verkündigungsauftrages, sondern aus dem Blickwinkel der Mitgliederpflege. Die oben vorgestellten Äußerungen der EKD-Synode sprechen aus dieser Perspektive: „Der Seele Raum geben". Wie wird diese Perspektive theologisch reflektiert?

Einig ist man sich darin, dass es sakrale Räume im Protestantismus nicht geben kann. Der Raum ist kein Medium der Heilsvermittlung. Doch Ralf Meister etwa macht auf eine Auslegung von Genesis 28, 10-22 aufmerksam, die eine enge Verbindung von Gott und Raum herstellt. Im Vers 17 heißt es: „Wie heilig ist diese Stätte! Hier ist nichts anderes als Gottes Haus, und hier ist die Pforte des Himmels". So spricht Jakob nach dem Traum von der Himmelsleiter. Kann man diese Deutung nicht auch auf den Kirchenraum übertragen? „Die Wiederholung liturgischen Handelns an einem Ort, die Erinnerung an einen Kodex von Geschichten und individuelle Erfahrungen sowie die Erwartung einer Zukunft im endlosen Raum Gottes finden in dieser expliziten Form nur in Kirchenräumen statt" (Meister 2000, S. 94). Göttliche Räume sind Kirchenräume dann nicht durch die Gemeinde sondern durch Gott. „So entsteht dort auch Platz für den eigenen religiösen Innenraum, in dem Erinnerungen an Begegnungen, Erfahrungen von Leben und Tod, Verletzung und Heil aufbewahrt werden" (S. 95). Ähnlich sagt es Wolfgang Huber: „Kirchen sind Häuser Gottes, Gotteshäuser. Sie sind sichtbare Zeichen dafür, dass Gott unter den Menschen Wohnung nimmt" (1998, S. 286). Es klingt der Gedanke der Inkarnation an. Zwar haben Kirchen dadurch keinen besonderen Charakter. „Doch der Kirche und ihrer Verkündigung werden Kirchengebäude auch dann zugerechnet, wenn sie nicht mehr ‚arbeiten', wenn das Evangelium in ihnen nicht mehr verkündigt und kein Gottesdienst in ihnen mehr gefeiert wird" (Huber 1998, S. 288). Weil in Erinnerung bleibt, was in ihnen geschah und wieder geschehen kann, eignen sie sich auch zu Orten der persönlichen Andacht.

Klaus Raschzok vertritt die These, Gottesdiensträume trügen die Spuren ihrer gottesdienstlichen Nutzung in sich. „Kirchenräume tragen Spuren in sich eingeschrieben, die wie ein Netz miteinander verbunden sind. Es sind die Spuren der Lebensgeschichten der gottesdienstlichen Nutzer, der Beterinnen und Beter. Aber es sind auch Spuren des Wirkens Christi, vermittelt durch die im Raum gefeierten Gottesdienste und gesprochenen Gebete.... Die Spuren der eigenen Lebensgeschichte, die Spuren der Lebensgeschichte der Vorfahren und der vielen Generationen vor mir verbinden sich immer wieder wie im Abendmahlskelch mit den Christusspuren" (2000, S. 146f). Dabei kann man die Rede von der Aura eines Kunstwerks zum Vergleich heranziehen. So wie man sich diese erschließen kann, so lassen sich auch die Spuren des Kirchraums lesen. Spuren sind keine besonderen Mächte, sondern eher von flüchtigem Charakter, den es sorgfältig wahrzunehmen gilt. Kirchenräume werden so zu Statthaltern des Außeralltäglichen und zum kollektiven Gedächtnis. Selbst wenn die einzelnen längst mit der Kirche gebrochen haben, bleibe die Beziehung des Individuums zum Kirchengebäude bestehen, zitiert Raschzok Überlegungen von Hans-Georg Soeffner. „Der Einzelne finde seinen kollektiven Halt in den Kirchenbauten und nicht mehr in der Gemeinschaft" (S. 151). Raschzok kommt zu dem Schluss: „Der Gottesdienstraum erweitert den seelisch-geistigen Innenraum des Besuchers. Er kann sich in diesem Raum verorten und partizipiert am Gottesdienstraum und seinen heilenden Kräften" (S. 156).

Gerhard Wendland überlegt, ob nicht die geöffnete Kirchentür es ermöglicht, dass auch der Gottesdienst im Alltag der Christen nicht im Nebenraum des Gemeindehauses oder in der Privatheit bleibt, sondern Raum auch in der Kirche finden und damit auch öffentlich Gottesdienst werden kann (1997, S. 373).

Ähnliche Überlegungen stellt Fulbert Steffensky an. Im Protestantismus brauche man keine heiligen Räume, weil alles Wesentliche des Menschen in sein Inneres, in sein Herz, in sein Gewissen, in seine Seele verlegt sei, meint Steffensky. Aber lässt sich das durchhalten? Ist die Innerlichkeit stark genug? Braucht nicht die Seele doch auch Verbündete in den Äußerlichkeiten? Einem jungen Glauben mag das gelingen. Aber „es gibt auch die Wahrheit jenes älteren Glaubens, der die Orte, Räume, Zeiten sich als Zeugen sucht" (Steffensky 2003, S. 9). Die Propheten setzen die Kirche in Brand, aber die alt gewordenen Priester bauen sie wieder auf. Steffensky fragt: „Wozu brauche ich den heiligen Raum?" Er stützt mich. Hier muss nicht ich reden. Kirchen sind zwar keine Kraftorte per se, aber sie werden Kraftorte „mit jedem Kind, das darin getauft ist; mit jedem Gebet, das darin gesprochen wird, und mit jedem Toten, der darin beweint wird" Der Kirchenraum stützt das Gebet, weil hier anders gebetet wird als zu Hause. Der Raum ist fremd. Und „nur in der Fremde kann ich mich erkennen". Der Kirchenraum ist das für den einzelnen notwendige fremde Gegenüber.

Kirchräume können dem einzelnen Heimat, Obdach und Stütze sein. Sie sind es auch für die Gesellschaft. „Kirchengebäude und Kirchenräume bezeugen kollektive Traditionen. Sie schließen an die religiösen Wurzeln früherer Generationen an. Da in Religionen soziale, ethische, ästhetische und metaphysische Dimensionen des Weltverstehens zum Ausdruck kommen, geht es hierbei um menschliches In-der-Welt-Sein im umfassenden Sinn" (Mehlhorn 2003, S. 14). Kirchen sind Gedächtnisorte, sichtbare Wertepräsenz. Sie dienen der Bürger- wie der Kirchengemeinde und früher auch den Pfarrerinnen und Pfarrern als Identifikationspunkte. Man konnte stolz sein „Pfarrer an St. Petri" zu sein. Stadtviertel wurden nach ihren Kirchen benannt: Martinsviertel, Bergkirchenviertel. Kirchen prägen das Stadtbild. Auf diese Punkte wird immer wieder aufmerksam gemacht.

Wenn man so will, haben Kirchengebäude Bedeutung sowohl für das kirchliche Christentum mit seinem Gemeindegedanken, wie auch für das gesellschaftliche Christentum mit seiner Wertedarstellung, als auch für das persönliche Christentum mit seiner Funktion der Beheimatung. Die jeweilige Bedeutung ist jedoch unterschiedlich. Das kirchlich-gemeindliche Christentum ist am wenigsten auf die Gestaltung der Räume angewiesen. Es braucht gewissermaßen nur ein Dach über dem Kopf. Für das gesellschaftliche Christentum ist die Gestaltung, ist der Ort wichtig. Der Bau muss selbst sprechen, muss repräsentieren. Wie beim persönlichen Christentum ist auch hier die Erinnerung wichtig, die Erinnerung an das, was in diesen Gebäuden geschieht und geschah, bzw. was darin gemeinhin zu geschehen pflegt. Für das persönliche Christentum ist die Verbindung mit der je eigenen Biographie der Menschen von Bedeutung. Hier ist die körperlich-sinnliche Erfahrbarkeit von Räumen wichtig. Räume sprechen in diesem Sinn zu den einzelnen durch ihre Größe oder Kleinheit, durch Gerüche, Farben und Formen, durch ihren Hall.

Aus der Sicht des gemeindlich-kirchlichen Christentums mögen die Räume relativ belanglos sein. Man wird sich vielleicht darüber unterhalten, wie teuer die Bauunterhaltung ist, ob man etwas noch praktischer gestalten könnte und vielleicht hier und da noch eine Verschönerung anzubringen wäre. Aber wichtig für den Glauben sind diese Äußerlichkeiten nicht. So wird man hier auch eher eine Kollekte für die Diakonie oder die Dritte-Welt-Arbeit sammeln, als für die Renovierung des Kirchturms oder die Anschaffung von Kunstwerken.

Wenn jedoch die Kirche sich auch verantwortlich weiß für das gesellschaftliche und das persönliche Christentum, wird sie die Räume anders wahrnehmen. Sie wird die Pflege der Gebäude nicht als eine lästige und teure Pflicht ansehen, die der Denkmalschutz auferlegt, sondern die Gebäude und ihre Räume als steingewordene Glaubensbekenntnisse und Mittel der Verkündigung anerkennen, die nicht einfach der sich versammelnden Gemeinde Raum gibt, sondern dem Gemeinwesen draußen genauso dient wie dem einzelnen Besucher und der Gruppe der Besucherinnen, die sich der Wirkung des Raums und seines Zeugnisses aussetzen wollen.

Orte und Räume in der Praxis

„Heilige Orte" und „heilige Räume" gehören zur religiösen Praxis seit eh und je. „Solche heiligen Orte, an denen man sich der Welt des Überirdischen besonders nahe fühlte, an denen man vielleicht auch das Außergewöhnliche – das Wunder – erwarten durfte, gab es schon in der Urkirche" (Hartinger 1992, S. 102). Sie waren Ziel von Reisen, d.h. Wallfahrten. Seit dem 13. Jahrhundert entstehen Wallfahrtsorte auch in der näheren Heimat, indem dort Kopien der heiligen Stätten wie der Grabeskirche usw. erstellt werden. Wallfahrten werden alltäglich. Es entwickelt sich bald aus dieser „geborgten" Heiligkeit eine neue eigenständige Heiligkeit um wundertätige Hostien oder Bilder. „Jetzt konnten allenthalben heilige Stätten emporwachsen.... Die Vorstellung von der Heiligkeit eines Ortes war damit endgültig in die Verfügung des Laienvolkes übergetreten. Denn nicht der Priester mit seiner Wandlungsvollmacht stand ferner hinter der Aufspürung einer heiligen Stätte, sondern in aller Regel ein frommer Laie, dessen Gebet vor einem Bild zum Wunder führte" (S. 104). Eine Folge der Wirksamkeit von Bildern war, dass sehr verschiedene Heilige einbezogen sein konnten. Insbesondere die Gestalt der Gottesmutter Maria hat davon profitiert.

Orte und Bilder in die Frömmigkeitspraxis einzubeziehen, war weithin eine Sache der Laien und der Einzelnen. „Die Seelsorger und Theologen haben die neue Entwicklung, mit der sich vor allem die gläubigen Laien ihre Form der Heilserfahrung im Alltag schufen, keineswegs immer mit Wohlwollen gesehen" (S. 105). Man befürchtete offenbar eine Konkurrenz und versuchte vielfach das Entstehen neuer Gnadenorte zu verhindern. „Die unterschwellige Kritik wird von den Reformatoren aufgegriffen, die letztlich erreichen, dass das Wallfahrtswesen aus den evangelischen und reformierten Territorien verbannt wird". Im Zuge der Gegenreformation wurden dann allerdings die Wallfahrten konfessionspolitisch bewusst von der katholischen Seite eingesetzt. So entstand die Situation, dass „heilige" Orte als eine katholische Sache angesehen wurden, die für Evangelische tabu zu sein hatten. Dadurch aber wird der alte Konflikt zwischen den Interessen der Laienfrömmigkeit und den Interessen der offiziellen Kirche verdeckt. Dass es ihn aber weiterhin gibt, kann man vermuten, wenn man bei Gerhard Wendland liest: „Der Schlüssel zum Kirchenraum ist das Herrschaftszeichen der Amtskirche" (Wendland 1997, S. 366).

Wendland plädiert für eine Öffnung auch der evangelischen Kirchen und fragt, wie es dazu kam, dass die evangelischen Kirchen in aller Regel verschlossen sind. Er stellt fest, es gebe neben dem „Gotteshaus" am Ort auch längst das „Gemeindehaus". Dieses ist „der sichtbare Ausdruck der Öffnung der Kirche hin zu der Vielfalt familialer, sozialer und auch gesellschaftspolitischer Lebensformen und Problemlagen im Nahbereich der Kirchengemeinde" (S. 363). Im Alltag ist die Kirche durch das Gemeindehaus zugänglich. Es gibt auch tendenziell eine Teilung der Zuständigkeit: Im Gemeindehaus arbeiten die Mitarbeiterinnen und Mitarbeiter, die nicht Pfarrerin oder Pfarrer sind. Das Gotteshaus ist dem sonntäglichen Gottesdienst vorbehalten. Der wiederum fällt in die

Zuständigkeit der Ordinierten. Der Treffpunkt der Gottesdienstgemeinde ist der Kirchenraum. „Er ist ausschließlich der gottesdienstlichen Versammlung, also der offiziellen Kirche vorbehalten. Dass der Raum sonst unter Verschluss ist, unterstreicht dieses Privileg“ (S. 366). Wendland spitzt zu: „Hier lebt nicht eine Gemeinde, sondern hier wird Religion verwaltet“ (S. 367). Meist werden praktische Gründe dafür angeführt, Kirchenräume im evangelischen Bereich geschlossen zu halten. Man spricht von Sicherheit. Aber was denn da eigentlich so schutzwürdig ist, sollte man doch auch gelegentlich fragen. Wendland vermutet, mit der Reservierung des Kirchraums für den öffentlichen Gottesdienst solle privater Willkür gewehrt werden. Es handele sich im Grunde bei der verschlossenen Kirchentür doch um eine Art Tabu. „Die verschlossene Tür wäre demnach Ausdruck dieser Herrschaft der Amtskirche über den cultus publicus. Sie ist – wenn dies zutrifft – damit aber ebenso sehr Ausdruck einer tiefsitzenden protestantischen Angst vor privatisierter Religiosität, sei sie nun kryptokatholischer oder schwärmerischer Provenienz“ (S. 370f). Die verschlossene Kirchentür wird zum Symbol für den Schutz der „reinen Lehre“. Wendland bemerkt, dass selbst da, wo Kirchen geöffnet sind, man den Besuchenden noch in seinem Verhalten zu lenken versucht, indem Handreichungen und Hilfen für stilles Gebet usw. ausgelegt werden. Eine Öffnung der Kirchentür wäre nun allerdings nicht einfach als eine Kopie der katholischen Praxis zu begreifen, sondern als eine Ermöglichung privater religiöser Praxis in einem Raum, der durch den Gemeindegottesdienst geprägt ist. „Auf die allgemeinste Formel gebracht kann das nur bedeuten: Der Kirchenraum soll jederzeit, d.h. all-täglich, dazu offen sein und einladen, sich als Glied dieser Gemeinde zu erfahren und wahrzunehmen“ (S. 372).

Die Frage ist natürlich, ob dieser Gemeindebezug die sichtbare Gemeinde meint, oder ob es nicht eher um die Gemeinde geht, die nicht verfasst und sichtbar ist, sondern geglaubt ist und sich in sehr vielfältiger Weise erfahren lässt nicht nur in Versammlungen hier und heute, sondern auch in den Zeugnissen der Väter und Mütter, der Generationen vor uns. Diese Gemeinde wird keine Vorschriften machen, sondern kann entdeckt, wahrgenommen und auch selbst mit gestaltet werden.

In geöffneten Kirchen gibt es in der Regel ein Buch, in das man Anliegen eintragen kann, Kerzen zum Anzünden, Gesangbücher oder Bibeln. An solchen Orten können die Einzelnen in eigener Regie, nach eigenen Regeln für sich allein oder zusammen mit anderen ihren Glauben leben. Sie können meditieren, sich von Bildern mit dazu gehörigen Bibeltexten inspirieren lassen, die Zeugnisse des offiziellen Gemeindelebens auf sich wirken lassen, ihren eigenen Gedanken nachhängen und Bitte oder Fürbitte ausdrücken. Sie können eine Kerze anzünden und die eigenen Gedanken in das ausgelegte Gäste- oder Anliegenbuch eintragen. Dabei kommunizieren sie vielleicht auch ihren Glauben mit anderen, wenn sie die Gebete und Gedanken derer lesen, die vor ihnen da waren. Und sie können eine Antwort dazu schreiben.

Damit man diese Gemeinde, die im Grunde die ganze Christenheit umfasst, erfahren kann, braucht man solche Begegnungsmöglichkeiten nicht nur an einen bestimmten

Ort. Vielmehr gibt es überall, wohin man kommt, solche Orte, an denen die einzelnen ihren Glauben wohnen lassen und sich als zur Gemeinde Jesu Christi zugehörig erfahren können. Der Glaube ist auf diese Weise niemals ort- oder gemeindelos. Eine Pfarrerin sprach in diesem Sinne einmal von ihrer „Touristengemeinde", für die die „Ortsgemeinde" oft wenig Verständnis habe. Die Ortsgemeinde ist in der Regel auch auf Kontrolle aus. Die einzelnen, die die offene Kirchentür nutzen, kommen aber nicht auf den Glockenruf hin, werden auch von keinem Küster gezählt und in die Statistik eingetragen und von keiner Amtsperson begrüßt oder verabschiedet.

Die Spannung zwischen Person und Institution, zwischen privatem und kirchlichem Glauben, zwischen persönlicher und offizieller Spiritualität ist zweifellos ein Hintergrund für den Umgang mit Orten und Räumen. Dabei können sich Angst oder Ärger durchaus auch umkehren. Die Sorge vor der Willkür privatistischer Frömmigkeitspraxis schreibt Wendland sicher mit Grund der Amtskirche zu. Im Zuge eines ansteigenden Tourismus, anspruchsvollerer Reisen mit kulturellen Interessen und individueller Entdeckerfreude kann sich der Vorwurf der privatistischen Willkür aber auch umdrehen. Tourismusmanager, Reiseleitungen oder Einzelreisende ärgern sich über verschlossene Kirchentüren, geringe Bereitschaft zur Öffnung außerhalb der offiziellen Zeiten und ungenaue Angaben. Es wird kulturell argumentiert: Die Kirchengebäude gehören allen. Alle zahlen Kirchensteuer und tragen auch durch sonstige Abgaben zur Unterhaltung der Gebäude bei. Deshalb müssen die Gebäude auch allen öffentlich zugänglich sein. Sie können nicht wie Privateigentum behandelt werden. Dieser Eindruck wird aber erweckt, wenn keine Information oder nur mangelnde Information erhältlich ist über Öffnungszeiten und dergleichen. Von entsprechenden Erlebnissen kann wohl jeder Reisende, der Kirchen besuchen wollte, berichten. Es ist fatal, wenn man sich als Störenfried vorkommt, nur weil man auf eine Besuchsmöglichkeit dringt. In den Augen vieler ist aus der öffentlichen Institution Kirche, der man vielleicht einmal so etwas wie die Schlüsselgewalt über ihre Gebäude selbstverständlich zugestanden hat, eine Einrichtung worden, die privat wie ein Verein wirkt und im Grunde kein Interesse an einer breiteren Öffentlichkeit hat. Wie in vielen anderen Dingen geben sich die Mitglieder und die Menschen überhaupt nicht mehr mit der Rolle des Volkes zufrieden. Sie melden ihre eigenen Interessen an.

Doch die Dinge sind im Fluss. Es gibt eine Praxis des Arbeitens mit den Räumen auch seitens der Amtskirche und das zunehmend. Von den neuen Entwicklungen wurde bereits am Anfang dieses Kapitels berichtet. Einiges ist dabei aus der katholischen Praxis übernommen worden, hat aber einen neuen Charakter bekommen. Fast alle Aktivitäten, die hier nicht vollzählig und erschöpfend, sondern nur beispielhaft dargestellt werden können, entspringen nicht der Initiative dessen, was Wendland die „Amtskirche" nennt. Es sind keine Aktivitäten, die von örtlichen Pfarrämtern oder Kirchenvorständen ausgingen. Vielmehr entspringen sie privaten Initiativen, regionalen Einrichtungen wie der Erwachsenenbildung, religionspädagogischen Arbeitsvorhaben usw. Es ist kaum falsch, wenn man behauptet, dass auch im Protestantismus die Nutzung von

Orten und Räumen vor allem von Laien initiiert ist und ihrer Spiritualität bzw. Frömmigkeit entspringt und entspricht.

Im folgenden sind einige Aktivitäten vorgestellt.

Im katholisch geprägten Mainz machte unsere Familie mit den Kindern bereits in den siebziger Jahren in der Weihnachtszeit Krippenrundgänge. Fünf bis sechs Kirchen in der Innenstadt wurden nacheinander aufgesucht und ihre jedes Jahr etwas anders aufgebaute Weihnachtskrippe bestaunt. Das war ein privates Unternehmen, das wir wohl von anderen Familien übernommen hatten. Es war eine Mischung aus Weihnachtsfrömmigkeit und Familienausflug. Zu dieser Zeit gab es noch kaum Krippen in evangelischen Kirchen. Das ist inzwischen anders geworden. Jetzt bieten die evangelischen und katholischen Kirchengemeinden in Darmstadt gemeinsam an einem Sonntag nach Weihnachten den Krippenrundgang an, d.h. sie machen die Öffnungszeit für diesen Tag gemeinsam bekannt. Neuerdings laden auch Kirchengemeinden ihrerseits zum Krippenrundgang ein. Typisch protestantisch dürfte sein, ein derartiges Unternehmen als Familie durchzuführen.

Ähnliche Entwicklungen lassen sich bei Pilgerwegen im evangelischen Bereich beobachten. Im Odenwald wird als Privatinitiative alljährlich eine meditative Maiwanderung angeboten. Sie bezieht eine Kirchenruine ein, führt aber sonst durch Wald und Feld, wobei Stationen vorgesehen sind, die den Strophen des Sonnengesangs von Franz von Assisi gewidmet sind.

Beliebt sind inzwischen Wanderwege zwischen kirchengeschichtlich interessanten Orten z.B. der Elisabethpfad von Marburg nach Frankfurt am Main. In Sachsen-Anhalt wurde zur Zeit der Weltausstellung in Hannover ein Kirchenpfad eingerichtet, der verschiedene sehenswerte Kirchen miteinander verband und von Privatpersonen genutzt werden konnte. Solche auch Pilgerwege genannten Routen folgen derselben Logik wie es Kunstpfade oder Tourismusstraßen tun. Mehrere Stationen sind wie bei einem Kreuzweg miteinander verbunden. Die Reisenden können unter einem Thema verschiedene Orte besuchen. Sie können vergleichen, etwas auslassen, hier oder dort länger verweilen. Sie können auswählen, wo ihr Herz schlagen mag.

Vielfach beschränkt sich der kirchliche Beitrag zu solchen Wegen auf die Veröffentlichung und die vorlaufende Organisation der Stationen. Wenn es sich um Kirchen handelt, sollte für verlässliche Öffnungszeiten und dergleichen gesorgt werden.

Eine andere Art von Rundgang ist die pädagogische Veranstaltung. Ursprung ist hier die Museums- oder Stadtführung. Man wird zu Orten geleitet, an denen besondere Informationen gegeben werden bzw. an denen ein Stoff besonders anschaulich wird. In der Evangelischen Erwachsenenbildung sind so seit Jahren interkonfessionelle bzw. interreligiöse Rundgänge eingeführt. Dabei wird in der Regel nicht eine Wanderung an einem Stück angeboten. Vielmehr wird wie bei einem Seminar an verschiedenen Tagen eine Veranstaltung durchgeführt, die dann nur jeweils an einem anderen Ort stattfindet. Man wechselt zwischen einer evangelischen und katholischen Kirche, einer Moschee und einer Synagoge. Indem man an den Ort geht, wird eine authentische Begegnung mit der jeweiligen Religion oder Konfession möglich. Man begegnet nicht abstrakten Lehren und Beschreibungen, sondern kann am Ort des Geschehens viel von dem Wesen der Glaubensrichtung erleben. Dasselbe Prinzip liegt auch neben anderen der Kirchenpädagogik zugrunde, auf die schon am Anfang dieses Kapitels hingewiesen wurde.

Über Anlass und Ansatz wurde bereits oben zu Beginn des Kapitels geschrieben. Bemerkenswert ist, wie auch die Kirchenpädagogik nicht ihren Ausgang bei Aktivitäten des Pfarramts nahm und nicht aus der Arbeit der örtlichen Kirchengemeinde entsprang. Vielmehr war es die Bildungsarbeit zunächst mit Kindern und Jugendlichen im schulischen Zusammenhang, in der die Kirchengebäude als Lernort entdeckt wurden. Interessant ist es zu beobachten, wie wenig in der Regel Unterricht oder auch Predigt in Kirchengemeinden auf die Gebäude, Bilder und sonstige Ausstattungsstücke Bezug nehmen. Pfarrer und Pfarrerinnen sehen oft das, was sie umgibt nicht als theologisch relevante oder bildungsmäßig verwendbare Gegebenheiten. Da braucht es offenbar die Impulse von an Zielgruppen Interessierten. Vielfach handelt es sich dabei auch nicht um Theologinnen und Theologen, sondern um Laien.

Die Kirchenpädagogik ist mittlerweile auch über den Rahmen des schulischen Lernzusammenhangs hinaus gelangt. Seit einige Jahren werden Kirchenführerinnen und Kirchenführer ausgebildet, deren Zielgruppen eher unter Erwachsenen zu finden sind. Die Evangelische Erwachsenenbildung – zuerst in den neuen Bundesländern – entdeckte Gebäude und Räume als neue Möglichkeit religiöser Bildung Erwachsener. Über die Erschließung der Kirchenräume konnte man Erwachsenen, die kaum Kurse für religiöse Fragen besucht haben würden, religiöse Fragestellungen näher bringen. Dies konnte u.a. deshalb gelingen, weil die Ausbildung in Kirchenführung interdisziplinär angelegt ist und damit von kulturellen, geschichtlichen und kunstgeschichtlichen Fragen zu religiösen, spirituellen und theologischen Fragen eine Brücke zu bauen in der Lage ist. Verschiedene Typen von Kirchenführungen sind erarbeitet worden, damit man sich auf unterschiedliche Gruppen und Teilnehmende einstellen kann. Das reicht von der eher kunstgeschichtlich orientierten Führung über die spirituelle bis hin zum Schwerpunkt Gemeindeaufbau (Klie o.J.). Auch hier geht es im Ansatz darum, mehr Ganzheitlichkeit zu erreichen. Mit der Ausdifferenzierung wird eine höhere Mitgliederorientierung ermöglicht.

Die Aufrufe des Evangelischen Kirchbautages und der Synode der Evangelischen Kirche in Deutschland, die eingangs dieses Kapitels vorstellt wurden, zielen auf eine Öffnung von Kirchen, die unabhängig von Veranstaltungen ist. Es soll einzelnen die Möglichkeit gegeben werden, sich den Spuren im Raum, den gebauten Glaubensbekenntnissen oder wie immer von der Prägung dieser Räume gesprochen wird, auszusetzen und sich damit auseinander zu setzen. Hier hat sich bereits eine beachtliche Praxis entwickelt. Damit die Besucherinnen und Besucher mit dem Raum etwas anfangen können, braucht es mehr als die bloße Öffnung der Tür. So gibt es in vielen geöffneten Kirchen bereits eine bewusste Gestaltung des Raums. Man findet ein Anliegebuch oder eine andere Möglichkeit zur Fürbitte, Kerzenständer mit Kerzen zum Anzünden, Orte zum Bibel Lesen, schriftliche Kirchenführer, Gebete zum Mitnehmen u.a. mehr (Neumann/ Rösener 2003, S. 111-117). Kirchen, die durch Selbstverpflichtung der jeweiligen Kirchengemeinde feste Öffnungszeiten in größerem Umfang haben, können besonders gekennzeichnet sein. In größeren Städten findet man oft auch Personal, das nicht nur zur Aufsicht da ist, sondern auch für die Besucherinnen und Besucher als Ansprechpartner zur Verfügung steht und entsprechend fortgebildet ist.

In den zentralen Kirchen von Städten wird oft mehr angeboten, als dass die Kirche mit oder ohne Personal zu bestimmten Zeiten offen gehalten wird. Es gibt Ausstellungen, Konzerte und kulturelle Veranstaltungen der verschiedensten Art. Diese Aktivitäten richten sich dann nicht an die möglicherweise noch der Kirche zugeordnete Kirchengemeinde, sondern an die ganze Stadt. Diese Arbeit wird dann Citykirchenarbeit oder Stadtkirchenarbeit genannt. Bezogen auf die Unterscheidung von Kathedrale und Kapelle ist dabei von der Kathedral-Idee zu sprechen. Diese Arbeit bezieht sich kirchenstrukturmäßig auf die mittlere Ebene zwischen der Ebene der Kirchengemeinde und der Ebene der Landeskirche (Bibelriether 1995, S. 31). Sie zielt nicht auf Gemeindeglieder, sondern auf die einzelnen Bürgerinnen und Bürger der Stadt, die an dem jeweiligen Programm Interesse haben mögen. Die Interessenten mögen in ganz verschiedenen Kirchengemeinden oder auch in keiner Kirche beheimatet sein. Neben einem Kulturprogramm, das ein Beitrag zur Stadtidentität insgesamt sein und den Geist der Stadt mitbestimmen soll, gibt es an verschiedenen Orten auch das diakonische Engagement für Menschen, die im Umkreis um die Kirche in der Stadt arm und verlassen sind. Im Winter werden Übernachtungen möglich gemacht. Zuweilen gibt es auch Speisungen (Grünberg/ Meister-Karanikas 1995, S. 7ff). Angefangen hat die Stadtkirchenarbeit in Großstädten. Inzwischen werden auch in kleineren Städten solche Ansätze erprobt. In der Evangelischen Kirche in Hessen und Nassau etwa gibt es eine ganze Reihe von Voll- und Teilstellen für Pfarrerinnen und Pfarrer mit dem Auftrag der Stadtkirchenarbeit.

In der Arbeit mit Gebäuden, Orten und Räume geht die kirchliche Praxis auf die einzelnen ein. Sie sieht die einzelnen mit ihren Interessen und Fragen und ihrem Bedürfnis nach persönlicher Spiritualität. Sie fragt nicht nach der Gemeindezugehörigkeit und zielt auch nicht unbedingt auf Gemeindebildung, obwohl es in der konkreten Arbeit natürlich immer wieder zu Gruppenbildung, Gemeinschaftsformen verschiedener Art und Unterstützungsvereinigungen kommt. Indem die Kirche ihre Gebäude öffnet und zugänglich macht, öffnet sie sich den einzelnen, Mitgliedern wie Nichtmitgliedern und ihrer religiösen Praxis. Sie ermöglicht den privaten Gottesdienst. Es geht bei der Öffnung von Kirchen und dem Zugang zu kirchlichen Räumen nicht so sehr darum, dass Kirchengemeinden und Kirche gastfreundlich oder gastlich sind. Die Menschen, die die Angebote der offenen Kirche wahrnehmen, sind keine Gäste. Es sind vielmehr die Mitglieder, aus denen die Kirche sich konstituiert. Ihnen wird mit den Gebäuden und Räumen das ihnen zustehende Zugangsrecht gegeben. Es geht also um eine demokratische Kirche. Die Kirche gibt ihren Mitgliedern das, worauf sie ein Anrecht haben. Sie würdigt ihre Mitglieder als selbstständige Persönlichkeiten, die einen eigenen Frömmigkeitsstil haben, die sich selbst aussuchen wollen, woran sie sich orientieren. Sie ermöglicht es ihren Mitgliedern, sich selbst die Punkte zu suchen, an denen sie ihre Identität als Christen und religiöse Menschen festmachen wollen. Sie achtet, dass persönliche Lebensgeschichte, Familiengeschichte, Ortsgeschichte und Landesgeschichte eng verbunden sind mit den kirchlichen Gebäuden. Kirchenräume sind Heimat für den Glauben der einzelnen. Diese Heimat wird gesucht und gefunden an jedem Ort, wo die Menschen sich auch aufhalten. Von daher muss die Kirche darauf bedacht sein, ihre Gebäude geöffnet zu halten auch und gerade für die Fremden, für die Menschen, die nicht am Ort leben und arbeiten. Kirchengebäude gewähren so Identität für den einzelnen, machen die jeweilige Kultur aus und sind Kennzeichen für die je eigene Konfession. Insofern sollten sie selbstverständlich auch gastliche Gebäude mit gastlichen Räumen sein.

Die Organisationsstruktur der so an Mitgliedern, religiösen Menschen und Konfessionskultur orientierten Kirche muss vor allem verlässlich die Gebäude erhalten und zugänglich machen. Man kann das Befinden über die Gebäude nicht in das Belieben jeder einzelnen Kirchengemeinde stellen. Es bedarf ausreichender Mittel und einer gesamtkirchlichen Perspektive. Eine an den Mitgliedern orientierte Kirche ist ausgezeichnet durch eine Liebe zu dem baulichen Erbe. Sie betrachtet Gebäude nicht als Belastung, sondern als Reichtum, den es den Mitgliedern und allen Menschen zu präsentieren und zu öffnen gilt. Das wird ihr Zukunft geben. Wenn die Kirche an Mitgliedern und Geldmitteln schrumpft, wird man auf Neubauten verzichten sollen und solche Gebäude erhalten müssen, die sich als Heimat und „heilig“ bewährt haben. Die Erfahrungen zeigen, dass die Mitglieder für die Gebäude durchaus zur Hilfe bereit sind. Wenn es nur um die Möglichkeit von Zusammenkünften etwa in Neubaugebieten geht, dann sollte abgewogen werden, ob nicht bestehende Zentren ausreichen oder im Interesse naher Wege nicht auch andere Lösungen als eigene Räume zu finden sind.

VIERTES KAPITEL:

DAS BLEIBENDE GEWICHT DER PASTOREN

Wer oder was will die Kirche für ihre Mitglieder sein? Was will die Kirche ihren Mitgliedern bieten? Welchen Dienst will sie ihnen garantieren? Zur Beantwortung dieser Fragen sollte man sich ansehen, was kirchenleitende Gremien wirklich nervös macht. Das sind Vakanzen in den Gemeindepfarrstellen. Mit dem Hinweis auf Vakanzen können alle Reformen gestoppt werden, die Theologinnen und Theologen abziehen und in andere Stellen vermitteln könnten. Man weigert sich, über irgendwelche Vorhaben nachzudenken, bevor nicht die Vakanzen besetzt sind. Die Versorgung der Gemeinden mit Pfarrerinnen und Pfarrern hat höchste Priorität. Der jährliche Bericht des Kirchenpräsidenten der Evangelischen Kirche in Hessen und Nassau vor der Kirchensynode begann bis in die siebziger Jahre des zwanzigsten Jahrhunderts hinein mit einem Bericht über den Stand der Versorgung der Gemeinden mit Pfarrerinnen und Pfarrern. Was sich hier spiegelt, ist eine Leitungsverpflichtung, die ihren Anfang in der flächendeckenden Christianisierung durch die Einteilung des Staatsgebiets in Parochien zur Zeit Karls des Großen nahm. Werner Jetter beschrieb das Wesen dieser Struktur so: „Die Pfarrei ist ... von ihrer Entstehung her eine im Grund staatskirchlich empfundene kirchliche Verwaltungs- und Versorgungseinheit. Ihr Ziel ist die immer bessere Christianisierung ihres Gebiets. Nicht Mission als Selbstausbreitung eines neuen Glaubens heißt ihre Aufgabe, sondern christliche Durchdringung mit dem schon offiziell für gültig erklärten Glauben und kirchliche Erziehung zu diesem. Ihre Hauptmittel sind Kultus und Sitte“ (Jetter 1977, S. 5). Die Bedeutung und relative Selbstständigkeit der Parochie in geistlicher wie in wirtschaftlicher Hinsicht basiert auf der Wahrnahme der Amtspflichten der Priester. Die Einführung des Zehntrechts im 8./9. Jahrhundert sicherte den Unterhalt der Priester. Der ebenfalls in dieser Zeit fest geschriebene Pfarrzwang machte das ganze zu einem in sich geschlossenen Gebilde (Holtz 1971, S. 12).

Damit war in Mitteleuropa die Religionsausübung an eine bestimmte Person gebunden, nämlich den zuständigen Priester, Parochus oder Pfarrer, „den die kirchliche Zentrale dorthin bestellt und mit der kirchlichen Versorgung aller dort wohnenden Personen, mit der cura animarum betraut hat“ (Jetter 1977, S. 5). Dieses Angebot bedeutete auf der anderen Seite eine „Verpflichtung aller dort Wohnenden, die geistliche Versorgung durch den Pfarrer und seine Beauftragten zu ermöglichen, in Anspruch zu nehmen, sich gefallen zu lassen und ihn im Gegenzug dazu leiblich zu versorgen“. Dieser Parochialzwang wurde auch in den reformatorischen Kirchenordnungen weitgehend unverändert übernommen, „wobei die Kontrolle der Sakramentspraxis ein entscheidendes Motiv war“ (Winkler TRE S. 348). Allerdings wurde unter gewissen Umständen auch erlaubt, Amtshandlungen woanders vollziehen zu lassen und das Abendmahl woanders zu empfangen. „Das Leitbild vom Pastor als Hirten der Herde begrenzte allerdings die Freiheit. Die Pfarrer sollten sich nicht in fremde Parochien einmischen“ (S. 349). Neben die cura animarum trat hier nun auch noch das Moment der Sozialkontrolle. Im Grunde kann man sich kaum eine stärkere Bindung an eine Person vorstellen. Es ist verständlich, dass kirchenleitende Gremien nervös werden, wenn es ihnen nicht gelingt, diese Schlüsselpersonen für die religiöse und kirchliche Bindung in jeder Gemeinde zu garantieren. Es ist aber auch verständlich, wenn nach einer mehr als tausendjährigen Geschichte, auch für die Mitglieder sich alle religiösen Erwartungen auf diese Personen richten.

Erwartungen der Mitglieder

Wenn man sich die Tradition der Parochie mit ihrer monopolistischen Ausprägung vor Augen hält, verwundert einen nicht, was Jan Hermelink als Ergebnis einer phänomenologischen Betrachtung normaler Kirchlichkeit heraus gearbeitet hat: „Es ist der pastorale Rollenträger, in dem sich die integrierenden wie die individualisierenden Wirkungen der kirchlichen Vollzüge konzentrieren, weil er zugleich als Seelsorger wie als Liturg, als integraler Teil der Lebenswelt wie als Mann der Kirche, ja als Mann Gottes in Erscheinung tritt“ (2000, S. 282f.). Jedoch wird man nicht vermuten dürfen, dass es sich um aktuelle Erlebnisse handelt, vielmehr zeigt sich hier ein viele Jahrhunderte altes Zuschreibungsmuster. Die individuelle Bindung an die Kirche sei durch personale Vermittlung erworben, meint Hermelink. „Es sind die *Pfarrerinnen und Pfarrer*, die die Wahrnehmung der Institution durch ihre Mitglieder von Anfang an prägen“ (S. 344). Sie tun dies nun aber vorwiegend gerade nicht aufgrund ihrer Individualität, sondern aufgrund der Tatsache, dass es Jahrhunderte lang gar keine andere Vorstellung davon gegeben hat, wie man der Religion und Kirche anders begegnen könnte als über den zuständigen parochus. Erst in zweiter Linie wird man bei den Personen so etwas wie Vorbilder für Religion, Glauben oder Frömmigkeit zu suchen haben. Hier ist Hermelink zu widersprechen, wenn er meint: „Die spezifischen Formen und Inhalte der kirchlichen Kommunikation begegnen dem Individuum in der Gestalt bestimmter Personen, die diese Themen in ihrer eigenen Lebensführung anschaulich repräsentieren“. Hermelink erweitert denn auch den Kreis der Personen über die Pfarrerinnen und Pfarrer hinaus: „Das können Katecheten, Lehrerinnen, Diakone und Kirchenmusikerinnen sein; vor allem aber sind es die Inhaber des pastoralen Amtes“. Zweifellos sind die genannten Personen in bestimmten Lebensphasen und bei entsprechenden Gruppenzugehörigkeiten prägend für Abschnitte des Lebenslaufs. Aber ob sie auch wie die Pfarrerinnen und Pfarrer als d e r Zugang zur Kirche und zur Religion angesehen werden, muss bezweifelt werden. Eine solche Ausweitung geben auch die Mitgliederbefragungen der Evangelischen Kirche in Deutschland nicht her. Es dürfte auch kaum Erwartungen in Richtung auf spezifische Inhalte geben. Vielmehr wird hier das Stichwort von der „Versorgungsmentalität“, das Detlef Pollack auf Grund der vierten Mitgliederbefragung der Evangelischen Kirche in Deutschland in diesem Zusammenhang gebraucht (Pollack 2003, S. 74), in die richtige Richtung weisen. Es werden bei bestimmten Gelegenheiten die traditionellen Leistungen erwartet und nicht besondere Inhalte. Außerdem ergibt sich aus dieser Grundstruktur auch nicht, dass man es insgesamt mit der Kirche darüber hinaus zu tun haben möchte. „Das Erfordernis einer engeren Beziehung zur Kirche und einer Beteiligung an ihrem Leben wird nicht gesehen". Dass die Leute Inhalte erwarten möchten oder nach Beteiligung in der oder engerer Beziehung zur Kirche suchen möchten, ist der Wunsch von Theologie, Kirchenleitung und Mitarbeiterschaft, bei einer obrigkeitlichen Konstruktion von Parochie und Parochialzwang aber eigentlich nicht zu erwarten. Plausibel scheint vielmehr die Feststellung Pollacks zu sein: „Aufgrund der staatskirchlichen Tradition wird in der Bevölkerung die Kirche vor allem als Herrschaftsinstitution wahrgenommen, der man mit einem gewissen Misstrauen begegnen muss".

Ein gewisses Auseinandergehen der grundsätzlichen Erwartung, über den Pfarrer bzw. die Pfarrerin den Zugang zu Religion und Kirche zu bekommen, und andererseits dass man eigentlich keine inhaltliche Erwartung hat, ist schon von der ersten Mitgliederbefragung der Evangelischen Kirche in Deutschland an zu beobachten gewesen. Damals stellte man heraus, dass mit dem Konfirmandenunterricht die erste grundsätzliche Begegnung mit der Kirche stattfindet. Und da gilt, dass die Kirche der Pfarrer ist und der Pfarrer die Kirche (Hild 1974, S. 276). Losgelöst von der Person des Pfarrers spielen nach dem Konfirmandenunterricht die Inhalte aber kaum mehr eine Rolle. Ja, auch die Kirche kommt über die Person des Pfarrers nicht so recht in den Blick. In der Befragung zeigt sich die positive Wertung der Begegnung mit dem Pfarrer ausgeprägter als das Verbundenheitsgefühl mit der Kirche allgemein (S. 63). Oder noch eine andere Beobachtung: 85% der Befragten hatten einen guten Eindruck von ihrem Pfarrer, beurteilen sein Handeln, bzw. die Leistung der Kirche aber deutlich kritischer. Auch hier ist wieder die Differenz zwischen Pfarrer und Kirche zu erkennen: *„Es ist offenbar die Person des Pfarrers, die die Zustimmung auf sich zieht, nicht so sehr sein amtliches Handeln"* (S. 69). Im Blick auf den Konfirmandenunterricht wird der Schluss gezogen: „Man könnte auch hier wieder von einem ‚tendenziellen Misslingen' der kirchlichen Sozialisation, in diesem Fall der kirchlichen Kommunikation insgesamt sprechen. Diese Kommunikation kommt bei der Mehrheit der Kirchenmitglieder nicht zu ihrem eigentlichen Ziel, dem Erwachsensein im Glauben, für das die personalen Vermittlungen und Bürgschaften in ihrer Bedeutung zurücktreten" (S. 278). Mit dem Bild der Bürgschaft meinte man recht gut diese Einstellung der Mitglieder zum Pfarrer beschreiben zu können. Der Bürge steht einerseits für die Sache, andererseits ist er aber die Sache selbst nicht. Wenn man diese zentrale Rolle des Pfarrers ernst nimmt, so müsste man die Kompetenzen des Pfarrers und der Pfarrerin vor allem in dem stärken, was die Mitglieder erwarten. Hierzu hieß es: „Gesucht ist offenbar der Pfarrer als Besucher, Berater, Gesprächspartner, Begleiter, als Nachbar, als Bürge für Sinn und Wert, für gute Tradition und gute Zukunft" (S. 280).

Auch bei der zweiten Mitgliederbefragung 1982 stieß man wieder auf die hohe Achtung vor dem Pfarrer. Diesmal versucht man das Phänomen mit einem anderen Deutungsansatz zu begreifen. In einer funktionsteiligen Gesellschaft setzen die Menschen für die jeweiligen Probleme auf Experten. Der Einzelne muss nicht mehr die Lösung selbst wissen. „Es genügt, dass er darüber orientiert ist, wer das betreffende Problem zu seinem Beruf gemacht hat. ... Arzt, Richter – und Priester. Die besondere Aura, die diese Berufe umgibt, hat mit den elementaren Problemen und Lebensrisiken zu tun, auf die sie spezialisiert sind“ (Hanselmann 1984, S. 42). Von diesen Experten erwartet man Entschiedenheit und Bestimmtheit. Pfarrer sind theologisch gebunden, während sich die Laien hier durchaus die Freiheit der Distanz und Unbestimmtheit nehmen. In der Auswertung wird Adolf von Harnack zitiert, der eben diese Grundhaltung bereits 1911 als durchaus positiv geschildert hat. In den evangelischen Landeskirchen überließen die Mitglieder alles Kirchliche den Pastoren und Theologen. Ihre Kirchlichkeit beschränke sich auf Taufe, Konfirmation, Trauung, Beerdigung und vielleicht zwei Sonntagsgottesdienste im Jahr. Ansonsten empfänden sie sich als freie Christen, die ihre Wege und ihre Erbauung selbst suchen müssten und sich von der kirchlichen Überlieferung so viel oder so wenig aneigneten, als ihnen zusagte (S. 59).

Die Wertschätzung des Pfarrers hat sich gegenüber der vorherigen Befragung kaum verändert. Was 1972 noch nicht klar war, weil es entsprechende Fragen nicht gab, wird jetzt deutlich: Andere Mitarbeiterinnen und Mitarbeiter sind gegenüber den Pfarrerinnen und Pfarrern ausgesprochen wenig bekannt. Das gilt sogar für die Pfarramtssekretärin. Hier hätte man annehmen sollen, dass die Dame im Vorzimmer doch irgendwie bemerkt werden würde. Die Auswertung vermutet, dass dieses Nichtbemerken am Fehlen eines eindeutigen Berufsbildes liegen könnte (S. 105). Aber warum soll die Konzentration auf den parochus nicht einfach so stark sein, dass andere Personen daneben eben nicht wahrgenommen werden? Das alles hat mit tatsächlichem Erleben und Wahrnehmen wenig zu tun, sondern zeigt vor allem die der Erwartung und Wahrnehmung vorgegebene und sie steuernde Struktur.

Auch in der dritten Mitgliederbefragung begegnen immer wieder die gleichen Muster. Die Aussage, dass man den Pfarrer, die Pfarrerin, die den Konfirmandenunterricht hielten, in guter Erinnerung habe, bekam die höchste Zustimmungsquote. Dass man im Konfirmandenunterricht etwas von Glauben und Kirche begriffen habe, rangiert dagegen im Mittelfeld bzw. sogar weit hinten (Engelhardt 1997, S. 107). Auch hier also wieder das alte Phänomen: Der Pfarrer wird geschätzt, was er tut dagegen weniger. Für die eigene Religion ist man selbst verantwortlich. Sie hat ihren Sitz in der Lebensgeschichte. Zur Kirche kann es dabei mal mehr Nähe, aber auch mal Distanz geben (S. 61). Damit aber muss nicht der Pfarrer etwas zu tun haben. Aus der Kirche Ausgetretene wurden nach den Gründen für ihren Austritt gefragt. Die Antwortmöglichkeiten hießen: „weil ich mich über Pastor/innen und/ oder andere kirchliche Mitarbeiter/innen geärgert habe“. Die beiden Extremwerte an beiden Enden einer Skala von eins bis sieben ergaben für Ärger 16% in Westdeutschland und 9 % in Ostdeutschland. Trifft nicht zu, sagten 50% im Westen und 78% im Osten (S. 327). Ärger über Pfarrer ist kein häufig genannter Grund für den Kirchenaustritt. Ärger über die Kirche, etwa ihre Stellungnahmen und Handlungsweisen kann aber sehr wohl zum Austritt führen.

Wir fragen nach Personen, die den Zugang zur Kirche darstellen, ermöglichen, eröffnen. Die Erwartungen der Mitglieder gehen hier eindeutig auf die Pfarrerinnen und Pfarrer. Es ist nicht verwunderlich, dass Überlegungen zu einer Effektivierung und Verbesserung der kirchlichen Praxis immer wieder sich mit diesen Personen beschäftigen. In den letzten zwanzig Jahren wurden angesichts von Krisenerfahrungen und Mitgliederbefragungen denn auch diese Mitarbeiterinnen und Mitarbeiter der Kirche in Leitungsgremien und Reformentwürfen neu entdeckt und bevorzugt verhandelt.

Pfarrer werden neu entdeckt und diskutiert

Bereits 1988 erschien ein Votum der in der Arnoldshainer Konferenz zusammengeschlossenen Landeskirchen mit dem Titel: „Sein Licht leuchten lassen. Zur Erneuerung von Gemeinde und Pfarrerschaft“. Anlass sei, so die Schrift, die anhaltende „Erosion der Volkskirche“, der zwar auch verschiedentlich Aufbruchsstimmungen, wie etwa beim Kirchentag, gegenüberstünden, doch überwiege im Bild nach außen eher das Negative (Sein Licht leuchten lassen 1988, S. 11ff). Das ganze sei zutiefst ein geistlicher Vorgang, dem man nur durch Erneuerung begegnen könne (S. 16). Erneuerung des geistlichen Lebens könne nur mit der Erneuerung des geistlichen Lebens der Mitarbeitenden einhergehen (S. 17f.). „Diese Einsicht soll exemplarisch an der geistlichen Erneuerung der *Pfarrerschaft* verdeutlicht werden“ (S. 18). Nach allgemeinen Überlegungen zur Gemeindeerneuerung folgt, dann sehr konkret, was man Geistliches von der Pfarrerschaft erwartet. Zwar wird so getan, also ob die Auswahl dieser Berufsgruppe eher zufällig sei („exemplarisch“ wird gesagt), doch nach den oben angestellten Überlegungen dürfte eher das Kalkül dahinter stecken, dass man am besten bei denen einsetzt, bei denen man sich am meisten Erfolg verspricht. Die Schilderung ergibt im einzelnen das Bild eines rundherum gebildeten, frommen und theologisch urteilsfähigen Menschen. Traditionelle Frömmigkeitsstandards werden von ihm erwartet: Tägliche Bibellese, Gebet, offenes Pfarrhaus usw.

Zur gleichen Zeit beschäftigte sich eine EKD-Arbeitsgruppe „Pfarrerprofil“ mit denselben Fragen. In einem Diskussionspapier geht man auch von für die Kirche krisenhafter Situation aus (Der Beruf des Pfarrers/der Pfarrerin heute 1989). Besonders schmerzt es offenbar die in der Arbeitsgruppe versammelten Oberkirchenräte, dass es die Pfarrerinnen und Pfarrer an Loyalität gegenüber ihrer Institution fehlen lassen. Man stellt fest: „Es ist längst zum Normalfall geworden, dass Pfarrer und Pfarrerinnen ihre theologische Identität gegen die Kirche ausspielen“ (S. 13). Das könne nicht gut gehen. Man müsse erwarten, dass die organisierte Kirche von ihren Mitarbeitenden auch bejaht werde. Hier zeigt sich vielleicht, dass die Pfarrerinnen und Pfarrer ihre

Monopolstellung bei den Mitgliedern auch gegenüber ihrer Obrigkeit in der Weise zu nutzen verstehen, dass sie sich ein Stück weit selbstständig machen. Das Papier äußert sich außerdem kritisch gegenüber Tendenzen zur stärkeren Trennung von Beruf und Freizeit bzw. Privatleben, zu Einstellungen von Ehepartnern usw. Im übrigen fordert das Papier „Theologische Kompetenz", „Missionarische Kompetenz" und „Kybernetische Kompetenz" von den Theologinnen und Theologen.

Fast zehn Jahre später hat die Diskussion über die gegenwärtigen Aufgaben der Pfarrerinnen und Pfarrer, über das heute zugrunde zu legende Pfarrerbild auch in den Landeskirchen eine große Breite erreicht. In der vom Leitenden Geistlichen Amt der Evangelischen Kirche von Hessen und Nassau herausgegebenen Schrift „Pfarramt und Gemeinde" (1998) wird die Überlastung der Pfarrerinnen und Pfarrer als Grund für die Debatte genannt. Abgewehrt wird die Vermutung, dass es um Gehaltskürzung und Stelleneinsparung ginge. Die Pfarrerbesoldung müsse angemessen sein. Doch die zwangsweise Einführung von Teildienstverhältnissen hat nur finanzielle Gründe. Das aber fordert nun gerade theologische Klärung heraus, wer was in den Gemeinden zu tun hat. Auch in diesem Papier werden dann die traditionellen Aufgaben des Pfarramtes neu eingefordert. Daneben wird verdeutlicht, dass die Amtsträger in ihrer Lebensführung dem genügen müssten, was sie predigen. „Pfarrer und Pfarrerinnen repräsentieren mit ihrer Person und ihrem Leben die lebensgestaltende Kraft der biblischen Tradition" (Pfarramt und Gemeinde 1998, S. 13). Sie hätten sogar in ihrem Beruf das Privileg, so die Stellungnahme, intensiv Bibel lesen und beten zu können. Nicht immer trete der Pfarrer bzw. die Pfarrerin als „Amtsperson" auf. Er nehme wie andere Gemeindeglieder auch daneben Ehrenämter wahr, die nicht unbedingt zu seinen Berufspflichten gehörten, sondern freiwillig wahrgenommen würden (S. 16). Schließlich wird eine Empfehlung ausgesprochen, wie man seine Zeit auf die verschiedenen Aufgaben verteilen solle: Gottesdienst, Unterricht, Seelsorge 50%, kollegiale Absprachen 10% usw. (S. 21).

Weit ausführlicher beschäftigt sich ein Papier der Badischen Landeskirche mit dem Pfarrerbild. Es nennt dieselben Grundaufgaben, fordert aber entschiedener „Persönlichkeitsbildung". Die Pfarrer und Pfarrerinnen sollen Beziehungen stiften und motivieren. „Pfarrerinnen und Pfarrer leben und vermitteln eine kommunikationsfähige Theologie, die Frauen und Männer aufhorchen und zur Mitarbeit bereit sein lässt" (Der Beruf der Pfarrerin und des Pfarrers in der Gemeinde 1998, S. 30). Pfarrer sollen planloses „Wirbeln" vermeiden. „Zielbestimmung, Zielvereinbarung, Motivation und Schulung von Mitarbeiterinnen und Mitarbeitern setzen umfassende Bildung voraus" (S. 31). In diesen Überlegungen tritt der Vorbildcharakter der pastoralen Existenz fast ganz zurück hinter dem Manager, der selbstverständlich leben muss, was er vermitteln will.

Das Bild ist etwas anders in der Anlage zu einem Ergebnispapier der Rheinischen Landessynode. Hier hatte man Pfarrerinnen und Pfarrer getrennt von Laien hinsichtlich des Gemeindepfarramtes befragt. Die Laien erwarten den „besonderen, den heraus gehobenen, ja einen exemplarischen und vorbildlichen Charakter“ der Lebensführung. Man möchte, dass Predigt und Leben übereinstimmen (Dahm 1999, S. 21). Die Pfarrerinnen und Pfarrer dagegen „möchten ‚bei den Menschen‘ sein. Verstehend, beratend, ermutigend; aber sie wehren sich in ihrer Mehrheit gegen Erwartungen, die sie in die Nähe von Übermenschen oder von Heiligen stellen; sie wollen keine Sonderrolle spielen, schon gar nicht in dem abgestanden-moralischen Sinn, den sie hinter manchen Vorbild-Wünschen vermuten. Sie möchten menschlich sein, aber so wie andere Menschen auch“ (S. 22). Die Gemeindeglieder suchen das Vorbild, die Pfarrerinnen und Pfarrer wollen demgegenüber lieber mitmenschliche Ansprechpartner sein. Pfarrer wollen helfen. Laien wollen sehen, wie das geht, Christ sein oder ein religiöser oder heiliger Mensch sein. Sie möchten hinter das Geheimnis der christlichen Lebenskunst kommen.

Die Reihe der Landeskirchen, die sich mit dem Pfarrer und der Pfarrerin beschäftigen, reißt nicht ab. Die Evangelische Kirche von Westfalen hat im Proponendum zur ihrem Reformprozess „Kirche mit Zukunft“ auch eigens ein Kapitel über das Pfarramt. Man listet Aufgaben und Erwartungen auf und befindet: „Angesichts dieser fast unübersichtlichen Fülle von Aufgaben und Erwartungen ist es dringend an der Zeit, das Profil des Pfarramtes wieder zu schärfen und klare Prioritäten zu setzen“ (Evangelische Kirche von Westfalen 2000, S. 48). Dabei denkt man nicht an ein überall gleiches pastoraltheologisches Modell. Es soll um allgemeine Grundhaltungen und um Fachkompetenzen gehen. Zu den Grundhaltungen gehören „Freude am Umgang mit anderen Menschen“, „Bereitschaft zur behutsamen, werbenden, adressatenorientierten Verkündigung des Evangeliums“ und „die Identifikation und Verbundenheit mit der Institution Kirche“ (S. 49). Die Zahl der erwarteten Fachkompetenzen hat sich gegenüber dem oben vorgestellten EKD-Papier drastisch erhöht. Es geht um „Theologische, spirituelle, seelsorgerliche, pädagogische, soziale und diakonische, ökumenische und kybernetische Kompetenz“. Aus dem Text wird dabei nicht deutlich, worin nun eigentlich die Profilierung des Pfarramtes liegen soll. Im Prinzip soll alles mit noch mehr Hingabe und noch mehr Fachlichkeit getan werden als bisher. Ein besonderes Problem wird hier neu angesprochen. Die Pfarrerinnen und Pfarrer wechseln ihre Stelle nur noch wenig. Man möchte erreichen, dass häufiger – etwa alle zehn Jahre – gewechselt wird, damit nicht einzelne Personen ihren Amtsbereich zulange prägen (S. 53). Nicht mitgeteilt wird, welches die Gründe für das seltene Wechseln der Stellen sein mögen. Möglicherweise hängt diese neue stabilitas loci mit den veränderten Bedingungen in der Familie zusammen. Eine Pfarrerin mag ja vielleicht gern die Stelle und damit in der Regel auch den Ort wechseln. Doch wenn der Ehemann berufstätig ist, ist es unter Umständen gar nicht so leicht, den Ort zu wechseln. Entsprechendes gilt natürlich auch umgekehrt für den Pfarrer und seine Ehefrau.

„Eine Neubesinnung auf das Pfarramt“ möchte das Diskussionspapier der Evangelischen Kirche von Kurhessen-Waldeck bewirken (Das Amt des Pfarrers und der Pfarrerin 2001, S. 10).

Individualisierung und Pluralisierung in Gesellschaft und Kirche haben dazu geführt, dass das Pfarrerbild unscharf geworden ist. Das betrifft die Pfarrerinnen und Pfarrer selbst, betrifft aber auch das Bild in der Gesellschaft. Tätigkeitsfeld und Profil des Berufs bedürfen der Klärung. Die Theologische Kammer möchte den Pfarrberuf in reformatorischem Sinne vom Pfarramt her verstehen. Der Pfarrberuf sei kein Beruf wie jeder andere. Es heißt: „Nach einer Phase der funktionalen Bestimmung, die den Pfarrberuf im Gestus der Nüchternheit als einen ganz ‚normalen' Beruf neben anderen bestimmte, nach einer Zeit, in der man ernsthaft diskutierte, in welcher Gewerkschaft Pfarrer als normale Arbeitnehmer Mitglied sein sollten, muss wieder deutlich herausgearbeitet werden, dass es eine ganze Reihe von besonderen Belastungen und Zumutungen gibt, die mit der Übernahme eines Pfarramtes nicht nur zufällig verbunden sind, sondern die notwendig hinzugehören". Das Tätigkeitsfeld von Pfarrerinnen und Pfarrern lässt sich nicht zerlegen und von Spezialisten wahrnehmen. Die Besonderheiten des Pfarrberufs meint die Kammer gut mit dem Begriff der Profession beschrieben zu sehen, wie ihn Isolde Karle herausgearbeitet hat (S. 16). Bei einer Profession handele es sich um eine besondere Kategorie von Berufen. „So zeichnet es eine Profession zunächst aus, dass sie es unmittelbar mit Menschen zu tun hat. Professionen treten dann auf den Plan, wenn es um die Bearbeitung existenzieller Erfahrungszusammenhänge geht". Professionen brauchen deshalb auch eine besondere Ethik. Und zu Professionen gehören auch besondere „Verhaltenszumutungen", wie die das eine Trennung von Arbeits- und Freizeit, von privat und öffentlich nicht möglich ist (S. 17). Ärzte und Richter sind neben den Pfarrerinnen und Pfarrern Beispiele für Professionen. Welche Konsequenzen hat die Einstufung des Pfarrberufs als Profession? Pfarrerinnen und Pfarrer müssen in besonderer Weise die Menschen und die gesellschaftliche Situation wahrnehmen, das „Evangelium in die aktuellen Lebensbezüge hinein" bezeugen, Grundsolidarität mit der Kirche erkennen lassen und für sich selbst eine Frömmigkeit ausbilden (S. 35ff). Als Konsequenzen für die Pfarramtsführung werden genannt: Residenzpflicht, Ja zum Pfarrhaus, Zeitstrukturierung, Kooperationsbereitschaft usw. (S. 40ff).

Die Pfarrerinnen und Pfarrer werden von den Leitungsgremien neu entdeckt. Alle vorgestellten Papiere gehen von einer krisenhaften Situation der Kirche aus. Die „Erneuerung" der Pfarrerschaft ist ein wichtiger, wenn nicht der wichtigste, Faktor zur Krisenbewältigung. Heißt „Erneuerung", dass die Amtsführung und persönliche Lebensführung der Pfarrerschaft bislang als defizitär anzusehen ist? Gibt es einen ursächlichen Zusammenhang zwischen dem Zustand der Kirche und dem der Pfarrerschaft? Darüber hinaus gibt es problematische Entwicklungen in den Arbeitsfeldern der Pfarrerschaft. Stichwort: Überlastung. Hinzu kommen neue Vorstellungen von Freizeit, Privatleben und Familie.

Obwohl alle Papiere auf das Allgemeine Priestertum großen Wert legen, ist eigentlich nirgends erkennbar, was die Beteuerungen praktisch austragen. Viel wird von den Aufgaben der Pfarrerschaft geredet, aber eigentlich nirgends wird gesagt, was diese Berufsgruppe denn auch getrost mal lassen könnte. Loyalität wird eingefordert. Kompetenzen sollen neu erworben werden. Management ist zu üben. Residenzpflicht ist gegeben. Mit der ganzen Person sollen die Pfarrerinnen und Pfarrer die Kommunikation des Evangeliums betreiben. Pfarrer und Pfarrhaus repräsentieren Kirche und Christentum. Oft hat man das Gefühl, dass die Autoren der Papiere glauben, wenn nur die Pfarrerschaft besser funktionierte, wäre aller Schaden behoben. Eigentlich nirgends ist davon die Rede, dass nicht nur die Gesellschaft sich ändert, sondern dass auch Glaube und Gottesvorstellungen sich ändern. Es gibt nicht das feststehende Evangelium, das nur geschickter und glaubwürdiger zu kommunizieren wäre. Klaus-Peter Jörns macht auf die eigene theologisch-kreative Arbeit aufmerksam, die immer neue Fragen stellen und theologische Antworten auf die Lebensprobleme versuchen muss. Er schreibt: „Wer heute Pfarrer/Pfarrerin sein will, hat lebenslang damit zu tun, mit sich selbst und seiner Gemeinde als Jüngerschar das ‚fünfte Evangelium' zu schreiben und darin den Zeitgenossen zu berichten, wie und wo und mit welchen neuen Lebensimpulsen ihnen in der Welt von heute der auferstandene Christus begegnet" (Jörns 2002, S. 572).

Inzwischen gibt es seitens der Pfarrerschaft Reaktionen auf die Diskussion, die von den Leitungsgremien über das Pfarrerbild ausgelöst worden sind. Pfarrerinnen und Pfarrer eines Dekanats in Hessen und Nassau verfassten ein Memorandum, das sie an alle Kolleginnen und Kollegen in der Landeskirche verschickten. Sie schrieben: „Das Maß ist voll! Unsere Lebens- und Arbeitsbedingungen sind in den letzten Jahren immer wieder beschnitten und beeinträchtigt worden. Die Gesellschaft hat sich gewandelt und das Pfarrbild hat sich verändert. Mit diesen Entwicklungen sind wir professionell umgegangen und haben christliche Werte aufgenommen und zeitgemäß umgesetzt und geprägt. Um weiterhin für die Gemeinden und die Gesellschaft als Pfarrer und Pfarrerinnen qualifiziert diese Arbeit leisten zu können, brauchen wir den Rückhalt unserer Kirche. Dieser Rückhalt wird seit Jahren systematisch in Frage gestellt und abgebaut" (Offenes Memorandum). Bei den Strukturreformen gebe es zu wenig Anhörung, statt dessen Kontrolle und keine Förderung. Die Arbeitsbedingungen seien wenig förderlich. Schließlich müsse die Pfarrerschaft Gehaltseinbußen der verschiedensten Art hinnehmen. Die Unterzeichnerinnen und Unterzeichner fragen: „Welchen Wert hat unsere Arbeit? Welchen Wert hat unsere Motivation für die Kirche? Welchen Wert haben wir?" Die Pfarrerinnen und Pfarrer wehren sich dagegen, dass über ihre Köpfe hinweg über ihre Arbeit geurteilt und ihnen die Schuld an der unbefriedigenden Situation der Kirche in die Schuhe geschoben werden soll. Sie wehren sich gegen den Vorwurf nicht professioneller Arbeit.

Zur selben Zeit wurde vom Pfarrerausschuss der Evangelischen Kirche in Hessen und Nassau, der offiziellen Arbeitnehmervertretung der Pfarrerschaft, eine Zufriedenheitsbefragung, genannt PfaZi (PfarrerInnen-Zufriedenheits-Index), bei den Pfarrerinnen und Pfarrer in der Landeskirche durchgeführt. Die Themen waren u.a. Residenzpflicht, Arbeitssituation, Qualität der Arbeit, Führung bzw. Leitung in der Kirche.

Die meisten Pfarrerinnen und Pfarrer wohnen im Pfarrhaus, sind aber nur in einer Minderheit voll zufrieden damit. Fast Zweidrittel stellt die Dienstwohnungspflicht in

Frage (Dautermann 2002, S. 84). Die Arbeitssituation ist geprägt durch zuviel Verwaltung und zu wenig Anerkennung durch die Leitungsgremien. Eine Mehrheit ist mit dem Einkommen relativ unzufrieden (S. 85). Die Arbeitsqualität der Kolleginnen und Kollegen wird mit 41% als gut und 48% teils/teils beurteilt. Eher schlecht votieren 3% und einheitlich gut 2%. Als Fähigkeiten, die Pfarrerinnen und Pfarrer heute haben sollten, wurden genannt seelsorgerliche Kompetenz (69%), theologischer Standpunkt (54%), Leitungskompetenz (41%), pädagogisches Geschick (41%), Teamfähigkeit (32%), Integrationsfähigkeit (30%) usw. Dagegen sind Parteilichkeit und Charisma mit je 13% nicht so hoch eingeschätzt. Die Prioritäten, die die Pfarrerschaft für die eigene Arbeit setzt, sind damit gar nicht so von dem verschieden, was die Leitungen gern möchten. Eben diese werden in ihrer Führungskompetenz eher schlecht beurteilt. Vor allem die Jüngeren sind hier sehr kritisch. Die Voten im einzelnen (erste Zahl für 30-39 Jahre, zweite Zahl alle): gut 26/36%, eher schlecht 35/36%, schlecht 15/16%, kein Thema 11/15%. Über den Reformprozess in der Kirche sehen sich die Pfarrerinnen und Pfarrer insgesamt eher schlecht informiert (S. 87). Man fühlt sich auch von Kirchenleitung, Kirchensynode und Kirchenverwaltung nicht gerade gut vertreten (S. 88). Offenbar gibt es hier ein Kommunikationsproblem. Bei der Frage nach dem Image der Kirche scheinen die Pfarrerinnen und Pfarrer allerdings wohl die Meinung ihrer Leitungsgremien zu teilen. Hier waren die Angaben: naja 32/30%, weniger 42/47%, unzufrieden 15/13% (S. 89). Der Kommentator meint: „Ein paar bunte Logos allein machen noch kein Image“.

Der Verband der Vereine Evangelischer Pfarrerinnen und Pfarrer in Deutschland hat 1999 einen Prozess zur Leitbildentwicklung angestoßen. Das schließlich vorgelegte Leitbild „Pfarrerinnen und Pfarrer in der Gemeinde“ beschreibt letztlich den pfarramtlichen Dienst aus der Sicht von Gemeindepfarrerinnen und -pfarrern. Obwohl auch Forderungen an den Arbeitgeber Kirche gerichtet werden, hat man sich bemüht einen Konsens hinsichtlich des Amtsverständnisses auch mit Kirchenleitungen herzustellen (Leitbild 2003, S. 5). Im Grunde stellt dieses Leitbild so etwas wie eine Vorstellung des Pfarrberufs für die Gemeindeglieder dar. Lediglich in den Fragen des Beamtenstatus, der Besoldung, der Versetzungsregeln, des Zwangs zur Teilzeitarbeit und einer Revision der Residenzpflicht sind deutlich die Leitungsgremien angesprochen (S. 12f). Zwar wird davon gesprochen, dass man hier eine Vision formuliert habe, die vom Ist-Zustand abhebe. Doch wird nicht erkennbar, von welcher Situation man realiter ausgeht. Nur dann wäre ja verständlich, welchen Weg man gehen möchte. So kann man die Formulierungen nur so verstehen, dass gesagt werden soll: „So würden wir es gern machen und so würden wir gern sein. Wer anderes erlebt hat, sollte das bedenken“. Es ist nicht klar, welchen „Sitz im Leben“ dieses Papier nun eigentlich hat bzw. haben soll (Nethöfel 2003, S. 244).

Die als krisenhaft empfundene Situation der Kirche lässt neu den Pfarrberuf diskutieren. Doch hat diese Diskussion eine eigene Geschichte, an die zu erinnern ist.

Pastoraltheologie und Pfarrerspiegel

Die an den Theologischen Fakultäten der Universitäten betriebene Praktische Theologie hat ihren Ursprung in der Reflexion des Pfarrberufs in der Pastoraltheologie des 17. und 18. Jahrhunderts. Und auch nach dem Entstehen der Praktischen Theologie gab es sie noch. Sie gab Tipps und war in jeder Hinsicht praxisorientiert. Was die gegenwärtigen Überlegungen zum Pfarrerbild im großen und ganzen erkennen lassen, gilt auch schon für die alte Pastoraltheologie, dass sie nämlich vor allem auf die „*Stabilisierung des Herkömmlichen*" (Otto 1986, S. 38) ausgerichtet war. Aus der Amtserfahrung heraus werden Ratschläge erteilt und gewissermaßen Handwerks- und Verkehrsregeln weitergegeben (S. 36). Dabei geht es insbesondere um die Erbauung der Gemeinde, d.h. darum, dass die Amtstätigkeit auch bei den Mitgliedern Wirkung tut. Es werden Bilder entworfen, die je nach Zeit sehr unterschiedlich sein können. Birgit Weyel meint: „Pastoraltheologie ist immer Krisentheologie. Wo die Berufsausübung ohne Reibungsverluste möglich ist, will sich die Dringlichkeit der Nachfrage nach einem passenden Berufsbild nicht so recht einstellen. Wo jedoch bisher gültige Berufsbilder der zeitgenössischen Lage nicht länger zu entsprechen scheinen, weil sie weder die Berufstätigen zur Identifikation einladen, noch die Erwartungen, die von Seiten der kirchlichen und gesellschaftlichen Öffentlichkeit an sie herangetragen werden, angemessen abzubilden imstande sind, da wird stets aufs Neue die klassische pastoraltheologische Frage aufgeworfen. Wer bin ich?" (Weyel 2000, S. 389). Volker Drehsen geht den Berufsbildern seit der Reformationszeit nach. Luther hatte das sakrale Priesterverständnis kritisiert und ein weltliches Bild entworfen. „Nicht anders denn als ‚Amtmann' habe sich der Geistliche nunmehr zu verstehen: bürgerlich, professionell und verantwortlich" (1997, S. 615). Fortan musste der Religionsdiener ausgebildet und damit bürgerlich sein. Seine Person wurde u.a. durch die Aufhebung des Zölibats, die mögliche Heirat und Familiengründung interessant. Und er wurde als Amtsträger an eine Gemeinde gebunden. „Jedenfalls gestaltete sich das Erscheinungsbild des protestantischen Pfarrers fortan als eigentümliche Verbindung der Variablen ‚Amt', ‚Beruf' und ‚Person', trat gewissermaßen als je typisches Kombinat aus institutionsgeprägter Amtstheologie, gesellschaftsöffentlichen Professionalitätsvorstellungen und höchst individuellen Identitätsentwürfen personaler Frömmigkeitspraxis auf" (S. 616). Im Laufe der Zeit wechselten die Bilder des Pfarrberufs in zum Teil schneller Folge. Drehsen gibt eine eindruckvolle Aufzählung: „Der gebildete Volkserzieher in der Aufklärung, der vollmächtige Seelsorger im Pietismus, der patriotische Prediger der Erweckungsbewegung, der intellektuell-rechtschaffene Gelehrte der liberalen Theologie, der sozialethische Gemeindepädagoge im Kulturprotestantismus, der theologische ‚Fachmann' und Wort-Gottes-Prediger in der Dialektischen Theologie, der völkische Kirchenführer der ‚Deutschen Christen', der restaurative Frömmigkeitsintegrator oder kirchlich innovative Akademiekämpfer der unmittelbaren Nachkriegszeit, der demokratische Teamleiter aus der sozialliberalen Ära der siebziger Jahre, der engagierte Sprecher ethisch orientierter Bürgerinitiativen und sozialer Bewegungen der achtziger Jahre und – wie man schließlich für die neunziger Jahre hinzufügen könnte: – der betroffenheitskultische Seelsorger und mystische Protagonist unterschiedlichster Spiritualitätsformen". Mit fortschreitender Geschichte wird sich zweifellos die Liste verlängern. Irgendwann wird es auch Wiederholungen geben. Eine Grundüberzeugung wird von einer anderen abgelöst, die sich als Korrektur zur vorhergehenden versteht.

Drehsen hatte noch die These illustriert, dass früher das Amt weitgehend die Person getragen habe, heute aber die Person das Amt präge, und formuliert: „In der Person des Pfarrers veranschaulicht sich, was christliches Wissen, Wollen und Handeln bedeuten könnten" (S. 618). Eben dies aber hält Isolde Karle, deren Thesen vielfach von Leitungsgremien herangezogen werden, für eine Überforderung: „Pfarrerinnen und Pfarrer müssen nun alles, was sie in ihrem Beruf tun, auch individuell vertreten und ganzheitlich zur Darstellung bringen können. Sie können sich nicht mehr an allgemein verbindlichen Regeln, an reflektierten Einsichten, sozialen Formen, überindividuellen Inhalten und professionstypischen Strukturen orientieren, sondern werden in eine ständige und äußerst aufwendige Selbstreflexion gedrängt" (2001, S. 13). Karle entwickelt ein besonderes Professionsverständnis für den Pfarrberuf. Für sie dürfen nicht die Frömmigkeit und die Überzeugungen der individuellen Pfarrperson das Berufsverhalten steuern, sondern es gibt die „pastorale Situation" weitgehend das individuelle Verhalten vor (S. 314). Und das bedeutet: „Die Pfarrerin ist weder für alles zuständig, noch muss sie die Ressourcen ihrer beruflichen Arbeit primär in sich selbst finden. Sie kann auf bewährtes Erfahrungswissen und theologisch anspruchsvolle Traditionen zurückgreifen, die ihr eigenes theologisches Urteil differenzieren helfen. ... Die religiöse Gesinnung, die individuelle Frömmigkeit oder die Authentizität der Amtsperson stellen deshalb noch keine hinreichenden Bedingungen für die professionelle Amtsführung dar" (S. 199).

Karles Ansatz hat etwa in den Kirchenreformpapieren von Westfalen und Kurhessen-Waldeck Aufnahme gefunden. Er passt zu der in Mangelsituationen gern vorgetragenen Forderung von der Beschränkung auf die Kernaufgaben nach dem Motto „Schuster bleib bei deinem Leisten". Damit aber würden, so kritisiert u.a. Hans-Martin Gutmann die Position Karles, alle gesellschaftskritischen Impulse, die in der Regel von den Individuen in der Pfarrerschaft und nicht vom „Amt" getragen würden, und auch der Gemeindebezug der Pfarrerinnen und Pfarrer ausgeblendet (2003, S. 121). Zweifellos kann man je nach Situation mehr das Amt und ein andermal mehr die Person betonen. Die Person ganz ausblenden ist in jedem Fall nicht möglich. Protestantische Pfarrer müssen das Pfarramt bewusst gestalten, reflektieren und über das, was und wie sie es tun auskunftsfähig sein (Weyel 2003, S. 397). Genauso wenig kann das Amt ausgeblendet werden. Die Ordination verlöre damit jeden Sinn. Der Person muss das Amt wichtig bleiben und dem Amtsträger bleibt die Aufgabe, das Amt persönlich zu füllen. Diesen Balanceakt herzustellen, ist die Aufgabe der Pastoraltheologie von ihrer wissenschaftlichen Ausgestaltung bis hin zur Weitergabe von „Benimm-Regeln", wie sie etwa in „Pfarrerspiegeln" Ausdruck gefunden haben.

„Pfarrerspiegel" als Ratgeber für die Pfarrerschaft gedacht gab es als Gattung im 19. Jahrhundert und bis in die Mitte des 20. Jahrhunderts. Im Prinzip begegnet man darin den Anforderungen aus der Aufklärungszeit. Dazu gehören drei Elemente: Die Vorbildlichkeit der Lebensführung, die Nähe zum „Volk" und eine solide Bildung. Pfarrersfamilien sollten so etwas wie das „Urbild und Vorbild bürgerlichen Lebens" darstellen (Janz 1997, S. 128). Hauptkennzeichen neben der umfassenden Bildung war eine gewisse Staatsnähe als politische Grundeinstellung. Pfarrer selbst verstanden sich auch selbst als Modell und hielten das neugierige Interesse der Gemeindeglieder an ihnen und ihren Familien für ein positives Interesse aus Ehrerbietung und dem Wunsch, hier ein Vorbild zu finden (S. 404). Dementsprechend warnen Pfarrerspiegel gern vorm „Verbauern". Pfarrer sollten die Bildung und das Lesen pflegen. Für den Verkehr mit den Menschen wird ein „sicheres Taktgefühl" empfohlen. Vor Standesdünkel wird gewarnt und daran erinnert, dass es bei dem „einfachen Mann aus dem Volk" oft mehr „Herzensbildung" gebe als bei den „höheren Ständen" (Haase 1905, S. 15-17). Lobend wird die „enge Volksverbundenheit" der evangelischen Pfarrer hervorgehoben (Winnig 1940, S. 137). Beides wird zugleich gefordert: Bildungsmäßig „Niveau" und Achtung für die kleinen Leute. „Für das ‚arme Lasttier Volk' muss heute ein Pfarrer Auge und Ohr haben" (Niebergall 1930, S. 176). Elemente von solchen Regeln finden sich auch heute noch in all den Überlegungen zum Pfarrerbild. So heißt es etwa im Leitbild des Verbandes der Pfarrervereine: „Pfarrerinnen und Pfarrer haben eine fundierte theologische Ausbildung, sie sind selbstbewusst und lernfähig. ... Sie sind im kritischen Gespräch mit denen, die Verantwortung tragen ... Sie bringen Berufs- und Privatleben verantwortlich in Einklang" (Leitbild 2003, S. 8).

Neben diese Diskussion über das Verhältnis zwischen Amt, Beruf und Person im Pfarrberuf tritt eine weitere Diskussion über die Frage, welche Rolle die Pfarrerinnen und Pfarrer in der Kirchengemeinde spielen sollten, die des religiösen Spezialisten oder die des Generalisten. Nach Isolde Karle ist es typisch für die Profession Pfarrer, dass sie nicht wie sonst üblich als Spezialisierung verstanden werden kann, sondern gerade als die „Rolle eines *Generalisten*, eines *Allgemeinpraktikers*" (2003, S. 631). Nur der Allgemeinpraktiker könne für die notwendige Sicherheit in der Ansprechbarkeit sorgen. „Die Stärken des Gemeindepfarramts liegen nicht in der Spezialisierung, sondern in allgemeineren Fähigkeiten, die es erlauben, flexibel zu reagieren und das heterodoxe komplexe Ganze im Blick zu behalten" (S. 632). Diese Diskussion soll wie überhaupt die Diskussion um das Pfarrerbild und die Pfarrerrolle hier nicht weiter verfolgt werden. Vielmehr soll der Frage nachgegangen werden, was der Hintergrund für die unterschiedlichen Beschreibungen und Anforderungen ist. Wie sind die Unterschiede zu verstehen? Ist allein der geschichtliche Wandel die Ursache? Oder muss hier vielmehr in dem einen Beruf Verschiedenes zusammengebracht werden, was möglicherweise so gar nicht spannungsfrei zueinander passt?

Zwischen den Christentümern

Dass die Integration von unterschiedlichen Dimensionen der religiösen Praxis und des Christentums eine Aufgabe des Pfarrberufs ist, ist für Wolfgang Steck klar: „Der Beruf der Pfarrer und der Pfarrerinnen gehört in herausgehobener Weise zu den *integralen* Institutionen, in denen sich einerseits die verschiedenen Dimensionen religiöser Lebenspraxis – religiöse Selbstvergewisserung, Lebensentfaltung und Weltgestaltung – ineinander verweben und andererseits die unterschiedlichen Gestalten des neuzeitlichen Christentums – private, kirchliche und öffentliche Religionskultur – miteinander verschränken“ (2000, S. 554). Der Pfarrberuf ist in sich vielschichtig. Schon die klassischen Berufsrollen sind von Komplexität gekennzeichnet: Liturg, Prediger, Lehrer, Seelsorger (S. 555). Hinzu kommen die anderen Rollen im Zusammenhang mit dem s.g. Gemeindeleben und mit der Gemeindeleitung. Doch gravierender dürfte sein, dass im Pfarrberuf auch die von Dietrich Rössler herausgearbeiteten drei Gestalten des neuzeitlichen Christentums, auf die Steck abhebt, zu integrieren sind. Rössler unterscheidet von einem kirchlichen Christentum das öffentliche Christentum und als dritte Gestalt das individuelle oder private Christentum (1994, S. 93). Rössler gliedert seinen Entwurf einer Praktischen Theologie auch nach den Gesichtspunkten „Der Einzelne“, „Die Kirche“ und „Die Gesellschaft“. Fragen zur Person des Pfarrers gehören in den ersten Teil, zum Amt in den zweiten und zum Beruf in den dritten. Mit dieser Zuordnung wird deutlich, dass man es bei der Schwerpunktsetzung auf Amt oder Person oder Beruf gleichzeitig mit einer Wertung der jeweiligen Erscheinungsformen des Christentums zu tun hat. Rössler geht davon aus, dass gelebte Religion immer zuerst eine Sache der Subjektivität und damit der Einzelnen ist. Privates Christentum ist die gelebte Religion. Und insofern es der Pfarrer mit gelebter Religion zu hat, hat er es mit dem privaten Christentum zu tun. „Der Pfarrer hat es immer – so Rössler – mit einzelnen und bestimmten und unverwechselbaren Menschen und ihrer Religiosität zu tun. Im Blick auf diese Aufgabe des Pfarrers haben kirchliches und öffentliches Christentum eine vergleichsweise geringere Bedeutung“ (S. 74). Wenn also die Person des Pfarrers betont wird, dann muss das nicht bedeuten, dass dem Pfarrer oder der Pfarrerin besonders an der Seelsorge liegt oder dass er oder sie vor allem auf ihre Authentizität setzen, sondern dann bedeutet das zunächst einmal nichts anderes, als dass sie oder er sich im Raum des privaten oder individuellen Christentums bewegen. Selbst wenn Pfarrerinnen und Pfarrer Seelsorge als einen ihrer Arbeitsschwerpunkte nennen, meinen sie nicht so sehr die seelsorgerlichen Gespräche, die sie mit einzelnen führen mögen, sondern dass das Gesamt ihrer Tätigkeit schwerpunktmäßig im Bereich des individuellen oder privaten Christentums liegt. Wenn die Person am Pfarrberuf betont wird, dann ist damit eine Orientierung an den Subjekten, an den Einzelnen angezeigt. Rössler hält das für den Normalfall. Auch die oben bereits vorgestellten Ergebnisse der Mitgliederbefragungen lassen sich so interpretieren: Die Einzelnen, die Mitglieder sind besonders an der Person des Pfarrers und der Pfarrerin interessiert. Die Institution Kirche oder die Rolle des Christentums in der Öffentlichkeit ist ihnen nicht so wichtig.

Von hierher fällt nun noch einmal ein anderes Licht auf Urteile über die Pfarrerschaft, von denen oben bereits die Rede war. In der ersten Mitgliederbefragung der Evangelischen Kirche in Deutschland hatte man mit Verwunderung festgestellt, dass die Menschen an der Begegnung mit dem Pfarrer mehr interessiert waren, als ihr Verbundenheitsgefühl mit der Kirche vermuten ließe (Hild 1974, S. 63). Das amtliche Handeln des Pfarrers war nicht so sehr im Blick wie seine Person (S. 69). Das bedeutet ja doch nichts anderes, als dass die Mitglieder im wesentlichen von der Position des privates Christentums aus die Kirche sehen und dabei ist eben dann die Person des Pfarrers der entscheidende Andockpunkt. Die Pfarrerschaft scheint dementsprechend zu reagieren. In dem Diskussionspapier „Der Beruf des Pfarrers/ der Pfarrerin heute“ hatte die Arbeitsgruppe der EKD festgestellt, dass die Pfarrerschaft vielfach zur Institution Kirche auf Distanz ginge (Der Beruf des Pfarrers/ der Pfarrerin heute 1989, S. 13). Wir hatten oben vermutet, dass dies eine Haltung sein könnte, die aus einem gewissen Machtbewusstsein heraus zu erklären sei, weil man doch die Mitglieder in so hohem Maße hinter sich wisse. Jetzt kann diese Haltung auch als Haltung verstanden werden, die zu dem privaten Christentum nun einmal gehört. Wenn die Pfarrerschaft sich vorwiegend an die Mitglieder gewiesen weiß, fühlt sie sich offenbar am eindeutigsten dem privaten Christentum verpflichtet und zugehörig. Ein Pfarrer bzw. eine Pfarrerin, die sich vor allem als Kirchenfunktionär verstünden, hätten bei den Mitgliedern kaum einen guten Stand. Das meinen dann auch wohl die Empfehlungen der Pfarrerspiegel, wenn sie die Volksnähe der Pfarrer einfordern. Die Mitglieder verstehen zweifellos, dass Pfarrer auch amtlich handeln müssen. Aber das ist nicht ihr Christentum, für das sie den Pfarrer brauchen. Dementsprechend beklagen sich die Pfarrer und Pfarrerinnen, dass die Verwaltung in ihrer Amtsführung zu viel Platz einnehme. Wenn der Zeitaufwand dann aber einmal genau überprüft wird, zeigt sich, dass Verwaltung durchaus keinen sehr großen Teil der Tätigkeiten ausmacht. Auch hier kann man vermuten, dass hinter der Klage das andere steht, dass man dem kirchlichen Christentum nicht so viel Raum geben möchte.

Natürlich wissen Pfarrerinnen und Pfarrer, dass sie nicht nur das private Christentum vertreten können. Sie können keine nur persönlich gewonnene Lehre vertreten. Sie müssen versuchen, die persönlichen Anschauungen mit denen der kirchlichen Tradition zu konfrontieren. Aber sie sehen sich oft zwischen den verschiedenen Christentümern hin und her gerissen, wenn etwa seitens der Mitglieder bei Amtshandlungen ausgesprochen private Wünsche vorgetragen werden. Dann können individuelles und kirchliches Christentum schon in einen Widerstreit treten. Entsprechendes gilt dann auch für den Spagat zwischen dem kirchlichen und dem öffentlichen Christentum. Für viele Pfarrerinnen und Pfarrer ist es ein Angehen, wenn sie vom Vereinsring gebeten werden, am Volkstrauertag am Kriegerdenkmal des Ortes eine Ansprache zu halten. Der Widerstand mag darin begründet sein, dass vermutet wird, dass aus diesem Anlass

Inhalte vertreten werden sollen, die theologisch-kirchlich einfach nicht vertreten werden können. Er mag aber auch darin begründet liegen, dass hier von einem öffentlichen Christentum gewissermaßen eine Amtshandlung erbeten wird, für die es weder im kirchlichen noch im privaten Christentum anerkannte und eingeübte Muster gibt. Welche Rolle spielt der Pfarrer bzw. die Pfarrerin in diesem Zusammenhang? Welche spielt sie oder er etwa auch, wenn um einen Gottesdienst zur Eröffnung des Schützenfestes oder der Kirmes oder aus Anlass der Hubertusjagd gebeten wird? Anders als beim privaten Christentum sind solche Fragen in vielen Fällen noch nicht Gegenstand theologischer Reflexion und der Ausbildung. Das öffentliche Christentum ist für viele gar nicht so im Bewusstsein, obwohl es z.B. in Gestalt des Religionsunterrichts an den Schulen, zu dem viele Pfarrerinnen und Pfarrer verpflichtet sind, durchaus präsent sein könnte. Vergleichbar dem Verlangen nach Segnung bei besonderem Anlass im privaten Leben gibt es daneben auch für das öffentliche Leben und seine besonderen Anlässe durchaus das Verlangen nach einer gottesdienstlichen Begleitung. Wie es nach den privaten Handlungen in der Familienfeier ausgesprochen säkular zugeht, so geht es auch bei den öffentlichen Anlässen nach dem Gottesdienst zu. In der Kirchenwelt können Pfarrerinnen und Pfarrer die Spielregeln bestimmen. In der privaten und der öffentlichen Welt wird lediglich ein bestimmter Beitrag erwartet. Die Regeln aber sind die Regeln der Familien und die der Gesellschaft.

Auch wenn es aus der Perspektive des kirchlichen Christentums nicht so erscheinen mag, muss festgestellt werden, dass der Pfarrerberuf für die Öffentlichkeit nicht irgendein Beruf ist. Pfarrer und Pfarrerinnen werden immer einmal wieder zu offiziellen Anlässen eingeladen, zu denen nicht alle eingeladen sind: Eröffnung einer Sparkasse im Stadtteil, Projektgruppen für Gemeinwesenarbeit und dergleichen mehr. Man kann die besondere Rolle auch an der Art ablesen, wie Tageszeitungen berichten. In ländlichen Gebieten und nicht allzu großen Städten wird über jede Amtseinführung oder Ordination geschrieben. Manchmal gibt es größere Artikel, in denen sogar Gedanken aus der Predigt referiert werden. Meist gehört dazu auch ein Bild mit Unterschrift. Beliebt sind dabei Aufnahmen, auf denen mehrere Trägerinnen und Träger von Talaren zu sehen sind. Oft wählen die Fotografen einer Perspektive leicht von unten. Die abgebildeten Personen erscheinen dann gewichtiger. Es sind Personen des öffentlichen Lebens, die entsprechend zu würdigen sind.

Pfarrerinnen und Pfarrer haben Aufgaben in den verschiedenen Christentümern der Neuzeit, im individuellen genauso wie im kirchlichen und öffentlichen. Sie müssen jeweils andere Rollen spielen. Sie können nicht in allen die gleichen sein. Insofern zwischen den Formen Spannungen bestehen, bekommen die Pfarrerinnen und Pfarrer diese auch zu spüren. Auch das Publikum bekommt diese Spannungen mit. Als junger Pfarrer wurde ich einmal gelobt als einer, der volksnah sei. Mit mir könne man reden. Das Gegenteil dazu wäre wohl der Amtsvertreter gewesen, der Ansprüche anmeldet. Das Beieinander der verschiedenen Ausprägungen von Christentum trug möglicherweise auch zum Erfolg u.a. der Fernsehserie „Oh Gott, Herr Pfarrer“ bei. Da wurde Alltägliches genauso gezeigt, wie all das, was zum kirchlichen Christentum gehört: Orgel, Choräle, Glocken, theologischer Streit. Es war keine Evangeliumssendung. Sie hatte Erfolg, weil sie keine solche war und doch das Religiöse nicht aussparte. „Der Erfolg von *Oh Gott, Herr Pfarrer* verdankt sich dem *Nebeneinander* religiöser und profaner Elemente. Heiliges und Alltägliches werden in nächste Nähe gerückt“, urteilt Ruth Ayaß (Ayaß 1993, S. 10). Es ist wie beim Witz, der dadurch zum Lachen reizt, dass normalerweise nicht Zusammengehöriges zusammengebracht wird.

Privates Christentum und Person, kirchliches Christentum und Amt, öffentliches Christentum und Beruf gehören jeweils zusammen. Wir haben gesehen, dass mal das eine, mal das andere herausgestellt und die jeweils anderen Komponenten zurückgestellt werden können. Wenn die Person überfordert erscheint oder nicht effektiv genug zu sein scheint, betont man von der Kirchenleitung her gern das Amt, wie das Beispiel aus der Evangelischen Kirche von Kurhessen und Waldeck zeigt. Isolde Karle versucht es mit einer stärkeren Beachtung des Berufs. Schon vorher versuchte man es mit der Person an Stelle des Amtes. Wie wir gesehen haben, ist das nicht nur einer Frage der Rollen der Pfarrerinnen und Pfarrer, sondern auch eine Frage, welches Gewicht man welcher Gestalt des neuzeitlichen Christentums man geneigt ist zu geben. Aufs Ganze gesehen wird es wohl bei dem persönlichen Christentum und der Personorientierung im Pfarramt bleiben. Aber die Chancen und Unterstützungspotenziale, die auch im kirchlichen und gesellschaftlichen Christentum liegen, zu erkennen und zu nutzen sollten keinesfalls dabei übersehen werden. Pfarrerinnen und Pfarrer sollten auch auf den Instrumenten Amt und Beruf spielen können.

Theologische Existenz außerhalb der Kirche

„Auf Pfarrer warten Spitzenjobs“ titelte vor einigen Jahren die Bildzeitung (Bild Frankfurt 1.9.1999, S. 5). Gemeint war, dass die Landeskirchen immer weniger ausgebildete Theologinnen und Theologen in den Pfarrdienst einstellten und die jungen Leute sich nach anderen Berufsmöglichkeiten umsehen mussten: „Ihr Traum ist die Kanzel. Doch immer öfter landen junge Pastoren in Konzernen, werden Manager“. In den neunziger Jahren des ausgehenden 20. Jahrhunderts mussten die meisten Landeskirchen auf Grund fehlender Mittel wie zu hoher Bewerberzahlen Aufnahmebeschränkungen verschiedener Art für den kirchlichen Dienst einführen. Es gab Wartezeiten auf den verschiedenen Stationen und neben den kirchlichen Examina gesonderte Aufnahmeprüfungen. Die Kirchenverwaltungen empfahlen und förderten Umschulungen. So kam es, dass junge Theologinnen und Theologen in anderen Berufen als dem angestrebten kirchlichen Beruf arbeiteten. Nicht wenige entschieden sich dauerhaft für eine berufliche Existenz außerhalb der Kirche. Die Frage konnte interessieren: Ist das dann auch noch eine theologische Existenz? Nicht nur in dieser Zeit, sondern auch schon früher reizte es Theologinnen und Theologen außerhalb der Kirche zu arbeiten. Sie wollten feststellen, ob sie als Theologen auch für andere Berufe taugten. Vielleicht wollten sie auch herausfinden, wie sich das Alltagsleben von Christenmenschen im Normalfall abspielt. Oder noch anders gesagt: Vielleicht wollten sie die Realität von privatem und gesellschaftlichem Christentum abseits von kirchlichem Christentum erkunden.

Im Zeitraum um die Jahrhundertwende ging das Gerücht um, dass im Mercedes-Benz-Konzern an die zweihundert Theologinnen und Theologen arbeiteten. Eine ähnliche Zahl wurde für den Bereich der Evangelischen Kirche in Hessen und Nassau errechnet. Hier kam es zu einer kleinen Umfrage bei Betroffenen, der Auswertung von Berichten und der Befragung von Amtspersonen, die etwas mit diesem Personenkreis zu tun hatten (Hund/ Lück 2000). Es stellte sich u.a. heraus, dass die meisten, die außerhalb der Kirche arbeiteten, dies keineswegs nur notgedrungen taten. Sie hatten keine Lust gehabt, sich auf lange Wartezeiten und ungewisse Einstellungschancen einzulassen. Sie waren sich ihres Wertes bewusst. Tatsächlich waren eine große Zahl von ihnen im Bereich von Beratung, Personalmanagement und Organisationsentwicklung tätig. Die hier interessierende Frage war, was sie mit ihrem Theologiestudium im neuen Beruf anfangen konnten und wollten und welche persönliche „Mission“ sie gegebenenfalls hier sahen. Sich schnell in einen fremden Kontext einarbeiten und von einem Problem zum anderen umschalten zu können, wurde u.a. im Blick auf die Beschäftigung mit antiken Sprachen und Übersetzungsproblemen, sowie mit seelsorgerlichen Fragen im Studium genannt. Einige wollten ihre Erfahrungen außerhalb der Kirche in den kirchlichen Kontext zurückmelden und gewissermaßen eine Brücke vom Alltag der Menschen zur Kirche zu schlagen versuchen. Anderen lag am Herzen, einen christlich verantworteten Führungsstil zu pflegen. Alle waren der Auffassung, dass sich wirtschaftsethische Überlegungen langfristig auszahlen würden. Eigentlich niemand von den Befragten hat gemeint, dass das Pfarramt eine Einengung für das Theologie Treiben bedeuten würde. Aber man merkte den Äußerungen an, dass alle es genossen ihre Theologie in Zusammenhängen erarbeiten zu können, die es im Pfarramt nicht gibt.

Insgesamt hat sich für die Theologinnen und Theologen, die außerhalb der Kirche arbeiten, das Theologiestudium nicht erledigt, auch wenn sie nicht bei der Kirche angestellt wurden. Und sie erfuhren in ihren Berufen auch, dass es Erwartungen an sie gibt. Wie verstanden sich die Theologinnen und Theologen nun aber selbst in dem außerkirchlichen Zusammenhang? Manche sahen sich wohl in der Nähe zu der Tradition der Arbeiterpriester. Sie wollten den Alltag der Menschen teilen und was an ihnen lag auch verbessern helfen. Andere würde man eher den Betriebsseelsorgern, wenn es denn solche gäbe, zuordnen. Wieder andere sind mit der Rolle des Lehrers zu beschreiben. Etliche aber verstanden sich nicht anders denn als theologisch gebildete Akademiker. Die theologische Existenz war bei kaum jemandem von einem kirchlichen Auftrag her definiert. Bei etlichen wurde die Kirche eher kollegial als ein Betrieb mit ähnlichen Problemen wie der eigene Betrieb gesehen. Was die theologische Existenz ausmacht, ist das Theologiestudium. Was daraus dann entsteht, liegt in der Verantwortung der einzelnen. Theologisches Analysieren und Deuten kann auch in anderen Räumen geschehen als im kirchlichen Christentum.

Ein „intellektuelles Amt“ der Interpretation (Grözinger 1998, S. 141) ist nicht an die Kirche gebunden. Dass im Prinzip auch eine Reihe von Theologinnen und Theologen in der Kirche diese Auffassung teilen, zeigte einer Untersuchung in der Evangelischen Kirche in Hessen und Nassau, nach der junge Pfarrerinnen und Pfarrer die Kirche in erster Linie als Organisation sahen, die kritisch befragt, modernisiert und weiterentwickelt werden müsste (Rottwilm-Böhm, Holzbrecher 1998, S. 21). Für die meisten derjenigen, die in den s.g. funktionalen Diensten der Kirche beschäftigt sind, dürfte dies ebenfalls eine Selbstverständlichkeit sein. Wer in der Jugendarbeit, der Erwachsenenbildung oder Diakonie tätig ist, findet in aller Regel in der Trägerschaft anderer gesellschaftlicher Gruppen parallele Arbeitszweige, mit denen er oder sie durch das Subsidiaritätsprinzip des Staates eng verbunden sein kann. In diesem Bereich gibt es ebenfalls die Distanzierung von der Kirche, wenn z.B. von „Erwachsenenbildung in kirchlicher Trägerschaft“ gesprochen wird.

Theologinnen und Theologen können in kirchlicher und in nicht kirchlicher Trägerschaft tätig sein, im parochialen oder funktionalen Dienst. Was die verschiedenen Gruppen eint, ist das Theologiestudium und eine mehr oder weniger ausgeprägte und selbstverantwortete theologische Praxis. Man könnte von selbstständigen Unternehmerinnen und Unternehmern in Sachen Theologie sprechen. Ob es eine Anstellung bei der Kirche oder anderswo gibt, entscheidet nicht so sehr über das, was aus der Theologie wird, wie die persönliche Kreativität und Eigeninitiative. Unternehmerschaft, Entrepreneurship, gilt heute vielfach als Leitbild von Berufstätigkeit überhaupt. Es ist das Leitbild der theologischen Existenz außerhalb der Kirche. Und es scheint es auch innerhalb der Kirche zu sein. Neben dem oben Gesagten sei daran erinnert, mit welcher Selbstständigkeit Gemeindepfarrerinnen und -pfarrer ihr Amt führen. Die Vorstellung, an Weisungen gebunden zu sein, ist für viele unerträglich. Weisungen vertragen sich nach Auffassung vieler nicht mit dem Ordinationsvorhalt.

Unternehmerschaft in Sachen Theologie trägt Züge einer laien-christlichen Verantwortung, wie sie Wolfgang Steck bereits für die Reformation erkennt, wenn er feststellt: „Aus dem reformatorischen *Laienprinzip* gewinnt der Beruf des evangelischen Pfarrers seine ebenso charakteristisch protestantische wie bürgerliche Begründung“ (Steck 2000, S. 564). Zum Pfarrerberuf gehören danach die „Idee der religiös begründeten Autonomie des Individuums“, die „Zentrierung der Frömmigkeitskultur auf die Auslegung der Schrift“ und die „untrennbare Verbindung von Religion und Bildung“. Dreh- und Angelpunkt sei das Theologiestudium und die „*theologische Kompetenz*“ (S. 568). Erst in der Gegenwart komme es unter organisationsstrategischen Gesichtspunkten zu einer Verkirchlichung des Pfarrberufs (S. 571).

„Die ‚Laisierung‘ des protestantischen Geistlichen betrifft sowohl seine berufliche wie seine *private* Lebenswelt“, meint Wolfgang Steck (S. 564). Mit der Aufhebung des Zölibats und der Gründung des Pfarrhauses als des Ortes einer Familie wird der Pfarrer in der protestantischen Tradition in vielem vergleichbar mit den anderen Mitgliedern der Gesellschaft. Er kann deshalb mit Fug und Recht von den anderen auch als Vorbild angesehen werden, als eine Person, an der man bis zu einem gewissen Grade ablesen kann, wie heute christlich verantwortetes Leben aussehen kann. Diese Funktion ist dabei nicht an ein Gemeindepfarramt gebunden, sondern an die in welcher Anstellung auch immer, innerhalb oder außerhalb der Kirche gelebte theologische Existenz. Bei aller kritischen Distanz, die Theologinnen und Theologen gegenüber ihrer Kirchenorganisation an den Tag legen mögen, davon dass Menschen sie auf ihre theologische Existenz hin ansehen dürfen, distanzieren sie sich nicht. Jedenfalls sind mir keine Beispiele in dieser Hinsicht bekannt. Man will nicht unbedingt die vorbildliche Kirchenfrau oder der vorbildliche Kirchenmann sein. Aber man nimmt doch für sich in Anspruch in der eigenen theologischen Existenz so etwas wie übernehmbare theologisch verantwortete Lebenspraxis zu zeigen. Insofern hat die Betonung des Theologiestudiums und seiner prägenden Wirkung durchaus eine Ausrichtung auf die Mitglieder und ihr individuelles Christentum.

Die Mitglieder interessieren sich nicht für den Kirchenmanager, sondern den Mitchristen, der aufgrund seines Theologiestudiums besonders reflektiert und verantwortungsbewusst sein religiöses Leben ordnet. Die Protestanten brauchen den Amtsträger für ihre Gottesdienste, sei es die öffentlichen, sei es die privaten der Amtshandlungen. Aber sie würdigen die theologische Individualität und Mitmenschlichkeit, jedoch kaum die außeralltägliche priesterliche Gestalt und den Mystagogen.

Personen als biografische Wegmarken

Ein Kapitel über die Bedeutung von Personen für den Zugang zu Religion und Kirche kann und darf sich nicht darin erschöpfen die Theologinnen und Theologen herauszustellen. Einerseits gibt es durchaus noch andere Personen, die für Mitglieder in Sachen Kirche und Religion von Belang sind. Andererseits darf die Rolle der Theologinnen und Theologen im Leben der Mitglieder auch nicht überschätzt werden. Im normalen Alltag spielen Theologinnen und Theologen als Angebot an die Mitglieder keine Rolle. Wie die ersten drei Mitgliederbefragungen der Evangelischen Kirche in Deutschland so kommt auch die vierte zu dem Ergebnis: „Man braucht den aktuellen Kontakt zur Kirche nicht, er ist für den eigenen Glauben ohne Relevanz, man kann auch ohne Kirche gläubig sein“ (Weltsichten 2003, S. 23). Theologinnen und Theologen sind als Dienstleistungsangebot der Kirche nur in ganz bestimmten Fällen gefragt. Sie sollen bereitgehalten werden und bereit stehen, aber eine aktuelle Inanspruchnahme gehört nicht zum Alltag. Die Kirche soll „durch die Verkündigung ihrer Botschaft, durch Gottesdienste und Seelsorge geistliche Kommunikationsmöglichkeiten bereithalten, den Menschen durch Übergangsrituale in biografischen Umbruchssituationen helfend zur Seite stehen und sich für Notleidende einsetzen“ (S. 25f.). Sie ist ein Angebot für alle

Fälle, spielt aber im Alltag der meisten Menschen keine Rolle. Ebenso sind auch die Pfarrerinnen und Pfarrer für den Alltag der Menschen ohne Belang. Wenn von ihnen gesprochen wird, dann meistens im Blick auf eine der biografischen Stationen, in denen man sie braucht: Taufe, Konfirmation, Trauung und Beerdigung.

Pfarrer und Pfarrerinnen kommen dann in Bezug zur eigenen Person bzw. Familie zur Sprache: Der Pfarrer, der unsere Marie getauft hat... Die Pfarrerin, die uns getraut hat.... Der Pfarrer, der unseren Opa beerdigt hat ... Oder, heute nicht mehr in dieser Formulierung, aber doch noch dem Sinne nach „mein Konfirmator". Mit solcher Redeweise ist zunächst nichts Inhaltliches verbunden. Der Pfarrer und die Pfarrerin sind Figuren, die eben zu dieser Lebensstation dazu gehören. Sie sind wie Wegmarken, die an den Übergangsstellen des Lebens stehen. Sie sind Symbole. Und sie erinnern auch an Zugehörigkeit zur Kirche. Der Übergang wurde nicht sang- und klanglos vollzogen, sondern gesegnet gingen wir von der einen zur anderen Station, so wie es bei den Katholiken heißt: „Wohl versehen mit den Sakramenten der Kirche...".

Wenn so Pfarrerinnen und Pfarrer zur Sprache kommen, dann sind sie Erinnerungspunkte. Sie gehören in die lange Reihe der Gestalten, die rechts und links vom Lebensweg in der Rückschau zu stehen pflegen: Nicht wie die Freunde und Verwandten, mit denen einen enge Beziehungen verbinden, sondern eben Personen, die die jeweilige Lebensstation markieren. In Lebensgeschichten, Biographien und AutoBiographien, tauchen solche Personen auf, wenn von der Kindergartenzeit, der Schulzeit, der Lehrzeit usw. berichtet wird. In einer Biographie über Karl Barth gibt es z.B. Sätze wie: „Ein Lehrer Pfister war es, der Karl beibrachte, ‚mit Tinte und Feder zu schreiben'" oder „Und es war ein Lehrer Dr. Rudolf Huber, der in der Mathematik ‚mich ... auf die Höhe zu bringen' suchte" (Busch 1975, S. 26). In die referierenden Sätze sind wörtliche Reden Karl Barths eingeflochten. Beim Bericht über die Konfirmandenzeit wird selbstverständlich auch der Pfarrer erwähnt, bei dem Barth in den Unterricht ging und der ihn konfirmierte: „Robert Aeschbacher, ‚einem damals in Bern mit Recht eifrig gehörten Prediger'" (S. 42). Es tauchen immer wieder Personen bei der Schilderung von Lebensstationen auf. Wenn ich an meinen eigenen Lebenslauf denke, so verbindet sich mit der Jungscharzeit im CVJM der Name des Diakons Herbert Schaufler, mit der Grundschulzeit die Namen der Lehrerin Haase und des Lehrers Salzenberg. Natürlich gab es auch den Pastor Podewils, der mich konfirmierte. Wer immer von seinem Leben erzählt, wird derartige Personen erwähnen oder erwähnen können. Selbst wenn man von den eigenen Kindern erzählt, gibt es solche Wegmarken. Für die erste Kindergartenzeit war da z.B. Tante Käthe ein Begriff. Zur Biographie gehören solche Personen dazu. Sie sind wie die Orte, an denen die Familie gelebt hat, wie die Häuser, die man bewohnte und die man später einmal der Braut oder dem Bräutigam oder den eigenen Kindern zeigt: Da haben wir von dann bis dann gewohnt. Da passierte das und das. Diesen Weg bin ich zur Schule gegangen. Dabei geht es nicht um den besondere ästhetischen Wert der Lokalitäten, sondern um die Beziehung zu meinem Leben. Ebenso ist es mit den Personen. Es geht nicht um den besonderen Wert dieser Menschen, nicht darum, ob sie zu einem Vorbild wurden, nicht darum, wie sie einen geprägt haben. Zunächst einmal geben sie dem entsprechenden Lebensabschnitt vor allem einen Namen. Sie waren da. Ob man sie liebte, ob man sie schätzte oder nicht, ist dabei nicht von hervorragender Bedeutung. Sie mögen auch zum Vorbild geworden sein. Sie mögen auch eine tiefe Wirkung ausgeübt haben. Ihre Funktion aber ist erst einmal eine biografische. Sie sind Erinnerungsstützen für das eigene Erzählen. Und insofern die Lebensstationen Geburt, Tod, Heranwachsen und Familiengründung religiös in Gestalt eines Pfarrers und einer Pfarrerin begleitet werden, ist eben auch der Pfarrer eine solche Erinnerungsstütze in der eigenen Biographie.

Selbstverständlich ist es schön, wenn man von diesen Personen auch etwas Schönes zu erzählen weiß. Sie behalten ihre Erinnerungsfunktion aber auch dann, wenn man mit ihnen nicht zurecht gekommen ist. In jedem Fall stehen Pfarrerinnen und Pfarrer in diesem Sinne auch für die Kirche, so wie die Lehrerinnen und Lehrer für die Schule stehen. Aber es geht nicht um die jeweilige Institution, sondern um meine Zeit, die von der Schule geprägt wurde, um meine Zeit, die von der Kirche gestaltet wurde. Inhalte spielen dabei keine Rolle. Es geht um kaum mehr, als dass wie oben bei Karl Barth von den Lehrern berichtet wurde, dass diese Personen sich an mir redlich abgemüht haben. Erfolg oder Nichterfolg sind nicht so wichtig. Ich denke, dass Pfarrerinnen und Pfarrer auch so in dieser relativen Neutralität in Bezug auf die Mitglieder gesehen werden müssen. Dass sich darüber hinaus mehr ereignen kann, ist selbstverständlich auch nicht zu bestreiten. Doch dieses Mehr kann sich nicht nur über Pfarrer und Pfarrerinnen ereignen.

Wir hatten oben zwar bezweifelt, dass andere Personen wie Diakone oder Katecheten gleichberechtigt neben den Pfarrerinnen und Pfarrern als den Zugang zu Religion und Kirche eröffnende zu nennen wären, aber sie haben selbstverständlich auch ihren Anteil. Hier geht es nicht um die Familie, um Mutter und Vater, um Großmutter und Großvater, die mit dem Abendgebet, den Geschichten und Liedern die ersten Schritte der religiösen Sozialisation vollziehen. In der dritte Mitgliederbefragung der Evangelischen Kirche in Deutschland liegt die Begründung für die Mitgliedschaft „weil meine Eltern auch in der Kirche waren bzw. sind" an der Spitze der möglichen Nennungen (Engelhardt 1997, S. 178). Die erste und oftmals entscheidende religiöse Prägung erfahren die Menschen in der Familie und hier in der Mehrheit der Fälle von der Mutter. Doch vertreten die Familienmitglieder nicht die Kirche. Sie sind die Träger des privaten Christentums. Deshalb gehören sie nicht in den Zusammenhang der Personen, die in kirchlichem Auftrag handeln. Und um diese geht es ja in diesem Kapitel. Solche Personen, die das Kirchenverhältnis entscheidend mit prägen, sind vor allem in der Kinder- und Jugendarbeit zu finden oder im Kindergottesdienst, der einst aus der Sonntagsschule hervorging. Ich habe bereits oben einen Diakon erwähnt, der durch seine Jungschararbeit mir in bleibender Erinnerung geblieben ist. Dies war ein hauptamtlicher Mitarbeiter. Eine vergleichbare Rolle mögen auch die ehrenamtlichen Leiterinnen und Leiter von Gruppen spielen. Aus meiner eigenen Lebensgeschichte erinnere ich mich auch aus diesem Kreis durchaus noch an Namen. Wenn ich meine eigene Geschichte ansehe, so ist klar, dass diese Personen mehr Einfluss auf meinen religiösen Werdegang hatten als Pfarrerinnen und Pfarrer. Die Atmosphäre in einer Gruppe Gleichaltriger ist ungleich dichter und verbindlicher als ein dagegen unpersönlicher, wenn auch schöner und beeindruckender Gottesdienst. Auch der Konfirmandenunterricht konnte sich nicht mit der Gruppenstunde vergleichen. Dazu waren die Mitkonfirmandinnen und -konfirmanden zu viele und zu heterogen. Gleichwohl spielen Erfahrungen mit Personen aus der kirchlichen Gruppenarbeit aufs ganze gesehen für die Kirche keine besonders große Rolle. Nicht einmal ein Drittel der Mitglieder sind oder waren von einem Angebot der kirchlichen Kinder- und Jugendarbeit erfasst worden (Engelhardt 1997, S. 184). Insofern muss die Bedeutung der Personen außerhalb der Pfarrerschaft als beschränkt angesehen werden. Das gilt im übrigen insgesamt von dem kirchlichen Leben mit Ausnahme des Gottesdienstes. „Danach gefragt, ob man sich – abgesehen vom Gottesdienstbesuch – am kirchlichen Leben beteilige, antworten 71% der Befragten mit Volks- und Hauptschulabschluss (68% Hochschulreife) mit einem eindeutigen ‚Nein, überhaupt nicht'“ (Engelhardt 1997, S. 184).

Zweifellos trägt das kirchliche Leben in Kirchengemeinden und anderen Einrichtungen zu einer Intensivierung des religiösen Kontakts bei. Doch bleiben diese Angebote eben mit unter einem Drittel Minderheitsangebote.

Mit Pfarrern werben?

Die evangelische Kirche beginnt, ihre Gebäude als Reichtum in dem Sinne zu begreifen, dass sie anerkannte Beiträge zur Kultur und Kulturgeschichte sind. Im Osten Deutschlands wird von einem kirchlichen Bauboom gesprochen. Man habe noch nie so viele Glocken gegossen wie in den letzten Jahren, erzählte ein Landesbischof bei einer Tagung zu Fragen möglicher Ansätze für Mission in den ostdeutschen Ländern. Der Hintergrund ist: Diese Leistungen werden von Bürgerinitiativen oder Kommunen und nicht von den Kirchengemeinden erbracht. Bürgerinnen und Bürger haben etwas für ihre Kirche übrig. Sie ist ihnen etwas wert als Bestandteil des Ortes und seiner Kultur.

Wir hatten oben dafür plädiert, dass die Kirche in viel größerem Maße als bisher, ihre Gebäude den Mitgliedern öffnen solle. Zum einen sind die Mitglieder die Kirche. Zum andern handelt es sich bei den Kirchengebäuden um Kulturgüter, die offen zugänglich sein müssen und nicht als Privatbesitz behandelt und vor der Öffentlichkeit weggeschlossen werden dürfen. Lässt sich von diesen Gedanken, die von Gebäuden gelten, auch etwas auf die Personen, auf Pfarrerinnen und Pfarrer übertragen? Kann man, wie man mit Gebäuden wirbt, auch mit Pfarrerinnen und Pfarrern für die Kirche werben? Immer mehr Kirchenbezirke geben bebilderte Bücher über ihre Kirchengebäude mit Darstellungen zu Geschichte und Gegenwart heraus. Pfarrerinnen und Pfarrer werden seltener vorgestellt. In einem Faltblatt mit dem Titel „Das Leben. Die Gemeinschaft. Die Kirche", das die Evangelische Kirche in Hessen und Nassau heraus gegeben hat, wird weder mit Gebäuden noch mit Pfarrern geworben. Kirchengebäude tauchen gar nicht auf. Pfarrerinnen und Pfarrer erscheinen auf den Bildern, die dem Abschnitt „In Glück und Trauer für Sie da" beigegeben sind. Geworben wird mit den Amtshandlungen und daneben mit Gemeinschaft, verlässlichen Werten, Diakonie, verlässlicher Struktur, Nähe am Wohnort und Möglichkeit zum Engagement (Das Leben 2003). Kann man mit Pfarrern nicht werben? Das war nicht immer die Frage. Auch Pfarrerinnen und Pfarrer können als Kulturgüter begriffen werden wie Kirchengebäude.

Der Historiker Oliver Janz begann einen Vortrag über „Das evangelische Pfarrhaus als deutscher Erinnerungsort" 2001 mit folgenden Sätzen: „Die Vorstellung, dass das evangelische Pfarrhaus das heimliche seelisch-geistige Zentrum der deutschen Kulturgeschichte bildet, ist zu einem wichtigen Bestandteil des Geschichtsbildes in unserem Land geworden. Da ist vor allem die lange Liste der berühmten Deutschen, die aus Pfarrhäusern stammen: Gryphius, Gottsched, Bodmer, Lessing, Lichtenberg, Wieland, Gellert, Schlegel, Claudius, Jean Paul, Benn, Hesse, Pufendorf, Schleiermacher, Schelling, Dilthey, Nietzsche, Schlözer, Droysen, Mommsen, Burckhardt, Lamprecht, Fröbel, Harnack, Naumann, Wundt, Schinkel, Schliemann" (2003, S. 86). Selbst im Ausland denke man an diese Namen, wenn die Rede auf das evangelische Pfarrhaus kommt. Und auch die Größten, Leibniz, Bach oder Goethe seien ohne den Hintergrund Pfarrhaus nicht zu verstehen. Nicht von Pfarrerinnen und Pfarrern ist zwar die Rede, wohl aber von ihrer kulturellen Wirksamkeit. Diese verbindet sich mit dem Pfarrhaus. Im 19. Jahrhundert erlangte die Hochschätzung des evangelischen Pfarrhauses eine Blüte. Es wird als die „Inkarnation bürgerlich-protestantischer Lebensformen und Geistigkeit" gefeiert. Den Ursprung sieht man in Luthers Heirat und Familiengründung. Luther im Kreis seiner Familie, Luther unterm Weihnachtsbaum waren beliebte Bildthemen im 19. Jahrhundert. Das Pfarrhaus wurde zu einem Modell ganzheitlichen Lebens (S. 89). Es war in einem der Ort von „Verstandes- und Herzensbildung, Wissenschaft und Religion, Theorie und Praxis". Mit dem Pfarrhaus verband sich ein „Hegemonieanspruch der protestantischen Eliten und ihre Identifikation von Reformation und Protestantismus mit der sich durchsetzenden bürgerlichen Welt, mit Aufklärung und Wissenschaft, bürgerlicher Bildung und moderner nationaler Staatlichkeit" (S. 88). Der Beitrag des Pfarrerstandes zum „Aufbau der frühmodernen humanistisch gebildeten Gelehrtenintelligenz, aus dem das deutsche Bildungsbürgertum erwachsen war", war kaum zu übersehen. Besonders angetan war man vom ländlichen Pfarrhaus. Goethe kam in „Dichtung und Wahrheit" ins Schwärmen: „Ein protestantischer Landgeistlicher ist vielleicht der schönste Gegenstand einer modernen Idylle; er erscheint, wie Melchisedek, als Priester und König in einer Person. ... Ihm ist übergeben die Menschen ins Leben zu führen, für ihre geistige Erziehung zu sorgen, sie bei allen Hauptepochen ihres Daseins zu segnen, sie zu belehren, zu kräftigen, zu trösten..." (zitiert nach Janz 1997, S. 89). Dieser Pfarrer und dieses Pfarrhaus haben sicher Anhalt an einer erfahrbaren Wirklichkeit gehabt. Aber die waren auch in den Schilderungen mehr Idee und Wunsch. Wolfgang Steck meint: „Im Spiegel historiographischer Rekonstruktion gewinnt das Pfarrhaus seine schillernde, zwischen *Idee* und *Wirklichkeit* pendelnde Gestalt" (2000, S. 582). Es entstand eine umfangreiche Pfarrhausliteratur, die darin ihren Fokus hatte, dass das Pfarrhaus als Modell des bürgerlichen Hauses vorgestellt wurde. Es wird zum „Muster der zwar ebenso unverwechselbar individuellen, gleichwohl aber für vielfältige Anregungen der gesellschaftlichen Kulturwelt offenen *Hauskultur*" (S. 584f.). Es bekommt Symbolfunktion.

Dies alles ist in der Gegenwart anders geworden. Martin Greiffenhagen gab 1982 einen Sammelband „Pfarrerskinder" heraus. Darin hatte er Stimmen von Personen versammelt, die meinen, sie hätten noch das alte Pfarrhaus erlebt. In der Einleitung schreibt Greiffenhagen: „Dieser Band soll, sozusagen in letzter Stunde, noch einmal Stimmen von Pfarrerskindern versammeln, die jene typische Pfarrhauserziehung erfahren haben" (Greiffenhagen 1987, S. 8). Greiffenhagen meint, dass sich der Pfarrberuf immer mehr einem normalen Dienstleistungsberuf angliche. Die Pfarrfamilie im alten Sinne gebe es nicht mehr. Die Frau des Pfarrers ist berufstätig und deshalb nicht mehr in erster Linie Pfarrfrau. Das Pfarrhaus werde oft schon zu einer normalen Wohnung. Die Pfarrerskinder ließen sich immer weniger gern auf das Pfarrhaus hin ansprechen. „Damit verschwinden Einflüsse, die bisher nicht nur Pfarrer, sondern in vermutlich noch stärkerem Maße Pfarrerskinder als auf das Kultur- und Gesellschaftsleben gehabt haben". Greiffenhagen versteht sein Unternehmen als „eine Art Spurensicherung geistiger und gesellschaftlicher Kräfte, deren Wirkung in der deutschen Geschichte kaum überschätzt werden kann".

Hatte das Pfarrhaus einst den Anspruch erhoben, die entstehende bürgerliche private Welt mit einem Bild von säkularreligiöser Frömmigkeitspraxis zu formen, „so passt es sich nun umgekehrt an die konventionellen Vorstellungen des privaten Lebens an und büßt dabei seine produktiven Valenzen ein", stellt Steck angesichts des Wandels fest (2000, S. 588). Die Gründe für den Wandel seien vielschichtig. Das Bürgertum hat sich fest etabliert. Es braucht das Leitbild des Pfarrhauses nicht mehr. Mit fortschreitender Säkularisierung und Urbanisierung habe auch das Pfarrhaus nicht dem alten Bild entsprechen können. Dieses alte Bild lebe im Grunde nur noch in medialen Inszenierungen fort. Fast könne man sagen, dass das Pfarrhaus Opfer der Entwicklung geworden sei, die es einst selbst angestoßen hat: Der Privatisierung der Religion mit der Loslösung von kirchlichen Formen und der zunehmenden Professionalisierung des Pfarrberufs mit der Konzentration auf die Individualität des Pfarrers. „Wie für die Pfarrer und Pfarrerinnen berufliche und private Welt, Arbeitszeit und Freizeit auseinander traten, so emanzipierte sich die private Lebensgemeinschaft von ihrer Inanspruchnahme durch den Beruf des Vaters oder der Mutter und damit von den extraordinären, nicht in der privaten, sondern in der beruflichen Welt verankerten Anmutungen vorbildhafter Lebensweise und von den ideellen Anreicherungen ihrer Lebenswelt" (S. 589).

Das alte Pfarrhaus existiert nicht mehr. Doch auch heute noch sind im Pfarrhaus integrative Kräfte wirksam, die Pluralisierungs- und Individualisierungstendenzen zugleich zur Geltung bringen können. Das alte hochbürgerliche Pfarrhausmilieu verbindet sich mit Elementen der Kirchentagskultur, genauso wie mit politischen Subkulturen und alternativen Lebensstilen (Steck 2000, S. 579). Auch in dem Pfarrhaus, das sich ökologisch-verantwortetem Leben verschrieben hat, oder dem Pfarrhaus, aus dem eine Fahne mit der Aufschrift Peace herausgehängt wird, oder was immer es sei, nimmt man für sich in Anspruch, auch für andere erkennbar ein bewusstes Christentum zu leben. Und warum sollen in solchen Häusern nicht auch die gute alte Hausmusik oder der theologische Hauskreis ihren Ort haben?

Diese wenigen Hinweise auf das Pfarrhaus mögen genügen. Mehr als ein Hinweis kann und soll auch die Erinnerung daran nicht sein, dass Pfarrer, evangelische wie katholische, auch beliebte Figuren in der Literatur sind. Das beginnt nicht erst mit Goethe, der schon erwähnt wurde. Und es endet auch nicht im 20. Jahrhundert. Regelmäßig werden im Deutschen Pfarrerblatt „Kirchenkrimis“ besprochen, in denen selbstverständlich die Geistlichen verschiedener Konfessionen die Protagonisten sind. Heinz Flügel hat zum Thema „Salon oder Asyl“ eine ganze Reihe Romane und Erzählungen aus der deutschen Literatur der letzten 200 Jahre besprochen (Flügel 1979). Namen wie Jochen Klepper, Wilhelm Raabe, Gerhart Hauptmann, Hendrik Ibsen, Ruth Rehmann gehören zu den bekannten Autoren. Nicht zuletzt sind die Pastoren in Theodor Fontanes Romanen zu nennen. Hierher gehört dann auch die Nennung der Fernsehserien, von der schon eine genannt wurde: O Gott, Herr Pfarrer. Es wurden auch gezeigt „Sieben Tage im Leben eines Pfarrers“, „Mit Leib und Seele“, „Wie gut, dass es Maria gibt“ und „Pfarrerin Lenau“ (Steck 2000, S. 582). Da auch katholische Geistliche entsprechende Helden sein können, wie etwa in den spaßigen Geschichten von „Don Camillo und Pepone“ wird man hier nicht allein an die Tradition des evangelischen Pfarrers denken dürfen. Vielmehr geht es um die geistliche, priesterliche Gestalt in höchst irdischen Bezügen, die das Thema abgibt. Diese Menschen mit ihrem berufsmäßigen Bezug zur Transzendenz und ihrem auf den ganzen Menschen gerichteten Aufgabenspektrum sind so herausgehoben und von allgemeinem Interesse, wie es Ärzte sind, über die es ebenfalls viel Literatur und Filme gibt.

Bei immer wieder vorgenommenen Befragungen, welche Berufe die Menschen am meisten schätzen und vor denen sie am meisten Achtung haben, sind es auch diese beiden Berufe, die schon lange auf den ersten Plätzen der Nennungen liegen: Arzt und dann Pfarrer.

Im Grunde ist es bei den Pfarrerinnen und Pfarrern als Personen durchaus ähnlich wie bei den Kirchgebäuden. Sie sind auch außerhalb des kirchlichen Christentums und abgesehen von den jeweiligen biografischen Gelegenheiten von Interesse. Sie sind Bestandteil der kulturellen Tradition. Sie können wie Kirchgebäude den einzelnen zur Erbauung dienen. Auch hier gilt, dass eine an den Mitgliedern interessierte und orientierte Kirche Theologen und Theologinnen auch in dieser Funktion nicht verstecken, sondern zugänglich machen sollte. Warum sollte man nicht etwa Wettbewerbe, Literaturpreise und dergleichen ausschreiben? In Eisenach gibt es ein Pfarrhausarchiv. Könnte es nicht auch einmal eine große Ausstellung zum Thema Pfarrhaus geben? Dekanate oder Landeskirchen könnten bedeutende Pfarrer oder Theologinnen und Theologen aus ihrem Gebiet herausstellen usw.

Das alles hat nichts mit einer Pastorenkirche in dem Sinne zu tun, dass es allein auf die Pfarrerinnen und Pfarrer ankäme. Vielmehr geht es darum, die Kulturwirksamkeit dieses Berufs wahrzunehmen und es den Mitgliedern zu ermöglichen, sich eigenständig mit dem kulturellen Erbe zu beschäftigen, das auch ihnen gehört. Auch hier ist wieder zu fragen, wie sich die Bedingungen ändern werden, wenn Mitglieder und Geld weniger werden. Man wird zweifellos mit weniger Personen auskommen müssen. Prioritäten sind dann zu setzen. Theologinnen und Theologen werden als religiöse Begleiterinnen und Begleiter gebraucht werden und weniger als Manager von Kleinbetrieben oder Gruppenleiterinnen und -leiter. Man wird den Alltagsbetrieb von Kirchengemeinden daraufhin durchmustern und flexibler gestalten müssen. Wahrscheinlich wird es sich als zweckmäßig erweisen, Kirchengemeinden zusammenzulegen, um so Verwaltungsanforderungen zu reduzieren. In den Städten wird man von Gemeinden mit nur einer Pfarrstelle wegkommen müssen, um nicht religiös orientierte Arbeit bei Pfarrerinnen und Pfarrern einsparen zu können. Außerdem ist bei der Notwendigkeit von weiteren Stellenreduzierungen dann nicht gleich das ganze System einer Kirchengemeinde in Frage gestellt.

FÜNFTES KAPITEL:

DER PROTESTANTISMUS ALS BILDUNGSRELIGION

Wie bei Religion, Orten und Personen geht es beim Thema Bildung, das in diesem Kapitel verhandelt werden soll, um die Frage des Zugangs zu Religion, Glauben und Kirche. Es wird keine Bildungstheorie entfaltet. Auf dem Hintergrund der gegenwärtigen Bildungsdebatte geht es um die Frage, inwiefern in der Bildungsarbeit der Kirche die einzelnen in besonderer Weise wahrgenommen und ernst genommen werden, inwiefern also sich im Bildungshandeln der Kirche auch wieder eine Tendenz zur Mitgliederkirche, der die Zukunft gehört, zeigt. Und es geht um die Frage, was Protestanten von den Bildungsangeboten ihrer Kirche haben.

Bildung: Zugang zur Religion

In Religion oder Glauben wächst man hinein. Religion und Glauben bestehen aus mehr als Lehrsätzen und anderen Wissensbeständen, die man erzieherisch vermitteln könnte. Das muss man sich klar machen, wenn von Bildung in diesem Zusammenhang geredet werden soll. Weiter ist auf die Mehrdeutigkeit des Begriffs Bildung hinzuweisen. Als Bildung werden die Vorgänge um das Lehren und Lernen in der Schule und im Beruf bezeichnet. Als gebildet gilt, wer Wissen angehäuft hat und Zitate bringen kann. Wenn mehr Bildung eingefordert wird, wird daran gedacht, die Menschen nach bestimmten Vorstellungen zu prägen. Sie sollen Fähigkeiten entwickeln und sich Kenntnisse aneignen, die in der Wirtschaft gebraucht werden oder die man in der Kirche für den Glauben als notwendig erachtet. Es gibt Aus-, Fort- und Weiterbildung und auch Ministerien, die Bildung in ihrem Namen führen. Da ist immer schon festgelegt, was unter Bildung zu verstehen sei und es werden Institutionen dazu verpflichtet, für die Bildung bei den Menschen zu sorgen. Und immer hat Bildung auch etwas mit Vernunft und Rationalität zu tun. In der klassischen Bildungsdiskussion geht es um Selbstverantwortung und Freiheit des Individuums, um die Erschließung von Leben und Welt und die Entfaltung der Person. Hier ist Bildung Selbstbildung. Sie ist ähnlich wie Religion ein „Wahrnehmungs- und Resonanzphänomen" (Kunstmann 2003, S. 61). Für Meister Eckhart, der den Begriff Bildung schuf, war Bildung die Formung des Menschen durch Gott. Bildung hat etwas mit Ästhetik zu tun, mit Bild und Spiel, mit Fantasie und Kreativität. Dem entsprechend werden wir nicht nur in der Schule, nicht nur in geplanten und organisierten Lernprozessen gebildet, sondern auch und gerade mitten im Leben en passant. Das gilt für alle Bildung und auch und gerade für Religion. Religion will erfahren und nicht zuerst gelehrt werden.

Bis heute wird selbstverständlich davon ausgegangen, dass die religiöse Bindung und

Bildung der Menschen nicht weiter organisiert werden muss. Das wird von den Familien erwartet. Tatsächlich findet in der Familie ein ganz anderes Lernen statt als in pädagogischen Settings wie der Schule. Wenn Religion vor allem etwas mit Erfahrung zu tun hat, denn geschieht religiöse Bildung eben auch über Erfahrung. Und dann gehören zur Bildung nicht nur das Verstehen und Wiedergeben von Sätzen, sondern dann sind die Beziehungen zu anderen Menschen, die Atmosphäre, die Orte, die Töne und die Bilder mindestens ebenso wichtig. Das muss allerdings nicht nur urwüchsig in der Familie geschehen. Das kann auch organisiert werden. Wenn ich meine Einführung ins Religiöse bedenke, dann gab es vor den Geschichten im Kindergottesdienst, dem Konfirmanden- und Religionsunterricht eine ganze Menge bildende Elemente auch außerhalb meines Elternhauses. Mein Elternhaus war religiös liberal und wenig fordernd. Es gab die häusliche Weihnachtsfeier nach dem Kirchgang. Der Vater spielte und sang sonntags seine Lieblingschoräle am Klavier. Ein gemeinsamer Kirchgang war eher selten. Das alles gehörte zwar zu einem gewissen Wohlgefühl dazu. Doch zu eigener Aktivität und Auseinandersetzung regte es nicht an. Das war anders, als ein älteres Mädchen aus der Nachbarschaft eine Kindergruppe zusammenholte und mit uns Martinslieder einübte, die wir dann auf abendlichen Gängen vor den Haustüren sangen und dafür Süßigkeiten erbaten. Das war auch anders in der Gruppe der Gleichaltrigen in der Jungschar des CVJM. Der Gruppenzusammenhalt war etwas Schönes. Zugleich aber wurde eine Frömmigkeit eingeübt und theologisch herausgefordert. Wie sollte ich mir das vorstellen: Gott lieben? Wie sollte ich eine Bibelarbeit gestalten? Das Bibelgespräch und das Gebet gehörten selbstverständlich in den Alltag der Gruppe. Sie waren in der warmen Gruppenatmosphäre kein Fremdkörper. Religiöse Bildung war Lebensvollzug, hatte mit Freundschaften zu tun, mit Gefühlen und Kreativität. Dass Religiöses etwas im Innern zum Klingen bringt, ist nicht an die Familie gebunden. In entsprechender Atmosphäre kann das auch in anderen Zusammenhängen geschehen, eben in Gruppen und Kreisen, die aufeinander eingestimmt sind und gemeinsam etwas tun wie singen, beten, erzählen, zuhören. Religiöse Bildung ereignet sich im gemeinsamen Erleben. Diese Art erfahrungsbezogener Bildung ist Zugang zur Religion.

Das ist in der Zeit der Postmoderne wichtiger denn je. Die Rationalität, auch die Rationalität von theologischen Lehren und theologischer Hermeneutik, spielt nicht mehr die herausragende Rolle. Das Erleben von Religion ist wichtiger geworden als das Verstehen der Lehre. Aber vielleicht ist das schon immer so gewesen. Auf meinem weiteren Weg sind mir an Religion und Glauben nicht nur das Gefühl und die Beheimatung wichtig geblieben. Später waren es die Gedanken, die Rationalität der Ethik und der Dogmatik, die ich schätzte. Dabei kommt es auf die Reihenfolge an. Erleben und Lehre sind nicht gegeneinander auszuspielen. Ohne das Erleben in Kindheit und Jugend wäre mir später eine „Theologie der lutherischen Bekenntnisschriften", die ich als Lehramtsstudent hörte, sicher nicht interessant gewesen. Die Begegnung mit Personen und Gebäuden, sowie das Erleben von Gemeinschaft der Gleichgesinnten, sind wohl die Voraussetzung dafür, dass man die Begegnung mit Lehrgebäuden und großen Lehrern und die Zugehörigkeit zur Kirche zu schätzen in der Lage ist. Einen Erwachsenenglauben ohne vorlaufenden Kinderglauben kann ich mir schlecht vorstellen. Damit ist nicht gesagt, dass der Kinderglaube automatisch in einen reifen Erwachsenenglauben übergeht. Das Normale sind hier vielmehr die Brüche und Abbrüche. Doch eine „zweite Naivität", zu der man im Erwachsenenalter finden mag (Schweitzer 2003a, S. 130), ist ohne die erste Naivität nicht denkbar.

In Religion und Glauben wächst man hinein. Wie das wird und was daraus wird, hängt von der dabei erfahrenen Begleitung ab. Diese Begleitung habe ich Bildung und nicht Erziehung oder Sozialisation genannt, weil man gegenwärtig kaum vorgeben kann, wohin sich Glauben und Religion bei den einzelnen entwickeln sollten. Das Wachstum im Glauben und in der Religion braucht freien Spielraum, aber Anregung, Anstoß und Begegnung mit anderen, mit der Tradition, Riten und Gebräuchen. Und wie bei aller Bildung braucht es auch hier eine Atmosphäre oder Kultur, die das Wachstum fördert. Wo die gegeben ist in Familie oder Gruppen in der Nachbarschaft, im Verein oder anderswo, da ergibt sich ein Zugang zu Religion und Glauben, der den einzelnen fördert und ihm Freiheit gewährt.

Zugang zu Religion und Kirche wird natürlich auch rein formal über die Bildungsorganisation von Religionsunterricht und Konfirmandenunterricht erschlossen. Hier handelt es sich in erster Linie um die Bildungsform der Sozialisation. Im Unterricht an öffentlichen Schulen, also allen zugänglich, werden die Heranwachsenden mit Grundfragen der Religion und der Tradition des Christentums vertraut gemacht. Sie werden hinein geführt in die Welt der Religion und gewinnen eigene Orientierung in dieser besonderen Dimension des Lebens. Die Denkschrift der Evangelischen Kirche in Deutschland zum Religionsunterricht „Identität und Verständigung" nennt zwei wesentliche Aufgaben des schulischen Religionsunterrichts. Er soll ein Beitrag zur persönlichen Orientierung (Identität) sein und „die selbstständige, erfahrungsbezogene Aneignung und Auseinandersetzung fördern" (Verständigung) (Identität und Verständigung 1994, S. 27). Im Konfirmandenunterricht werden die Jugendlichen in Kirche, Gemeinde und ihre Tradition eingeführt. Ein wichtiger Bestandteil dieser Arbeit ist das Erleben von Gemeinde, sei es im obligatorischen Gottesdienstbesuch, sei es in diakonischen Aktivitäten oder gemeinsam in der Freizeit am dritten Ort. In den alten Bundesländern ist es noch Sitte, dass fast der ganze Jahrgang den Konfirmandenunterricht besucht. Beide, Religions- wie Konfirmandenunterricht, sind zeitlich begrenzt. Sie sind auf bestimmte Altersstufen beschränkte Aktivitäten, die mit Kirche und Religion bekannt machen, ohne dass erwartet wird, dass daraus eine dauerhafte Bindung wird. Sie zeigen, was es mit Kirche und Christentum auf sich hat, geben aber die Freiheit zur eigenen Entscheidung über weiteres Engagement. Da der Religionsunterricht in der Schule stattfindet, wird auch klar, dass es um zu Religionskenntnis und religiösem Wissen zu kommen durchaus auch andere Wege als die Kirche gibt. Darin wird der und die einzelne in ihrer Eigenständigkeit geachtet (Hermelink 2000, S. 340ff).

Wenn gegenwärtig vermehrt über Bildung gesprochen, Bildung gefordert wird, dann meinen die einen beruflich verwertbare Bildung. Die anderen denken an die Wissensfülle, die das Internet bereit stellt und die die einzelnen befähigt sein sollten zu nutzen. Die dritten erinnern daran, dass sich das gesellschaftliche Leben immer beschleunigter verändert. Die einzelnen brauchen ständiges Lernen, um mithalten zu können. Dabei wird jeweils an unterschiedliche Aspekte von Bildung gedacht. Wenn von Bildung im Sinne von Selbstbildung gesprochen wird, dann hat das den Hintergrund, dass die als Postmoderne bezeichnete Gegenwart von Individualisierung und Pluralisierung bestimmt ist. Niemand kann sich mehr fraglos auf vorgegebene Wissenssysteme und Gewissheiten verlassen, ohne eine eigene Stellung dazu zu beziehen. Individualisierung macht Orientierung erforderlich. In diesem Zusammenhang ist Bildung „ein Vorgang von Selbstständigkeit und Selbstbestimmung; Bildung zielt auf Personwerdung, auf des Menschen Leben in Freiheit; Bildung kann nur jede/r für sich selbst erwerben“ (Adam 2002, S. 107). Die Postmoderne macht eine Bildung notwendig, die über die allgemeinbildende Schule hinaus geht. „Grundbildung, Ausbildung, Basiskompetenzen oder Schlüsselprobleme sind keine Alternative zu Bildung, sondern ihr Bestandteil, die ohne ihren Bezug – die Bildung nämlich – die Menschen nicht mehr zur Selbstbestimmung befähigen. Nur für Zwecke ausgebildete Menschen sind um ihr Menschsein betrogen“ (Ladenthin 2003, S. 260). Bildung und Menschsein gehören zusammen, stellt die Denkschrift der Evangelischen Kirche in Deutschland „Maße des Menschlichen“ 2003 fest (Maße des Menschlichen 2003, S. 9). Bildung ist nicht mehr einfach eine Sache der Schule, die man nach einer Reihe von Jahren verlässt, nachdem man „ausgelernt“ hat. Lernen geschieht heute lebenslang und hat einen globalen Horizont. Und es ist nicht auf Sachwissen beschränkt, sondern umfasst die Entwicklung der ganzen Person. Und es umfasst nicht etwa nur naturwissenschaftliche oder geisteswissenschaftliche Fragen, sondern genauso die religiösen Fragen, die Frage nach Gott genauso wie die nach der Transzendenz allgemein. Umfassende Bildung gewährt so auch den Zugang zu Kirche und Religion. Und umgekehrt sieht die Kirche ihre Bildungsbemühungen nicht beschränkt auf das Religiöse, sondern will ihrerseits umfassend Lebensbegleitung leisten.

Für Wolfgang Huber gehört dementsprechend die Bildung zu den drei Kennzeichen gesellschaftsbezogenen Handelns der Kirche: „Im Bemühen um Bildung, im Eintreten für Gerechtigkeit und in der Kultur des Helfens sind die wichtigsten Aufgaben der Kirche gegenüber der Gesellschaft zu sehen“ (1998, S. 158). Insbesondere im Blick auf die Rolle der Kirche in der Zivilgesellschaft muss der Bildung eine klare Priorität eingeräumt werden. Wichtig ist, dass die Kirche auch ihre eigenen Bildungseinrichtungen unterhält (S. 295). Bildung ist eindeutig als Aufgabe der Kirche begriffen. Umgekehrt fordert Friedrich Schweitzer, dass auch die Pädagogik und Erziehungswissenschaft sich mit der Religion beschäftigt. Schweitzer pointiert: „Die gesellschaftliche Relevanz der Erziehungswissenschaft in der Gegenwart entscheidet sich mit daran, wie sie sich mit Religion als Gegenstand produktiv auseinander zu setzen vermag“ (Schweitzer 2003b, S. 173). Religion und Bildung gehören zusammen. Keine kann sich von der anderen ohne Schaden trennen.

In der Strukturreform der Evangelischen Kirche in Hessen und Nassau ist dieser Sachverhalt in der Weise festgeschrieben, dass Bildung als eins von fünf für die Kirche konstitutiven Handlungsfeldern, von denen keins fehlen darf, genannt wird. Neben Verkündigung, Seelsorge, Gesellschaftlicher Verantwortung und Ökumene gibt es das Handlungsfeld „Bildung, Erziehung und Arbeit mit Zielgruppen" (Lück 2003, S. 12). Bildung ist Ausdruck des Kircheseins und Kirche wird erkannt an ihrer Bildungsarbeit. Bildung ist Zugang zur Religion. Doch ist dieser Satz nicht unproblematisch und in der Kirche faktisch auch nicht allgemein akzeptiert. Rüdiger Sachau zieht u.a. das Fazit aus einer Darstellung kirchlicher Bildungsarbeit: „Für kirchliche Bildung gilt in verstärktem Umfang, was für die Erwachsenenbildung in der Gesellschaft überhaupt gilt: sie wird prinzipiell hochgelobt, aber ... praktisch kaum gefördert" (2003, S. 16). Zwar gibt es viele wohl meinende Plädoyers für die Bildung, doch sieht man einmal Haushaltspläne an oder beobachtet bei Kürzungsrunden, wohin der Rotstift der Finanzleute zuerst geht, dann stellt man schnell fest: So einfach ist das mit der Bildung nicht, auch wenn sie eine Zukunftsaufgabe, wenn sie konstitutiv für die Kirche sein soll usw. Das hat Gründe, nach denen jetzt auch gefragt werden muss.

Bildung und Religion in Konkurrenz

Natürlich bestreitet niemand, dass ein gewisses Maß an Bildungsarbeit von der Kirche selbstverständlich zu leisten ist. Die Weitergabe der Tradition und die Einführung in Lehre, Sitten und Gebräuche der Kirche müssen schon erbracht werden. Dafür steht das Wort Katechumenat. Man kann nicht Christ sein oder werden ohne einen gewissen Grad von Bildung. Aber damit beginnen schon die Schwierigkeiten – jedenfalls im Protestantismus. Die Protestanten brauchen Bildung, weil ihre Kirche ihnen die Verantwortung für ihren Glauben und ihr Leben im Glauben nicht abnehmen kann. Ich sage nicht, dass Protestanten durch Bildung zum Glauben kommen. Ich sage nicht, dass Glauben durch Bildung entsteht. Dass manche dies so sehen, ist oft geäußerter Verdacht seit der Dialektischen Theologie. Dass Glauben und Bildung austauschbar sein könnten oder dass Bildung an die Stelle des Glaubens treten könnte, ist höchstens seit der Hochschätzung der Bildung in Aufklärungszeiten denkbar. Für die Reformatoren war völlig klar: Glaube ist ein Geschenk. Man kann sich Glauben nicht aneignen, wie man sich Kenntnisse oder Fertigkeiten, Einstellungen und Meinungen aneignen kann. Man kann andererseits Glauben auch nicht vermitteln, wie man Wissen und dergleichen vermitteln kann. Allerdings muss man hier auch gleich noch einmal einschränken: Auch Bildung im Sinne von Aneignung wie die Bildung im Sinne von Vermittlung sind keine technischen Vorgänge, bei denen man mit hoher Wahrscheinlichkeit davon ausgehen kann, dass man auch zum Ziel kommt. In jüngerer Zeit wird in der Bildungsdiskussion immer wieder zum Ausdruck gebracht, dass Lehr- und Lernvorgänge überhaupt nichts mit dem berühmten Nürnberger Trichter zu tun haben, vielmehr ihr Gelingen auch eher als Geschenk angesehen werden müsse. Lernresultate hängen in hohem Maße nicht nur von Lehrenden und Settings ab, sondern auch und gerade von den Lernenden und ihrer Auseinandersetzung mit dem Gegenüber von Personen und Inhalten. Ob Dinge gelernt werden oder nicht hängt u.a. davon ab, ob es eine biografische Disposition dafür gibt oder nicht. Zumindest in der Erwachsenenbildung verfolgt man deshalb im Interesse von gelingenden Lehr-Lern-Prozessen den subjektiven Ansatz. „*Bildungstheoretisch* setzt der subjektorientierte Zugang die an pädagogischen Interessen gemessene ‚Vernünftigkeit' der Aneignung nicht mehr voraus, sondern eher die *Kontingenz,* den Eigensinn, ja die Irrationalität der *Aneignung* (Kade, Nittel, Seitter 1999, S. 81). Die theologische Sorge, dass Bildung zu so etwas wie Selbstermächtigung des Menschen in Glaubensdingen führen könne, ist selbst aus pädagogischer Sicht völlig unbegründet.

Und doch gibt es seit der Aufklärung diese offene oder nur unterschwellige Konkurrenz von Glaube und Bildung. Zu erwähnen ist Schleiermacher, der seine berühmten Reden über die Religion 1799 an die „Gebildeten unter ihren Verächtern" richtete. Bildung schien der Grund für das Desinteresse an Religion zu sein: „Mit Schmerzen sehe ich es täglich wie die Wut des Verstehens den Sinn gar nicht aufkommen lässt, und wie Alles sich vereinigt den Menschen an das Endliche und an einen sehr kleinen Punkt desselben zu befestigen damit das Unendliche ihm so weit als möglich aus den Augen gerückt werde" (Schleiermacher 1799, S. 144/ Neudruck 1958, S. 80). Anderthalb Jahrhunderte später meinte Karl Barth, dass der Glaube es schon lange mit der Bildung aufnehmen könne. Er schrieb in seinem Buch Evangelium und Bildung 1947: Jesus sei der eine und einzige gebildete, nicht nur in Bildung begriffene Mensch (1947, S. 6). Bildung und Glaube sind im Wettbewerb. Seit der Aufklärung erscheint Bildung vielen als Emanzipation aus der dunklen Bevormundung durch Kirche und christliche Tradition. Und Theologie wehrt sich entsprechend.

Doch Bildung und Glaube oder Religion sind nicht nur in Konkurrenz um die Herzen und Köpfe der Menschen. Es gibt auch einen institutionellen Streit, eine Differenz hinsichtlich der Zuständigkeiten. Ist die Kirche überhaupt zuständig für Bildung und Bildungsarbeit?

„Das soll doch die Volkshochschule machen", bekommt man des öfteren gesagt, wenn man in kirchlichen Gremien für die Erwachsenenbildung in kirchlicher Trägerschaft wirbt. Ähnliche Äußerungen gibt es, wenn es um Kindergärten geht. „ Das sollen doch die Kommunen machen". Auch für Schulen in kirchlicher Trägerschaft kann man sich nur ausnahmsweise erwärmen. Pfarrerinnen und Pfarrer nach den Schwerpunkten ihrer Arbeit befragt, nennen Tätigkeiten im Bereich der Bildung nur ganz am Rande. Man kann nicht sagen, dass Bildungsvermittlung als eine selbstverständliche Aufgabe der Kirche angesehen wird.

So sehen es die Mitarbeiterinnen und Mitarbeiter, so sehen es aber offenbar auch die Mitglieder der Kirche. In der ersten Mitgliederbefragung der Evangelischen Kirche in Deutschland 1972 wurde erhoben, dass die Mitglieder bei Kindererziehung und Erwachsenenbildung überwiegend von einer Zuständigkeit des Staates ausgingen. Eine Mehrheit plädierte für ein gemeinsames Handeln von Kirche und Staat. Aber immerhin 15% waren für die alleinige Zuständigkeit des Staates in der Kindererziehung und 32% bei der Erwachsenenbildung. Die alleinige Zuständigkeit der Kirche befürworteten nur 2% bzw. 1% (Hild 1974, S. 222). Bei höherer Schulbildung votierten die Befragten noch mehr für den Staat (S. 227). Bei der zweiten Mitgliederbefragung der Evangelischen Kirche in Deutschland 1982 sah das Ergebnis für die Erwachsenenbildung so aus: Nur Staat 53%, Staat und Kirche gleichermaßen 36%, nur Kirche 5%, weder Kirche noch Staat 7% (Hanselmann 1984, S. 134). Zwischen den beiden Befragungen lag in vielen Bundesländern die Schaffung von Erwachsenenbildungsgesetzen, die auch den Kirchen die Möglichkeit gaben, sich am öffentlichen Weiterbildungssystem zu beteiligen. Die Mitglieder scheinen diese Entwicklung nicht begrüßt oder zur Kenntnis genommen zu haben.

In der dritten Befragung 1992 wurde die Frage so nicht mehr gestellt. Es wurde vielmehr nach Bekanntheitsgrad und Nutzung gefragt. 32% der Befragten kannten danach die kirchliche Erwachsenenbildung nicht, 63% hatten schon mal davon gehört, 6% hatten teilgenommen (Engelhardt 1997, S. 392). Bei einer allgemeinen Weiterbildungsbeteiligung von ca. 50% der erwachsenen Bevölkerung ist das nicht viel.

Auch von außen wird die Bildungsarbeit der Kirchen nicht sehr wahrgenommen. Eine Einführung in die Erwachsenenbildung beginnt mit einer biografischen Fallgeschichte zu lebenslangem Lernen. Die Protagonistin Petra Müller erfährt schon vorgeburtlich Bildung durch die Bildungsveranstaltungen, die ihre Eltern besuchen. Im Laufe ihres Lebens nimmt sie an Veranstaltungen verschiedenster Träger teil. Dabei kommt einmal auch die kirchliche Bildungsarbeit vor: Als Jugendliche besucht sie „Bastel- und Kreativkurse" in ihrer Kirchengemeinde (Kade 1999, S. 17).

Wie kommt es zu diesem Ergebnis angesichts der Tatsache, dass immer wieder betont wird, welche großen Bildungsleistungen die Reformation gezeitigt habe? „Für die evangelische Kirche ist – auf der Grundlage ihres Glaubens- und Kirchenverständnisses – die Bildung von der Reformationszeit an ein zentrales Thema", betont die Denkschrift „Maße des Menschlichen" 2003 (S. 9). Wie kommt es, dass die Kirche der Bildungsreligion nicht auch als Trägerin von Bildungsarbeit voll akzeptiert ist? Mehrere Gründe mögen zusammen kommen.

Wenn Protestanten zwischen Zuständigkeiten des Staates und der Kirche unterscheiden, dann geht das teilweise auf Entscheidungen der Reformationszeit zurück. Als Luther und andere Reformatoren sich für Schulgründungen einsetzten, dachten sie nicht an Schulen in kirchlicher Trägerschaft, sondern an Schulen in öffentlicher Trägerschaft. Die Adressaten von Luthers Denkschrift von 1524 waren die Kommunalverantwortlichen: „An die Ratsherren aller Städte deutschen Landes, dass sie christliche Schulen aufrichten und halten sollen". Es ging um Bildung überhaupt. Man sah keinen speziell kirchlichen Auftrag darin. Als Kirche konnte man die weltliche Obrigkeit mahnen, ihrem Bildungsauftrag nachzukommen. Das konnte man um so mehr, als man davon ausgehen konnte, dass die Obrigkeit eine christliche Obrigkeit war. Bildung gehörte in den weltlichen Bereich. Das mag nachwirken.

Seit der Aufklärungszeit kommt ein zweites Moment hinzu, das schon anklang. Die Gebildeten sind um Emanzipation von Bevormundung bemüht. Religion und Kirche – auch die protestantische – werden vielfach als Bevormundung erlebt. Schleiermacher muss seinen Leserinnen und Lesern versprechen, dass sie sich keiner geistlich-geistigen Bevormundung zu beugen brauchen, wenn sie sich mit Religion beschäftigen. Fünfzig Jahre später urteilt Richard Rothe: „Es ist unverantwortlich, unsere wirklich Gebildeten mit der Kirche zu quälen und einen Enthusiasmus für sie aus ihnen herauspressen zu wollen, der bei aller Lebendigkeit und Reinheit ihrer christlichen Frömmigkeit in ihnen nun einmal keine Wahrheit haben kann" (Rothe 1848, S. 1032). Für Rothe hat der Staat die Kirche als Form christlicher Gemeinschaft beerbt. Die Gebildeten sind für diesen Übergang schon reif genug. Die ungebildeten Volksschichten brauchen dagegen die Kirche noch als Erziehungseinrichtung.

Auch die erste Mitgliederbefragung der Evangelischen Kirche in Deutschland ist 1972 auf dieses Phänomen der Abständigkeit der Gebildeten von der Kirche gestoßen. Damals beobachtete man, dass je höher der formale Bildungsstand bei jemandem war, desto wahrscheinlicher war statistisch gesehen ein kritisch-distanziertes Verhältnis zur Kirche (Hild 1974, S. 245). Man sprach vom Bildungsdilemma der Kirche. Es war ja auch klar, dass die Kirche nicht einfach auf der richtigen Seite sein konnte, wenn sie sich zu den weniger Gebildeten hielt und womöglich bewusst ein religiös vorkritisches Bewusstsein pflegte. Die bei den weniger Gebildeten vorherrschende Traditionsleitung in Sachen Religion ist keineswegs von Dauer. Viele haben das „Unselbstverständlichwerden des Selbstverständlichen" noch vor sich (S. 251). Bei den damit eintretenden Veränderungen ist wiederum nur Bildung eine positive Möglichkeit. Nur Bildung ermöglicht den Übergang zu der bereits erwähnten Möglichkeit einer „zweiten Naivität" (Schweitzer 2003a, S. 130).

Die Reformatoren haben die Bildung an den Staat überwiesen. Die Aufgeklärten empfinden Bildung als etwas, was mit der Kirche und der Religion nicht kompatibel ist. In der ersten Hälfte des zwanzigsten Jahrhunderts kam noch ein theologischer Vorbehalt hinzu. Dialektische Theologie und Neuluthertum der zwanziger Jahre haben als Reaktion auf den als Gericht über das liberale 19. Jahrhundert mit seiner Bildungseuphorie interpretierten Ersten Weltkrieg alles Pädagogische als zum Scheitern verurteilten menschlichen Selbstvervollkommnungsversuch kritisch abgelehnt. Rainer Preul skizziert diese Position: „Wenn es ein nicht-theologisches Äquivalent des theologischen Begriffs der Sünde gibt, so ist es der Begriff der Bildung, denn er symbolisiert für jenes theologische Denken das natürliche Streben des Menschen, seine Identität selber zu gewinnen und sich selbst zu besitzen. Es ist der immer wiederkehrende Tenor der theologischen Bildungskritik, dass Bildung ein Unternehmen sei, das auf die totale Selbstvollendung der Menschen ziele" (Preul 1980, S. 51).

Bildung als Sache des Staates oder Bildung aus theologischer Sicht als Sünde – gewiss sind das Positionen, die tief eingegraben sind ins Bewusstsein vieler. Sie sind Ausdruck einer Konkurrenz, die bei genauerem Hinsehen heute aber so nicht mehr besteht, bzw. einer Wertung von Religion und Bildung, die heute nicht mehr Bestand haben kann. Heute gibt es die christliche Obrigkeit nicht mehr, der man die Sache der Bildung einschließlich der religiösen Bildung anbefehlen könnte. Wenn sich die Kirchen heute nicht selbst um die Bildung kümmern, fällt zumindest die religiöse Bildung leicht aus. Der Staat ist zum weltanschaulich neutralen Staat geworden. Man muss ihm immer wieder klar machen, dass zur Bildung auch die religiöse Bildung gehört.

Im 21. Jahrhundert käme kaum mehr jemand darauf, dass Bildung so etwas wie ein Instrument der Selbsterlösung oder Selbstüberhebung des Menschen sein könne. Heute ist Bildung eine schlichte Lebensnotwendigkeit geworden. Bildungsangebote sind Lebenshilfen, die lebenslang notwendig sind und die vorzuenthalten theologisch sich kaum mehr rechtfertigen lässt. Theologisch wird sogar von Bildungsdiakonie gesprochen.

Und schließlich: Die Konkurrenz von aufgeklärter Rationalität und Religion existiert in vielfach popularisierter Form zweifellos noch. Doch wie im zweiten Kapitel bereits aufgezeigt, gibt es längst auch eine Kritik dieser Rationalität, die nicht einfach nur von einer traditionalistischen Dogmengläubigkeit vorgetragen wird.

Auch wenn die Zeiten sich geändert haben, bleibt in vieler Menschen Köpfe die Spannung zwischen Religion und Bildung. Sie muss akzeptiert werden. Und doch kann keine der beiden Seiten auf die andere verzichten. Oben wurde bereits auf die Ausarbeitung von Friedrich Schweitzer zur Bedeutung der Religion für die Pädagogik hingewiesen. Für Schweitzer gehört Religion einfach zu den „anthropologisch tiefsitzenden Bedürfnissen des Menschen“ (Schweitzer 2003b, S. 160), die man wahrnehmen müsse und nicht einfach beiseite schieben könne. Umgekehrt kann natürlich auch Religion – mindestens der Protestantismus – nicht auf Bildung verzichten.

Protestanten und ihre Kirche brauchen Bildung

Protestanten und ihre evangelische Kirche brauchen Bildung, auch wenn sie darin nicht ihr Kerngeschäft sehen und wenn sie das Bildungsgeschäft nicht lieben mögen. Protestanten brauchen Bildung, weil sie keine Kirche haben, die ihnen für Glauben und Leben die Verantwortung abnimmt. Die Unmittelbarkeit des einzelnen zu Gott erfordert die persönliche Verantwortung. Und persönliche Verantwortung lässt sich nur wahrnehmen, wenn man weiß, worum es geht. Zunächst brauchen Protestanten aber wie alle Christen Bildung, weil sie Anhänger einer Buchreligion sind. Der von der Evangelischen Kirche in Deutschland 1999 herausgegebene Text „Gestaltung und Kritik. Zum Verhältnis von Protestantismus und Kultur“ weist zu recht daraufhin, dass Bücher gelesen, verstanden und ausgelegt werden müssen. Das erfordert Kulturtechniken, die zu vermitteln sich Deutschlehrerinnen und Deutschlehrer oft mit dem Mut der Verzweiflung bemühen. Umgang mit Texten hat an sich noch nichts mit Glauben oder Religion zu tun. Für Protestanten ist er aber deshalb wichtig und fast zu einem Glaubensartikel geworden, weil es ihnen seit Luther darum ging, dass ein jeder und eine jede sich selbst aus den Schriften belehren können sollte. Was Glaube jeweils heißt, wie er wahrzunehmen sei und welche Folgerungen daraus für das Leben zu ziehen seien, sollten nicht mehr andere entscheiden, sondern jeder einzelne für sich. Die Kritik an Papst und Konzilien führte letztlich dahin, dass jeder Getaufte schon als zum Priester geweiht anzusehen sei. Der Glaube der einzelnen war nicht mehr Teil des Glaubens der Kirche, sondern selbst verantworteter Glaube. Um solche Verantwortung übernehmen zu können, braucht man dann eben auch Fertigkeiten und Wissen. Eigenes Bibelstudium wurde für Protestanten zur Notwendigkeit.

Wenig später mit dem Aufkommen des Pietismus kann man noch einmal sehen, wie das Beherrschen einer Kulturtechnik zur Voraussetzung der Ausübung von Religion werden kann. Jetzt ging es nicht mehr um Lesen und Verstehen von Texten. Jetzt ging es ums Schreiben. Als das Institut der Einzelbeichte immer mehr verfiel und aus der Mode kam, musste etwas anderes an die Stelle treten. Die Gewissensprüfung mussten die einzelnen in die eigene Regie übernehmen. Dieser Entwicklung haben wir dann letztlich die Sitte des Tagebuch Schreibens zu verdanken. Am Ende eines Tages lassen die einzelnen die Ereignisse und die eigene Rolle in dem, was geschehen war, Revue passieren und stellen sich in Verantwortung vor Gott die Fragen selbst, die einst der Beichtiger gestellt haben mag. Diese Form der Selbstüberprüfung brauchte nun aber eben wiederum eine Kulturtechnik, die zuvor gelernt sein wollte: Das Schreiben.

Wenn einzelne oder von einzelnen getragene Gemeinden das Recht haben sollen, Lehre zu beurteilen und Lehrer ein- und abzusetzen, wie Luther dies in seiner Schrift an die Gemeinde in Leisnig 1523 formuliert, dann brauchen sie Bildung. Sie brauchen Maßstäbe und Orientierung, die ihnen zur verantwortlichen Urteilsbildung verhelfen. Wenn Verantwortung zugesprochen und wahrgenommen werden soll, dann muss auch für die notwendige Zurüstung gesorgt werden.

Weil die Reformatoren, den einzelnen in Glaubensdingen so viel Eigenverantwortung zusprachen und die Verantwortung nicht mehr an Ämter gebunden wissen wollten, haben sie viel in die Institutionalisierung von Bildung investiert. Kirchenordnungen waren oft zugleich Schulordnungen. Für die Hausväter zum Unterricht für Kinder und Gesinde schrieb Luther seine Katechismen. Die Sorge um die Bildung trieb insbesondere auch Melanchthon um. Ihm ging es dabei um „eruditio“, ein Begriff, der auch schon im Mittelalter gebraucht wurde. Melanchthons Sorge war eine mögliche Verwilderung des Glaubens im Zusammenhang mit den spiritualistischen Bewegungen des Schwärmertums und anderer linksprotestantischer Richtungen. Hier fürchtete er eine Barbarei, der er mit der eruditio, zu Deutsch „Entrohung“, entgegenzuwirken hoffte. Bildung ist hier verstanden als ein zivilisatorischer Akt, der deshalb notwendig wurde, weil es das domestizierende übergeordnete kirchliche Lehramt nicht mehr gab. Dieses Amt musste gewissermaßen in die einzelnen Christinnen und Christen hinein verlegt werden. Um verantwortliche Christen sein zu können, brauchen Protestanten Bildung.

Weil die einzelnen verantwortlich waren, mussten die Reformatoren auf Bildung setzen. Damit setzten sie – bewusst oder unbewusst – die jüdische Tradition fort. Auch hier ist der einzelne verantwortlich für seinen Glauben. Mit dem Erwachsen-Werden ist nach Unterrichtung das Recht zu Lesung, Gebet und Auslegung der Schrift im Synagogengottesdienst verbunden (Loth 1997, S. 4). Seit dem Mittelalter spricht man christlicherseits von einer scola Judaeorum, was zu Luthers Übersetzung des ursprünglich Versammlungsort und Versammlung heißenden Begriffs der Synagoge mit Schule führte (Onasch RGG Sp. 558).

Die Notwendigkeit von Bildung für den einzelnen ist nach wie vor gegeben. Es kommen Herausforderungen neuer Art hinzu. „Die theologische Abteilung der Amsterdamer Universität hat sich im Zuge des neuen Marketingtrends ein Logo zugelegt. Es lautet: *Wer nicht mehr über Religion nachdenkt, glaubt alles.*" (Rendtorff 1998, S. 324). Heute gilt es, Religiöses in welchem Gewande auch immer es auftritt erkennen und beurteilen zu können. Religiöse Bildung trägt dazu bei, das Nicht-Fachliche, das Ideologische, das Religiöse in den Sachthemen wahrzunehmen und damit angemessen umzugehen. Das Religiöse ist vielfältig geworden. Es begegnet auch in scheinbar nichtreligiösen Zusammenhängen wie der Werbung oder bei Management-Verfahren. Zudem hat sich ein religiöser Markt gebildet. Jetzt wird Bildung in dem Sinne nötig, dass man das, was an den Marktständen feil geboten wird, auf seine Qualität hin beurteilen kann. Die einzelnen müssen selbst urteilsfähig sein. Dabei können sie nicht einfach dem folgen, was sie einmal vom Elternhaus, von der Jugendgruppe oder dem Religionsunterricht mitbekommen haben. Es hilft auch nicht, wenn man Religiöses einfach ausspart.

Im Zeitalter der Individualisierung muss jeder seiner selbst verantworteten Einsicht folgen. Er oder sie kann sich nicht auf andere berufen und auch nicht ausweichen mit der Bemerkung, das interessiere einen nicht. Und die einmal gewonnenen Einsichten müssen auch ständig neu überprüft und verändert werden. Das gilt für den technisch-wissenschaftlichen Bereich genauso wie für Glauben und Religion. Auch hier gilt die Parole vom lebenslangen Lernen.

Ein weiterer Bildungsbedarf ist entstanden durch die Pluralisierung und Differenzierung der Gesellschaft. Es entstehen immer mehr eigenständige Welten. Die einzelnen wechseln im Laufe eines Tages mehrfach von dem einen in den anderen Bereich und sind meist froh, wenn sie nichts mitnehmen müssen. In der Freizeit möchte man nicht an den Beruf erinnert werden. Im Tennisclub will man ein anderer sein als in der Firma. In der Familie möchte man noch anders angesprochen sein. Alle diese Welten haben eigene Regeln und eigene Sprachen. Um sich jeweils zurecht finden zu können, braucht man Übersetzungsfähigkeiten. Das gilt auch für die Religion. Für viele ist sie eine Spezialwelt unter anderen geworden. Wer nicht ständig in dieser Welt lebt wie Pfarrerinnen und Pfarrer oder sogenannte Kirchentreue findet sich bei einem zufälligen Eintritt desorientiert und kann mit vielem, was dort geschieht, nichts anfangen. Umgekehrt tun sich viele schwer, wenn sie aus der Kirchenwelt in die Arbeitswelt überwechseln. Man ist irritiert über Leistungsdruck und Profitorientierung.

Teilbereiche des gesellschaftlichen Lebens werden einander fremd. Die Entwicklung wird verstärkt durch die mit der Globalisierung einher gehende Begegnung mit dem Fremden aus anderen Erdteilen, Kulturen und Religionen. Wenn man sich nicht in ein Schneckenhaus zurückziehen will, muss man sich informieren, sich mit den anderen Welten beschäftigen. Das gilt sowohl hinsichtlich des beruflichen Lebens, als auch in privaten und religiösen Fragen. Im beruflichen Bereich wird das Erlernen von Fremdsprachen gefordert und gefördert. Für den religiösen Bereich ist an die Beschäftigung mit anderen Religionen und Konfessionen zu denken, aber auch mit Fragen der Wirtschaftsethik und Firmenphilosophien, in denen sich oft auch Elemente von Religion finden.

Mit diesen Überlegungen wird die Notwendigkeit von Bildung für Protestanten in verschiedenerlei Hinsicht angesprochen. Ob Protestanten dem nachkommen, ist eine andere Frage. Jedoch lässt sich durchaus erkennen, dass Protestanten im Laufe ihres Lebens ihr Verhältnis zur Religion verändern. Ihre Religiosität kann man nicht abgehoben von der persönlichen Lebensgeschichte erheben. Die Versuche, Religiöses zum Ausdruck zu bringen, zeigen ein Ringen um Ausdruck und Sprache. Zu diesem Ergebnis kam die dritte Mitgliederbefragung der Evangelischen Kirche in Deutschland in der Auswertung von Erzählinterviews (Engelhardt 1997, S. 62f.). Protestanten geben sich nicht mit vorgegebenen Formulierungen zufrieden. „Es fällt auf, wie oft bei Protestanten in autobiographischen Texten das Wort ‚Suche' oder ‚Suchen' eine Rolle spielt". Das deutet daraufhin, dass Protestanten auch für sich Bildungsbedarf und Lernbedürfnisse sehen.

Nicht nur die Protestanten brauchen für sich Bildung. Auch die evangelische Kirche braucht Bildung und das nicht nur zur Traditionsweitergabe. Wenn sich die Gebildeten von der Kirche abwenden, weil sie ihr entwachsen zu sein meinen und schon weiter sind als die Kirche ist, dann hat das auch etwas zu tun mit dem Bildungsstand der in der Kirche Verantwortlichen. Man hat sich seine eigenen Gedanken gemacht und findet dafür keine Gesprächspartner in der Kirche. Vielleicht erlebt man es auch, dass einem in der Kirche eine oberlehrerhafte Bevormundung entgegenkommt. Es fehlt die Basis für ein Gespräch auf Augenhöhe. Eine Theologin wurde in einem Unternehmen für Unternehmensethik eingestellt. Sie klagte darüber, dass aus ihrem eigenen Bereich weder in der evangelischen Kirche, noch in der evangelischen Theologie zu den Fragen der Unternehmensethik etwas Brauchbares zu finden sei. Ein bisschen anders, aber wohl in die gleiche Richtung geht die Klage aus München, die im Zusammenhang mit dem McKinsey-Projekt laut wurde. Dort gaben mehr als 40% der in der Kirche Beschäftigten an, dass sie über Fragen des Glaubens nicht reden könnten. Und umgekehrt erwarten nur 25% der im Glauben unsicheren und suchenden Menschen von der Kirche Hilfe (Lübking 1998, S. 126). Es ist zweifellos eine Bildungsfrage, ob die Kirche in ihrem ureigensten Bereich gesprächsfähig ist oder nicht.

Dazu gehört auch, dass die Kirche in religiösen Fragen nicht mehr nur auf das kirchliche Christentum setzen kann und darf. Die Traditionsweitergabe erfolgte in der Vergangenheit in der Regel in den Familien und das hieß im Bereich des persönlichen Christentums. Jedoch gab es immer wieder genügend Austausch zwischen persönlichem und kirchlichem Christentum, so dass das persönliche Christentum nicht gänzlich auf sich gestellt war. Hier ist es zu einer Auseinanderentwicklung gekommen. Ein Ergebnis der dritten Mitgliederbefragung der Evangelischen Kirche in Deutschland war: „Je offener eine Glaubensaussage erscheint, je mehr Spielraum sie lässt, desto attraktiver ist sie für eine große Gruppe der Jüngeren, der Höhergebildeten, der Kirchenfernen, selbst der Konfessionslosen" (Fremde Heimat Kirche 1993, S. 13). Explizit traditionelle Glaubensaussagen akzeptieren diese Gruppen am wenigsten. Darum sollte es denn auch vielleicht gar nicht gehen, sondern eher darum, dass es überhaupt noch eine gewisse Grundkenntnis der Tradition der Kirche gibt. Diese an die entsprechenden Zielgruppen zu vermitteln, erfordert einiges an Bildung. Schließlich ist Bildung erforderlich, wenn die Kirche den ihr gesellschaftlich zugedachten Part der für Religion zuständigen Einrichtung wahrnehmen will. Die Kirchen haben den Teil Religion und Werte der Lebenswelt zu verantworten, ob sie es wollen oder nicht. Aber sie haben ihn so zu verantworten, dass Religion und Ethik nicht als Privatbesitz der Kirche und des kirchlichen Christentums behandelt werden und erscheinen.

Protestanten und ihre evangelische Kirche brauchen Bildung. Wie sieht das Bildungsangebot der Kirche aus? Wird es überhaupt als solches wahrgenommen? Der nächste Abschnitt beschäftigt sich mit der Bildungsrealität in der Kirche.

Bildung in kirchlicher Trägerschaft

„Statt Bildung will der kirchliche Mainstream ‚Verkündigung und Diakonie', aber nichts, das die fixe und gewohnte Gestalt kirchlicher Äußerungen irgendwie aufheben und hinterfragen könnte, also auf keinen Fall Kritik", konstatiert Richard Ziegert in seiner umfangreichen Abrechnung mit dem Weg der evangelischen Kirche seit dem 19. Jahrhundert im Spiegel der Bildungsfrage (1997, S. 13). Der Titel unterstreicht Ziegerts Auffassung: „Kirche ohne Bildung". Kirche, so wie sie gegenwärtig ist, kann im Grunde kein Ort von Bildung sein, Bildung im Sinne von Selbstbildung, von Stärkung des Individuums und Respektierung der Autonomie des einzelnen. Bildung ist trotz aller planmäßigen Erziehung letztlich immer Selbstbildung, zitiert Ziegert Reiner Preul (S. 592). Das aber ist nicht im Sinne einer klerikalisierten Kirche. Sie denkt vom Auftrag, von der Dogmatik her. Sie nimmt für sich in Anspruch, unhinterfragt das Evangelium zu bezeugen. Ziegert: „Das ‚Kirchliche' wird den lehramtlichen Habitus ‚autoritativer Weisungen' nicht los" (S. 21). Wahre Bildung kann deshalb in der Kirche, so wie sie ist, keinen Ort haben. Und dennoch beschreibt Ziegert auch immer wieder gelungene Ansätze, die allerdings nicht den Mainstream zu verändern in der Lage waren. Und es gibt in der Kirche auch immer wieder und verbreitet Bildungsveranstaltungen. Die kirchlichen Konzepte mögen anders lauten, aber in der Praxis gibt es auch die „wahren", subjektorientierten, auf Selbstbildung zielenden Bildungsangebote. Allerdings machen die dafür Verantwortlichen durchaus dann auch entsprechende Erfahrungen: „Die Kirchen haben keine Lust, sich mit den so schwierigen Bildungsfragen abzuquälen, sie verweigern die Adoption. Bildung ist das nach wie vor ungeliebte uneheliche Kind von Protestantismus und Moderne" (S. 534). So konnte etwa der Rat der EKD 1975 erwägen: „Auch innerhalb der Kirche selbst sind Stimmen laut geworden, die Bildungsverantwortung der Kirche aufzugeben und sich im wesentlichen auf Verkündigung und Gottesdienst sowie im pädagogischen Bereich auf den kirchlichen Unterricht zu beschränken" (zitiert bei Ziegert 1997, S. 534). Angesichts solcher Stimmen konnte der pfälzische Kirchenpräsident 1995 schreiben: „Den Bildungsbereich könnten wir getrost den Katholiken überlassen".

Manches ist hier in den zurückliegenden Jahren anders geworden. Aber es verwundert nicht, wenn dennoch die Kirche bislang nicht als große Bildungsinstitution dasteht und oft genug auch nicht dastehen möchte. Was dennoch an Bildungsarbeit geleistet wird, wird nicht als solche wahrgenommen. Rüdiger Sachau spricht von einem „schlafenden Riesen" (Sachau 2003, S. 16). Die Frage ist allerdings, ob dieser Riese wirklich schläft, oder ob er nicht eher negiert wird in seiner Existenz. Sachau spricht von Unüberschaubarkeit: „Kirche bildet. Tag für Tag kommen durch die verschiedensten Formen der Erwachsenenbildung Tausende von Menschen mit der Kirche in Kontakt. ... In Gemeinden und Kirchenkreisen, in Diensten und Werken werden Menschen in ganz unterschiedlichen Formen täglich angesprochen". Dann zählt Sachau auf: Kreise zu Grundfragen des Glaubens, Akademietagungen, Vorträge, Theatergruppen, Seminare, Studienfahrten, Bibliodrama und Lebenshilfe, Körperarbeit und Lektüre. Die Anbietenden sind Frauenwerke, Familienbildungsstätten, Kirchlicher Dienst in der Arbeitswelt usw. usw. Selbst für Insider ist die Vielfalt unüberschaubar.

Nach meinen Beobachtungen scheuen sogar Veranstaltende die Benennung dessen, was sie tun, als Bildung. Zwar nutzt man pädagogische Verfahren, arbeitet teilnehmer- und problemorientiert (Buttler 1980). Aber man möchte nicht unter den Oberbegriff Bildung gebracht werden. Das kann mit der kirchlichen Abneigung gegen Bildung zu tun haben. Das kann aber auch geschichtliche Ursachen haben. Alle kirchlichen Einrichtungen haben ihre je eigenen Wurzeln. Sie sind nicht aufgrund einer Bildungsinitiative der Kirche entstanden, sondern meist aufgrund von konkreten Einzelmissständen ins Leben gerufen worden. Sieht man sich die jeweiligen Grundsatzpapiere an, kann man nur von Bildung im besten Sinne sprechen. Aber die kirchliche Zuordnung ist aufgrund der Geschichte eine andere. Die kirchlichen Kindertagesstätten sind dafür ein Beispiel. Hier kann offiziell Hartmut von Hentigs These vertreten werden, dass schon das kleine Kind sein eigener Lehrmeister sei und die Lehrenden auch hier schon zusammen mit den Lernenden lernen müssen (von Hentig 1996). Und doch ist die Fachberatung für die Kindertagesstätten beim Diakonischen Werk angesiedelt, wo man

Aktivitäten unter der Überschrift Bildung zunächst nicht vermuten würde. Die Frauenhilfe bietet Veranstaltungen an, die nach den Ländergesetzen für Erwachsenenbildung als förderungswürdig gelten. Von Organisatorinnen aber hört man: „Wir kriechen doch nicht unter das Dach der Erwachsenenbildung". Sie wollten nicht in einer Arbeitsgemeinschaft für Erwachsenenbildung mitarbeiten. Frauenhilfe ist eine eigene Art von Arbeit und nicht etwa mit Erwachsenenbildung in kirchlicher Trägerschaft zu verrechnen. Evangelische Akademien betreiben nicht etwa Bildungsarbeit, sondern arbeiten wissenschaftlich und führen einen gesellschaftlichen Diskurs. Auch der kirchliche Dienst in der Arbeitswelt ist eher politisch tätig. Seine Veranstaltungen mögen dabei durchaus zur Bildung gerechnet werden. Aber sie werden so nicht ausgewiesen. Wohin man in der kirchlichen Landschaft sieht, stößt man auf dieses Phänomen. Fachlich wird nach Prinzipien der Bildung gearbeitet, aber die Benennung ist eine andere. Das gilt auch für die Kirchengemeinden. Seminarveranstaltungen oder Vortragsreihen werden hier unter dem Label Gemeindeveranstaltungen oder Gemeindeaufbau angeboten. Wenn Erwachsenenbildung innerkirchlich hoffähig gemacht werden soll, sprechen manche auch von Gesellschaftsdiakonie.

Man kann Bildung auch zum Querschnittsbereich erklären, der als eigener Bereich gar nicht in Erscheinung zu treten braucht, sondern überall da ist. In einem Positionspapier zu Schulen in kirchlicher Trägerschaft heißt es: „Alles kirchliche Handeln ist ... von Anfang an mit Bildungsprozessen befasst. Das Evangelium zielt auf das Innerste des Menschen ('Herzensbildung'), um für das ganze Leben eine prägende Kraft zu entfalten. Die Verantwortung für die Bildung des Menschen tritt nicht sekundär zu anderen Aufgaben der Kirche wie Verkündigung, Sakramentsverwaltung, Seelsorge, Gemeindeaufbau und Diakonie hinzu, sondern sie ist ein primärer Vorgang, der sich quer durch die Handlungsfelder der Kirche zieht. Wirksam das Evangelium zu bezeugen heißt zugleich: Menschen bilden."

In dieser Weise kann Bildung in der Kirche durchaus ein Dasein im Verborgenen fristen. Es soll damit nicht gesagt werden, dass alle diese Bildungsarbeit auch im Sinne einer subjektorientierten Hilfe zur Selbstbildung geschieht und dass sie das Ziel der Selbstständigkeit der Menschen verfolgt. Aber Elemente davon gibt es immer wieder. Und man kann das auch an Positionspapieren, die in den einzelnen Bereichen erstellt werden, ohne dass sie gesamtkirchlich verbindlich würden, ablesen.

Von diesen Beobachtungen her ist es nun wirklich ein großer Schritt, wenn in der Evangelischen Kirche in Hessen und Nassau – wie oben bereits vorgestellt – eins von fünf Handlungsfeldern, die das gesamte Handeln der Kirche umfassen, den Namen Bildung, Erziehung und Arbeit mit Zielgruppen trägt und dass ihm auch ein Unterstützungszentrum zugeordnet worden ist. Hier ist der Versuch gemacht worden, alle Bereiche, die sich vorwiegend mit Bildung befassen unter der Überschrift Bildung zusammen zu führen. Draußen blieben auch in diesem Fall die Bereiche, die Bildung nur innerkirchlich als Mitarbeiterfortbildung betreiben und die Bildungsarbeit, die in den anderen Handlungsfeldern fachlich auf diese Felder bezogen geleistet wird, also: Verkündigung, Seelsorge, Gesellschaftliche Verantwortung, Ökumene. Im Handlungsfeld Bildung ist im wesentlichen die Bildungsarbeit zusammengefasst, die nach draußen gerichtet ist und jedermann offen steht.

Ein erster Schritt, um das Handlungsfeld für die, die darin arbeiten, einerseits, für die kirchlich Verantwortlichen andererseits und drittens für die allgemeine Öffentlichkeit erkennbarer und wahrnehmbarer zu machen, war die Erstellung eines Bildungsberichts im Jahr 2003. Der Bildungsbericht sollte eine erste Bestandsaufnahme zur Wahrnehmung der im Handlungsfeld zusammengefassten und von verschiedenen Einrichtungen verantworteten Bildungsarbeit sein. Die verschiedenen Bildungseinrichtungen wie z.B. Kindertagesstätten oder Altenarbeit gehören zum Bildungsbereich, hatten aber bislang als Bildungseinrichtungen nur selten oder gar nicht über ihre Arbeit und deren Ziele miteinander Austausch gepflegt. Es war so nicht möglich, Ziele, Leistungen und Konzepte kirchlicher Bildungsarbeit insgesamt zu erkennen. Der Bildungsbericht sollte anregen, dass die verschiedenen Einrichtungen miteinander über ihre Bildungsarbeit ins Gespräch kommen, der sie befähigt sich an der kirchlichen und gesellschaftlichen Debatte über Bildungsfragen durch Beiträge und Berichte aus der eigenen Praxis zu beteiligen. Im Zusammenhang mit der Erstellung des Berichts kamen zum ersten Mal auch die Verantwortlichen der verschiedenen Einrichtungen zu einer gemeinsamen Sitzung zusammen. Dies wurde mit einem gewissen Erstaunen bemerkt. Man fand es jedoch an der Zeit, dass man sich unter dem Motto Bildung endlich zusammenfand. Welche Bereiche waren nun beteiligt?

Kirchliche Bildungsarbeit hat grundsätzlich Teil an der Bildung in Schule, Ausbildung und Hochschule, sowie an der außerschulischen Bildung. Die Evangelische Kirche in Hessen und Nassau unterhält drei eigene Schulen, in denen sie exemplarisch ihre Bildungsvorstellungen verwirklichen kann. Sie verantwortet zusammen mit dem Staat den Religionsunterricht an allen Schultypen und unterstützt die dort Lehrenden mit ihrem Religionspädagogischen Amt und dem Religionspädagogischen Studienzentrum. In zwei Fachschulen werden Erzieherinnen ausgebildet. Mit der Evangelischen Fachhochschule in Darmstadt beteiligt sich die EKHN am allgemeinen Hochschulwesen in den Bereichen Religionspädagogik, Sozialarbeit, Sozialpädagogik und Pflegewissenschaften. Das Theologische Konvikt begleitet das Studium von Theologinnen und Theologen sowohl mit dem Studienziel Lehramt wie mit dem Studienziel Pfarramt.

Hinzu kommt die außerschulische und die schulbezogene Bildungsarbeit. Die meisten Einrichtungen dieses Bereichs beziehen sich auf bestimmte Lebensphasen der Menschen oder können so verstanden werden. Dazu gehören Kindertagesstätten, Kinder- und Jugendarbeit, Kindergottesdienst, Familienbildung, Frauenbildung, Erwachsenenbildung, Seniorenbildung. Hier legt sich das Konzept einer lebensbegleitenden Bildungsarbeit nahe. Dieses wird unterstützt durch die Praxis der kirchlichen Amtshandlungen mit Taufe, Konfirmation, Trauung, goldene Konfirmation und Beerdigung. Bildungsarbeit als Lebensbegleitung versucht insbesondere den Bezug zu der jeweiligen

Lebensphase herzustellen und fragt nach der Gestaltung von Übergängen und Brüchen im Lebenslauf.

Neben diesen allgemeinen Überlegungen stellten sich im Bildungsbericht die verschiedenen Bildungseinrichtungen selbst vor. Erstaunlich war auch hier, dass es dagegen keinerlei Widerstände gab, sondern die Anfrage allgemein begrüßt wurde. Noch ein paar Jahre zuvor hatte ein entsprechendes Vorhaben nicht durchgeführt werden können. Im einzelnen kamen zur Darstellung neben dem schulischen Bereich mit den bereits genannten drei Schulen, Religionspädagogischem Amt usw. die außerschulische Bildungsarbeit in dem Zentrum Bildung, in der Evangelischen Akademie, in den Zentren der anderen Handlungsfelder und den Gemeinden und Dekanaten. Im Zentrum Bildung gibt es vier Fachbereiche: Kindertagesstätten, Kinder- und Jugendarbeit, Frauen und Familienbildung, Erwachsenenbildung. Die Bildungsarbeit in den Gemeinden und Dekanaten konnte nur summarisch dargestellt werden, da es hier keinerlei Unterlagen gibt. Zentren, Akademie und Ämter haben Statistiken und dokumentieren ihre Arbeit. Das fehlt hinsichtlich der Kirchengemeinden mit Ausnahme des Bereichs der Kindertagesstätten und eines Teils der Erwachsenenbildung. Es gibt überall da Unterlagen, wo auch staatliche Zuschüsse in Anspruch genommen werden. Man kann aber davon ausgehen, dass in allen Gruppen, Kreisen und sonstigen Gemeindezusammenkünften ein Stück Bildungsarbeit im Sinne von aufsuchender Bildungsarbeit geleistet wird. Unter aufsuchender Bildungsarbeit ist zu verstehen, dass die Teilnehmenden nicht von sich aus ein Thema buchen, sondern dass ihre ohnehin stattfindenden Zusammenkünfte methodisch-didaktisch gestaltet werden. Nimmt man die statistischen Angaben zu diesem Bereich dazu, kommt man auf erhebliche Zahlen an Veranstaltungen und Teilnehmenden. Auch in den Dekanaten kommt man beim genauen Hinsehen auf sehr zahlreiche Bildungsangebote.

Für den Bericht waren alle Einrichtungen auch um Zahlen gebeten worden. Zum ersten Mal konnte man sich so auch einen Überblick über die Größenordnung des Bildungsbereichs verschaffen. Erstaunliche Höhe hatten auch die finanziellen Aufwendungen, die Einnahmen durch Teilnahmebeiträge und Drittmittel.

Diese Andeutungen mögen genügen, um einen kleinen Eindruck von der Bildungswirklichkeit in der Kirche zu vermitteln. Sie war so selbst von Insidern nicht erwartet worden. Die jeweils genannten Zielsetzungen und Schwerpunkte entsprachen auch keineswegs den von außen oft erhobenen Vorwürfen, dass es nur um innerkirchliche Schulung und die Stärkung der Kirche ginge. Durchgängig wurde demgegenüber die Subjektorientierung und die Beachtung des subjektiven Faktors hervorgehoben. Man bemüht sich ausdrücklich etwa auch um die Integration von Behinderten. Die eigene Bildungsarbeit wird weitgehend als ein Beitrag zum allgemeinen und öffentlichen Bildungssystem verstanden. Man pflegt die Vernetzung und Kooperation mit anderen Trägern. Das Bild, das die Einrichtungen selbst von sich vermitteln, entspricht so nicht unbedingt dem, was Kirchenleitungen als Sollvorstellung von der kirchlichen Bildungsarbeit formulieren mögen. In Bezug auf öffentliche Verlautbarungen mag es stimmen, wenn Richard Ziegert – wie bereits zitiert – den kirchlichen Mainstream bei Verkündigung und Diakonie sieht. Hinsichtlich der einzelnen Bildungseinrichtungen muss man da differenzieren (Ziegert 1997, S. 13).

Sicher ist es so, dass kirchliche Bildungsarbeit in der theologischen Theorie nicht ausreichend oder gar nicht vorkommt. Bildungsangebote werden weder innerkirchlich noch von außen als von einem Bildungsimpetus getragen gesehen. Dass in vielem der kirchlichen Praxis das Verbindende das Stichwort Bildung ist, wird nicht wahrgenommen. So gibt es denn auch nur vereinzelt Versuche, das Gesamt der kirchlichen Bildungsbemühungen von einem gemeinsamen Konzept her zu begreifen. Oben wurde bereits angesprochen, dass eine gemeinsame Überschrift über das gesamte kirchliche Bildungsangebot das der Lebensbegleitung sein könnte.

Karl Ernst Nipkow hat 1990 einen umfangreichen Entwurf vorgelegt, in dem die gesamte Bildungsarbeit in kirchlicher Verantwortung zusammen geschaut wird. Nipkow sieht die Gemeinsamkeiten der verschiedenen Bereiche als größer an als die Unterschiede. Man habe es immerhin mit denselben Menschen zu tun. Die Jugendlichen in der Kirchengemeinde sind die gleichen wie die, denen man in der Schule begegnet. Auch die religiöse Situation ist für alle Bereiche die gleiche. Von daher lege es sich nahe, vom selben Ansatz auszugehen. „Das dritte Motiv für eine Zusammenschau ist das gewichtigste", schreibt Nipkow; „es betrifft die pädagogische Mitverantwortung der Kirchen für Ziele und Wege von Erziehung und Bildung in unserer *Gesellschaft* allgemein. ... Die Kirche erfüllt nicht nur dann ihre Rolle im Bildungssystem, wenn und sofern sie ihre pädagogische und bildungspolitische Mitwirkung an die Verkündigung des Evangeliums zurückbindet, sondern auch dann, wenn und sofern sie vorbehaltlos dem Wohl der Menschen dient" (Nipkow 1992, S. 16). Im ersten Teil stellt Nipkow verschiedene Ansätze der Bildungsverantwortung der Kirche dar. Im zweiten Teil geht Nipkow die Bereiche des Bildungshandelns der Kirche von der Kindererziehung bis zur Erwachsenenbildung durch. Sein programmatisches Stichwort lautet hier: Lebensbegleitung. Die Bildungsangebote kann man als am Lebenslauf des Menschen entlang geordnet verstehen. Damit wird Bildung als eine auf den einzelnen bezogene Aktivität der Kirche angesehen, die nicht in erster Linie dem Auftrag der Evangeliumsverkündigung dient, sondern den Menschen.

Ähnlich argumentiert die Denkschrift der Evangelischen Kirche „Maße des Menschlichen" von 2003. Sie fordert, dass verantwortliche Bildungspolitik sich über ihr Menschenbild Rechenschaft geben und die Lebensphasen und Lebenslagen der Menschen konkret in den Blick nehmen müsse (Maße des Menschlichen 2003, S. 28). Ziel evangelischer Bildungsarbeit sei verantwortungsbewusste Mündigkeit (S. 61). Dabei ist zu bedenken, dass Menschen gemeinsam in einem Raum leben, und zweitens, dass sie zugleich in der Zeit leben. „Aufgrund der Erfahrungen, welche die Kirche mit der Zeit gewonnen hat und die primär individuell den Lebenslauf jedes Einzelnen meinen, tritt sie daher für das Konzept von ‚*Bildung als Lebensbegleitung*' ein" (S. 62). Zu den Zeiterfahrungen, die berücksichtigt werden sollten, gehört es, dass nicht nur an lebenslanges Lernen gedacht wird, sondern an die gelebte Zeit mit all ihren Höhen und Tiefen. Zeit ist auch nicht einfach nur Ablauf, sondern hat in der Erfahrung auch besonders verdichtete und erfüllte Abschnitte. Schließlich ist unter Zeit auch das Phänomen des kollektiven Gedächtnisses zu beachten.

Von der Aufgabe her, Gemeinsamkeiten zwischen den verschiedenen Fachbereichen zu finden und zu formulieren, ist im Zentrum Bildung der Evangelischen Kirche in Hessen und Nassau ein Rahmenkonzept entstanden. Hier wurden u.a. als Bildungsziele genannt: Entwicklung von Selbstdenken, Selbstglauben und Selbsthandeln; Befähigung zu Selbst- und Mitbestimmung durch Teilhabe; Entwicklung von geschwisterlichem Handeln; Übernahme von Verantwortung für sich selbst, die Lebenswelt mit Wirtschaft, gesellschaftlichem Leben, Politik...; Kritikfähigkeit und -bereitschaft; Dialogbereitschaft; Fähigkeit zur Akzeptanz des Fremden; Entwicklung religiöser Urteils- und Sprachfähigkeit, Bereitschaft und Fähigkeit zur interreligiösen Begegnung und zum Umgang mit dem „Heiligen“, Entwicklung der Fähigkeit und Bereitschaft zur Auseinandersetzung mit der eigenen evangelischen Tradition. Ausgehend von der Beobachtung, dass die meisten Einrichtungen der außerschulischen Bildung sich auf bestimmte Lebensphasen der Menschen beziehen heißt es: „Das Konzept einer **lebensbegleitenden Bildungsarbeit** legt sich deshalb nahe“. Hier sei besonders der Bezug zu den jeweiligen Lebensphasen herzustellen. Man solle speziell nach der Gestaltung von Übergängen und Brüchen im Lebenslauf fragen und welche Lernaufgaben sich jeweils ergäben. Gesellschaftliche Veränderungen sind zu berücksichtigen. Dabei soll es nicht um theoretische und abgehobene Debatten gehen. „Das eigene Betroffensein und die in den Entwicklungen liegende Herausforderung werden am ehesten erfahren, wenn ein Bezug zur eigenen Region hergestellt wird“. Hilfreich sei dafür, wenn man Kooperationen auch mit nichtkirchlichen Einrichtungen einginge, durch die wichtige Aspekte der Lebenswelt eingebracht werden könnten.

Mit diesen Hinweisen soll verdeutlicht werden, dass es durchaus in der Bildungsarbeit in kirchlicher Trägerschaft Bemühungen gibt, wirklich als Bildungsträger aktiv zu werden und sich nicht für andere Zwecke instrumentalisieren zu lassen. Wo dies geschieht, ist man auf dem Weg zu den Menschen und damit wiederum auch zu einer Institution, die sich von ihren Mitgliedern her und auf sie hin versteht. Das hier noch einmal angesprochene Problem einer Fremdbestimmung von Bildung ist nun allerdings nicht nur ein kirchliches Problem. Darauf muss auch noch hingewiesen werden.

„Bildung muss aus der Schule raus“

In einer Sitzung des Beirats einer Zeitschrift für Erwachsenenbildung war um Beiträge zum Thema Zukunftsentwicklung der Bildung gebeten worden. Einer Teilnehmerin rutschte heraus: „Die Bildung muss aus der Schule raus“. Sie wurde gebeten zu sagen, was sie damit meine und erläuterte: Künftig darf es nicht mehr die Gleichsetzung von

Bildung und Schule geben. Wenn man diese Gleichsetzung vornimmt, bedeutet dies, dass man auch irgendwann einmal ausgelernt hat, wie man eben aus der Schule kommen kann. Bildung wird damit auf einen bestimmten Lebensabschnitt eingegrenzt. Aber nicht nur das. Bildung wird damit auch auf das vom Staat Verordnete reduziert. Bildung wird vorgegeben. Vorgegeben werden die Inhalte, die Zeiten, die Lernformen usw. usw. Bildung wird abverlangt. Bildung ist damit nicht die Sache des einzelnen, sondern die Sache des Staates. Solchermaßen verordnete Bildung erzeugt Aggression. Da nützt es auch nichts, wenn man den Schülerinnen und Schülern seit der Antike versichert, dass sie nicht für die Schule, sondern fürs Leben lernten. Vielmehr muss deutlich werden, dass Lernen und Bildung eine Sache aller einzelnen ist. Sonst kann man nie zu einem lebendigen lebenslangen Lernen kommen.

Unter diesem Gesichtspunkt ist es vielleicht nun wiederum ganz richtig, wenn in der Kirche wenig von Bildung gesprochen wird, wenn sie anderen Zusammenhängen zugeordnet wird oder wenn mit Vorliebe von Herzensbildung gesprochen wird. Man möchte dann vielleicht wirklich den Anschein vermeiden, dass Bildung verordnet werden soll, dass Kirche so etwas wie Schule ist. Und mit Recht wehren sich Bildungsleute dann auch gegen eine Bildung, wie sie von Wirtschaft und Politik propagiert wird, wo es vor allem um das Funktionieren im Beruf geht. Bildung wird gefordert, damit die Menschen besser eingepasst werden in die von Wirtschaft und Politik gesehenen Erfordernisse. Gelegentlich werden Bildungsmaßnahmen auch an Stelle von politischem Handeln gefordert. Wenn ein gesellschaftliches Problem auftritt wie Gewalt oder Arbeitslosigkeit, werden die Bildungsträger oft aufgefordert, entsprechende Bildungsmaßnahmen anzubieten. Zu deren Finanzierung werden sogar gesonderte Fördermittel ausgelobt.

Solche Beobachtungen lassen erkennen, dass Bildung keineswegs nur in der Kirche gern zu fremden Zwecken gefordert und gefördert wird. Doch durch Bildungsmaßnahmen lassen sich in der Regel weder gesellschaftliche noch kirchliche Probleme lösen. Man kann durch Bildung die Arbeitslosigkeit nicht beheben. Dem einzelnen hilft sicher ein entsprechender Fortbildungskurs. Aber das Gesamtproblem ist keine Frage der Bildung, sondern der Art zu wirtschaften. Genauso wenig kann man durch Bildung den Gottesdienstbesuch anheben. Es gibt immer wieder die Frage von Kirchenleuten: Kommen denn die Teilnehmenden eurer Kurse dann auch in den Gottesdienst? Es mag sein, dass im Einzelfall Menschen in einem theologischen Seminar neugierig geworden sind und auch den Gottesdienst ihrer Gemeinde neu zu besuchen beginnen. Vielleicht haben sie in dem Kurs auch nur einen Pfarrer oder eine Pfarrerin kennen gelernt, die ihnen etwas sagen können. Warum sollten sie dann nicht auch deren Predigten hören wollen?

Bildung kann nicht zur Verfolgung fremder Zwecke verordnet werden. Sie muss aus der Schule raus. Damit soll nichts gegen die allgemeine Schulpflicht gesagt werden. Sie ist nötig, um die Menschen auch zu ihrem Wohl zu zwingen. Man kann nicht verlangen, dass alle von sich aus den Wert einer Grundbildung auch für sich selbst einsehen.

Hier bedarf es eines äußeren Zwangs. Man muss von den Menschen verlangen, dass sie soviel Fähigkeiten erwerben, dass sie unter den gegebenen Rahmenbedingungen der Gesellschaft auch für sich selbst zu sorgen in der Lage sind. So gesehen ist auch das kirchliche Bildungsangebot des Konfirmandenunterrichts, das sich jeweils an den ganzen Jahrgang richtet, durchaus sinnvoll. Es sollte allen die Möglichkeit gegeben werden, zu erfahren, was es mit der Kirche auch für sie selbst auf sich hat.

Im Grunde sind dies nun allerdings alles alte Fragen. Welche Fragen werden heute diskutiert? Was bringt einen Mann wie den Berliner Bischof Wolfgang Huber dazu zu sagen, dass die Bildung eine Zukunftsaufgabe der Kirche im Blick auf die Zivilgesellschaft sei (1998, S. 293)? Zum Abschluss dieses Kapitels muss noch ein Blick auf die aktuelle Diskussion und Situation geworfen werden.

Bildungsverantwortung wird neu entdeckt

Zwar gehört die Bildung für Huber allgemein zu den grundlegenden gesellschaftsbezogenen Aufgaben der Kirche (1998, S. 158), aber insofern die Kirche aktuell ihre Rolle in der Zivilgesellschaft neu als intermediäre Institution zu finden und zu bewähren hat, bekommt die Bildungsverantwortung noch einmal einen neuen Akzent. Die Kirche muss sich neu an der allgemeinen Bildungsdiskussion beteiligen. Mit der Wiedervereinigung Deutschlands hat sich die religiöse Landschaft verändert. Konfessionslosigkeit wird zu einem bedeutenden Faktor. Das Land Brandenburg reagierte darauf mit der Schaffung eines neuen Schulfaches: Lebensgestaltung – Ethik – Religionskunde (LER). Insgesamt führt die zunehmende Pluralisierung in weltanschaulichen, religiösen und ethischen Fragen zu einem großen Bedarf an Lebensorientierung. Wie der Staat und wie die Schule auf diese Entwicklungen reagieren, kann die Kirche nicht unberührt lassen. Huber setzt sich dabei insbesondere mit dem Unterrichtsfach LER auseinander. Für ihn kann Religion nicht auf Religionskunde reduziert werden (Huber 1998, S. 299ff).

Huber hält es auch für nötig, dass die Kirche eigene Bildungseinrichtungen unterhält, wie das bei den Kindertagesstätten lange praktiziert wird. Es sollte aber auch kirchliche Schulen geben (Huber 1998, S. 295). Nipkow hatte bereits 1990 für kirchliche Schulen plädiert vor dem Hintergrund einer pluralistischen Gesellschaft. Dabei stellt er 1990 noch fest, dass es über kirchliche Schulen noch keine religionspädagogische Diskussion gebe. Allerdings lasse sich beobachten, dass innerhalb kurzer Zeit neue christliche Schulen meist aus einem evangelikal-pietistischen Impetus heraus gegründet wurden. Was hat das zu bedeuten? „Das Phänomen steht im größeren Zusammenhang des wachsenden Interesses an Freien Schulen überhaupt“ (Nipkow 1992, S. 497). In dieser Entwicklung liege eine Anfrage an das staatliche Schulwesen. Nipkow selbst hält Schulen in kirchlicher Trägerschaft für sinnvoll, weil in ihnen die evangelische Bildungsverantwortung sich nicht nur auf die Gestaltung des Religionsunterrichts beschränken könne, vielmehr Anteil nehmen müsse an den allgemeinen Schulproblemen überhaupt. Außerdem müsse sich ein theologischer Anspruch eben auch an den allgemeinen pädagogischen Schulproblemen bewähren. Mit entsprechender Argumentation sind in der jüngsten Vergangenheit auch Schulgründungen seitens der Landeskirchen vorangetrieben worden, obwohl dies von der finanziellen Situation her eigentlich gegen den Trend geschehen ist.

Die „beschleunigte Modernisierung“ war für den Rat der Evangelischen Kirche in Deutschland 1997 Anlass zu einer Stellungnahme zur Evangelischen Erwachsenenbildung mit dem Titel „Orientierung in zunehmender Orientierungslosigkeit“. Die 2003 erschienene Denkschrift „Maße des Menschlichen“ nennt zwar ausdrücklich keinen einzelnen Anlass für ihre Erarbeitung, setzt jedoch bei der Diskussion der Ergebnisse der PISA-Studie 2000 ein. In dieser internationalen Vergleichsstudie „Program for International Student Assessment“ hatten die 15jährigen Schülerinnen und Schüler aus Deutschland nicht gut abgeschnitten. Das deutsche Bildungssystem war international offenbar nicht mehr konkurrenzfähig. Die Kirche begriff dies als Herausforderung zu eigenen Überlegungen für eine zeitgemäße Bildung.

Eine Linie, die zu einer neuen Bildungsdiskussion in den neunziger Jahren des 20. Jahrhunderts geführt hat, ist so im Grunde wie bei früheren Gelegenheiten auch, dass sich in der Bildungslandschaft überhaupt etwas ändert. Die Wiedervereinigung hat zu der neuen Situation von zahlenmäßig erheblicher Konfessionslosigkeit geführt. Der Staat reagierte u.a. mit der Schaffung des Faches LER. Die Pluralisierung der Gesellschaft lässt nicht mehr zu, dass man insgeheim doch noch von einer christlichen Gesellschaft ausgeht. Es kommt zu eigenen Schulgründungen. Die PISA-Studie zeigt, dass das deutsche Bildungssystem insgesamt nicht mehr besonders leistungsfähig ist. Kann man daran als Kirche vorbei gehen? Irgendwie ist das alles aber doch auch überraschend gekommen. Friedrich Schweitzer merkt 2003 an: „Wer vor zehn oder gar vor zwanzig Jahren behauptet hätte, dass es in absehbarer Zeit zu einer breiten und intensiven Diskussion über evangelische Bildungsverantwortung kommen würde, wäre wohl kaum ernst genommen worden. Nach dem Auslaufen der groß angelegten Bildungsreformen der 60er und 70er Jahre schien es eher unwahrscheinlich, dass Bildung bald wieder neu an der Tagesordnung sein könnte“ (Schweitzer 2003c, S. 5). Und doch ist es dazu gekommen, dass sich zahlreiche kirchliche Gremien mit Bildungsfragen beschäftigen. Gesucht wird nach übergreifenden Konzepten und Perspektiven. Auf welche Entwicklungen wird da reagiert? Einige Punkte sind oben bereits genannt. Schweitzer weist außerdem noch auf die finanziellen Engpässe hin, die die Kirche immer wieder in Versuchung geraten lassen eher bei den Bildungseinrichtungen, denn beim pastoralen Dienst Einsparungen vorzunehmen. Doch es gibt auch positive Anstöße. Schweitzer nennt das Bemühen um Kinderrechte einschließlich des Rechts des Kindes auf Religion (S. 7). Außerdem lasse sich anders als bei früheren Bildungsdebatten ein neues theologisches Interesse an Bildungsfragen erkennen. „Verkündigung“ drückt nicht mehr alle anderen Betrachtungsweisen an den Rand. Ein Problem stellt sich für Schweitzer jedoch in aller Deutlichkeit. Wo sollen Bildungsfragen in der angesprochenen Weite von pädagogischer Verantwortung in der Gemeinde, über den Religionsunterricht bis hin zum Betrieb eigener Schulen verhandelt werden? Kann dafür die Gemeindepädagogik, die Religionspädagogik oder muss dafür die Ethik in der theologischen Wissenschaft zuständig sein? (S. 10). Schweitzer muss die Frage noch offen lassen. Es gibt noch keine eindeutige Zuständigkeit.

Ein weiterer Punkt in der Bildungsdiskussion ist die Auseinandersetzung mit den Forderungen der s.g. Wissensgesellschaft. Bei den immer wieder in der Politik und Wirtschaft angeführten Erfordernissen einer Wissensgesellschaft handelt es sich eigentlich nur um die Ergänzungsbedürftigkeit des Wissens in Informationstechnologie oder Fremdsprachen. Eine Beteiligung an dieser Debatte kann sich Schweitzer nur als Ideologiekritik vorstellen (S. 13). Bereits 1991 hatte die Kammer für Bildung und Erziehung der Evangelische Kirche in Deutschland Überlegungen vorgelegt zu „Evangelisches Bildungsverständnis in einer sich wandelnden Arbeitsgesellschaft" (EKD-Texte 37). U.a. wehrte sich die Kammer gegen ein Bildungsverständnis, das Bildung nur als Anpassung an technisch-ökonomische Erfordernisse versteht. Sie formulierte: „Noch immer ‚Fachbildung' gegenüber einer die philosophischen, politischen und religiösen Fragen einbeziehenden Bildung den Vorrang zu geben, bleibt hinter dem zurück, was die derzeitige Entwicklung der Industriegesellschaft erfordert. ... Vielmehr müssen auch in der beruflichen Aus- und Weiterbildung, Fragen der persönlichen und gesellschaftlichen Orientierung und Vergewisserung in allen Bereichen der Bildung ihrem Rang entsprechend berücksichtigt werden" (S. 20f.). Entsprechende Voten finden sich auch in den folgenden Jahren immer wieder insbesondere in der Erwachsenenbildungsdiskussion, wenn es um Fragen der staatlichen Förderung und entsprechende Schwerpunktsetzungen ging.

So vermisst Schweitzer denn auch in der Debatte um die PISA-Studie ganz allgemein Fragen nach Werten, Normen und ethischer Erziehung. Auch Religion und religiöse Bildung kommen nicht vor (Schweitzer 2003c, S. 13). Es fehlt auch die Frage nach der sozialen Gerechtigkeit und dem Umgang mit Ungleichheit. Schweitzer fordert: „Was wir brauchen ist ein *neues Bildungsverständnis*, das mehr ist als Wissen und technologische Intelligenz – ein Bildungsverständnis, das um die kulturellen und religiösen Fundamente von Schule und Lernen weiß" (S. 14). Einiges von diesen Forderungen ist in der Denkschrift „Maße des Menschlichen" von 2003 eingehend aufgenommen worden.

Wenn von Werten, Religion, Ganzheitlichkeit usw. die Rede ist, könnte der Verdacht aufkommen, dass die Kirche doch nur in eigener Sache rede. Doch die Denkschrift betont immer wieder, dass es ihr bei ihrem Beitrag zum Bildungsverständnis um den Menschen gehe: „Hauptzweck aller Bildung ist die Entwicklung der Person" (S. 71). „Es geht bei Bildung um das Leben als Individuum" (S. 47). Maßstab für alle Bildung soll sein: „Was dient der Entfaltung des Menschen, jedem Einzelnen wie der menschlichen Gemeinschaft, die heute nur noch in einem globalen Horizont verstanden werden kann?" (S. 9).

Mit solchen Überlegungen ist die Kirche eindeutig auf dem Weg zu den Menschen, zu ihren Mitgliedern wie zu allen anderen, sogar weltweit. Die einzelnen sollen wahrgenommen werden. Von den einzelnen her wird gedacht. In der Kirchenpolitik und -praxis ist das alles noch wenig umgesetzt. Die Kirche der Zukunft wird hier eindeutiger die Prioritäten setzen müssen. Wenn es weniger Protestanten geben wird, besteht die Chance einer intensiveren Bildung, aber auch die Notwendigkeit dazu. Der Protestantismus wird sich auf weniger Menschen stützen können. Diese wenigeren Menschen werden aber gut gebildet sein müssen. Wenn nicht mehr die Quantität der kirchlichen Arbeit in der Fläche das Gewicht des Protestantismus in der Gesellschaft ausmachen kann, wird es um die Qualität gehen.

SECHSTES KAPITEL:

DIE ORGANISATIONSSTRUKTUREN DES PROTESTANTISMUS

Betrachtet man die Strukturen, die die Kirche ausgebildet hat, so lässt sich als These formulieren: Die Art der Strukturen zeigt, wie, wo und bei welcher Gelegenheit man kirchlicherseits die Menschen, bzw. die Mitglieder, anzutreffen gedenkt. Die lokale Struktur der Parochie mit ihrem Angebot von Gottesdiensten im Kirchenjahreszyklus, den Amtshandlungen usw. und ihrer Anlehnung an kommunale Strukturen spricht die Menschen auf ihren Wohnort hin an, sieht sie in der Nachbarschaft verankert und an ihrer Familie orientiert. Hier werden die Mitglieder verwaltet, hier wird Buch geführt. Hier müssen Anträge gestellt werden und hier werden Ausnahmegenehmigungen erteilt. Die Mitglieder sind Kirchenbürger mit Rechten und Pflichten.

Die meisten Sonderpfarrämter sehen nicht allgemein den christlichen Bürger oder die Bürgerin, sondern den Menschen in einer bestimmten Lebenslage. Die Menschen können ins Krankenhaus kommen, ins Gefängnis, an einer Hochschule studieren usw. Dann ist die Kirche für sie da mit Krankenhauspfarrerinnen und -pfarrern, Gefängnispfarrerinnen und -pfarrern oder Hochschulpfarrerinnen und -pfarrern. Mitglieder werden Eltern, sind berufstätig, interessieren sich für theologische Fragen. Es gibt jeweils Einrichtungen, die für die Fragen, die den Menschen begegnen, zuständig sind: Familienbildungsstätten, Kirchlicher Dienst in der Arbeitswelt, Erwachsenenbildung.

Von dieser Konstruktionslogik her ist es verständlich, wenn gegenwärtig verstärkt über die Strukturen nachgedacht und diskutiert wird. Wenn die Menschen aus der Kirche austreten, wenn sie weniger nach ihrer Kirche fragen und ihr weniger Einfluss zubilligen – so scheint jedenfalls die Entwicklung zu sein –, dann sollte man sich die Strukturen ansehen. Erreichen sie die Menschen noch da, wo sie stehen. Sind sie da für die Menschen offen, wo sie für ein Angebot ihrer Kirche empfänglich sind? Hinzu kommt die Verknappung der finanziellen Mittel. Damit stellt sich die Frage: Auf welche Angebote darf man eher verzichten? Welche muss man um jeden Preis behalten? Zunächst Gruppen, seit einiger Zeit auch Kirchenleitungen diskutieren die verschiedensten Leitlinien, Perspektiven oder Zielorientierungen. „Viele dieser Programme setzen mit einer Skizze des gesellschaftlichen Wandels ein und verweisen auf religiöse Pluralisierung, auf zunehmende Entkirchlichung in Lebenswelt und Öffentlichkeit. Während diese Phänomene jedoch seit langem beschrieben werden, betreten die Texte dort Neuland, wo sie nach den Konsequenzen für die *sichtbare Kirche selbst* fragen – hier fallen neuerdings Stichworte wie ‚Mitgliederorientierung', ‚Leitbildentwicklung' oder ‚strategische Leitung'. Auch gegenwärtige Programmbegriffe – etwa ‚Unternehmen Kirche' oder ‚Mission' – zielen vor allem auf den Zusammenhang von (gesellschaftlicher wie individueller) Wirkung der Kirche und ihrer konkreten Gestalt, ihrer Organisation" (Hermelink 2003, S. 128).

Man könnte also – auch wenn das selten so direkt ausgedrückt wird – behaupten: Weil es der Kirche um den einzelnen geht, um ihre Mitglieder, deshalb problematisiert sie ihre Strukturen. Weil sie besser ankommen will, wird Kirchenreform zu einem Programm.

Protestantische Gestaltwerdung: „Evangelische Kirche und andere Glaubensgemeinschaften"

Wie Christentum und dann auch Protestantismus strukturell Gestalt angenommen haben und Gestalt annehmen, ist vielfach beschrieben worden. In diesem Kapitel soll einmal ein anderer Einstieg als üblich gewählt werden. Nicht die Beschreibung von Strukturen steht am Anfang, sondern Wahrnehmungen aus dem Alltag konfessionellen Lebens. Die Erwartung ist, dass damit Aspekte zu Gesicht kommen, die sonst so nicht gesehen werden.

In der Überschrift ist „Evangelische Kirche und andere Glaubensgemeinschaften" in Anführungszeichen gesetzt, weil es sich um ein Zitat aus der Regionalzeitung Darmstädter Echo handelt. Damit wird in der Samstagsausgabe die Seite eingeleitet, die mit „Gottesdienste" betitelt ist. Zweidrittel der Seite stehen unter der genannten Überschrift. Das untere Drittel hat die Titelleiste „Katholische Kirche". Die Zeitung veröffentlicht auf dieser Seite in knappen Angaben die Gottesdienstzeiten, die Art der Gottesdienste und die Predigerinnen und Prediger. Bis vor einiger Zeit stand auch über den oberen Zweidritteln in der Titelleiste der Parallelbegriff zur „Katholische Kirche", nämlich „Evangelische Kirche". Das wurde geändert, weil im evangelischen Bereich nicht nur auch Freikirchen verzeichnet waren, sondern ebenso Veranstaltungen der Zeugen Jehovas, von buddhistischen Gemeinden und den Baha'i. Die evangelischen Gemeinden wollten diese Gruppierungen nicht unter der Überschrift „Evangelische Kirche" haben. Umgekehrt wollten die Freikirchen oder Baha'i-Gemeinden nicht als „Evangelische Kirche" bezeichnet werden. Während unter „Katholische Kirche" jetzt nur Gottesdienste der Pfarreien verzeichnet sind, finden sich unter „Evangelische Kirche und andere Glaubensgemeinschaften" zunächst auch die Angaben zu Gottesdiensten der Kirchengemeinden. Danach folgen die Angaben zur Stadtmission (landeskirchliche Gemeinschaft), zu den Marienschwestern und der freien Evangelisch-lutherischen Gemeinde (Altlutheraner). Danach kommt in der Auflistung eine kleine Zwischenüberschrift „Andere Glaubensgemeinschaften" und dann folgen eine Fülle an Gruppierungen. Diese werden jetzt nicht mehr alphabetisch wie bei den Kirchengemeinden geordnet, sondern nach einem zufälligen Muster. Möglicherweise stehen solche mit eher christlichem Anklang am Anfang, dann die Buddhisten und am Schluss die Baha'i. Nach Angaben der Zeitung gibt es aber kein System. Bevor man allerdings eine neue

Gruppierung aufnehme, erkundige man sich bei Fachleuten für Weltanschauungsfragen, ob eine Veröffentlichung vertretbar sei. Für die Stadt Darmstadt werden genannt: Freie Christengemeinde, Evangelische Methodistische Kirche, Evangelisch-Freikirchliche Gemeinde, Freie evangelische Gemeinde, Die Christengemeinschaft, Gemeinde der Christen Ecclesia, Christliche Gemeinde, Bibel-Baptisten-Gemeinde, Kirche Jesu Christi der Heiligen der Letzten Tage, Gemeinschaft der Siebenten-Tags-Adventisten, Evangelische Brüdergemeinschaft, Christliches Zentrum Darmstadt, Missionsgemeinde Darmstadt, JEB-Citykirche, Calvary Chapel Darmstadt, Buddhistisches Zentrum der Karma-Kagyü-Linie, Theravada Buddhismus, Buddhistische Meditationsgruppe, Baha'i-Gemeinden. Die gleiche Sortierung findet sich dann in den Angaben für die verschiedenen Orte des Landkreises wieder.

Ohne Vergleiche anstellen zu wollen, stellt sich die Frage: Wie werden hier von einer lokalen Tageszeitung die protestantische Strukturen wahrgenommen? In welcher Gestalt erscheint das evangelische Christentum? Beim Vergleich der evangelischen und der katholischen Rubriken fällt auf, dass auf evangelischer Seite immer die Kirchengemeinde genannt wird: Andreasgemeinde, Auferstehungsgemeinde, Christuskirchengemeinde usw. Auf der anderen Seite wird der Ort angegeben: St. Ludwig, Heilig Kreuz, St. Elisabeth usw. Auch für Außenstehende bezeichnend für die protestantische Gestalt fällt die Gemeindestruktur ins Auge. Darüber hinaus wird aber auch wahrgenommen, dass es im Protestantismus neben Kirchengemeinden noch eine Fülle an Differenzierungen in freien Gruppierungen innerhalb und außerhalb der Landeskirche gibt. In diesen Gruppierungen finden sich Menschen aufgrund eigener Entscheidung zusammen. So können dann auch Gruppen aus anderen Religionen von der Struktur her mit den protestantischen Gestaltwerdungen zusammen gesehen werden. Es fällt übrigens auf, dass es bislang offenbar noch keine Meldung von muslimischen Gruppen oder Moscheen gegeben hat. Auch die Synagoge wird nirgends genannt. Islam und Judentum würden auch kaum einem religiösen Markt zugerechnet werden, wie man das bei den unter „andere Glaubensgemeinschaften" zusammengefassten Gruppen tun kann.

Das Bild, das die Gottesdienst-Seite der Zeitung von der Struktur des Protestantismus zeichnet, zeigt also Kirchengemeinden, landeskirchliche Gemeinschaften und freie Gruppierungen von Freikirchen bis zu Gruppen aus anderen Religionen. Protestantismus steht so für eine ausdifferenzierte religiöse Landschaft und für religiöse Pluralität. Die gottesdienstlichen Veranstaltungen lassen sich nicht alle miteinander vergleichen. Doch zählt man einmal grob durch, so kommt man für die Stadt Darmstadt auf ein Zahlenverhältnis von ca. 30 Gottesdiensten in Kirchengemeinden, 5 Gottesdiensten in landeskirchlichen Gemeinschaften und ca. 30 Veranstaltungen unter der Überschrift „andere Glaubensgemeinschaften". Man kann vermuten, in absoluten Zahlen hat der Besuch in den zwei Säulen kein krasses Gefälle. Denn normalerweise sind Gottesdienste in kleinen Gruppierungen sehr gut besucht.

Dieses plurale auf den Gottesdienst bezogene Bild soll um einen kleine autobiografische Studie erweitert werden. Hier geht es nicht um die Frage, wie die Öffentlichkeit, in diesem Fall eine Tageszeitung, protestantische Strukturen wahrnimmt, sondern wie eine Person gewissermaßen von innen die strukturelle Realität sieht und nutzt. Die Darstellung soll als Beispiel verstanden werden. Das Vorgestellte ist nicht repräsentativ, hilft aber vielleicht zur Wahrnehmung. Nicht repräsentativ ist schon, dass ich von mir als pensioniertem Pfarrer und Erwachsenenbildner berichte, als Hauptamtlicher also. Dennoch glaube ich, dass das Berichtete nicht untypisch für Protestanten ist. Die Aktivitäten, die erwähnt werden, gehörten nicht zu meinen dienstlichen Obliegenheiten. Sicher bin ich auf manches durch meinen Dienst aufmerksam geworden, aber das Engagement entsprach eher meinen Interessen und ist nach wie vor ehrenamtlich. Doch nun zu dem Bild selbst: An der Kirchengemeinde, zu der ich qua Wohnsitz gehöre, bin ich relativ desinteressiert. Ein gewisser Gottesdienstbesuch und auch eine gelegentliche Gottesdienstvertretung verbinden mich mit der Gemeinde. Doch gab es immer nur kurze Phasen, in denen ich mich für die eine oder andere Sache eingesetzt habe. Aus der Beteiligung an einem Asylarbeitskreis ist schließlich die Mitgliedschaft und Mitarbeit in der Ökumenische Wohnhilfe Darmstadt GmbH geworden, eine Wohnbaugesellschaft, die Flüchtlingen und anderen Wohnungsbedürftigen mit eigenen Wohnungen zu helfen versucht. Für den Vorsitz im Verband Evangelischer Büchereien e.V. wurde ich geworben, ebenso für den Vorstand in der Ton- und Bildstelle e.V. – Medienzentrale. Gelegentlich auch aktives Mitglied bin ich des weiteren in der Gesellschaft für Gegenwartskunst und Kirche e.V.- Artheon, im Evangelischen Bund und in der Hochschulgesellschaft der Evangelischen Fachhochschule Darmstadt. Ich spende regelmäßig für das Evangelische Jugendwerk und die Goßner- Mission. Mit Interesse verfolge ich die Aktivitäten der Offensive Junger Christen in Reichelsheim. Dienstleistungen im Bereich von Versicherungen, Bankwesen oder Reisen nehme ich gern bei konfessionell orientierten Anbietern wahr. Meine Bücher kaufe ich in der Buchhandlung der Stadtmission. Ich bin erstaunt, wie breit die Palette konfessioneller Möglichkeiten ist. Ich bin nicht sicher, ob ich schon alles aufgezählt habe, was zu nennen wäre. Doch darauf kommt es auch gar nicht an. Es kommt vielmehr darauf an zu sehen, wie die Gestalt des Protestantismus sich durchaus nicht in dem Feld der Kirchengemeinden erschöpft und auch nicht in den Einrichtungen, die sonst landeskirchlich getragen sind. Für Protestanten gibt es eine Fülle an Möglichkeiten, sich zu engagieren, die in keiner Statistik erfasst werden. Wenn ich mein Leben zurückverfolge, sehe ich in der Rückschau, wie ich auf die verschiedenen Möglichkeiten hin angesprochen bzw. dafür geworben wurde. Mitarbeit und Mitgliedschaft wurden angetragen und erworben. Dabei bin ich nur auf die Dinge eingegangen, die mich auch interessierten. Ich wurde individuell angesprochen und habe bewusst entschieden. Insgesamt fühle ich mich im Protestantismus beheimatet. Die Gestalten dieses Protestantismus sind für mich sehr vielfältig, unterschiedlich und voneinander auch unabhängig. Die landeskirchlich verfasste Kirche ist dabei nur eine Gestalt, allerdings die Gestalt, die für die meisten Dinge die Finanzierung, aber auch die Traditionsweitergabe und das Forum sichert, auf dem aufmerksam gemacht werden kann auf die vielen anderen Strukturen.

Pluralität ist ein Markenzeichen protestantischer Gestaltwerdung. Ein anderes ist das Nebeneinander von auf der einen Seite amtlichen und auf der anderen Seite privaten Strukturen. An der amtlichen Struktur hat man Anteil durch die Kirchenmitgliedschaft. In die privaten Strukturen gerät man hinein durch Interessensbekundung oder Aufforderung. Für viele schlägt das Herz eher bei den frei gewählten Engagements. Nicht selten werden die Angebote der amtlichen Kirche als wenig begeisternd erlebt. Das wird immer wieder von Gottesdiensten in Kirchengemeinden erzählt. Da diese Gottesdienste sich an alle in der Kirchengemeinde richten müssen, können sie nicht auf die Interessen einzelner zugeschnitten sein. Es wird kritisiert, man bekomme zwar viele theologische Richtigkeiten gesagt, aber das Leben fehle. So mancher erlebt, wie hier nicht sein Ding verhandelt wird. Im Blick auf die einzelnen lässt sich vielleicht behaupten, die Triebkräfte oder die Wirkkräfte des Protestantismus würden oft nicht in den amtlichen Strukturen, insbesondere den Kirchengemeinden, erfahren, sondern in den privaten Gruppierungen, Vereinen, Gruppen und Kreisen, die natürlich durchaus in kirchengemeindlichen Räumen beheimatet sein können.

Für den Kirchenhistoriker Mehlhausen ist es klar, dass Veränderungen, Erneuerungen und Anregungen nur selten aus den offiziellen Gremien kommen, sondern aus dem weiten Feld der Gruppen und Gruppierungen, die zu so etwas wie einem Hof um den Mond Kirche gehören. Dabei lässt sich nicht genau erfassen, wer eigentlich im letzten die Impulsgebenden sind, wer die Gremien aufmerksam gemacht hat usw. (Mehlhausen 1990, S. 428). Eine ähnliche Beobachtung hat kürzlich Fulbert Steffensky mitgeteilt: „Die kirchlichen Leitungsgremien verfolgen in der Regel Bestandswahrungsstrategien ... Die Gruppen und Gemeinschaften in der Kirche sind die eigentlichen Protestanten. ... Die Wahrheit ist ein Gespräch, und im Gespräch der Gruppen miteinander und mit der Tradition wird sie gefunden. Sie bleibt lebendig in der Reibung der Gruppen aneinander und an der Großkirche“ (2003, S. 363). Steffensky will keineswegs die amtliche Kirche durch eine Kirche der Gruppen ersetzen. Er sieht vielmehr in der Spannung zwischen beiden den Weg zur Wahrheit. Systematisch ordnen kann man das Nebeneinander von amtlicher Kirche und der Vielfalt von Gestaltwerdungen des Protestantismus in Gruppierungen, Initiativen, Vereinen usw. nicht so leicht. Hans-Richard Reuter meint, man könne hier kaum über einen „bestimmten Grad an Allgemeinheit und Verallgemeinerung“ hinaus kommen (1996, S. 33). Uta Pohl-Patalong hat kürzlich die These bearbeitet, es habe in der ganzen Kirchengeschichte einen Konflikt zwischen kirchengemeindlicher Arbeit und übergemeindlicher Arbeit gegeben, dieser Konflikt aber sei nicht notwendig destruktiv, könne vielmehr sogar konstruktiv genutzt werden. Pohl-Patalong organisiert einen fiktiven Dialog zwischen den beiden Konfliktpartnern und kommt zu dem Ergebnis, ein konstruktiver Umgang mit dem Konflikt sei sehr wohl möglich, wenn man auf den Stärken beider Seiten aufbaue (2003, S. 211). Gerhard Wegner ist an dieser Stelle skeptisch. Wenn im Prinzip das Mitglied, d.h. der einzelne Christ, mit seinen geistlichen Bedürfnissen im Mittelpunkt des Organisationshandelns stehe, führe das nur zu leicht dazu, dass die Organisation für den Protestanten etwas Uneigentliches werde, weil sie als Organisation der freien Kommunikation im Wege stehe. „Protestanten kann ihre eigene Kirche durchaus fremd sein, weil sie streng genommen für den eigenen Glauben nicht konstitutiv ist" (2003, S. 413). Kirche wird so zu so etwas wie einer „unwahrscheinlichen Organisation". „‚Leicht und locker' geht die Selbstorganisation des Protestantismus nicht von der Hand. Wenn man mit den Mitteln einer Organisation nichts anderes will als den Raum für das prinzipiell Nicht-Organisierbare freizuhalten, kann das eben nicht anders sein." (S. 416). Damit ist eine Problemanzeige für alle Gestaltwerdung im Protestantismus gegeben. Vielfalt und Spannungen, Differenz von Person und Institution gehören nun einmal dazu, auch wenn man immer wieder darunter leidet. Bei genauerem Hinsehen stellt man jedoch fest, dass diese Situation zwar besonders im Protestantismus anzutreffen ist, jedoch im Grunde das Christentum als ganzes betrifft. Deshalb soll noch ein kurzer Blick auf die Geschichte der Gestaltwerdung des Christentums geworfen werden.

Ecclesia semper reformanda – Kirchenreform ist bleibende Aufgabe

Das Christentum – so könnte man behaupten – ist in seiner ganzen Geschichte immer von Reformen begleitet gewesen. Es gab immer wieder Menschen, die mit der jeweiligen Entwicklung nicht einverstanden waren und eigene Formen als Alternative zum Vorgefundenen aufbauten. Dabei kam es zu einem Nebeneinander verschiedener Formen. Das wurde zwar nie wirklich akzeptiert – die Einheitsforderung wurde stets erhoben –, jedoch ließ sich die Einheit andererseits auch nicht wirklich durchsetzen. Die jeweils entstehenden Gruppierungen konnten innerhalb der Kirche und offiziell geduldet angesiedelt sein. Sie konnten ausgestoßen werden, oder sich ihrerseits trennen. Wo es um die Wahrheit geht, kommt es auch immer wieder zum Streit um die Wahrheit. Die Menschen sind verschieden, erleben ihre Situationen als verschieden und sind unterschiedlichen Herausforderungen ausgesetzt. Neben dieser allgemein anthropologischen Ursache für Auseinandersetzungen, ist im Laufe der Kirchengeschichte auch eine kirchentypische Differenzierung zu erkennen. Insbesondere seit der konstantinischen Wende, d.h. seitdem das Christentum in eine Mehrheitsposition kam, kam es zu Gegenbewegungen, die immer wieder neu entstanden. In der ganzen Kirchengeschichte gibt es immer wieder innerhalb der Großkirchen Konventikel-Bildung, kleine Gemeinschaftsformen, die sich auch gegenüber der Großkirche absondern und ein Leben für sich führen. Hier sammeln sich diejenigen, die das Leben in der Großkirche für zu unverbindlich halten, denen die Großkirche zu lasch ist oder denen die Normerfüllung der Mehrheit nicht ausreicht (Lück 1980, S. 78f). So etwas gibt es in allen Religionen. Daneben gab es eine typisch christliche Entwicklung. Wenn Christen in der Mehrheit sind und in allen wichtigen gesellschaftlichen Positionen, müsste das nicht das Reich Gottes bedeuten? Aber Konstantin brachte nicht das Reich Gottes. Deshalb wurde

Reich-Gottes-Arbeit neu wichtig. So entstand das Anachoreten- und das Mönchtum ab 320 nach Chr. Es galten dieselben Regeln wie sie in der Aussendungsrede Matthäus 10 unter Verweis auf das nahe Himmelreich den Jüngern mit auf den Weg gegeben worden waren mit Armutsideal und Ankündigung von Verfolgung. Drei Grundtypen von Kirche lassen sich immer wieder erkennen: Einerseits ist da die die Gesellschaft insgesamt umfassende Religionsanstalt; daneben gibt es die bergenden überschaubaren Gemeinschaften; schließlich finden sich Gruppierungen des Protests und des prophetischen Anspruchs.

Uta Pohl-Patalong hat auf die geschichtliche Entwicklung hingewiesen, die sich hinter der heute zu beobachtenden Spannung von Ortsgemeinde und funktionalen Diensten verbirgt. Sie schildert auch bereits den Gegensatz von Mönchtum und Reichskirche im 4. Jahrhundert (2003, S. 69). Die im römischen Bereich entstehende staatsanaloge territoriale Organisation des Christentums (S. 71) hat immer wieder zu Konflikten mit den Kräften geführt, die sich eher an den Idealen des Lebens angesichts des nahe bevorstehenden Reiches Gottes orientieren wollten. Die Bettelorden und anderen Armutsbewegungen des 12./13. Jahrhunderts wurden eine Herausforderung ersten Ranges für die Mehrheitskirche. Für die Reformationszeit sind die Auseinandersetzungen mit den Täufern zu nennen, für die Zeit des Pietismus der Streit um die Konventikel. In immer neuem Gewand traten Bewegungen auf, die sich der Einheitsforderung der Großkirche widersetzten, sich in neuen Formen organisierten und den Anspruch erhoben, wichtige Aspekte des christlichen Glaubens oder den Glauben überhaupt angemessener vertreten zu können als es in der Großkirche getan werde. Für Pohl-Patalong findet sich heute die großkirchliche Organisation im wesentlichen in der territorialen Parochie wieder, während die nichtparochialen Strukturen in den funktionalen Diensten bzw. der übergemeindlichen Arbeit zu finden sind. Pohl-Patalong hofft auf eine konstruktive Lösung durch die Schaffung von „kirchlichen Orten“, die die Leistungen sowohl der Parochie als auch der anderen Dienste in sich vereinigen könnten (S. 228). Dabei übersieht sie aber meines Erachtens die Triebfedern, die jeweils zu den neuen Strukturen geführt haben. Es ist einerseits jeweils defizitär Erlebtes, das zu Spannungen führt und vielleicht am Ort ausgeglichen werden kann. Andererseits aber hat das Christentum die drei Richtungen von religiöser Heilsanstalt, Asyl gewährender kleiner Gemeinschaft und prophetischer Sprengkraft in sich. Ich bezweifle, dass sich diese Spannung auf die Dauer schiedlich- friedlich organisieren lässt.

Neben dem territorial organisierten Christentum hat sich immer wieder ein auf Aufgaben, Zielgruppen und Themen bezogenes Strukturmuster in der Geschichte entwickelt. Beide Prinzipien standen und stehen in Spannung zueinander. Hans-Georg Fritzsche unterschied theologisch zwischen Kirche als Schutzgemeinschaft und Kirche als Zweckgemeinschaft, zwischen personorientierter und sachorientierter Kirchenvorstellung oder Kirche als Gemeinschaft und Kirche als Verkörperung eines Sachprogramms (1988, S. 56ff). Auch er sieht die Spannungen, die zwischen den beiden Prinzipien bestehen. Doch das macht die Vielfalt an sich noch nicht aus. Vielfalt entsteht, weil das Sachprogramm oder die Aufgaben und die Zielgruppen mannigfach sein können. Ein einigendes Band lässt sich schwer knüpfen. Die Gemeinsamkeit kann man offenbar am besten beschreiben, wenn man auf die Entstehungsgeschichte zurückgreift. So verfährt Udo Hahn in einer Selbstdarstellung der Konferenz Kirchlicher Werke und Verbände in der Evangelischen Kirche in Deutschland. Am Anfang wird von der Geschichte berichtet, dann folgen Beispiele aus der Arbeit verschiedener Verbände und Stimmen, die die Arbeit von außen würdigen, und schließlich die Selbstdarstellungen der einzelnen Einrichtungen in alphabetischer Reihenfolge (Hahn 2001). Beklagt wird, wie die von den Verbänden usw. geleistete Arbeit rechtlich nicht gewürdigt und damit oft auch gar nicht wahrgenommen wird. Die kirchliche Verfassung baut im Gefolge des früheren Staatskirchentums im wesentlichen auf der territorial strukturierten Kirche auf. Hahn schreibt: „Unbefriedigend ist für Vereine, Werke und Verbände innerhalb der evangelischen Kirche, dass sie trotz der Vitalität des ‚Dritten Sektors' in Kirche und Gesellschaft noch immer keine eigenständige Verankerung in der Grundordnung der EKD finden und sich für sie kein eigenes Organ im Miteinander und Gegenüber zu Rat, Synode und Kirchenkonferenz schaffen ließ" (Hahn 2001, S. 17). Diese Kritik kann man auf nahezu alle Landeskirchen übertragen. Die Werke, Vereine und Verbände sind auch dort verfassungsmäßig im Grunde nicht vertreten. Die Synoden setzen sich fast überall nur aus der kirchengemeindlichen Säule zusammen. Dabei folgt man dem Räteprinzip. Die jeweils nächst höhere Ebene wird durch Delegationen von unten besetzt. Dabei gibt es für die Werke usw. keinen Platz.

So weit ich sehe, kennt nur die nordelbische Kirche eine Vertretung der Werke usw. in ihrer Synode. In der Evangelischen Kirche in Hessen und Nassau wird sie seit langem gefordert, aber seit über zehn Jahren steht eine Verwirklichung noch aus. Schon 1992 wurde empfohlen: „Die Kirchenordnung sollte dahingehend geändert werden, dass die außerparochialen Dienste und Einrichtungen in der Kirchensynode ihrem materiellen und personellen Gewicht entsprechend vertreten sind. Vergleichbares ist für die Dekanatssynoden vorzusehen. Denkbar ist sowohl ein eigenständiges Delegationsverfahren wie der Aufbau von besonderen Gemeindebezirken" (Person und Institution 1992, S. 152).

Hahn, wie auch Pohl-Patalong greifen zum Verstehen der kirchlichen Strukturen auf die Entstehungsgeschichte zurück. So verfährt auch Hans-Richard Reuter in seinem Aufsatz über „Die Bedeutung der kirchlichen Dienste, Werke und Verbände im Leben der Kirche" (Reuter 1996). Entsprechendes habe ich für den Bereich „Gemeindeleben" in der Kirchengemeinde unternommen (Lück 1978). Wie aber lassen sich die doch so verschiedenen Aktivitäten nach ihrer Zielsetzung, Art der Tätigkeit usw. ordnen? Meist bleibt es bei dem Gegenüber von Kirchengemeinde und Übergemeindlichen Diensten. Reuter spricht übergreifend von der Kirche als einer in der Gesellschaft wirksamen Handlungsgemeinschaft und unterscheidet drei Arbeitsformen: Bildung, Gerechtigkeitshandeln und solidarische Hilfe (Reuter 1996, S. 48). Damit ist eine Ordnung vorgeschlagen, die sowohl in der Kirchengemeinde als auch in den Werken und Einrichtungen zu finden ist. Gert Otto ordnete die verschiedenen Arbeitsbereiche in der Kirche „Handlungsfeldern" zu. Otto stellt dabei Tätigkeiten zusammen, die eine gewisse anthropologische Grundbedeutung haben und zugleich auch eine traditionelle Rolle in Kirche und Gesellschaft spielen (Otto 1988, S. 65). Er unterscheidet Handlungsfelder wie „Lernen", „Helfen", „Verständigen", „Feiern". Dem Handlungsfeld „Lernen (1)" werden dann beispielsweise Erwachsenenbildung und Jugendarbeit zugeordnet. Im Blick sind dabei auch Altenarbeit, Elementarerziehung und Evangelische Akademien. Die Ordnung der kirchlichen Praxis nach Handlungsfeldern spielt auch in der jüngsten Kirchenreformdebatte eine Rolle. In der Evangelischen Kirche von Hessen und Nassau werden wie bereits dargestellt fünf für die Kirche konstitutive Handlungsfelder unterschieden: „Verkündigung, Geistliches Leben, Kirchenmusik", „Seelsorge und Beratung", „Bildung, Erziehung und Arbeit mit Zielgruppen", „Gesellschaftliche Verantwortung, Diakonisches Handeln" und „Ökumene" (Lück 2003, S. 12). Auch dies sind erkennbar Grundformen, die in dieser Zusammenstellung bereits in der Praktischen Theologie eine gewisse Tradition haben. In der bayrischen Landeskirche werden zehn Handlungsfelder unterschieden. Die jeweils genannten Tätigkeiten beschränken sich dabei nicht auf Tätigkeiten von Ordinierten oder Gemeindepfarrern und auch nicht auf den Rahmen der Kirchengemeinde. Damit beschreiben sie auch die Aktivitäten und die Möglichkeiten von Laien in der kirchlichen Praxis. Sie geben also auch den Mitgliedern Raum.

Da es sich bei den Ordnungsversuchen um Beschreibungen von Tätigkeiten handelt, ist damit auch offen, ob die entsprechenden Aktivitäten kirchlicherseits organisiert werden oder eher freie Initiativen sind. Natürlich kann man im Bereich der Vielfalt der Dienste und Tätigkeiten auch etwas organisieren. In der Vergangenheit wurden in der Regel Initiativen von einzelnen oder Gruppen aufgegriffen und durch eine Form von Institution unterstützt. Oft wurden Anliegen von hellsichtigen Personen vorgetragen und aktiv Hilfe organisiert, sei es nun die soziale Frage durch Wichern im 19. Jahrhundert oder etwa die ökologische Frage im 20. Jahrhundert durch einen Gemeindepfarrer, dessen Gemeinde besonders vom Fluglärm betroffen war. Der erste Schritt der Organisation in letzterem Falle war, dass dieser Pfarrer von seiner Gemeindearbeit freigestellt und für ihn die Stelle eines Umweltpfarramts geschaffen wurde. Bei seiner Pensionierung und damit verbundenem Ausscheiden aus dem Dienst war die Bewegung so weit angewachsen, dass es mit einer Wiederbesetzung der Stelle allein nicht getan war. Die innerkirchliche Lobby war inzwischen so stark geworden, dass eine mit zwei Personen zu besetzende Arbeitsstelle geschaffen wurde. In der Regel war dies der Gang, wenn neue gesellschaftliche Probleme auch kirchlicherseits zu bearbeiten waren. Bei diesem Verfahren aber musste es zu einer immer größeren Auffächerung von Fachstellen kommen. Irgendwann würde auch rein finanziell eine Grenze erreicht werden. So wurde eine andere Art der Organisation der Sachaufgaben dringend erforderlich.

Die Evangelische Kirche in Hessen und Nassau hat nun ihrer Ordnung von Handlungsfeldern auch eine Organisationsstruktur hinzugefügt, die so angelegt ist, dass neue

Aufgaben aufgegriffen werden können, ohne dass jeweils eine neue Arbeitsstruktur geschaffen werden muss. Auf der Ebene der Landeskirche wurden für jedes Handlungsfeld Unterstützungszentren eingerichtet. In diesen Zentren wurden die bis dahin je für sich existierenden Einrichtungen zusammengefasst, die geschichtlich unterschiedlich früh oder spät entstanden waren. Den Zentren wurden für ihr Handlungsfeld bzw. den Ausschnitt, der ihnen zugeordnet ist, ausgesprochene Fachaufgaben zugewiesen wie: Entwicklung von Theorie und Praxis des Feldes, Qualitätssicherung, Beratung und Unterstützung der Gemeinden, Dekanate und Einrichtungen, exemplarische Projektarbeit. Ausdrücklich wird daneben die Vernetzung der im Handlungsfeld tätigen Einrichtungen und Dienste und der Beauftragten der Dekanate erwähnt. Die Wünsche der Dekanate sollen regelmäßig erhoben werden. In der entsprechende Verwaltungsverordnung wird so die Zusammenarbeit der Ebenen von Dekanat und Landeskirche verbindlich gemacht. Dabei wird in den Arbeitszentren die entscheidende Fachkompetenz angesiedelt. Die Dekanate und die Kirchengemeinden sollen ihre Praxis nach den fünf Handlungsfeldern ordnen. Die Dekanate bekommen dafür besondere Personalstellen (Lück 2003, S. 13f).

Organisieren lässt sich also die Vielfalt der Sacharbeit der Kirche durchaus. Die Frage bleibt allerdings, ob eine solche Organisationsstruktur auch die Funktion der Anregung haben kann. Hier wird es wahrscheinlich bei dem bleiben, wie es in der Geschichte gewesen ist: Gruppen und einzelne werden auf eine Fragestellung aufmerksam und engagieren sich. Die Kirche kann die Dinge dann aufnehmen und sich zu eigen machen. Die Innovation selbst wird weitgehend freien Initiativen überlassen bleiben.

Freie Initiativen wird es auch aus einem anderen Grund wohl immer geben müssen. Sie können Andockpunkte für Menschen sein, die sich einer Aufgabe oder einem Anliegen verpflichtet fühlen, aber überhaupt nicht von einer Großinstitution vereinnahmt werden oder für eine Großinstitution tätig sein wollen. Wie die Kirche als Ganze bereits eine vermittelnde Rolle zwischen Individuum und Staat zu spielen vermag (vgl. Huber 1998, S. 267ff), so sind die freien Initiativen im Umkreis der Kirche eine Vermittlung zwischen dem engagierten Individuum und der Großinstitution Kirche.

Der dritte Grund für die Notwendigkeit von freien Gruppierungen liegt darin, dass diese oft auf Veränderung drängen, während die Großinstitution stark von beharrenden Kräften beherrscht ist. Wir haben bereits Steffenskys einschlägige Bemerkung zitiert. Beharrung und Veränderung haben beide ihr Recht. Aber sie lassen sich kaum in ein und derselben Organisation miteinander verbinden. Priesterliches und Prophetisches sind bereits in den biblischen Berichten als durchaus gegensätzlich charakterisiert worden. So engagieren sich beamtete Gemeindepfarrer und -pfarrerinnen, wenn sie Innovatorisches im Sinn haben, meist nicht in Verbindung mit ihrem Amt, sondern gründen lieber einen Verein, in dem sie zwar als Einflussführende tätig sind, aber nicht als Amtspersonen. Auch dieses Muster lässt sich an vielen Beispielen schon aus dem 19. Jahrhundert belegen.

Zur Konstruktionslogik protestantischer Gestaltwerdung gehören die Dualität von religiöser Grundversorgung am Ort einerseits und von an Aufgaben orientiertem Engagement andererseits. Die Grundversorgung leitet sich her von den Christianisierungsbemühungen des Staates, ist also im Prinzip eine Bewegung von oben, flächendeckend, monopolartig, normierende und kontrollierende Dienstleistung. Das Aufgaben orientierte Sachprogramm leitet sich her von den freien Vereinigungen von Personen zur Erfüllung bestimmter Zwecke, im Prinzip also eine Bewegung von unten, plural, miteinander konkurrierend, offen für die Mitwirkung aller Christinnen und Christen. Die beiden Formen existieren nicht sauber getrennt voneinander, wie es die an diese Doppelgestalt angelehnte Gegenüberstellung von Parochie und nichtparochialer Arbeit, oder Gemeinde und übergemeindliche Dienste usw. nahe legen könnte. Vielmehr ist in die gegenwärtige Gestalt der Kirchengemeinde vieles von dem, was im 18. und 19. Jahrhundert an Sachprogramm entstanden ist, integriert worden und existiert dort unter dem Stichwort „Gemeindeleben" weiter. Aus den freien Vereinigungen wurden, wie oben beschrieben, vielfach dann auch kirchliche Werke, Ämter, Arbeitsstellen usw.

Für die Zukunft wird man aufgrund des Mitgliederrückgangs und fehlender Mittel Abschied nehmen müssen von jeder Form des Wachstumsdenkens. In den Parochien wird man sich auf die religiöse Grundversorgung beschränken. In der Sacharbeit wird man sich konzentrieren und vieles auch den engagierten Protestanten in freiwilliger Arbeit überlassen müssen. Mehr als eine gewisse Unterstützung wird nicht zu leisten sein.

Geschlechter, Generationen, Milieus

In diesem Abschnitt werden ein paar Hinweise auf Triebkräfte der Strukturbildung gegeben, die in anthropologischen und sozialen Differenzen wie Zugehörigkeit zu Geschlecht, Generation, Familienstand, Schicht oder Milieu ihren Grund haben. Die mit den Differenzen gegebenen Bedingungen von Gleichheit und Ungleichheit können festgeschrieben sein, sie können aber auch in Bewegung geraten und dann Strukturveränderungen hervorrufen. Auch in der Kirche hat man sich die Menschen, Christinnen und Christen, Mitglieder, nie anders vorgestellt als eingebunden in Geschlecht, Familie, Beruf, Milieu usw. Ob man jeweils daraus auch Konsequenzen gezogen hat, ist eine andere Sache. Man hat sich weitgehend an „alle" mit den Angeboten gewandt. In Predigten allerdings wurden schon die unterschiedlichen Zugehörigkeiten angesprochen. Auch in Zeiten der Individualisierung begegnen die einzelnen in solchen differenzierten Zugehörigkeiten. Lange wurden die Unterschiede als Platzanweisung verstanden und gehandhabt, die für die einzelnen im Prinzip unabänderlich waren. Wo daran gerüttelt wurde, sah man die guten Ordnungen in Gefahr und fürchtete Revolution, die unweigerlich ins Chaos führen musste. Besonders im Luthertum hielt man die Ungleichheit für gottgewollt. Wer gegen diese Schöpfungsordnungen aufbegehrte, galt als Christentumsfeind (Wegner 2002, S. 36). Erst mit der Akzeptanz der Entwicklungen von Individualisierung und Pluralisierung werden auch Grenzüberschreitungen und Neudefinitionen von Grenzen denkbar und hinnehmbar. Differenzen müssen nicht mehr um einer wie auch immer gedachten Ordnung willen festgeschrieben werden. Sie wirken nicht mehr bedrohlich, sondern können als Reichtum erfahren werden.

Die vormoderne Art des Umgangs mit Differenzen war also die Festschreibung als heilvolle Ordnung. Da gab es keinen Unterschied zwischen Gesellschaft und Kirche. Es gab naturständische und sozialständische Differenzen. Alle Personen hatten sich ihrem Stand gemäß zu verhalten: Frauen wie Männer, Alte wie Junge, Herrscher wie Beherrschte, Ledige wie Verheiratete, Handwerker wie Bauern. Die ständische Gesellschaft wies allen ihren Platz zu. In den Kirchenräumen kam diese Platzanweisung auch sinnlich erfahrbar in Gestalt der Sitzordnung zum Ausdruck. Von vielen Kirchen haben sich noch die alten Sitzpläne erhalten. In Residenzstädten wie Weilburg oder Kirchheim-Bolanden war darin die Rangordnung der gesamten absolutistischen Gesellschaft des 18. Jahrhunderts abgebildet. In Bürgerkirchen kauften sich die Gilden ihre Plätze und richteten sich ihre „Stühle" ein. Man saß getrennt nach Geschlecht und Alter. In Ackerbürgergemeinden hatten die einzelnen Höfe ihre festen Plätze.

Mit dem Entstehen von gruppenkirchlichen Formen seit dem 19. Jahrhundert erfand man die Zielgruppenarbeit. Auch sie war naturständisch und sozialständisch orientiert. Eine Frauenarbeit wurde gegründet und eine Kinder- und Jugendarbeit. Wandernde Handwerksburschen wurden eigens angesprochen genau wie Industriearbeiter. Die Männerarbeit rief noch nach dem Zweiten Weltkrieg eine Handwerkerarbeit, einen Dienst auf dem Lande oder eine Industriearbeit als berufsständische Formen ins Leben. In den zwanziger Jahren waren Männerarbeit und Altenarbeit entstanden. Die Idee war, die Menschen in ihren Ständen zu erreichen. Vielfach taten sich entsprechende Gruppierungen auch selbst zusammen wie die Evangelische Akademikerschaft oder der Verein christlicher Kaufleute.

Bei dem allen wurde im Prinzip die Platzanweisung nicht in Frage gestellt. Kirche und ständische Ordnung schienen zusammenzugehören. Mit neu entstehenden Gruppierungen hatte man schlechte Erfahrungen gemacht. Die Gebildeten im 18. und die Arbeiter im 19. Jahrhundert hatte man „verloren". Dabei war nicht bemerkt worden, dass diese Gruppen in den traditionellen Ständen keinen eigenen Platz hatten und sie deshalb auch in der Kirche nicht den Platz hatten, der einen Dialog auf Augenhöhe ermöglicht hätte. Befreiungsbewegungen, denen es um eine Neuformulierung des gesellschaftlichen Platzes der jeweiligen Gruppe ging, wurden ignoriert oder bekämpft. Theologische Entwürfe, die den neuen gesellschaftlichen Kräften Rechnung trugen, gab es nur vereinzelt.

Nach dem Zweiten Weltkrieg entstanden Befreiungstheologien. Die jungen Kirchen in der Ökumene trennten sich von der durch die vielfach mit dem Kolonialismus verbundenen Platzanweisung der Missionsgesellschaften. Teile der weithin kirchentreu gebliebenen Frauen entwickelten feministisch theologische Ansätze, die das Patriarchat als vorgegebene Ordnung und vorgegebenes Denkmuster beiseite legten.

Die Mitarbeitenden in der Kirche bedauerten nicht nur den Verlust von Intelligenz und Arbeiterschaft, sondern auch das Fehlen der Männer in der Kirche und der mittleren Altersgruppen. Man merkte nicht, dass das Fehlen dieser Gruppen auch mit der alten Platzanweisung zusammenhing. Anforderungen in Gesellschaft und Beruf, neue Wertorientierungen und Lebenssituationen ließen sich nicht mehr in homogenen Gruppen von Männern, Frauen usw. bearbeiten. Auch das alte Schichtenmodell hat seine sozialverbindende Wirkung eingebüßt. Gegenwärtig werden Stände und Schichten von Milieus abgelöst. „Milieu-Theorien erlauben, Bekanntes neu zu sehen", heißt es in einer Studie über Soziale Milieus und Kirche (Vögele 2002, S. 8). Waren Stände noch Zuschreibungen gewesen, so entstanden im Zuge der Industrialisierung neue Schichtungen von Status, Positionsbewertung und Wertschätzung, die ein Oben und Unten neuer Art kannten und die sich stark am Besitz orientierten (Bolte 1967). Die mit der Individualisierung entstehenden Milieus lösen auch die Kategorien von Oben und Unten weitgehend auf. „Milieus wirken wie Atmosphären, die Gefühle strukturieren: Zur einen Seite hin sind sie aktivierend; sie setzen unsere Kräfte in Gang. Zur anderen Seite hin aber auch passivierend, weil sie diejenigen, die nicht dazu gehören, mundtot machen und zum Schweigen bringen" (Wegner 2002, S. 29). Die Unterschiede, die ein Zusammengehörigkeits- oder ein Distanzgefühl hervorrufen, sind fein, aber wirksam. Wo nicht bewusst auf die entsprechenden Grenzen geachtet und auf ein Einbeziehen von Differenzerfahrung hingearbeitet wird, beherrscht automatisch ein Milieu oder eine Schicht das Feld. So sucht man Arbeiter und kleine Leute in der Regel vergeblich in der Kirche, weil hier die Mittelschicht oder entsprechende Milieus die Kultur prägen (Lück, Arbeiter 1992). Verwundert fragt man nach Gründen: „Warum hat Religion ihren Platz in Milieus, die sehr viel Wert auf hemmende Etikette und auf freiwilliges Lernen legen, wie man den Oberen gefällt? Warum hat sie nicht vielmehr Platz in den selbstbewußten modernen Milieus, die viel Wert auf eigene Artikulations- und Darstellungsfähigkeit legen?" (Wegner 2002, S. 48).

Insgesamt gibt es zu den Fragen sozialer Ungleichheit noch wenig Studien. Aber man beginnt in der Kirche diese Dinge doch langsam wahrzunehmen. In den ersten Mitgliederbefragungen der Evangelischen Kirche in Deutschland war man bereits darauf gestoßen. Frauen und Männer, Alte und Junge, Menschen mit unterschiedlichem Bildungsgrad unterscheiden sich auch in Bezug auf die Nähe oder Distanz zur Kirche. „Frauen ('42% sehr/ziemlich verbunden') stehen der Kirche näher als Männer ('28% sehr/ziemlich verbunden'). Sie sind zwar weniger oft (41%) Mitglieder in einem Verein oder Club als männliche Befragte (56%), beteiligen sich aber häufiger (42%) am Gemeindeleben als jene (33%)" (Hanselmann 1984, S. 33). In der zweiten Befragung hatte man auch die Zugehörigkeit zu verschiedenen Schichten in die Beobachtung und Analyse einbezogen. Doch es war noch nicht analysiert worden, was inhaltlich zu Nähe oder Beteiligung führt und was eher abstößt. In der dritten Befragung stieß man bei der Analyse der erstmals durchgeführten Erzählinterviews auf das Phänomen unterschiedlicher Lebensgefühle (Engelhardt 1997, S. 162ff). Damit einher gingen Unterschiede in den Erwartungen an die Kirche, in Nähe und Distanz zur Kirche, bei allgemeinen Wertvorstellungen oder bei der Bereitschaft zur Beteiligung (S. 175ff). Man bekam in den Blick, wie Lebensgefühl und religiöse Lebensgestaltung zusammenhängen. In der vierten Befragung setzte man von vornherein bei der Untersuchung der soziokulturellen Unterschiede ein und fand unterschiedliche religiöse Stile heraus. „Ob man sich beispielsweise von den Angeboten einer Kirchengemeinde angesprochen fühlt oder nicht und ob man sich in ihr – auf die einem eigene Weise – beteiligen will oder nicht, hat nicht zuletzt damit zu tun, ob man sich in der Kirche, die einem begegnet, kulturell ‚zu Hause' fühlt. Was den einen – etwa beim Gemeindefest oder der Gottesdienstgestaltung – anspricht, wird eine andere eher befremden. Was der eine von der Kirche erwartet, wird für eine andere irrelevant sein oder sie vielleicht sogar vor den Kopf stoßen" (Weltsichten 2003, S. 55). Die Möglichkeiten sozialer Gestaltung und Strukturierung von Religion hängen also entscheidend vom soziokulturellen Umfeld der Mitglieder ab. Das haben Praktiker im kirchlichen Leben immer schon erfahren und sich damit abgefunden, dass man etwa Arbeiter nicht erreichte oder Männer nur im Glücksfall kamen. Aber es fehlten auf die Breite gesehen Analysen und das Interesse an einer differenzierten Praxis. Auch die Praktische Theologie beschäftigte sich weithin nicht mit dem Problem der Differenzen. Sie brauchte es auch nicht, weil sowohl Gottesdienst als auch Amtshandlungen als Einbahnkommunikation konzipiert sind. Es blieb dem Fingerspitzengefühl der Pfarrerinnen und Pfarrern überlassen, ob sie die Menschen mit ihrem Angebot erreichten oder nicht. Wie Differenzen in der Praktischen Theologie vorkommen können, sei an den Entwürfen von Gert Otto und Wolfgang Steck kurz angedeutet.

Gert Otto (1988) verhandelt das Thema Differenz unter dem Gliederungspunkt „Verständigen" (S. 210ff). Er möchte „Lern- und Dialogsituationen" herstellen. Im Blick auf die Generationendifferenz sollte „die hierarchische Einbahnbeziehung, in der immer schon feststeht, wer der Lehrende und wer der Lernende, wer der Gebende und wer der Nehmende ist", überwunden werden (S. 216). Von Jugendlichen wird in der Regel ein ausgesprochener Sinn für Diskriminierung, eine geringe Institutionengläubigkeit, eine Sensibilität für Not und Unterdrückung und neue Lebensformen eingebracht (S. 223). Davon kann man lernen. Auch von anderen Religionen und Konfessionen lässt sich lernen. Männer und Frauen müssen voneinander lernen. Und sie müssen beide lernen, in veränderten gesellschaftlichen Strukturen zu leben (S. 236).

Wolfgang Steck (2000) stellt einen Zusammenhang mit der Privatisierung des Gottesdienstes im Protestantismus her. Neben den agendarischen Hauptgottesdienst seien kulturell differenzierte Formen gruppenkirchlicher Gottesdienste getreten. So gebe es eigene Frauenliturgien genauso wie Jugend- und Familiengottesdienste (S. 313ff). Die Kindheit wurde zu einem eigenen „Paradigma religiöser Lebensentfaltung" (S. 514ff).

Otto erhebt die Forderung nach Überwindung von Differenzen bzw. nach der Arbeit mit Differenzen. Steck beschreibt Entwicklungen und macht damit die bestehenden Differenzen durchsichtig. Für beide spielen allerdings die Grenzen sozialer Schichtung oder von Milieubildung keine erkennbare Rolle.

Was bedeutet es, wenn man die soziokulturellen Differenzen wahrnimmt, in denen die Menschen in einer Gesellschaft und auch die Mitglieder der Kirche leben? Grob gesagt wäre damit eine wie auch immer geartete Homogenität in den Strukturen nicht mehr möglich. Man kann weder eine homogene Gemeinde anstreben, noch auch homogene Zielgruppen. Man wird sich bemühen, innerhalb der einen Gemeinde eine soziokulturelle Differenzierung und Arbeit mit den Differenzen zu ermöglichen. Warum soll es nicht Teilgemeinden als Subsysteme geben, die ihre eigene Kultur leben, z.B. eine Gemeinde der Arbeiter und kleinen Leute (Lück, Arbeiter 1992, S. 191)? Das muss kein Abschotten sein, sondern kann als Chancen für konziliaren Dialog oder wie Otto es vorschlägt als Chancen zum Voneinanderlernen begriffen werden. Man kann auch an milieuspezifische Theologien denken (Anhelm 2002, S. 22). Wo solche Differenzierung nicht bewusst zugelassen oder geschaffen wird, bildet sie sich ohnehin von allein heraus, dann allerdings in der Regel außerhalb des kirchlichen Feldes. Matthias Kroeger schildert eindrücklich die sich gegenwärtig bildende religiöse Welt, die zunächst einmal nicht in Verbindung mit der Kirche und ihren Traditionen steht. Ziel kirchlicher Arbeit dürfe es nicht sein, die Menschen in die kirchliche Welt heimzuholen, sondern sie auf ihren Wegen zu begleiten und mit dem, was die kirchliche Tradition zu bieten hat, zu ernähren (Kroeger 2004, S. 289ff). Helmut Bremer stellt als Ergebnis seiner Studien zusammenfassend fest: „Es gibt also, wie die Explorationen und Analysen gezeigt haben, auch außerhalb des schrumpfenden Milieus der Kirchenchristen ein breites Spektrum protestantischer Kultur, teils ästhetisch, teils idealistisch, teils praktisch. Für alle Gruppen sind Kirche und Religion ein wichtiger Bezugspunkt, auch wenn sie jeweils verschiedene Aspekte der Beziehung symbolisieren. *Es ist auf keinen Fall sinnvoll, durch aufgesetzte Marketingstrategien* die Kirche und ihre Repräsentanten anders kleiden zu wollen. Eine Haltung, die nicht von *innen* kommt, wird auch nicht ernst genommen. Es kommt vor allem auf das Ernstnehmen und *Anerkennen* an und *nicht* auf das äußerliche *Nivellieren* von Verschiedenheiten“ (Bremer 2002, S. 133f.). Auch Eberhard Hauschildt spricht sich gegen den Zwang zu Gleichheit aus. „Viele kirchliche Veranstaltungen sind (nur) milieuspezifisch interessant. ... Veranstaltungen, die es allen recht machen wollen, sind am Ende für niemanden interessant“ (Hauschildt 1998, S. 402). Weil kirchliche Praxis oft unerkannt milieugebunden ist, wird der Charakter vieler Konflikte als milieubedingt nicht wahrgenommen. „Das Dilemma der Kirche ist, dass sie jedem Milieu Anhalt bietet für das Feindbild, das ein jeweiliges Milieu von einem anderen hat. Dem Selbstverwirklichungsmilieu ist die Kirche zu bürokratisch, dem Niveaumilieu zu kindisch, dem Harmoniemilieu zu stolz, dem Unterhaltungsmilieu zu langweilig“ (S. 402f). Entsprechendes gilt für die Differenz von Männern und Frauen. Männer sind am sachbezogenen Arbeiten interessiert. Sie wollen etwas gestalten. Frauen kommt es mehr auf Kommunikation und Kreativität an. So verwundert es nicht, wenn aus einem überwiegend von Frauen getragenen sozialen Treff für Asylbewerber eine von Männern getragene GmbH wurde, die Wohnungen für Flüchtlinge errichtete und betrieb. Mit der Änderung der Aufgabe des Kreises änderte sich auch dessen geschlechtsspezifische Zusammensetzung. Auf Angebote der religiösen Bildung, die die persönliche Klärung zum Ziel haben, reagieren insbesondere Frauen. Männer fühlen sich eher von theologischen Expertengesprächen oder einer Ausbildung in Kirchenführung angezogen. Ein bewusstes Arbeiten mit diesen Differenzen im inhaltlichen Bereich gibt es noch wenig. Was es an Differenzierung in der kirchlichen Praxis gibt, bleibt auf die ständische Zielgruppenarbeit beschränkt. Doch auch die Zielgruppenarbeit ist nicht unbedingt ein Ansatz, der den Mitgliedern gerecht wird. Man hat an der Frauenarbeit und Frauenbildung, auch da wo sie selbst organisiert war, kritisiert, dass mit dem Zielgruppenansatz oft auch eine Defizitthese verbunden sei. Auch würden Frauen damit diskriminiert und auf eine Rolle festgelegt (Gieseke 2001). Man wird dem Thema der Gerechtigkeit zwischen den Geschlechtern nicht gerecht, wenn man es allein zu einer Frauenfrage macht (Herre 2002). An die Stelle des Zielgruppenansatzes ist deshalb zu Recht die Genderperspektive getreten. Schließlich sind Frauen nicht so homogen, wie die Rede von der Zielgruppe Frauen vermuten lassen könnte. Entsprechende Bedenken werden gegenüber der Altenarbeit und Altenbildung erhoben. Auch das Alter ist differenzierter zu sehen als es mit einem Ansatz bei d e n Alten geschehen könnte (Kade 2001).

Am deutlichsten scheint die Arbeit mit der Differenz im Bereich der Verschiedenheit von Kulturen und Religionen bislang vorangetrieben zu sein. Auch hier ist in den letzten Jahrzehnten deutlich geworden, wie die eigene religiöse Identität nicht mehr selbstverständlich vorgegeben ist. Früher war man evangelisch oder katholisch. Die darin liegende Differenz wurde in der Regel im Distanz Halten gelebt. Der nach dem Zweiten Weltkrieg entstehende interkonfessionelle Dialog führte in vielem zur Anerkennung untereinander. Man inszenierte ökumenische Gottesdienste, Trauungen usw. Ähnliches scheint sich jüngst im Verhältnis zu anderen Religionen anzubahnen. Es gibt bereits interreligiöse Feste und Gebete. Matthias Kroeger glaubt, dass künftige Religiosität in jedem Fall von Interreligiosität geprägt sein wird. Er selbst sieht immer wieder auf die Parallelen in anderen Religionen (2004, S. 62ff).

Soziokulturelle Differenzen sind maßgeblich beteiligt an der Ausbildung von Strukturen in der kirchlichen Praxis. Wenn sie sich ändern, ist auch die kirchliche Praxis in Frage gestellt.

Die Kirche der Zukunft wird auf das Postulat der Einheitlichkeit verzichten und ihren Mitgliedern je eigene Gestaltungsräume eröffnen müssen.

Ansätze von Kirchenreform heute

Wenn ich recht sehe, werden Reformen vor allem hinsichtlich der Effektivität der Organisation angestrebt, sowie hinsichtlich des Einflusses auf Öffentlichkeit und Mitglieder und hinsichtlich der Aufgabenteilung zwischen der lokalen Parochie und den regionalen Strukturen.

„Kirche wurde schon immer durch sich verändernde kontextuelle Bedingungen jeweils neu dazu herausgefordert, die ihr selbst gemäßen Strukturen und die ihrem Auftrag angemessenen Handlungsschwerpunkte neu zu bestimmen. Vor dieser Herausforderung steht die Kirche auch jetzt, " stellt das Leitende Geistliche Amt der Evangelischen Kirche in Hessen und Nassau fest und fordert eine „neue Qualität von Sparen". Es dürfe nicht linear gekürzt werden, vielmehr müssten alle Organisationsstrukturen der Kirche daraufhin angesehen werden, was der Kirche gemäß sei und der Wahrnehmung ihres Auftrags dienlich sei (Auftrag und Gestalt 1996, S. 5). Dann werden in der Studie des Leitenden Geistlichen Amtes Kriterien entwickelt für eine Ressourcenkonzentration und Strukturveränderung. Die Annahme ist, die bisherigen Strukturen im Sinne des Auftrags der Kirche seien gegenwärtig nicht mehr effektiv genug.

Tatsächlich ist die Suche nach neuen Instrumenten kirchlicher Praxis angesichts neuer gesellschaftlicher Rahmenbedingungen überhaupt nicht neu. Dabei hat man wohl auch immer auf Instrumente zurückgegriffen, die zur Bearbeitung entsprechender Probleme in der jeweiligen Gesellschaft bekannt waren. Auch die Maßstäbe, die angelegt wurden, dürften in der Regel den Maßstäben geglichen haben, die sonst in der Gesellschaft üblich waren. Selten wird man sich freudig, sondern eher notgedrungen zur kleinen Zahl bekannt haben. „Small is beautiful" ist auch in der Kirche nur eine Protestparole, die dem heiligen Dennoch entspringt. In der Regel bekannte man sich lieber zur großen Zahl. Das beginnt schon in den Berichten der Apostelgeschichte mit der Nennung der Zahlen derer, die jeweils neu zur Gemeinde kamen: „Und wurden hinzugetan an dem Tage bei dreitausend Seelen" (Apg 2,41). Effektivität wird auch in der Kirche in Zahlen gemessen. Das beeindruckte mich schon in meiner Vikarszeit im Jahr 1965. Ich begleitete meinen Lehrpfarrer zur Vorbereitung eines Gemeindeausflugs, bei dem auch eine andere Gemeinde besucht werden sollte. Um sich ein Bild von der fremden Gemeinde machen zu können, fragte der Lehrpfarrer nach der Zahl der Gemeindeglieder, dem durchschnittlichen Gottesdienstbesuch am Sonntag und der Höhe des Kollektenaufkommens. Später bemerkte er zu mir gewandt: „Wir sind besser". Benchmarking würde man das heute nennen.

Wenn heute darüber geklagt wird, ökonomisches Denken halte in unvertretbarem Maße in der Kirche Einzug und Instrumente aus der Betriebswirtschaft würden zu oft angewandt, so sehen viele nicht, dass dies früher schon genauso war. Es waren nur andere wirtschaftliche Instrumente, vielleicht noch nicht so ausgefeilt, die verwendet wurden. Man kann auch das Vorgehen eines Paulus in Korinth mit heutiger Wirtschaftsterminologie beschreiben und verfälscht die Berichte nicht. Matthias Dargel beschreibt Paulus als einen der das personal selling als erfolgreiche Strategie anzuwenden wusste (Dargel 2002, S. 280).

Leistung wird seit biblischen Zeiten auch in der Kirche gemessen. Wenn die Zahlen, sei es des Gottesdienstbesuchs, sei es der Finanzen, nicht befriedigen, wird geklagt und auf neue Wege gesonnen. Ob dies nun ausgedrückt wird oder nicht, geht man jeweils von Zielvorstellungen aus. Strukturveränderungen werden in dem Maß vorgenommen, wie man meint, die Ziele besser mit anderen Formen erreichen zu können. An dieser Stelle würde es zu weit führen, wenn ich all die Instrumentarien, die gegenwärtig in der kirchlichen Praxis in Gebrauch genommen werden, vergleichen würde mit dem, was schon lange Praxis ist. Hier zur Anregung nur ein paar Gegenüberstellungen: Leitbildentwicklung/Bekenntnisschriften, Zielvereinbarung und Controlling/Visitation, Marketing/Zielgruppenbezug (den Juden ein Jude), Budgetierung/Haushalterschaft, Evaluation/Rechenschaft ablegen. Vieles klingt nur fremd, folgt aber Verfahrensweisen, die längst genutzt werden. Das Neue liegt vielleicht im wesentlichen darin, dass stringenter gearbeitet wird und man auch auf die Messbarkeit und Vergleichbarkeit der Daten mehr achtet.

Worum geht es, wenn in der kirchlichen Praxis auf Effektivität geachtet wird? Sehr vereinfacht könnte man sagen: Es geht um die Weitergabe des Evangeliums an möglichst viele Menschen und um die Ermöglichung der verändernden Wirkung des Evangeliums bei einzelnen und in der Gesellschaft. In der schlichtesten Form kommt dann eine Nachfrage wie bei dem oben zitierten Lehrpfarrer heraus. Die Zahl der Gottesdienstbesucher bezogen auf die Gesamtzahl der Gemeindeglieder sagt dann etwas aus über die Qualität der Weitergabe des Evangeliums und das Kollektenaufkommen zeigt, wie hoch der Impuls zu veränderndem Handeln, z.B. Diakonie, in der Gemeinde ist.

Was passiert, wenn die Effektivität der kirchlichen Praxis als unzureichend erlebt wird? In der Regel werden Vermutungen über die Ursachen angestellt, dann wird der Ruf nach Reformen laut. Im protestantischen Feld kam es zur Bildung der verschiedensten Gruppierungen. Friedemann Merkel beschreibt diesen Zusammenhang ausdrücklich für die Entstehung der Vereinsstruktur im 19. Jahrhundert. „Auffallend ist, dass auch die Kirchen (Plural!) ihre damals (bis heute) bestehenden Rechts- und Organisationsformen offenkundig nicht als geeignet empfanden, sich neuen Aufgaben zu stellen. Schließlich waren die Kirchen (wie die Kommunen, Provinzen und Länder) bestens organisiert: Das Parochialsystem und die diözesane-landeskirchliche Verfassung klärt die Zuständigkeit nachgerade flächendeckend und gewährleistete die seelsorgerliche Versorgung der Gemeinden. Aber offenkundig waren diese *lokal* bestimmten Strukturen nicht geeignet, sich neuen Anforderungen in einer sich wandelnden Welt zu stellen. So treten neben die Parochien die kirchlichen Vereine; neben die öffentlich-rechtlich verfassten Kirchen privatrechtlich strukturierte Vereinigungen“ (Merkel 1994, S. 162). Die Breite dieser Bewegung ist bekannt. Sie reicht von den Aufgaben der Äußeren Mission, über die Bibelverbreitung, die Bekämpfung von Missständen aller Art, soziale Arbeit bis hin zum Kirchenchorwesen. Merkel sieht in dieser Entwicklung nicht den Streit zwischen Amtskirche und Basisgemeinde. „Kirchliche Vereine sind vielmehr Ausdruck der mündigen Gemeinde, die nicht verwaltet werden, sondern selbst gestalten will. Kirchliche Vereine sind wahrgenommenes Priestertum aller Gläubigen“ (S. 170). So ist das nicht immer verstanden worden. Es gab auch viel Konkurrenz. Bis heute wird z.B. das Diakonische Werk, das aus den Vereinen der Inneren Mission hervorgegangen ist, nicht selten als eine Art Nebenkirche gesehen.

Zweifellos tendiert eine vereinsmäßig strukturierte Arbeitsform, wie Merkel urteilt, in die Richtung einer Kirche, die sich an den Mitgliedern, ihren Interessen und Bedürfnissen orientiert. Zum Wesen von Vereinen gehören die Wahlfreiheit des Engagements, die Gemeinschaft der Gleichgesinnten und Gleichgestimmten, ein hohes Maß an Eigengestaltung mit Delegation, eine offene Geselligkeit und ein besonderes Wir-Gefühl (S. 163). Im Verein haben die einzelnen ihren Platz, ihre Geborgenheit und ihre Aufgaben. Entsprechende Strukturen, werden deshalb auch heute noch angestrebt, wo die Mitglieder zum Zuge kommen sollen, oder wo die Mitglieder sich durchzusetzen in der Lage sind.

Nach wie vor sind es soziale Belange, die zu Vereinsgründungen Anlass geben. Doch sind es oft auch besondere Frömmigkeits- und Glaubensformen, die Menschen zur Gründung einer gesonderten Vereinigung treiben. Das geistliche Leben im ortsgemeindlichen Gottesdienst erscheint als zu unverbindlich, zu wenig intensiv oder von einer nicht akzeptierten Theologie geprägt zu sein. Bereits der Pietismus hatte in dieser Lage zu eigenen Zusammenkünften aufgefordert. Vertreter der „Bekenntnisbewegung ‚Kein anderes Evangelium'" riefen 1995 unter dem Motto „Wir sind die Kirche" zu Vereinsgründungen auf. Es hieß da u.a.: „Wenn diese Kirche als Platzanweisung Gottes erkannt wird, müssen Evangelikale Wege suchen, wie sie geistliche Verantwortung für diese Kirche wahrnehmen können, so dass sie Zukunft in dieser Kirche haben. Dazu gehört, dass sich Evangelikale zusammenfinden und sich organisieren... Eine solche Möglichkeit bietet sich in der Gründung von Vereinen, wie sie bereits in der Geschichte der Christenheit eine geistlich bedeutende Rolle in Mission und Diakonie gespielt haben" (Nestvogel 1995, S. 29). Auch im Rahmen der s.g. Geistlichen Gemeindeerneuerung bilden sich innerhalb von Kirchengemeinden immer einmal wieder eigene Gruppierungen. Oft sind es Pfarrer, die ein intensiveres geistliches Leben anstreben. Ein Teil der Gemeinde folgt ihnen, die Mehrheit ist in der Regel dagegen. Wenn es gut geht, kommt bei dem entstehenden Konflikt kein Amtsenthebungsverfahren heraus, sondern die Gründung eines Vereins, der innerhalb der Landeskirche bleibt, aber seine eigenen Gottesdienste, eine persönliche Gemeinschaft, eine besondere Verkündigung usw. pflegen kann. Die so entstehende „neue Gemeinde" bekommt zwar kein Geld von der Landeskirche, schließt aber womöglich einen Kooperationsvertrag mit ihr ab. Entsprechendes entsteht immer einmal wieder, wenn das besondere Interesse eines Gemeindepfarrers zu Auseinandersetzungen in der Gemeinde führt.

Von solchen Entwicklungen, die sich meist im kleinen Rahmen abspielen, sind die Reformbemühungen zu unterscheiden, die eher auf der Ebene der Kirchenleitung angesiedelt sind. Hier geht es in der Regel darum, gesellschaftliche Trends auszugleichen oder gesellschaftlichen Trends in der Kirche gerecht zu werden. Kirchliche Praxis scheint ihre Wirksamkeit zu verlieren. Sie bindet die Mitglieder nicht in gewünschtem Maße. Der Einfluss in der Öffentlichkeit ist zu gering. Die Kirche kann die Felder der Diskussion nicht ausreichend besetzen. Der finanzielle Spielraum wird eng.

Wie aber wird mit solchen Problemanzeigen umgegangen? Matthias Dargel stellt fest: „Erst wenn personelle und materielle Ressourcen knapp werden, gerät etwas in Bewegung" (Dargel 2002, S. 272). Doch ist nicht gesagt, dass bei den entstehenden Beratungen auch wirklich die Probleme angegangen werden. Vielfach wird nicht beachtet, dass neben den finanziellen Mangel „schon seit langem ein mittlerweile auch gut dokumentierter Mangel an inhaltlicher Profilierung, zielorientierter Steuerung und ergebnisorientiertem Ressourceneinsatz" getreten ist. Bemerkenswert sei, so Dargel, dass bei den offenkundigen Defiziten kaum Veränderungen auf der Ebene der Gemeinden und der Kirchenkreise vorgenommen würden. „Ein schlüssiger Zusammenhang zwischen den vom Leitungsgremium angestrebten Zielen und Prioritäten, dem Ressourceneinsatz und den tatsächlichen Ergebnissen ist oft nicht erkennbar". Man verzichtet auf Prioritätensetzung, indem man sagt, alles sei gleich wichtig. Im Haushalt jedoch werden dann eindeutige Schwerpunkte gesetzt. Damit aber fehlt jede Möglichkeit effektiver Steuerung. Das Ergebnis ist, dass Veränderungen als zu schwierig angesehen werden und „Leitungsverantwortliche diesen strategischen Wandel überhaupt (nicht) erst versuchen" (S. 275). Statt dessen weicht man aus auf die Einführung technisch-organisatorischer Verfahren wie Kosten- und Leistungsrechnung, Mitarbeitendengespräch und Personalentwicklungsmaßnahmen. Oder man entwickelt Leitbilder und Zukunftsszenarien oder neue inhaltliche Formen etwa neue Gottesdienstangebote oder besondere Veranstaltungsformen. Doch erst beides zusammen würde wirklich Erfolg versprechen.

Insgesamt fehlt es meist an einem expliziten Marketing. Orientierung an den Empfängern findet sich kaum. Es fehlt schon an den nötigen Strukturen. Dargel fragt: „Wo sind kirchliche Organisationen in Deutschland in ihren Prozessen ausgerichtet auf Neuzugänge – einmal abgesehen von der Kindertaufe?" (S. 280). Eintrittskampagnen wird man kaum finden. Im Großen und Ganzen kümmern sich die Leitungsverantwortlichen um die Bedürfnislage der Adressaten eigentlich nicht. Zwar wurde in den siebziger Jahren in der Predigtlehre der Hörer wieder entdeckt. Aber oft kommt dabei nur das kirchliche Milieu in den Blick. „Gerade hier ist eines der großen Defizite kirchlichen Handelns auszumachen. Die Bedürfnisse der Mehrheit der Bevölkerung sind zu oft nur selektiv im Blickwinkel der kirchlichen Perspektive. Dies ist einer der Gründe für den markanten Bedeutungsverlust der Kirchen in der Gesellschaft", meint Cla Reto Famos (2003, S. 398).

Wenn unter Zuhilfenahme von Werkzeugen aus der Ökonomie keine oder nur geringe Erfolge zu verzeichnen sind, dann liegt das nicht an der Kirchenfremdheit der Werkzeuge, sondern eher daran, wie diese eingesetzt werden. Man kann nicht die Hauptbereiche der Gemeinden und Kirchenkreise aussparen. Es führt auch nicht weiter, wenn theologische und finanzielle Prioritätensetzung auseinander gehen. Und schon gar nicht wird man Erfolg haben, wenn das Gegenüber, dem die kirchliche Praxis gilt, nicht im Blick ist. Die Instrumente der Ökonomie sind dazu geeignet, Betrieben, Organisationen und auch Kirchen den Zugang zu erfolgreicher Praxis über Marketing mit Kundenorientierung und Bedürfniserhebung usw. zu ermöglichen. Sie müssten nur ohne Scheu und kompetent angewandt werden. Wo dies geschieht, ist die Kirche zweifellos auf dem Weg zur Mitgliederkirche.

Interessant ist nun, dass nicht Leitungsgremien kollektiv entsprechende Wege beschreiten, sondern es in der Regel Einzelpersonen sind, die auf unternehmerische Handlungsformen drängen (Hermelink 2002, S. 247). Vielfach sind es Synodale, die beruflich mit entsprechenden Formen vertraut sind. Außerdem werden entsprechende Konzepte über Fortbildungseinrichtungen verbreitet und in die Diskussion gebracht. Nicht institutionell eingebundene Kräfte, einzelne Personen, nicht Leitungsgremien, sondern Mitglieder geben die Impulse. Eine Mitgliederkirche wäre also auch als von ihren Mitgliedern lernende Kirche zu verstehen. In diesem Sinne forderte der Bischof der Kirchenprovinz Sachsen Christoph Demke den Abschied vom Strukturmodell „Mutter Kirche" (Demke 2001, S. 11). „Der Abschied vom Strukturmodell ‚Mutter Kirche' ist nicht nur der Entwicklung zur Bürgergesellschaft angemessen. Er kann vielmehr endlich das einlösen, was der theologischen Einsicht und dem Selbstverständnis der reformatorischen Kirchen entspricht. ... Abschied vom Modell ‚Mutter Kirche' heißt letztlich, das Priestertum aller Glaubenden nicht nur zu lehren, sondern praktisch zuzulassen und so die Gabe des Geistes und die Freiheit des Herrn zu riskieren" (S. 12). Die kommende Kirche wird sich von ihren Mitgliedern leiten lassen und sich auf deren Bedürfnisse, Interessen und Vorstellungen einlassen und von ihnen lernen müssen.

Leitbilder, neue inhaltliche Formen und Veranstaltungsarten sollen dem wehren, was „Akzeptanzkrise" genannt wird. Der Einfluss der Kirche auf einzelne und Gesellschaft geht zurück. Jan Hermelink empfiehlt als Fazit aus einer Sichtung von Kirchenreformansätzen: „Unter dem doppelten Druck gesellschaftlichen Wandels und knapper Ressourcen muss sich die Kirche, so ist zusammenzufassen, bewusster als *Organisation* verstehen: Sie muss ihre Bedeutung für die individuelle wie die gesellschaftliche Entwicklung artikulieren; sie muss ihre inhaltlichen Grundsätze in ein ‚Leistungsprogramm' umsetzen, das für (potenzielle) Mitglieder identifizierbar wie für Mitarbeitende attraktiv ist; sie muss von daher konkrete Handlungsziele und Leistungsstrukturen ausarbeiten" (2003, S. 136f).

Im Prinzip findet man zwei Linien von Aktivitäten und Programmen. Vereinfacht gesagt gehen die einen von dem aus, was die Kirche, der Glaube, das Christentum zu bieten haben, die anderen gehen von dem aus, was die Menschen brauchen, was sie an Bedarf sehen. Mit den Konzepten, die dem ersten Prinzip folgen, verbinden sich in vielerlei Varianten die Begriffe der Mission oder des Missionarischen oder Begriffe wie geistliche Gemeindeerneuerung, spirituelles Gemeindemanagement und – ganz traditionell – Evangelisation. Konzepte, die dem zweiten Prinzip folgen, tragen kaum programmatische Bezeichnungen. De facto setzt man hier auf Fortbildung, Veränderung des kirchlichen Handelns im Sinne der Mitgliederperspektive.

Im Grunde braucht es beide Prinzipien, um interessant und gehaltvoll Menschen und Öffentlichkeit zu erreichen. Doch beide Richtungen halten ihren jeweiligen Schwerpunkt für so gewichtig, dass man einander mit spitzen Bemerkungen aus dem

Felde zu schlagen versucht. Ein Beispiel dafür ist das Themenheft der Zeitschrift Pastoraltheologie „Mission!? – ein Reizwort in der praktisch-theologischen Diskussion“ aus dem Jahr 2002.

Mit Mission – klassisch: Innere Mission oder Evangelisation – haben sich jahrzehntelang nur die volksmissionarischen Ämter der Landeskirchen beschäftigt. Sie trugen das Wort missionarisch oder Mission in ihrem Titel wie z.B. das Amt für missionarische Dienste und Gemeindeaufbau in der Evangelischen Kirche in Hessen und Nassau. In diesem Sinne Mission beschäftigte die Leitungsgremien und Synoden allenfalls am Rande. Das ist in den neunziger Jahren anders geworden. 1998 beschäftigte sich die Landessynode von Berlin-Brandenburg mit dem Thema. 1999 verabschiedete die Synode der Evangelischen Kirche in Deutschland eine Kundgebung mit dem Titel „Reden von Gott in der Welt. Der missionarische Auftrag der Kirche an der Schwelle zum 3. Jahrtausend“. In der Reihe EKD-Texte erschien 2001 der Titel „Das Evangelium unter die Leute bringen. Zum missionarischen Dienst der Kirche in unserem Land“. Es bildete sich ein Initiativkreis „Kontextuelle Evangelisation im gesellschaftlichen Wandel“. Dieser Kreis sah in dem gesellschaftlichen Wandel „missionarische Herausforderungen“ und trat dementsprechend für eine Stärkung der „missionarischen Kompetenz“ der Pfarrerinnen und Pfarrer ein (Initiativkreis „Kontextuelle Evangelisation im gesellschaftlichen Wandel“ 2002, S. 126ff). Von Berlin-Brandenburg aus hat sich als Parole bei vielen an Mission interessierten Gruppen und Gremien „Wachsen gegen den Trend“ festgesetzt (S. 128). Diese Parole erscheint auch in dem Reformvorhaben der Evangelischen Kirche von Westfalen gewissermaßen als Zielangabe für das Vorhaben von mehr Mitgliederorientierung (Ev. Kirche von Westfalen 2000, S. 30). Bei dem Motto geht es zweifellos darum, dass die Kirche wächst. Ganz klar ist nicht, was gesagt wird. Welcher Trend ist gemeint? Der Trend, dass die Zahlen von Mitgliedern und Beteiligung abnehmen? Das müsste gesagt werden. Es gibt auch ganz andere Trends. In jedem Fall müsste es aber auch heißen: Wachsen entgegen dem Trend. Ein Wachsen gegen etwas gibt es nicht (vgl. auch Kähler 2002, S. 139f).

Man kann im übrigen auch darüber streiten, ob Wachstum außer geistlich-geistigem Wachstum wirklich in sinnvolles Ziel sein kann. Strittig ist aber kaum, dass es Ansätze braucht, um die Kirche zu modernisieren und auch bei denen attraktiv zu machen, die ihr eher den Rücken zukehren wollen. Strittig ist vielmehr, inwieweit die Inhalte von der Kirche vorgegeben sind. Die missionarische Ausrichtung wird da problematisch, „wo die Außenstehenden eo ipso als geistlich defizitär erscheinen, und wo die Kirche immer schon zu wissen scheint, welche Form der Gottesbeziehung, welche inhaltliche Überzeugung und welche Sozialform dem Glauben entspricht. Weil das Ziel der Mission feststeht, atmen die konkreten Vorschläge den Geist technischer Machbarkeit; für die spirituelle Kompetenz der ‚Fernen‘ bleibt ebenso wenig Raum wie für das unverfügbare, überraschende Handeln Gottes“ (Hermelink 2003, S. 136). Das ist anders bei Neuerungen, die die Schwelle zur Kirche eher niedrig machen. In Darmstadt und anderen Orten gibt es seit einigen Jahren Kirchenläden, in denen man u.a. auch in die Kirche wieder eintreten kann. Nachdem durch die Mitgliedschaftsbefragungen deutlich geworden ist, wie Nähe und Distanz zur Kirche sehr differenziert zu betrachten sind und es eine Vielfalt von Lebensstilen oder Milieus gibt, die Nähe und Ferne in religiösen Fragen nahe legen, werden oft vor Ort auch differenzierte Projekte entwickelt, die nicht mehr davon ausgehen, dass man die Menschen und ihre Einstellungen bereits kennt. Man diskutiert verschiedene Formen des Mitgliedschaftsrechts und erinnert auch an die Tradition des Katechumenats. Man versucht die Mitglieder möglichst klar zu sehen und nach ihren spezifischen Bedingungen und Möglichkeiten zu fragen. Hermelink nennt als Grundsatz für ein derartiges Vorgehen: „Jedes Handeln der Kirche muss sich fragen lassen, ob und wie es – aus der Perspektive der Mitglieder – der Entwicklung und Gestaltung der je eigenen Gottesbeziehung dient, oder einfacher: ob es den Glauben der Einzelnen stärkt“ (Hermelink 2003, S. 132). Dabei soll nicht darauf verzichtet werden zu zeigen, was die Kirche, das Christentum und die Tradition zu bieten haben. Auch Fulbert Steffensky sieht die Notwendigkeit von Mission. „Die öffentliche Rede der Kirche geht an Menschen, meint er, deren Muttersprache das Christentum nicht mehr ist“ (Steffensky 2003, S. 364). Dabei geht es ihm aber nicht darum, die Defizite der anderen aufzuweisen, sondern sich als Kirche zu zeigen. „Lehren heißt zeigen, was man liebt. Menschen werden wahrscheinlich nicht lieben, was wir lieben. Aber sie werden lernen, dass man überhaupt etwas lieben und für etwas einstehen kann“ (S. 365). Es gibt Erwartungen, die mehr als Belehrungen brauchen. „Die Kirche soll also denen, die in ihren Vorhöfen lagern, nicht mit einer großmütigen, aber inhaltslosen Geste entgegenkommen. Sie soll ihre Schätze zeigen. Sie soll stellvertretend für jene Nicht- oder Halbchristen glauben“.

Zu dieser Art die Schätze zu zeigen mögen auch die verschiedenen Gottesdiensttypen gehören, die im Blick auf unterschiedliche Zielgruppen gegenwärtig ausgearbeitet und beworben werden: Für Zweifelnde, geistlich Suchende, für Erlebnis- oder Familien-Orientierte, „Etwas andere Gottesdienste“, „Thomasmesse“, „Gospecial“ (Hermelink 2003, S. 129) oder im Anschluss an die Erfahrungen der Willow-Creek-Gemeinschaft in den USA „Kirche anders“ (Mey u.a.2003). Die verschiedenen Formen haben ein sehr eigenes geistliches Profil und versuchen darin einer Pluralität von religiösen Erwartungen und Erfahrungen gerecht zu werden. Meist bieten sie auch eine breite Möglichkeit zur Beteiligung. Hierher gehören auch regionale Programme, die z. T. im Gefolge des „Evangelischen Münchenprogramms“ (Lindner 1997) in zahlreichen Städten ins Leben traten. Immer geht es darum, Zielgruppen zu erreichen und zu beteiligen.

Hierin sieht Andreas Feige allerdings noch nicht den entscheidenden Schritt. Selbstverständlich sei mit solchen Programmen ein gewisser Respekt vor der Autonomie der Individuen zum Ausdruck gebracht, doch müsse man eigentlich einen Schritt weiter gehen. „So gilt m.E., schreibt Feige, in der Tat die Priorität einer anderen Frage und zwar – in bewusster Zuspitzung – die, *wie die Kirche zum ‚Glauben‘ ihrer Mitglieder findet*“ (Feige 1994, S. 104). Die Theologie dürfe sich nicht mehr als Normenkontrolle verstehen, sondern müsse nach der religiösen Verstehensbedürftigkeit der Menschen fragen (S. 106). Die Kirche könne die Menschen nicht dauerhaft einbinden, sondern müsse ein religiöses Deutungsangebot für den einzelnen in erreichbarer Nähe organisatorisch frei bleibend vorhalten und anbieten (S. 105). „Das ist weder organisatorisch leicht zu bewerkstelligen noch trägt es zur befriedigenden theologischen Identität einer dauerhaft und hierarchisch organisierten Kirche bzw. der in der Kirche hauptamtlich Tätigen bei".

Wo die Kirche sich als die normierende Instanz versteht, wird sie auf viele Defizite treffen. Die dritte Mitgliedschaftsuntersuchung der Evangelischen Kirche in Deutschland (Engelhardt 1997) hat mit ihren Erzählinterviews Menschen auf der religiösen Suche entdeckt. Hier könnte eine Kirche interessant sein, die sich als Kirche der gemeinsam Suchenden begreift. Die vierte Mitgliedschaftsuntersuchung hat aufgezeigt, in wie verschiedenen Lebensstilen die Menschen zu Hause sind (Weltsichten 2003). Müsste daraus nicht die Konsequenz gezogen werden, dass sich die Kirche stark um die Herstellung eines Gesprächszusammenhangs derer kümmert, die einander sonst nicht wahrnehmen? Und ist die Kirche nicht vielleicht in viel größerem Maße bereits ein Gesprächszusammenhang, der nur kaum sichtbar wird, weil man ihn nicht erhebt oder erheben kann? Vieles von dem, was seitens der Kirche initiiert und organisiert wird, ist für die Mitglieder gar nicht oder nur schwer als kirchlich zu erkennen bzw. wird nicht abgefragt. Wie wird die Wirkung eines Besuchsdienstes sichtbar? Was zählt es, wenn die Kirchen sich am öffentlichen Weiterbildungssystem beteiligen? Wie misst man die persönliche Urteilsbildung auf Grund von Lektüre oder Sendungen in Rundfunk und Fernsehen?

„Vielfach nehmen die Kirchenmitglieder gegenüber der Kirche dieselbe Haltung ein wie gegenüber dem Staat", schreibt Detlef Pollack. Sie lassen sich versorgen. Dabei nehmen sie aber nur den Teil der Kirche wahr, der offiziell als Versorgungseinrichtung fungiert, das Pfarramt mit Amtshandlungen, Gottesdiensten und Unterricht. Den Kirchenteil, der auf Vereinen, Initiativen und Verbänden basiert, nehmen sie kaum wahr. Den nimmt ja die Kirche selbst auch nicht wahr. In der Kirchenordnung der Evangelischen Kirche in Hessen und Nassau ist ein „Rat der kirchlichen Werke und Verbände" (Art. 61) vorgesehen, der unter Vorsitz des Kirchenpräsidenten die Arbeit zwischen der verfassten Kirche und den anderen Einrichtungen koordinieren soll. Anders als in Artikel 62 „Der Gesamtkirchliche Ausschuss für den Evangelischen Religionsunterricht", der die Zusammenarbeit mit dem Staat regeln soll, wird der Rat der kirchlichen Verbände aber von niemandem ernst genommen und auch schon seit Jahrzehnten nicht mehr einberufen. Mir ist nicht bekannt, dass dieser Zustand in anderen Landeskirchen wesentlich anders wäre. Gleichwohl scheint aber bei den Mitgliedern doch etwas in Bewegung gekommen zu sein. Als eine Beobachtung aus der vierten Mitgliederbefragung schreibt Pollack: „Der Eindruck, dass der Wandel von der Versorgungskirche zu einer mehr durch Engagement ihrer Mitglieder getragenen Kirche kaum vorankommt, ist beherrschend, erste Anzeichen, dass im Rahmen gleichbleibender Strukturen der

Transformationsprozess bereits begonnen hat, sind gleichwohl unübersehbar" (Pollack 2003, S. 75). Vielleicht erhöht sich die Akzeptanz der Kirche bei den Mitgliedern. Vielleicht wird auch nur die Wahrnehmung sensibler für das, was den Mitgliedern wichtig ist.

Parochie und funktionale Dienste, Ortsgemeinde und übergemeindliche Arbeit werden einander gegenüber gestellt, ihr Verhältnis zueinander als spannungsvoll beschrieben. Dabei ist klar, wo die Parochie zu finden ist. Sie ist der räumlich umgrenzte Bereich in einer Stadt oder einem Dorf. Es gibt sie flächendeckend. Wo hingegen die funktionalen Dienste mit ihren Sonderpfarrämtern, Werken, Verbänden, Vereinen und Arbeitsstellen angesiedelt sind, ist sehr unterschiedlich. Manche speziellen Einrichtungen werden von einzelnen Kirchengemeinden getragen. Andere, die auf besondere Einrichtungen wie Krankenhäuser bezogen sind, werden vom Kirchenkreis oder der Landeskirche getragen. Wieder andere haben eine eigene Struktur mit einer Zentralstelle auf Landeskirchenebene und Nebenstellen in den Regionen. Schließlich gibt es mit besonderen Aufgaben betraute Arbeitsstrukturen, für die es nur eine Arbeitsstelle in der Landeskirche gibt. Wo die funktionalen Dienste einmal als Ergänzung oder Entlastung für die Parochie entstanden sind, wie z.B. das Diakonische Werk oder die Krankenhauspfarrämter, findet man eine Regionalstruktur.

Auch das hat seine Geschichte. Die Parochie bzw. örtliche Kirchengemeinde verfügte von Anfang an über ein Kirchgebäude und meist auch ein Pfarrhaus. Im ausgehenden 19. Jahrhundert kam vielfach ein Gemeindehaus dazu. In vielen Fällen wurde auch ein Kindergarten und eine Sozialstation mit Gemeindeschwester errichtet. Die an Aufgaben orientierten Vereine taten sich bereits im 19. Jahrhundert zusammen und errichteten evangelische Vereinshäuser. Dies waren die Treffpunkte für einen größeren Umkreis, eine Stadt, einen Teil eines Landkreises oder dergleichen. Die Parochie war mit ihren Angeboten lokal bezogen; die Vereine waren regional orientiert.

Die Einwohnerzahl des jeweiligen Gebiets bestimmt über die Möglichkeiten von Differenzierung. Bei zwei bis drei Tausend Menschen kann ein Angebot nur gering differenziert sein. Bei dreißig oder vierzig Tausend Menschen ist mehr Vielfalt möglich. Mit der Größe einer Großstadt wird die Palette noch einmal reicher. Aus diesem Grund wird bei den Reformdiskussionen, bei denen es um die Grenzen der Parochie geht, auf die mittlere Ebene oder die Region abgehoben. Der zurückgehende Einfluss der Kirche wird oft auf die mangelnde Differenzierung in der traditionellen Kirchengemeinde zurückgeführt (Löwe 1999, S. 416). Auf der mittleren Ebene sieht man bessere Chancen, Menschen mit besonderen Interessen zu erreichen. Das westfälische Reformvorhaben „Kirche mit Zukunft" plädiert deshalb für größere Kirchengemeinden mit möglichst zwei und mehr Pfarrstellen. Wenn es dabei mehrere Standorte gibt, kann man die einzelnen profilieren und damit eine Differenzierung des Programms erreichen (Ev. Kirche von Westfalen 2000, S. 73). Darüber hinaus wird an weitere Zusammenarbeit gedacht, „um über das bereits differenzierte Angebot der Gemeinde hinaus in erreichbarer Nähe Interessierten vielfältige Möglichkeiten und attraktive Angebote zu ermöglichen. Denkbar sind Kooperationen zwischen 2-4 Gemeinden (Regionalisierung)" (S. 74). In der Evangelischen Kirche in Hessen und Nassau verspricht man sich von der Stärkung der mittleren Ebene durch s.g. Profil- oder Fachstellen wesentliche Impulse für die Mitglieder- und Außenorientierung (Lück 2003, S. 13). Mit einem auf verschiedene Orte verteilten kirchlichen Programm erreicht man nach Pohl-Patalong im Grundsatz eine Regionalisierung der kirchlichen Praxis, die mit ihrem differenzierten Angebot einerseits viele Menschen erreicht, andererseits in Zukunft bezahlbar bleibt, weil nicht überall alles angeboten werden muss, wie das bei der bisherigen Praxis in den Kirchengemeinden der Fall ist (Pohl-Patalong 2003, S. 243).

Die Profil- bzw. Fachstellen in der Evangelischen Kirche in Hessen und Nassau werden gezielt dort eingesetzt, wo man insgesamt strukturbedingte Defizite bei den Kirchengemeinden sieht. In den Handlungsfeldern Verkündigung und Seelsorge sieht man die Stärken der Parochie. Die Handlungsfelder Bildung, Gesellschaftliche Verantwortung und Ökumene, sowie die Öffentlichkeitsarbeit will man mit den neuen Stellen auf der mittleren Ebene unterstützen. Die Dekanate sind aufgefordert, Vorstellungen für ihren Bereich zu entwickeln. Ein Dekanat im Umland von Frankfurt am Main formulierte z.B.: „Wir brauchen für das Dekanat eine Profilstelle, die sich konzentriert auf geistliche Angebote für ‚unvertraute Milieus' (Erfolgreiche und Pendler, Singles, Reisende...). Der/die InhaberIn dieser Profilstelle sollte PfarrerIn sein. Diese Stelle wäre ein recht originelles und unerwartetes Angebot im Bereich ‚Ökumene'. Begründen ließe sich das mit dem Schlüsselbegriff ‚Ökumenische Spiritualität'". Differenzierung heißt in diesem Fall nicht nur größere Vielfalt, sondern auch ein Angebot, das auf Spezialinteressen eingeht, die möglicherweise in der Kirchengemeinde auf Ablehnung stoßen würden, weil das dort herrschende Milieu die hier avisierten Personengruppen mit ihrem Lebensstil nicht akzeptieren würde.

Dass man in der Region besondere Angebote machen kann, die über das hinausgehen, was Kirchengemeinden vor Ort leisten können und wollen, ist auch bei Reformplanungen im Kirchenkreis Dortmund-West ein wesentlicher Punkt. Hier wurden Schwerpunktpfarrstellen vorgesehen, die jeweils von mehreren Kirchengemeinden getragen werden und mit deren Hilfe man Personengruppen erreichen möchte, die sonst nicht erreicht werden. In einer Dienstanweisung heißt es z.B.: „Das Ziel Ihrer Arbeit in der Schwerpunktpfarrstelle ist es, 30-50jährigen distanzierten Kirchenmitgliedern und Nicht-Mitgliedern neue Erfahrungen mit Gott, Glauben und Gemeinde zu ermöglichen und darüber Menschen zu bewegen, in der Kirche zu bleiben, bzw. wieder einzutreten. Dabei soll der inhaltliche Schwerpunkt dieser Arbeit in der Entwicklung neuer Glaubensformen und aufsuchenden Kontaktpflege vor allem mit jenen Menschen liegen, die nicht zu gesellschaftlichen Randgruppen gehören" (Kirchenkreis Dortmund-West o.J. S. 95).

Die Arbeit in den Regionen soll jeweils die ganze Kirche repräsentieren. In Hessen und Nassau versteht man das neue Dekanat als Repräsentanz der Gesamtkirche in der Region. Der Kirchenkreis Dortmund-West nennt sich „Evangelische Kirche in Dortmund und Lünen".

Mit Regionalisierung verbunden wird auch immer die Absicht, ein adäquates Gegenüber zu Kommunen, regionaler Öffentlichkeit, Institutionen, Verbänden, Vereinen und Parteien zu schaffen (Lück 2003, S. 14). In Hessen und Nassau empfahl man eine Neugliederung der Dekanate entsprechend den kommunalen Grenzen. In Westfalen wird die Deckungsgleichheit von Ortsgemeinden mit Kommunen oder Stadtteilen gefordert (Ev. Kirche von Westfalen 2000, S. 72). Entsprechendes gilt für die Kirchenkreise.

Auch die Region braucht Orte. Die evangelischen Vereinshäuser gibt es nicht mehr. Neu werden deshalb Häuser der Kirche in Städten und Kirchenkreisen geplant und eingerichtet. Hier haben die Schwerpunkt- und Fachstellen ihren Sitz. Hier gibt es Kirchenläden, Räume der Stille und manches mehr. Mancherorts nehmen auch die Citykirchen teilweise die Funktionen von Häusern der Kirche wahr.

All dies ist nicht besonders neu. Bereits in den sechziger Jahren des vergangenen Jahrhunderts gab es eine breit angelegte Strukturdebatte, die eine Ergänzung der Ortsgemeinde um eine Gemeinde in der Region vorsah. Frank Löwe hat die Überlegungen und die verschiedenen Pläne, die es dazu in den Landeskirchen gab, nachgezeichnet (Löwe 1999, S. 407ff). Er resümiert allerdings: „Rückwärtig betrachtet, ist die Kirchenreform-Debatte eine Episode der Nachkriegs-Kirchengeschichte geblieben. Die Auseinandersetzung hat fast nur auf der literarischen Ebene stattgefunden, während in der Praxis davon wenig realisiert wurde“ (Löwe 1999, S. 414). Die öffentliche Hand, die zur selben Zeit Kommunal- und Kreisreformen betrieb, war erfolgreicher. Erst ein Vierteljahrhundert später sind die Fragen in den Kirchen neu aufgenommen worden.

„Der Kirchenkreis als genuine Handlungsebene wird erst entdeckt, nachdem sich seit den fünfziger Jahren verstärkt nicht-parochiale kirchliche Dienste herausgebildet haben“ (Daiber 1983, S. 623). Vorher war diese Ebene nur eine Verwaltungsebene. Der Kirchenkreis, das Dekanat oder wie immer die mittlere Ebene heißt, ist somit ausgesprochen modern und auch geschichtlich gesehen eine Antwort auf die Differenzierung und Individualisierung der Gesellschaft, auch wenn man diese Begriffe in den sechziger Jahren des vergangenen Jahrhunderts noch nicht gebrauchte. Ähnlich sieht es Hans-Georg Fritzsche. „Je mehr eine Kirche vor Sachaufgaben steht, desto mehr lässt sie auch die Vorstellung von der Autarkie der Ortsgemeinde hinter sich, jedenfalls faktisch“ (1988, S. 63). Darin ist auch für Fritzsche der sachorientierte Kirchenbegriff der modernere.

Die Region ist hinsichtlich der Pluralisierung und Individualisierung, sowie des Aufgreifens von Sachproblemen durch die Kirche die modernere Handlungsebene als die Parochie. Doch andere ihrer Aufgaben sind sehr alt und haben einen anderen Grund als die genannte Modernisierung. Grob gesagt: Die Region gewährt Freiheit, die Parochie Geborgenheit. Beides hat mit dem Problem von Nähe und Distanz zu tun. Nähe kann Geborgenheit in Gemeinschaft vermitteln, sie kann aber auch unerwünschte Kontrolle und Zwang bedeuten. Menschen suchen aus unterschiedlichen Gründen auch immer wieder die Distanz. Oft sind dies Fragen, auf die man sich von den Menschen des täglichen Umgangs nicht behaften lassen möchte. Katholiken gehen gern auch in ein Kloster und in die zentrale Stadtkirche zum Beichten. Der Beichtvater kennt sie nicht und wird sie auch nicht bei nächster Gelegenheit auf der Straße ansprechen. Von entsprechenden Erfahrungen berichten Beratungsstellen für Suchtkranke usw. Die Rat Suchenden kommen in den seltensten Fällen aus dem Ort, an dem die Stelle ihren Sitz hat. Dafür kommen sie aber aus einem Umkreis von bis zu 40 – 50 Kilometern. Gleiches gilt von Selbsterfahrungsgruppen. Sie lassen sich kaum in einer Parochie anbieten. Es gibt Themen und Probleme, die Anonymität früher wie heute brauchen. Der alte Satz „Stadtluft macht frei" bringt das auf den Punkt. Zu diesen Themen gehört für viele auch die offene theologische Debatte.

Das bedeutet nicht, dass es nicht auch in der Stadt Gemeinschaft geben könnte. Sie ist nur nicht vorgegeben, sondern kommt neu zustande dadurch, dass man sich um ein Thema, eine Aufgabe oder ein Problem versammelt. Die Regeln dieser Gemeinschaft werden auch jeweils neu ausgehandelt. Die Regeln der vorgegebenen Gemeinschaft in der Parochie werden weitgehend durch das gemeinsame Wohnen vorher bestimmt, wo man sich seine Nachbarn nicht aussuchen kann. Die Wohnwelt, das sind Kinder, Jugendliche, alte Leute, Hausfrauen und Desintegrierte. Weil mit den entsprechenden Lebensstadien auch zahlreiche Krisen verbunden sind, hat Ernst Lange sein berühmtes Diktum formuliert: „Dann wird die Lokalgemeinde sichtbar als das mögliche Ensemble der Gefährdeten und der Opfer der Zeit" (Lange 1981, S. 185). Das aber bedeutet nun, dass es in der Parochie einerseits und in der regionalen Arbeit andererseits zwei verschiedene Kulturen gibt. In der Wohnwelt hat sich noch weithin der Gedanke der Nachbarschaft erhalten, eine Gemeinschaft, die auf Gegenseitigkeit setzt. Man ist füreinander da jeweils mit dem, was man zu bieten hat. Der eine hält einen Vortrag. Die andere backt einen Kuchen. Die dritten spenden für den Bazar usw. Es werden weder Honorare gezahlt, noch Eintrittsgelder verlangt. Das ist auf der Ebene der Region anders. Hier bieten Spezialisten ihre Dienste an, für die die Interessenten bezahlen. Das Modell ist nicht die Nachbarschaft, sondern der Markt.

Nun lässt sich weiter beobachten, wie sich einerseits Menschen eher in dem lokalen Umfeld und seiner Kultur wohl fühlen, wie es aber andererseits Menschen gibt, die eher die Distanz und Wahlmöglichkeit des Marktes schätzen. In der Regel wird beides in allen zu finden sein, nur einmal so und einmal anders aktualisiert werden. So mag es kommen, dass am Ort die Gemeinschaft vorrangig ist, die Themen und Aufgaben aber für die Motivation zum Engagement eine untergeordnete Rolle spielen. In der großen weiten Welt sucht man nicht zuerst die Gemeinschaft, sondern schaut auf das Problem, die Frage, das Thema und das Interesse. In der Gemeinde kann man getrost einen Frauen-, Jugend- oder Bibelkreis ohne besondere Themenformulierung anbieten. Die Interessenten werden fragen, wer noch mitmacht. In der Region muss für jede Veranstaltung eine ausführliche Ausschreibung erfolgen. Die Interessenten wollen wissen, ob sie das auch interessiert, ihre Probleme löst usw. Am Ort spielt allgemein die Beziehungsfrage eine viel größere Rolle als in der Region (vgl. Lück 1996). In der Soziologie hat man im Anschluss und in Weiterbearbeitung von Ferdinand Tönnies diese beiden

Kulturen mit den Begriffen Gemeinschaft und Gesellschaft unterschieden (Tönnies 1991). Das macht deutlich, es handelt sich hier nicht um theologische Fragen, sondern um soziale Strukturen, denen auch die kirchliche Sozialgestalt nicht ausweichen kann. Es geht vor allem darum, die sozialen Gegebenheiten zu kennen und für die Belange von Protestantismus und Kirche in rechter Weise zu nutzen. Die Mitglieder und Nichtmitglieder sind nicht mit jeder Form gleichmäßig und in jeder Situation ansprechbar. Die Vielfalt der Lebenswelt verlangt vielfache Strukturen.

Neben das Nachbarschaftsangebot sollte das Marktangebot treten. Das bedeutet nicht, die Kirche selbst soll marktförmig werden (Grunwald 2001, S. 349). Die Kirche kann nicht im Sinne einer Profitorientierung marktförmig werden, wohl aber in dem Sinne, dass sie die Instrumente und die Umgangsformen nutzt, die auf dem Markt gängig sind. Ein Kirchenmanagement ist in der Form nötig, wie es ein Management von Nonprofitorganisationen gibt. Doch auch das hat seine Schwierigkeiten, die insbesondere mentaler Art sind. Das betrifft z.B. das Werben für die Kirchenmitgliedschaft und den Einsatz von Instrumenten der Kundengewinnung. „Auf der Formulierung und Umsetzung eines Programms zur Gewinnung neuer Mitglieder scheint aber zumal in den liberal geprägten Kirchen ein eigentliches Tabu zu lasten“ (Famos 2003, S. 996). Anders als bei Nonprofitorganisationen scheut man die Mitgliederwerbung. Möglichweise verhindert eine alte staatskirchlich geprägte Monopolmentalität entsprechende Schritte für die Werbung zum Kircheneintritt. Genauso wenig wie der Staat um Bürger zu werben pflegt, wirbt die Kirche um Mitglieder. Außerdem gibt es in der Kirche wohl auch eine gewisse Scham, weil man Kirchenaustritte als Versagen der kirchlichen Praxis an den Mitgliedern zu sehen pflegt. In jedem Fall sollte aber an einer Grundhaltung für das Auftreten der Kirche in der Öffentlichkeit gearbeitet werden, die sich von den tatsächlichen Verhältnissen bestimmen lässt, also weder von einem fiktiven Monopolanspruch, noch von einer irrationalen Scham.

Die kommende Kirche braucht die Differenzierung. Sie braucht den Ort und die Region. Sie soll Geborgenheit und Offenheit geben können. Zusätzliche Leistungen wird man nicht erbringen können. Vielmehr muss das vorhandene Angebot auf diese Leistungen hin überprüft werden. Dabei wird man sich auf Reduktionen einstellen müssen. Insgesamt wird man wohl zu größeren Einheiten finden müssen.

SIEBTES KAPITEL:

DAS GEMEINSCHAFTSWERK KIRCHE

In den vorauf gehenden Kapiteln haben wir Tendenzen beschrieben, die im Raum der Kirche offensichtlich abzielen auf die Mitglieder und ihre Interessen. Was für ein Bild ergibt sich daraus insgesamt? Welche Theorie, d.h. Schau, von Kirche kann man daraus ableiten? Welche Vision von Kirche, welche Elemente von Leitbild und schließlich, welche Ziele könnten sich daraus wiederum für kirchenleitendes Handeln ergeben? Und: Wie kann man das alles vor der reformatorischen Tradition verantworten? Anders gefragt: Wie passt das Beschriebene alles zusammen? Kann man einen Leitbegriff dafür finden? Der Begriff Gemeinschaftswerk in der Überschrift zu diesem Kapitel ist ein Versuch dafür. Der Begriff signalisiert anders als der der Kirche im Sinne einer Anstalt nicht Einheitlichkeit, die Pluralität nicht zulässt. Er signalisiert auch nichts Hierarchisches, dem einzelnen Vorgeordnetes. Er signalisiert auch nicht das Vorgegebene der Wahrheit. Das Gemeinschaftswerk Kirche tritt nicht im Vollbewusstsein der Autorität, die ein Auftrag verleiht, auf, sondern als ein Zusammenschluss, in dem, um mit einer gegenwärtigen Redewendung zu sprechen, gesagt wird: „Wir arbeiten daran“. Das ist eine andere Art von Kirche, als bislang vertreten wurde. Es ist eine Kirche nach der Volkskirche und anderen Kirchenprogrammen. Um Missverständnissen vorzubeugen sei noch angemerkt: Nicht gemeint ist mit dem Begriff Werk in diesem Zusammenhang die Bezeichnung Werk für kirchliche Substrukturen, die einst als Unterordnung von freien Initiativen unter das Dach der Kirche geschaffen wurden, um so dem Zugriff des nationalsozialistischen Staates entzogen zu werden.

Kirche nach der Volkskirche

Wir erinnern uns: Nimmt man ernst, was immer wieder von den Tendenzen zur Individualisierung, Differenzierung und Pluralisierung der Gesellschaft gesagt und geschrieben wird, dann muss auch die Kirche anders gedacht werden, als der Begriff der Volkskirche nahe legte. Nicht dass eine gewisse Versorgungsmentalität aufhörte oder aus der zugeschriebenen, eine bewusst übernommene Mitgliedschaft würde. Wohl aber wird immer weniger eine einheitliche, von den Vätern ererbte Kirche akzeptiert, für die nur ein von der theologischen Zunft beschriebener Auftrag maßgeblich ist. Die eigenen Wünsche und Vorstellungen bezüglich der Kirche bekommen für die Mitglieder ein größeres Gewicht. So wie sie es in der Gesellschaft allgemein bekommen haben. Man fühlt sich immer weniger als Teil eines größeren Ganzen, als Teil des Volkes, der Gesellschaft usw. Die persönliche Souveränität gilt als wichtiges Gut. Eine Kirche, die sich auf eine kollektive Größe Volk bezieht, geht deshalb für viele an der Wirklichkeit vorbei. Wenn es stimmt, dass unsere Gesellschaft immer vielfältiger wird und die einzelnen immer stärker Selbstbestimmung in Anspruch nehmen, dann muss auch die Kirche unter diesem Anspruch gesehen werden. Auch für die Kirche gilt dann, dass die einzelnen nicht mehr unbesehen überkommenen Mustern folgen, ihnen vielmehr die Traditionen fragwürdig werden, sie wählen und immer neu entscheiden. Man muss damit rechnen, dass die einzelnen auch in Sachen Religion ihr eigener Herr und ihre eigene Frau im Hause sein wollen. Muss die Kirche angesichts solcher Entwicklungen zerbrechen? Müssen solche Entwicklungen mit allen Mitteln bekämpft werden?

In den letzten Wochen der ehemaligen DDR konnte man auf den Straßen dort den Ruf hören: „Wir sind das Volk". Das sollte heißen: Wenn es denn so etwas wie Demokratie, eine Volksherrschaft, geben kann, dann müssen alle diese Herrschaft je für sich in Anspruch nehmen können. Alle müssen an der Gestaltung dieser Herrschaft, dieses Staates, mitwirken dürfen. „Wir sind die Volkskirche" ruft niemand. Volkskirche ist eher ein Terminus technicus für ein kirchliches Programm. Der Begriff Volkskirche dient weithin zur Bezeichnung alles dessen, was für die in der Kirche Verantwortlichen außerhalb ihrer Reichweite liegt, aber noch nicht ganz abgeschrieben ist. Das bedeutet, dass man auch denjenigen, die sich nicht am kirchlichen Leben beteiligen, Dienstleistungen in Gestalt der Amtshandlungen, des Unterrichts usw. zukommen lassen will. Das „Volk" seinerseits rührt sich für die Theologinnen und Theologen nicht erkennbar. Die Beteiligung an Kirchenwahlen ist ausgesprochen gering. Allerdings: Die Beteiligung an der Finanzierung der Kirche ist ausgesprochen hoch. Was ist das für ein Kirchenverständnis? Die Mitglieder, die zahlen und schweigen, sagen nicht „wir sind die Volkskirche". Sie sagen auch nicht „wir sind die Kirche". Sie sagen „ich bin evangelisch" oder „ich bin in der Kirche". Und sie haben Erwartungen an die Kirche, fühlen sich aber oft nicht verstanden und nicht akzeptiert (Engelhardt 1997, S. 60).

Die Kirche zerbricht an diesem Dissens zwischen den Verantwortlichen und den distanzierten Mitgliedern nicht. Alle Befragungen der Mitglieder kommen seit dreißig Jahren zu dem Ergebnis, dass es eine relativ stabile Mitgliedschaft gibt. Aber die Beziehung der Kirche zu ihren Mitgliedern könnte gedeihlicher gestaltet werden. Sie könnte so gestaltet werden, dass die Mitglieder mehr von ihrer Kirche haben und vielleicht die Kirche auch mehr von ihren Mitgliedern. Dazu wäre eine bessere Wahrnehmungskompetenz und ein anderes Selbstverständnis der Kirche notwendig. Wir haben gezeigt, was man alles sehen könnte: Menschen auf der Suche, Menschen, denen heilige Rituale, Räume und Menschen wichtig sind, denen Religiöses eingebildet wurde und die in religiös geprägten Strukturen leben. Martin Kumlehn meint, eine Kirche, die wahrnimmt in welchem religiösen Umfeld sie tätig ist, müsse sich als „Kirche für die Religion der Menschen" verstehen (Kumlehn 2000, S. 219). Die Kirche müsse eine vielfältige christliche Religionskultur entwickeln helfen. Diese Kirche muss sich auf den Weg zum Glauben ihrer Mitglieder machen. Diese Kirche müsste in jeder Hinsicht, ihren Mitgliedern Raum schaffen. Was wäre von ihr zu sagen? Wie wäre sie zu benennen? Wie wäre sie zu beschreiben? Welches wären ihre Aufgaben?

Ein Bild von Mitgliederkirche

„Es geht pointiert formuliert bei der Bestimmung der pastoralen Tätigkeit hinsichtlich ihrer Professionalität auch um die Frage nach der Inkulturation des Christentums und der Kirchen in die gegenwärtige Gesellschaft“, schreibt Christian Grethlein im Blick auf den Pfarrberuf. Damit ist die Frage angesprochen, wie das Christentum und wie der Protestantismus so in die Lebenswelt der Mehrheit der Menschen hineinkommen kann, dass es bzw. er nicht als etwas Fremdes, sondern als ein integraler Bestandteil der Kultur erlebt werden kann. Wenn hier von Mitgliederkirche gesprochen wird, dann geht es genau wie bei der Volkskirche nicht um die „kleine Herde“, nicht um die prophetische Jüngergemeinde, die neutestamentlich gesprochen das Salz der Erde oder das Licht der Welt (Mt 5,13f) genannt werden kann. Vielmehr geht es um das „Volk“, von dem es heißt: „Und da er das Volk sah, jammerte ihn desselben“ (Mt 9,36), um das Volk, das „Er“ im Gegensatz zu den Jüngern „von sich lässt“ (Mt 14,22). Es geht um die breite Mehrheit derer, die rechtlich Mitglied oder nicht in der Kirche sind, die aber in einer christianisierten Gesellschaft aufgewachsen, mehr oder weniger religiös erzogen worden sind, für die das Christentum in seiner protestantischen Ausprägung die bestimmende Religion ist. Es geht um den Kult und die Traditionsweitergabe dieser Religion, so wie das Volk in Jesu Welt das jüdische Religionssystem mit Tempel und Synagoge kannte.

Die angesprochene Inkulturation ist einerseits vorgegeben, von den Vätern und Müttern ererbt, etwas, in das die einzelnen hinein geboren werden. Andererseits muss sie aber immer neu geschehen und ist nicht ein für alle Mal geschehen. In dem Maße wie sich die Menschen und die Gesellschaft verändern oder auch die Kirche sich verändert, müssen die Prozesse jeweils neu in Gang gesetzt werden. Das Christentum kann in der Gesellschaft fremd werden, aus der Rolle der herrschenden Religion herausfallen, wenn es dem religiösen Fragen und den ethischen Problemen nicht mehr die plausiblen Antworten zu geben vermag, sondern auf Antworten beharrt, die in früheren Zeiten zu geben notwendig war, oder wenn es sich auf den kleinen Zirkel der Hochverbundenen beschränkt, der die alten Sprachspiele noch versteht und nachzuvollziehen in der Lage ist.

Der grundsätzliche Schritt zur Inkulturation des Christentums in die Gesellschaften Europas dürfte wohl mit der Parochialisierung zur Zeit Karls des Großen geschehen sein. In der Parochie konzentrierte sich das religiöse Grundangebot für alle. Hier gab es einen vom Bischof entsandten Priester und hier stand eine Kirche, „in der Messe zelebriert, die Kinder getauft, die Sünder absolviert und um die herum die Toten begraben“ wurden (Holtz 1967, S. 13). Pfarrzwang monopolisierte die Parochie als den entscheidenden Zugang zur eingeführten Religion des Christentums. Dieses Monopol entsprach der Daseinsform und Lebensweise der Menschen in der damaligen Gesellschaft. Man blieb an einem Ort. Wohnen und Arbeiten geschahen dort ebenso wie die Erholung in der spärlich bemessenen Freizeit. Die Sozialbeziehungen waren von diesem Ort bestimmt. Für die meisten Menschen war die Parochie der Kosmos, die Welt im Kleinen. Und die Religion war auf diesen Kosmos abgestimmt. Wo sollte Religiöses sonst noch eine Rolle spielen? Welche anderen religiösen Autoritäten hätte es geben sollen außer den Ortspfarrern? Die Klöster blieben die Ausnahme.

Gelingt die Inkulturation des Christentums bzw. des Protestantismus auch mehr als tausend Jahre später noch über die Parochie? Es gibt nur noch Reste des Pfarrzwangs. Für die s.g. Kerngemeinde mag die Parochie noch ein Kosmos sein, der das alltägliche Leben bestimmt. Für das „Volk" aber, für die Mitglieder, ist der Kosmos weiter, vielfältiger und größer. Der Wohnort ist nur noch ein Teil davon. Der Wohnort ist einer von mehreren Orten, an denen man zu Hause ist. Und doch ist einiges von der alten Parochie als Möglichkeit zur Inkulturation geblieben. In aller Regel werden die Kinder dort noch getauft. Die Kindertaufe ist für die Mehrzahl der Fälle immer noch der Weg in Christentum und Kirche. Und auch wenn die Taufe an einem anderen Ort und durch einen anderen Pfarrer oder eine andere Pfarrerin, im Privathaus oder in der Krankenhauskapelle vollzogen wurde, so erfolgt der Eintrag ins Taufregister doch immer noch in der für den Wohnort zuständigen Kirchengemeinde. Für die Mitglieder sind aus dem einstigen Kosmos einzelne Teile, die mit ihrer Biographie in Verbindung stehen, geworden. Es gibt den besonderen Bezug zu Kirchgebäuden, in denen die Taufe, die Trauung usw. stattfanden. Und es gibt den Bezug zu der Pfarrerin oder dem Pfarrer, die bzw. der eben diese Handlungen geleitet hat. Doch über diesen persönlichen Bezug hinaus sind Kirchgebäude und Pfarrpersonen zu Kulturgütern geworden. Man kann sich ihrer bedienen, muss es aber nicht. Sie bleiben aber verglichen mit anderen Gebäuden und Personen von hoher Bedeutsamkeit. Die Gebäude gehören zur Familiengeschichte und zur persönlichen Biographie. Sie verleihen aber auch Orten und Stadtteilen ihre Identität und das über die Konfessions- und Religionsgrenzen hinweg. Davon wurde im dritten Kapitel berichtet. Man kann besonders in den neuen Bundesländern beobachten, dass sich Initiativen bilden, um Kirchen zu erhalten, wo seitens der Kirchengemeinde keine Möglichkeit dazu mehr besteht, weil die nötigen Geldmittel fehlen. Berühmtestes Beispiel solchen Engagements für Kirchbauten dürfte der Wiederaufbau der Dresdner Frauenkirche sein. Von Initiativen zur Finanzierung von aufgrund fehlenden Geldes wegfallenden Pfarrstellen hört man dagegen so gut wie nie. Möglicherweise spiegelt sich hier noch die alte Zuständigkeitsverteilung in der Parochie wieder: Die Priester bzw. Pfarrer werden vom Bischof geschickt. Für das Gebäude und seine Unterhaltung ist man am Ort zuständig.

Tatsächlich dürfte es die Leistung der Parochie gewesen sein, dass die Menschen zum Kirchgebäude ein besonderes Verhältnis bekommen haben. Da nun das System der Parochie flächendeckend war und ist, kann nach dem Wegfall des Pfarrzwangs dieses besondere Verhältnis zur eigenen Kirche auch auf andere Kirchen übertragen werden. Die Akzeptanz der geöffneten Kirchen weist darauf hin, dass für die Mitglieder auch andere Kirchen ein religiöses Angebot sein können, dessen man sich bedienen kann. Auch dass bei Urlaubsreisen die Kirchenbesichtigung zum Programm gehört, hat sicher nicht nur in der Hochschätzung der Kunstschätze seine Ursache, sondern in dem für die einzelnen besonderen Charakter von Kirchgebäuden. Eine entsprechende Lösung von dem örtlichen Pfarrer oder der Pfarrerin lässt sich darin erkennen, dass auch hier eine Beziehung zur Familiengeschichte und zur persönlichen Biographie hergestellt wird. Eine Parallele zu dem Besuch in geöffneten Kirchen könnten die als Pfarrerinnen und Pfarrer gekennzeichneten Personen sein, die in den Fernsehprogrammen auftauchen. Klassisch ist hier ja bereits die Sendung „Wort zum Sonntag". Eine ähnliche Wirkung hat möglicherweise auch der als Moderator auftretende Pfarrer Fliege.

Zum Bild der Mitgliederkirche gehören nach dem Gesagten auf Grund der Inkulturationswirkung der alten Parochie die Kirchgebäude und die Pfarrerinnen bzw. Pfarrer. Aber sowohl das eine wie die anderen sind nicht mehr ortsgebunden. Sie sind Kulturgüter, die nicht an eine bestimmte Gemeinschaft gebunden, sondern offen und für alle zugänglich sein sollten. Selbstverständlich sind mit Gebäude und Personen auch die Handlungen, die Rituale verbunden, die dort und von den Betreffenden vollzogen werden. Die Handlungen im Bereich des persönlichen Christentums werden wahrgenommen. Bei den Handlungen im Bereich des öffentlichen Christentums geht es in der Regel um das reine Dass des Vollzugs. Es reicht, dass sonntags die Glocken läuten und signalisieren, dass Gottesdienst gehalten wird. Die einzelnen müssen nicht selbst dabei sein. Es ist die Kirche des öffentlichen Christentums, die es zwar geben muss, die man aber selbst nur bei Bedarf nutzt. Es wird begrüßt, dass es die Diakonie gibt, dass es die Telefonseelsorge und die Notfallseelsorge gibt. Aber man ist froh, dass man selbst solch ein Angebot im Augenblick nicht braucht. „Die Mehrheit ist darin sicher, dass die Kirche vor allem da ist für die, die sie in irgendeiner Weise als Hilfe oder Stütze ‚brauchen'. ... Von diesem Standpunkt aus betrachtet, stellt die Kirche eher etwas für ‚die anderen' dar, für solche Gruppen und Menschen, von denen man sich in der eigenen Vorstellung gerade abhebt" (Hanselmann 1984, S. 44). Selbst der Sonntagsgottesdienst kann, folgt man einer Redewendung, etwas für die anderen sein: „In die Kirche sollen die gehen, die es nötig haben".

Zur Finanzierung solcher Angebote ist man bereit. Man kann sich „als ein passiver Förderer verstehen, der durch seine Kirchensteuern und Spenden dafür sorgt, dass anderen und bei Bedarf auch einmal ihm selbst geholfen wird" (a.a.O.). Das Gebot der Nächstenliebe ist hier in die eigene Kultur übernommen worden in der Weise, dass man die Einrichtung, die dafür zuständig ist, unterstützt. Die Traditionslinie, die sich in dieser Einstellung zeigt, ist die des öffentlichen Christentums, an dem die einzelnen nur kollektiv Anteil haben. Was hier geleistet wird, ist Gemeinschaftsleistung. Das begann zweifellos schon mit der Armenfürsorge, mit dem Bau und Unterhalt von Siechenhäusern und anderen Diensten an den Notleidenden. Und es hat seine Fortsetzung und seinen professionellen Ausbau im 19. Jahrhundert mit der Inneren Mission und anderen Hilfsvereinen gefunden. Diese Bereiche werden zwar kaum genutzt, aber doch von einer großen Mehrheit wahrgenommen. Krankenhausseelsorge, Krankenpflege, Beratungsstellen und Telefonseelsorge sind neben dem Kirchentag die Angebote, die mehr als Dreiviertel der Befragten kennen. Das ist anders bei übergemeindlicher Zielgruppenarbeit, Akademien, Erwachsenenbildung oder kirchlichem Dienst in der Arbeitswelt. Hier sinkt der Bekanntheitsgrad auf Zweidrittel bis die Hälfte (Engelhardt 1997, S. 392).

Vereinfacht hieße das: Die Angebote im Bereich des persönlichen Christentums werden genutzt. Die Angebote im Bereich des gesellschaftlichen Christentums werden finanziert. Das kirchliche Christentum nehmen die Mitglieder wenig wahr. Ja, möglicherweise identifizieren sie Kirche mit dem kirchlichen Christentum. Darauf könnte die Redewendung hinweisen: „Ich bin zwar in der Kirche, bin aber nicht kirchlich". Vielleicht wird das kirchliche Christentum auch gar nicht als eine Möglichkeit für jedermann angesehen. Die Studie „Fremde Heimat Kirche" interpretiert das Ergebnis der Erhebung über Mitarbeitsbereitschaft wie folgt: „Die in der Kirche Engagierten zählen meist zur sogenannten Kerngemeinde, sie orientieren sich an kirchlichen Erwartungsnormen für kirchlich-religiöse Einstellungs- und Verhaltensmuster – zumindest in der Wahrnehmung der Mehrheit der Evangelischen, der das aktive binnenkirchliche Leben nicht aus eigener Erfahrung vertraut ist. Aus ihrer Perspektive wird das Angebot für ein kirchliches Engagement als zielgruppenspezifisches, nämlich auf die Kerngemeinde ausgerichtetes, erscheinen, zu der sie nicht gehören" (Engelhardt 1997 S. 127).

Wie dies nun aber alles zusammenhängt, interessiert die Mitglieder offenbart nicht so sehr. Ihnen ist wichtig, dass die entsprechenden Leistungen erbracht werden. Die dritte Befragung über Mitgliedschaft der Evangelischen Kirche in Deutschland kommt bezüglich der breiten Palette von Angeboten der Kirche zu dem Ergebnis: „Aber in der Wahrnehmung ihrer Mitglieder ist daraus kein Netzwerk kirchlichen Dienstes entstanden. Die kirchlichen Aktivitäten sind nach innen und außen nicht so verknüpft, dass wirklich erlebbar würde, welchen weitreichenden Dienst die Kirche für das Leben der einzelnen Menschen und der Gestaltung unserer Gesellschaft leistet" (Engelhardt 1997, S. 354). Detlef Pollack vermutet, dass vieles in den Einstellungen der Mitglieder noch ein staatskirchliches Erbe seien. „Vielfach nehmen die Kirchenmitglieder gegenüber der Kirche dieselbe Haltung ein wie gegenüber dem Staat" (Pollack 2003, S. 74). Das Selbstständigwerden der evangelischen Landeskirchen 1918 hätten demnach die Mitglieder noch gar nicht richtig nachvollzogen in dem Sinne, dass sie eine in all den verschiedenen Lebensäußerungen wieder erkennbare Organisation wären. Kirche ist der christliche Aspekt der Gesellschaft mit den religiösen auf die einzelnen und den mehr diakonischen auf die Gesellschaft bezogenen Angeboten.

Ein weiterer Gesichtspunkt mag hinzukommen. Das Wort Kirche hat im Protestantismus keinen einladenden und durchgängig positiven Charakter. Ja, man tut sich überhaupt schwer mit dem Begriff. Wenn umgangssprachlich „die Kirche" gesagt und geschrieben wird, denken auch Protestanten oft erst einmal an die katholische Kirche (Schieder 2001, S. 19). Es treten auch Menschen aus der Kirche, wohl gemerkt der evangelischen, aus, weil ihnen der Papst nicht passt. Ein paar Andeutungen mögen genügen. Schon Luther hielt den Begriff für ein „blindes, undeutliches Wort" (Rogge

1995, S. 1051). Er war zwar in den Schmalkaldischen Artikeln der Meinung, dass schon ein siebenjähriges Kind wisse, was die Kirche sei. Aber, was er dann definiert, ist auch nicht besonders geeignet für die Wahrnehmung einer weit verzweigten und spezialisierten Organisation: Kirche sind hier die Gläubigen, die die Stimme ihres Hirten hören (S. 1052). Das entspricht der Definition in Confessio Augustana VII: „Es wird auch gelehrt, dass allezeit eine heilige, christliche Kirche sein und bleiben muss, die die Versammlung der Gläubigen ist, bei denen das Evangelium rein gepredigt und die heiligen Sakramente laut dem Evangelium gereicht werden". Joachim Rogge stellt ein „generelles ekklesiologische(s) Defizit in den reformatorischen Landeskirchen Deutschlands" fest. „Recht häufig und fast neidisch muss einfach zur Kenntnis genommen werden, dass katholische Christen in öffentlicher und nichtöffentlicher Rede sich als das bezeichnen, was sie sind. Das hat bei evangelischen Christen nur selten eine Entsprechung" (Rogge 1995, S, 1051). Die Evangelischen hätten kaum einen gesamtkirchlichen Sinn. Dies mag mit der staatskirchlichen Vergangenheit zusammen hängen. Aber sie sprechen auch nicht gern von der Kirche. Schon Luther tat das nicht, jedenfalls dann nicht, wenn es nicht um die geistliche, sondern die organisatorische Angelegenheit ging. In der Schrift, in der er sich mit der institutionell- organisatorischen Seite der Kirche insbesondere auseinander setzt, „Von den Konziliis und Kirchen" (1539), spricht Luther durchgängig vom Volk Gottes (Rogge 1995, S. 1053). Das Wort Kirche wird vermieden im Zusammenhang mit einer Kritik an der kirchlichen Wirklichkeit von Papst, Bischöfen usw. Aber auch in der Bibelübersetzung vermeidet Luther das Wort Kirche und ersetzt es durch Gemeinde. Gern spricht er allgemein von der Christenheit.

Mir geht es zunächst nur um den Sprachgebrauch, nicht um die Sache Kirche. Luther hat in seiner Auseinandersetzung mit der katholischen Kirche zu keinem einheitlichen Sprachgebrauch für das gefunden, was die eigene sichtbare Organisation des Volkes Gottes angeht mit Ausnahme des Begriffs der Gemeinde. Das hatte Nachwirkungen. Wir haben oben Rogge zitiert mit dem Gefühl des Neids, was die Rede von der Kirche bei den Katholiken angeht. Auch Dietrich Bonhoeffer kannte dieses Gefühl. In einer Predigt erzählt er 1928 davon, was Katholiken alles mit diesem Wort verbinden. Er fährt fort: „Und es gibt ein Wort, das bei den Evangelischen den Klang von etwas unendlich Banalem hat, ... das zumindest unserem religiösen Gefühl keine Flügel verleiht ... Ja, ‚Kirche' heißt dieses Wort". Dieses Wort aber müsse neu entdeckt werden (1972, S. 439).

Obwohl Theologen und Theologinnen sich seit den zwanziger Jahren des zwanzigsten Jahrhunderts um eine Wiedergewinnung des Begriffs Kirche auch im Protestantismus bemühen, ist noch nicht erkennbar, dass der Begriff im positiven Sinne das Gesamt der protestantischen Strukturen zu benennen oder wahrzunehmen in der Lage ist. Für Protestanten verbindet sich mit dem Begriff Kirche, nicht nur bei den Laien, sondern auch bei vielen Pfarrerinnen und Pfarrern, in der Regel ausschließlich die kirchliche Verwaltung und landeskirchliche Leitung. Und da dann eher distanziert in dem

Sinne von „Amtskirche“. Das Diakonische Werk rechnet insgesamt nicht dazu. Man spricht von Kirche und Diakonie.

Nun ist in den Mitgliederbefragungen immer wieder nach der Bereitschaft zur Mitarbeit in der Kirche gefragt worden oder in der dritten Befragung auch nach der Kenntnis von Angeboten der Kirche. Die Resonanz war nicht groß. Wenn man den Klang des Wortes Kirche in evangelischen Ohren bedenkt, hätte man vielleicht eher andere Wörter benutzen sollen. Um das ganze Netz kirchlicher Angebote ins Bewusstsein zu bringen, wäre vielleicht der Begriff evangelisch besser geeignet gewesen. Wie oben bereits zitiert, wird in der Auswertung der dritten Mitgliedschaftsbefragung der Evangelischen Kirche in Deutschland beklagt, dass die Mitglieder den weitreichenden und differenzierten Dienst ihrer Kirche für das Leben der einzelnen wie der Gesellschaft nicht erleben könnten. Zwischen den einzelnen Aktivitäten sei kein Netzwerk geknüpft worden (Engelhardt 1997, S. 354). Tatsächlich sind die einzelnen Aktivitäten nicht durch irgendeine Art von Planung entstanden. Es ist nicht d i e Kirche, die sie geschaffen hat. Vielmehr sind es viele einzelne Personen, Gruppen und Initiativen, die im einzelnen als Urheber dahinter stehen. Was sie eint, ist ein gewisses Maß an Finanzierung aus Kirchensteuermitteln und die gemeinsame Bezeichnung als evangelisch. Es gibt „Evangelische Akademien“, „Evangelische Krankenhäuser“, „Evangelische Beratungsstellen“, „Evangelische Kirchengemeinden“, „Evangelische Dekanate“ usw. usw. Sowohl organisationssoziologisch wie auch rechtlich gibt es bei den einzelnen Angeboten große Unterschiede. Im Gefühl der Protestanten gehört aber alles zusammen, wenn es evangelisch ist. Als Urheber werden nicht Amtsträger in der Hierarchie vermutet, sondern engagierte Evangelische. Ob es wohl einen Unterschied gemacht hätte, wenn man statt zu fragen, ob die Menschen bereit sind in der Kirche mitzuarbeiten, gefragt hätte, ob sie in evangelischen Einrichtungen mitzuarbeiten bereit seien? Ob es außerdem einen Unterschied gemacht hätte, wenn man nach der Beteiligung nicht nur in der Kirchengemeinde gefragt hätte, sondern überhaupt in evangelischen Organisationen? Ich könnte es mir vorstellen. In jedem Fall behaupte ich, dass es für die Mitglieder schon ein Netzwerk kirchlicher Angebote gibt. Aber es ist kein Netzwerk der Kirche, sondern ein evangelische Netzwerk. Damit ist nicht gesagt, dass die Mitglieder die entsprechenden Angebote auch nutzen. Doch ergibt sich aus der Bezeichnung evangelisch schon mehr ein Zugehörigkeitsgefühl als aus dem Wort Kirche. Von daher gesehen war und ist eine Kampagne, die in verschiedenen Landeskirchen lief und noch läuft mit dem Slogan „Evangelisch aus gutem Grund“ wahrscheinlich durchaus auf dem richtigen Weg, auf dem Weg zu den Mitgliedern und deren Sicht der Dinge. Was die Protestanten eint, ist nicht die Mitgliedschaft, die Nähe oder Distanz zur Kirche, sondern das ist das Evangelischsein. Für die Öffentlichkeitsarbeit evangelischer Einrichtungen dürfte es deshalb nicht so wichtig sein, herauszustellen, wie die Organisationszugehörigkeit ist, ob es sich um eine landeskirchliche Einrichtung, eine Einrichtung des Diakonischen Werks oder einer Kirchengemeinde handelt, sondern vielmehr, dass die Zugehörigkeit zum Kreis dessen, was evangelisch ist, erkennbar ist. Ich könnte mir durchaus auch

Werbeunternehmungen vorstellen, die ihre Sache anbringen wollen mit „Wir Evangelischen“. In diese Richtung geht auch die Kirchenzeitung in Hessen und Nassau. Sie legt den Titel Evangelische Kirchenzeitung ab und heißt jetzt: „Evangelische Sonntagszeitung“ in der richtigen Annahme, dass mit dem Begriff der Kirche bei Evangelischen nicht wirklich geworben werden kann. Den Mitgliedern begegnet im übrigen ihr Evangelischsein ja auch bei der Eintragung der Konfessionszugehörigkeit auf der Steuerkarte in Gestalt des „ev.“. Auch der Religionsunterricht in der Schule ist „evangelisch“. Die beiden letztgenannten Elemente werden jedoch wohl kaum als eine Gemeinschaftsleistung erlebt. Sie gehören in den Bereich des Staates, signalisieren den Mitgliedern aber, dass es für den Staat nicht die Kirche an sich gibt, sondern dass er es mit Evangelischen und Katholiken oder anderen zu tun hat und zu tun haben will.

Wenn es nun aus der Sicht der Mitglieder so etwas wie eine Gemeinschaftsleistung der Evangelischen gibt, dann ist ein Begriff wie Gemeinschaftswerk für diese Leistung ganz angemessen. In einem nächsten Schritt soll die kirchengeschichtliche Entwicklung noch einmal unter diesem Gesichtspunkt angesehen werden.

Weichenstellungen der Kirchengeschichte

Inwiefern und wo taucht die Organisation bzw. Institution der Kirche in der Geschichte auch als Gemeinschaftsleistung, als ein gemeinschaftliches Werk der Mitglieder auf? Wir haben festgestellt, dass die Parochie aus zwei Elementen oder Leistungen besteht. Einerseits werden Priester bzw. Pfarrer bereitgestellt. Dies ist eine Leistung des Bistums bzw. der Landeskirche. Andererseits gehören zur Parochie die Kirchgebäude, deren Unterhalt und Bewirtschaftung. Dies ist eine Leistung, die vor Ort zu erbringen ist. Bis ins 19. Jahrhundert hinein, d.h. bis zur Trennung von Kommune und Kirchengemeinde lag sie in der Verantwortung der Kommune, des Patrons oder anderer Träger. Noch heute ist in manchen Gegenden die Baulast für Kirchen teilweise eine Aufgabe der Kommunen. Man könnte sagen, dass der Bau und die Unterhaltung des Kirchgebäudes eine Gemeinschaftsaufgabe darstellte und darstellt, der man sich im lokalen Rahmen bis heute nicht entzieht. Wie berichtet bilden sich sogar da, wo die Kirchengemeinden nicht in der Lage sind die Aufgabe zu erfüllen, Initiativen, die alte Kirchen erhalten oder sogar wieder aufbauen. Der Teil Kirchgebäude der Parochie wird durchaus bis heute als Gemeinschaftsaufgabe begriffen. Das Pfarramt erscheint den Mitgliedern eher als ein Gegenüber. Die Distanz, die Mitglieder schon in der weithin noch üblichen Anrede mit Frau Pfarrerin und Herr Pfarrer zum Ausdruck bringen, hat wohl weniger damit zu tun, dass es sich bei diesen Personen um Geistliche handelt, die in allen Religionen eine besondere Rolle spielen, sondern damit, dass diese Personen von außen geschickt werden und nicht zum Wir des Ortes oder Stadtteils so ohne weiteres dazu gehören. Von „unserer Kirche“ redet man dagegen mit einem gewissen Besitzerstolz. Die Kirche gehört ins Dorf und in den Stadtteil.

Als Gemeinschaftsleistung werden nun selbstverständlich auch alle die Aktivitäten begriffen, die im Laufe der Kirchengeschichte immer neu entstanden sind, Bewegungen, die die Entwicklung der Großkirche kritisieren, korrigieren oder vertiefen wollten. Das begann im Grunde mit dem Entstehen des Mönchtums. Die Orden verstanden und verstehen sich als Gemeinschaftsleistung. Im evangelischen Bereich sind hier die verschiedenen Ausprägungen des Pietismus zu nennen. Menschen taten sich zusammen, um persönlicher, ernsthafter und tiefer ihren Glauben leben und zum Ausdruck bringen zu können. Die „Stunden" werden und wurden weit weniger als eine Sache des Pfarrers und „der Kirche" angesehen als der öffentliche Gottesdienst sonntags um zehn. Sie wurden als eine Sache der Gruppe angesehen, die sich da versammelte. Die Bildung solcher Gruppierungen nahm mit dem ausgehenden 18. und im 19. Jahrhundert einen starken Aufschwung. Man organisierte sich jetzt in der Rechtsform des eingetragenen Vereins. Das Anliegen ging auch über den Rahmen der gemeinsamen Pflege von Frömmigkeit hinaus. Jetzt taten sich engagierte Frauen und Männer zusammen, um auch nach außen zu wirken. Es ging um Bibelverbreitung und Heidenmission. In der Mitte des 19. Jahrhunderts brachte die mit der Industrialisierung und Verstädterung aufkommende soziale Frage Bewegungen hervor, die sich der durch die Umwälzungen in Not geratenen Menschen annahmen. Dabei ging es oft nicht nur um soziale Hilfe, sondern auch darum, Menschen für den christlichen Glauben wiederzugewinnen oder neu zu interessieren. Durch den Wandel in der Arbeitswelt und Wanderungsbewegungen waren viele Menschen äußerlich und innerlich den Traditionen des Christentums entfremdet worden. Zu diesen Bewegungen gehören die Innere Mission, die Stadtmission, der Christliche Verein Junger Männer und später die Frauenhilfe. Diese und viele andere Vereine wurden von Mitgliedern getragen und als eine gemeinsame Aufgabe gesehen.

Da im 19. Jahrhundert eine politische Betätigung wenig möglich war, traf man sich auch deswegen in Vereinen mit nach außen unpolitischen Zielsetzungen. Dazu gehörten die Gesangvereine, d.h. im kirchlichen Bereich die Kirchenchöre, die übrigens mancherorts immer noch als Verein organisiert sind. Die evangelischen Vereine taten sich regional zusammen und errichteten sich Vereinshäuser, in denen sie zusammenkommen konnten. Die Dynamik dieser Gruppierungen war so groß, dass die Gemeindebewegung Emil Sulzes im ausgehenden 19. Jahrhundert hierin das Vorbild für eine Umstrukturierung der Parochien, bzw. Kirchengemeinden zu lebendigen Gemeinschaften sah. „Weil die soziale und religiöse Komplexität der Volkskirche seine Ziele unerreichbar machte, forderte Sulze, die Parochien in kirchliche Vereine umzuwandeln, die sich als ‚Genossenschaften' organisieren sollten. ... Alle Gemeindemitglieder wären dann ‚Vereinsgenossen'. Das Gemeindeleben wäre Vereinsleben" (Roosen 197, S. 64). Sulze wollte so die Parochien zu einer Gemeinschaftsaufgabe der Mitglieder machen. Hier taucht bereits ein mögliches Organisationsmodell auf, das der Genossenschaft.

Tatsächlich gelang es in der Folgezeit, in den Kirchengemeinden ein vereinskirchlich orientiertes Gemeindeleben anzuregen. Es wurden eigene Gemeindehäuser neben den

Kirchen gebaut. Nach dem Ersten Weltkrieg kam es zu heftigen Konkurrenzen zwischen solchem innergemeindlichen Vereinswesen und den traditionellen übergemeindlichen Vereinen. Über den Ausgang entschied das Dritte Reich, das alle freien Vereine „gleichschaltete" mit den nationalsozialistischen Gruppierungen. Den evangelischen Vereinen bot sich als Ausweg an, Bestandteil der Landeskirchen zu werden, als Werk innerhalb der Landeskirchen sich zu organisieren. Bei dieser Lösung ist es auch nach 1945 geblieben. Nur einige Jugendverbände haben sich wieder in die Selbstständigkeit begeben. Man kann also sagen, dass es auch innerhalb der Kirchengemeinde neben der Gemeinschaftsleistung Kirchgebäude weitere Aktivitäten auf der Basis eines Wir der Mitglieder gibt, nämlich all die Gruppen und Kreise mit einer gewissen Vereinsstruktur. Neue Impulse in Kirche wie Kirchengemeinde kamen weithin aus diesem Spektrum von Aktivitäten, das dem Wir der Mitglieder verpflichtet war. Auch das ist bis heute so geblieben. Initiativen und Bewegungen der verschiedensten Art bringen neue Themen, Aufgaben und Sichtweisen in die Kirche und ihre Organisation. Die Liste dessen, was man da aus der jüngeren Vergangenheit aufzählen könnte, ist lang. Die Themen des konziliaren Prozesses Frieden, Gerechtigkeit und Bewahrung der Schöpfung sind in Gruppen beheimatet und von dort in die kirchliche Organisation getragen worden. Das gleiche gilt von der Hospizbewegung, von dem Bereich Kirche und Kunst, Kirche und Kultur oder Interreligiöse Begegnung. Für Heinz Zahrnt lag in dieser Gruppenstruktur die Zukunft der Kirche: „Die Zeit des einseitigen Parochialsystems scheint mir zu Ende zu gehen und durch eine vielfältige Schwerpunktstruktur ergänzt werden zu müssen. Gleich einem Netz sollte sich das Christentum über die Erde spannen ... In den Gemeinden Hauskreise, Initiativgruppen, Meditationszirkel, Musik- und Singkreise, Selbsthilfegruppen, Arbeitsgemeinschaften, Stammtische usw.; über die Grenzen der Ortsgemeinden hinaus Citykirchen, Bildungs- und Begegnungsstätten, Schwestern- und Bruderschaften, Clubs, Orden, Sozietäten, Akademien usw.; schließlich jenseits der Landeskirchen Kirchen- und Katholikentage, Festwochen, Fachkongresse, konfessionelle Weltbünde, ökumenische Konferenzen usw. Sie alle bilden das Netzwerk ‚Christentum' innerhalb der säkularisierten pluralistischen Gesellschaft" (Zahrnt 1994, S. 183f.). Die Aufzählung enthält keine Forderungen, sondern beschreibt zu einem guten Teil die Szene am Ende des 20. Jahrhunderts. Zahrnt bringt hier einen weiteren Begriff für das, wie der Zusammenhang der Vielfalt zu beschreiben wäre: Netzwerk.

Doch der Übergang zu einer „Gruppenkirche" ist wenig wahrscheinlich. Karl-Fritz Daiber meint: „Die dominierende Erscheinungsform von Kirche bleibt die Organisationskirche des Anstaltstyps. In ihr formieren sich allenfalls gruppenkirchliche Ansätze heraus, die sich zu kirchenpolitischen Parteien verdichten können, oder auch nur in Gestalt von Bewegungen, die von Zeit zu Zeit das Bild der Kirche bestimmen. ... Gerade in den letzten zwanzig Jahren haben sich diese Entwicklungen zumindest ansatzweise verstärkt" (Daiber 1995, S. 182). So kann es möglich sein, dass sich konkret an den Strukturen wenig ändert, aber von der allgemeinen Wahrnehmung die evangelische Gemeinschaftsleistung stärker in den Blick kommt.

Nicht außer Acht gelassen werden darf bei allen Überlegungen zur organisatorischen Gestalt des Protestantismus und ihrer Wahrnehmung das Jahr 1918 mit der Trennung von Kirche und Staat. Wie wurden hier die Weichen gestellt und was wäre denkbar gewesen?

Hier kam noch einmal wieder grundsätzlich die Frage nach der Rolle der oder einer Kirche im Protestantismus zur Sprache. Für den Neuprotestantismus des 19. Jahrhunderts hatte die Kirche im Grunde nur eine erzieherische Funktion. Sie ist für die Traditionsweitergabe zuständig, aber als Gemeinschaft der Gläubigen braucht man sie nicht. Hierfür ist der Staat zuständig. Er ist es, an den die christliche Gemeinschaft übergegangen ist. Nur die niederen Volksklassen brauchen die Kirche noch als Organisationsform (vgl. Lück 1992, S. 112). Adolf von Harnack schrieb über die Kirche: „Wir wollen ein geistiges Reich sein und haben kein Verlangen zu den Fleischtöpfen Ägyptens zurückzukehren; wohl wissen wir, dass um der Ordnung und Erziehung willen äußere Gemeinschaften entstehen müssen; wir wollen sie gerne pflegen, soweit sie ihre Zwecke erfüllen und der Pflege wert sind; aber unser Herz hängen wir nicht an sie; denn sie bestehen heute noch, können aber morgen unter anderen politischen und sozialen Bedingungen neuen Gebilden Platz machen; wer eine solche ‚Kirche' hat, der habe sie, als hätte er sie nicht" (von Harnack 1977, S. 162). Was aber passiert, wenn der Staat als Sozialgestalt für den Protestantismus wegfällt?

„Erstmals in seiner Geschichte hätte der deutsche Protestantismus nun unabhängig von staatlicher Bevormundung seinen eigenen Prinzipien entsprechende Kirchenverfassungen entwickeln können. Doch diese Chance wurde nicht ergriffen. Die Neugestaltung wurde nicht theologisch reflektiert, geschweige denn theologisch begründet, sondern aus der Not des Handelns geboren. Analog zum Vorgehen des Staates erfolgte kein wirklicher Neubau, sondern nur ein möglichst bewahrender Umbau" (Jung 2002, S. 121). Man passte sich in den neuen Verfassungen den demokratischen Prinzipien an. An die Stelle des Summepiskopats der Fürsten traten das Bischofsamt oder entsprechende Ämter.

Die Entwicklung nach 1918 ging den kirchlichen Weg. Man kehrte zu den „Fleischtöpfen Ägyptens" zurück und setzte auf die Anstalt Kirche. Otto Dibelius rief 1926 „Das Jahrhundert der Kirche" aus. Die Kirchenführer waren stolz darauf, dass sie eine funktionierende Organisation unabhängig vom Staat geschaffen hatten. Und die Theologie zog nach. Die enge Verbindung von Protestantismus, Deutschtum und Staat war zerrissen. Der liberale, stets kirchenkritische Protestantismus konnte offenbar keinen Ersatz anbieten. So war man auf der Suche nach einer neuen bindenden Autorität und fand diese im Gedanken der Kirche. Karl Barths dogmatisches Werk hieß 1927 noch „Christliche Dogmatik im Entwurf". Ab 1932 erschien dann „Die kirchliche Dogmatik". Noch in seinem Römerbriefkommentar hatte Barth geringschätzig von der Kirche als „organisierter Religion" gesprochen (1922, S. 316). Bereits zitiert wurde Bonhoeffers Äußerung über die Kirche. Theologie wurde zu einer Funktion der Kirche (Lück 1992, S. 113). Doch wäre eine solche theologische Konzentration auf die Kirche notwendig gewesen? Lag hier nicht die Gefahr einer „kleinkatholischen“ Lösung der Frage nahe, wie man den Protestantismus angemessen organisieren könne? „Kein geringerer als der vor dem 1. Weltkrieg als konservativer Hardliner bekannte preußische Generalsuperintendent Zoellner hat 1918 den ebenso einfachen wie vernünftigen Vorschlag gemacht, ‚aus der evangelischen Kirche einen religiösen Zweckverband zu machen und vollständige Meinungs-, Glaubens- und Lehrfreiheit zu gewähren‘ und die Kirche als ‚Bekennergemeinschaft statt als Bekenntnisgemeinschaft‘ zu verstehen“ (Ziegert 1997, S. 636). Wie viel Aussicht auf erfolgreiche Durchsetzung eine solche Meinung gehabt hätte, mag dahin gestellt sein. Der Gedanke, auf eine die Gemeinden übergreifende mit einem eigenen Bekenntnis versehene Kirche zu verzichten, war offenbar aber durchaus im Schwange. Die evangelische Bremer Kirche gab sich 1920 eine Verfassung, die den Gemeinden „Glaubens-, Gewissens- und Lehrfreiheit“ zugestand. Dieser Punkt machte dann später nach 1945 eine Eingliederung der bremischen Kirche in die Evangelische Kirche in Deutschland schwierig (Sprengler-Ruppenthal 1998, S. 1748). Wir haben bereits erwähnt, dass Emil Sulze die Idee einer Genossenschaft für die Gemeinden verfolgte. Ohne die Dinge genauer verfolgen zu können, muss festgestellt werden, dass es auch andere Organisationsmodelle für den Protestantismus gegeben hat als das der Kirche, Modelle, die den Gemeinden und den einzelnen theologisch mehr Rechte zugestanden.

Vielleicht wäre auch der Weg gangbar gewesen, den später das Diakonische Werk gegangen ist, das für viele sehr verschiedene Gruppierungen, Vereine usw. ein Dach abgibt. Das Diakonische Werk ist nicht mehr als ein fördernder Dachverband. Heute ist das bereits erwähnte Wort „Netzwerk“ ein gern benutzter Begriff, um ein gleichberechtigtes Miteinander auszudrücken.

Die kirchengeschichtliche Entwicklung zeigt, dass der Protestantismus nicht notwendig auf eine Organisationsstruktur mit Kirchencharakter angewiesen ist. Das Wort Kirche mag benutzt werden, doch die Sache Kirche als eine den einzelnen und den Gemeinden glaubensmäßig vorgeordnete oder übergeordnete Größe, wie sie der Katholizismus kennt, ist wohl eher etwas, was der Tradition des Protestantismus widerspricht. Auch die Vorstellungen der Mitglieder gehen nicht in diese Richtung. Die Mitglieder nehmen durchaus für sich die mit der Rechtfertigungslehre gegebene persönliche Verantwortung wahr und lassen sie sich von keiner Kirche abnehmen. Eine ekklesiologisch gefüllte Kirchentheorie ist kaum kompatibel mit dem Gemeinschaftsbewusstsein von „Wir Evangelischen“ oder „Wir Protestanten“.

Kirchentheoretische Entwicklungen

„Reformatorische Theologie ist in ihrem Kern zunächst Institutionenkritik. Sie entsteht im Kontext einer Opposition gegen Macht- und Herrschaftsansprüche der Kirche über die Seelen der Gläubigen“, urteilt Friedrich Wilhelm Graf (Graf 1988, S. 383). Tatsächlich hat es wohl kaum einen großen Kirchenlehrer und Kirchenvater wie Martin Luther gegeben, der so heftig und oft mit drastischen Worten die Institution Kirche kritisiert und in Frage gestellt hat. Wir machen uns das heute oft nicht mehr klar, was diese Kritik an Papst, Bischöfen und Konzilien bedeutet hat. Eine kirchliche Organisation muss es fortan immer schwer haben. Sie muss sich den kritischen Fragen ihrer Mitglieder stellen und steht immer in der Gefahr abgelehnt zu werden mit dem Recht derer, die sich auf Bibel und ihr Gewissen berufen. Graf nennt das sich daraus entwickelnde Kirchenverständnis „minimalistisch". Die Institution wird gegenüber dem Individuum eng begrenzt. Anerkannt wird die prinzipielle Unmittelbarkeit des einzelnen zu Gott. Es wird unterschieden zwischen Auftrag und Institutionalität der Kirche. Schließlich lässt sich eine gewisse Indifferenz gegenüber der Sozialgestalt der Kirche erkennen. Die Kirche wird nach ihren Leistungen definiert, der Verkündigung des Evangeliums und der Darreichung der Sakramente (S. 384). Von daher gesehen bestand offenbar auch keine Nötigung eine eigene Theorie über die Sozialgestalt der Kirche zu entwickeln. Die Kirche wurde als Bestandteil des Gemeinwesens gesehen. „Konkrete Ordnungsprobleme der Kirche sind ... im Rahmen der Ständelehre, der Lehre vom ordo triplex hierarchicus (mit status ecclesiasticus, magistratus politicus und status oeconomicus) behandelt worden" (S. 385). In dem Maße nun aber, in dem dieser Ständeverband der Gesellschaft sich auflöst, war man auch genötigt eine eigene Reflexion über die Sozialgestalt der Kirche in der theologischen Ekklesiologie anzustellen.

Der lutherische Konfessionalismus dekretierte im 19. Jahrhundert eine Eigenständigkeit der Kirche gegenüber der übrigen Gesellschaft und versuchte die Sozialgestalt der Kirche aus der Dogmatik herzuleiten. Dies führt dann aber dazu, dass die empirische Gestalt der Kirche immer als defizitär angesehen wird. Die Mitglieder entsprechen den an sie gestellten Erwartungen hinsichtlich Teilnahmeverhalten usw. nicht. Die kirchliche Wirklichkeit enttäuscht die dogmatischen Erwartungen. Der Neuprotestantismus ging im wesentlichen davon aus, dass es nur aus pädagogischen, nicht aber aus theologischen Gründen einer Kirche als eigener Organisation bedürfe. Die mündigen und gebildeten Laien sind schon viel weiter. Man darf sie nicht, wie einmal Richard Rothe es formulierte, mit der Kirche „quälen" oder irgendeinen „Enthusiasmus für sie aus ihnen herauspressen" wollen (zitiert bei Lück 1992, S. 112).

Erst nach dem Ersten Weltkrieg allerdings wurde die Frage, wie man eine protestantische Sozialgestalt denken könne und solle wirklich relevant. Der lutherische Konfessionalismus konnte seinen Weg weitergehen und nun ohne den Staat eine eigene Kirche bauen, in der das Individuum seinen theologisch verordneten Platz hatte. Für den Neuprotestantismus war die Lage schwieriger. Hier hätte man ernst machen müssen mit der Autonomie, die aufgrund der Rechtfertigungslehre den einzelnen zugesprochen wurde. Für die Institution Kirche hätte das ja wohl geheißen, dass man wie im Staat Demokratie hätte wagen müssen. Friedrich Wilhelm Graf meint: „Wer individuelle Freiheit bzw. eine letzte Unverfügbarkeit, Gottunmittelbarkeit des Einzelnen für theologisch legitim hält, muss auch Interessenkämpfe und Konflikte, eine Konkurrenz theologischer Weltdeutungen und einen Pluralismus von Frömmigkeitsstilen als konstitutive Elemente der Kirche anerkennen" (Graf 1988, S. 393). Eine solche Kirche muss den Glauben der Mitglieder zur Kenntnis nehmen und mit ihm ins Gespräch zu kommen versuchen. Die Frage dieser Kirche wäre, wie sie den Glauben ihrer Mitglieder unterstützen kann. Doch Demokratie war für den Protestantismus im Grunde auch für den Staat etwas Verdächtiges. Selbst liberale Theologen des 19. Jahrhunderts sprachen sich nicht für eine demokratische Staatsverfassung aus. Richard Rothe plädierte für ein Wahlfürstentum auf Zeit und für eine starke fürstliche Regierung (Wagner 1995, S. 162 f.). Selbst Ernst Troeltsch sprach sich bis 1918 für einen ständischen und organischen Gemeinschaftsgedanken aus. Nach 1918 war er einer der wenigen Protestanten, die für eine demokratische Neuorientierung waren (S. 165). „Der Begriff ‚Demokratie' war noch in den zwanziger Jahren für protestantische Theologen unterschiedlichster Lager ein Schimpfwort. Doehring nutzte 1925 Gottesdienste im Berliner Dom anlässlich der Reichstagseröffnung und beim Jubiläum der Reichsgründung zu scharfen Angriffen gegen die Demokratie" (Jung 2002, S. 125). In einer Erklärung des Reichsbruderrates der Bekennenden Kirche hieß es noch im Februar 1937: „Wählen in der Kirche bedeutet etwas anderes als Wählen im weltlichen Raum. Es bedeutet nicht, einer Gruppe und ihrem Programm seine Stimme geben. Herr der Kirche ist allein Jesus Christus. Jede Mitarbeit in der Kirche steht im Gehorsam gegen ihn. Wählen innerhalb der Kirche kann also nur bedeuten, dass die ganze brüderlich-christlich miteinander verbundene Gemeinde den Brüdern und Schwestern ihre Stimme gibt, zu denen sie das Vertrauen hat, dass sie in der Treue gegen Christus das Amt der Leitung und Verwaltung der Gemeinde mit Weisheit werden ausüben können. Daraus ergibt sich, dass das Wahlrecht nur von denen ausgeübt werden kann, die lebendige Glieder der Gemeinde sind" (zitiert bei Hölscher 1992, S. 204f.). Eine solche Einschränkung des aktiven Wahlrechts mag während des Dritten Reichs notwendig gewesen sein. Wer wählen wollte, musste sich in Wählerlisten eintragen lassen, die überprüft wurden. Diese Praxis hat sich noch bis in die sechziger Jahre des vergangenen Jahrhundert gehalten, ohne dass dagegen groß protestiert worden wäre. Bis in die Gegenwart hinein ist dementsprechend die Wahlbeteiligung bei Kirchenwahlen ausgesprochen gering. Sie liegt zwischen 10% in den Großstädten und 30% auf dem Land. Lucian Hölscher führt diese Distanz zwischen dem „Kirchenvolk" und den Gremien zurück auf die konfessionelle Vermischung in Deutschland, die nach einheitlichen Verhältnissen streben und schon im 19. Jahrhundert dort, wo es Kirchenwahlen wie etwa in Rheinland und Westfalen gab, Wähler wie Kandidaten sorgfältig auswählen ließ. Missliebige theologische Strömungen konnte man sich so vom Halse halten (S. 190ff).

Letztlich geht es hier um die Machtfrage. Falk Wagner meint: „So lange die professionellen Theologen ... an der Fiktion festhalten, die geschichtlich existierenden Kirchen beruhten auf einem den menschlichen Subjekten vorgegeben und entzogenen ‚Wesen', so lange werden alle Bemühungen um eine weitergehende innerkirchliche Realisierung demokratischer Rechte und Verfahren zum Scheitern verurteilt sein. Von dem auf die Herrschaft Christi oder des Wortes Gottes zurückgeführten ‚Wesen' der Kirche ist vornehmlich in dogmatischen und ekklesiologischen Traktaten von professionellen Theologen die Rede" (1995, S. 177).

Diese missliche Situation von Theologie und Kirche ist ein Ergebnis der Neuzeit. Mit Aufklärung und Pietismus wird ein persönlicher Glaube intendiert. Religion wird privatisiert. Das führt aber auch dazu, dass es keine allgemeine Autorität von theologischer Lehre mehr geben kann. So wird auch die Theologie privatisiert. Dietrich Rössler bringt den Sachverhalt auf den Punkt: „Die Verantwortung für die Theologie trägt jetzt allein der, der sie betreibt" (1970, S. 222). Das bedeutet nun allerdings nicht, dass alle jetzt je für sich eine Theologie vertreten. Vielmehr will Theologie ja kommuniziert werden. So muss man eher von Theologien von Gruppen sprechen. So entsteht ein Pluralismus an theologischen Positionen. Dietrich Rössler beschrieb schon vor mehr als dreißig Jahren den in Bezug auf die Kirche entstehenden Mechanismus. Er meint, dass alle diese positionellen Theologien erreichen möchten, dass sie gewissermaßen kirchenfähig sind. Dadurch geraten sie in einen Konkurrenzkampf untereinander hinein (S. 226). Damit kommen wiederum die Kirchenleitungen und -verwaltungen unter Druck. Sie müssen sich damit beschäftigen, wie die einzelnen Gruppen zu bewerten sind und welche Rolle sie in der Kirche spielen sollen und dürfen. Dabei wiederum werden sie von den Gruppen, die um Einfluss ringen, ihrerseits unter Druck gesetzt. Mit diesen Gruppen teilen die Kirchenleitungen das Bestreben, möglichst eindeutig zu sein. Die jeweils von den Kirchenleitungen vertretene theologische Position wird dann aber nicht als aktuelle, situations- und personbedingte Position dargestellt, sondern als der Kirche vorgegeben. Man spricht im Sinne eines der Kirche gegebenen Auftrags. Dieser vorgegebene Auftrag lässt nun aber demokratische Verfahren nur bedingt zu. In fast allen Landeskirchen gibt es deshalb auch keine Kirchenparteien. Es formieren sich in den Synoden allenfalls informelle Gruppen.

Karl-Fritz Daiber sieht insgesamt nur einen begrenzten Pluralismus. „Außerhalb der großen christlichen Kirchen und innerhalb ihrer im Kreis der eher distanzierten Kirchenmitgliedschaft besteht ein relatives Desinteresse an theologisch-religiösen Konfrontationen. ... Eine Verständigung über Sinndeutungsversuche wird vielfach gar nicht mehr gesucht. Wo sie gesucht wird, kann es zu religiös-weltanschaulichen Gruppenbildungen kommen, diese sind insgesamt aber eher marginal und bestimmen die öffentliche Erscheinungsweise von Religion nur in geringem Umfang" (1995, S. 173).

Das private und gesellschaftliche Christentum kommen also kaum vor. Die Auseinandersetzung um die Kirche bleibt eine Sache des kirchlichen Christentums. Praktisch lässt sich erkennen, dass in den letzten Jahren „ein kirchenpolitisch aktiver Evangelikalismus" entstanden ist, „der konsequent seine Positionen auch durchzusetzen versucht" (S. 172f.). Eine demokratische Form der Auseinandersetzung ist insgesamt nicht gefunden worden, eine Form in dem Sinne, dass Regierung und Opposition erkennbar wären oder Machtfragen nach verabredeten Regeln gelöst würden.

Die Mehrheit der distanzierten Mitglieder wird sich auch kaum um solche Fragen kümmern. Ihr reicht es, wenn trotz solcher Auseinandersetzungen das ihr wichtige Angebot der rituellen Begleitung und der Traditionsweitergabe gewährleistet ist. Für Hermelink ist kirchliche Mitgliedschaft keine verpflichtende Sozialbeziehung, „sondern sie stellt eine *institutionelle Bindung* dar" (2000, S. 365). Verpflichtet ist allein die Institution Kirche gegenüber ihren Mitgliedern. Sie hat insbesondere in ihrem liturgischen Angebot eine auf die Mitglieder bezogene plurale Angebotsstruktur zu entwickeln. „Für die kirchliche Organisation sind die Quantität und Qualität ihrer Mitgliedschaftsbeziehungen im Grunde *unverfügbar*" (S. 378). Auch theologisch gesehen verfügt die Kirche nicht über die Sozialbeziehungen, „vielmehr wird sie umgekehrt als ein soziales, erkennbares Gebilde nur durch die geistlich motivierte Beteiligung der Glaubenden gebildet und erhalten" (S. 378f.). Die Kirche kann nur den Glauben ihrer Mitglieder zu unterstützen versuchen dadurch, dass sie den Einzelnen Spielraum eröffnet, in dem „die Einzelnen ihre *Freiheit* von biographischen Fixierungen, sozialen Zuschreibungen und organisatorischen Anforderungen wahrzunehmen vermögen" (S. 379). Nur wenn die Kirche die fundamentale Freiheit des Glaubens pflegt, kann sie erwarten, ihrerseits von ihren Mitgliedern unterstützt und unterhalten zu werden. Die Vorstellung von der Kirche als einem „Gemeinschaftswerk" lässt diese Freiheit bei den Mitgliedern. Ein solches „Werk" ist ganz für die Mitglieder da und erwartet nicht einmal eine hohe Wahlbeteiligung. Die Mitgliedschaftsbeziehung ist ja keine politische. Zweifellos ist es um der Pluralität des kirchlichen Angebots willen hilfreich, wenn das „Werk" Kirche sich intern um demokratische Strukturen bemüht. Die oft beobachtete und kritisierte Milieuverengung des kirchlichen Lebens könnte durch den Abbau von hierarchischem Gefälle und mehr Achtung vor nicht so geachteten Milieus gemildert werden (Vester 2002, S. 418). Doch für das Kirchenverständnis notwendig sind sie in dem Sinne nicht, dass die Mitglieder nun auch die Wahlpflicht und die politische Pflicht zur Mitbestimmung hätten. Letztlich bleibt es so bei dem Harnackschen Kirchenverständnis des „haben als hätte man nicht". Was bedeutet eine solche Kirchentheorie in der Praxis? Welche Kultur muss in einer sich so verstehenden Kirche, einer Kirche als Werk oder als Mitgliederkirche, gepflegt werden? Wo liegen Prioritäten, wo Posterioritäten?

Die Verantwortung von Theologie und Kirche

Die Pluralisierung und Individualisierung auch der Glaubenseinstellungen und der kirchlichen Praxis haben dazu geführt, dass es keinen unbestrittenen Konsens sowohl hinsichtlich der Fragen der Lehre, als auch hinsichtlich der Frömmigkeitsformen, als auch hinsichtlich der Kirche mehr gibt. Der christliche Glaube entwickelt sich wie jede Religion weiter. Alte Glaubensaussagen verlieren ihren Glanz, neue werden gesucht.

Vielen erscheint dies als tiefe Krise. Wird der Wahrheitsanspruch preisgegeben? Zunächst scheint es so. Bei welcher theologischen Position liegt die Wahrheit? Kann etwas Wahrheit genannt werden, was vielen anderen nicht vermittelt werden kann? Johannes

Fischer plädiert dafür, „einem theologischen ‚Meisterdenken' den Abschied zu geben, das sich in universalem Maßstab einen Zugriff auf ‚religiöse Wahrheit' anmaßt" (Fischer 1994, S. 509). Religiöse Wahrheit hat heute keineswegs mehr vor allem mit einem kognitiven Inhalt zu tun. „Das Wort Gottes, die christlichen Bekenntnisse, die kirchliche Lehre, das Gewicht der Tradition – der Hinweis auf all das verfängt nicht mehr gegenüber einer Bewusstseinslage, in der die eigene spirituelle Erfahrung und Einsicht zum Kriterium der Aneignung religiöser Überlieferung geworden ist". Die Wahrheit kann heute nur noch da gefunden werden, wo man sich auf kommunikative Prozesse einlässt, in denen der Geist der christlichen Tradition, nicht aber das Dogma präsent sind. „Die größte Herausforderung liegt heute in der kommunikativen Vergegenwärtigung des Geistes in der kirchlichen Kommunikation und Praxis" (S. 531). Wollte man unabhängig von der kirchlichen, pluralen Situation Theologie treiben, würde man bald ins Abseits geraten. Theologie ist auch davon abhängig, dass sie kommuniziert werden kann. Und sie ist auch verantwortlich dafür, dass es eine für alle verständliche Reflexion von Religion vor dem Hintergrund der jüdisch-christlichen Tradition gibt. Es kann und darf dabei keine Lösung der Frage nach der Wahrheit und der Einheit dadurch geben, dass Positionen und Menschengruppen einfach ausgeblendet werden. Die Theologie als Profession betreiben, haben keinen Vorrang. Ein solches Verfahren verbietet sich schon von der Bibel her. Fischer weist daraufhin, dass auch im Neuen Testament die Einheit nicht die von Glaubensinhalten ist, sondern die Einheit im Geist (S. 504). Ansonsten ist eine Pluralität an Spiritualität und Glaubensüberzeugung durchaus vorhanden. Das ist nicht anders bei dem paulinischen Bild von dem einen Leib und den vielen Gliedern bezogen auf die christliche Gemeinde. „Weder gibt es innerhalb des Leibes, wie ihn der Apostel beschreibt, eine Über- und Unterordnung von Gliedern – nicht einmal der Kopf hat eine ‚leitende' Funktion; noch werden die Glieder aufgefordert, zugunsten eines tatsächlich oder vermeintlich untätigen Körperteils zu kooperieren; und auch der Gedanke der unbedingten Vorordnung des ‚Ganzen' vor den ‚Teilen' ist bei Paulus nicht im Blick. In der paulinischen Rezeption und Explikation des Bildes befinden sich die Glieder des Leibes in einer vollständigen wechselseitigen Abhängigkeit und Gleichheit – darauf kommt es sowohl in 1 Kor 12 wie auch in Röm 12 entscheidend an" (Lindemann 1995, S. 164). Theologie kann so nicht die Aufgabe haben die religiöse Situation zu normieren, sondern kann diese nur reflektieren und mit der jüdisch-christlichen Tradition konfrontieren. „Im Unterschied zur Kirche als der auf die *Vermittlung* des Glaubens zielenden Schule des Christentums ist die Dogmatik – wie die Theologie insgesamt – dessen *Reflexionsinstanz*" (Anselm 2000, S. 246f.).

Die „Reflexionsinstanz" Theologie ist dafür verantwortlich, dass nicht nur die Tradition ins Spiel kommt, sondern auch dass die religiöse Situation zur Geltung gebracht wird. Sie hat die Vorarbeit dafür zu leisten, dass die Inkulturation des Christentums heute gelingen kann. Dabei können die Deutungsmuster und Denkmodelle wechseln. Sie können wechseln im Zeitablauf, aber auch von gesellschaftlicher Situation zu gesellschaftlicher Situation, von Mensch zu Mensch. Pluralität ist nicht statisch, sondern sowohl diachron wie synchron als stets in Veränderung begriffen zu erleben. Theologische Reflexion muss sich darauf einstellen.

Dafür ein Beispiel könnte man im Gebrauch der Rechtfertigungslehre sehen.

Im Protestantismus gilt die Rechtfertigung des Gottlosen allein aus Gnade als der Grundartikel, an dem sich die Geister scheiden. Als in den neunziger Jahren des 20. Jahrhunderts lutherische und katholische Theologen es unternahmen, eine „Gemeinsame Erklärung" zur Rechtfertigungslehre zu erarbeiten und diese dann auch kirchenoffiziell der Öffentlichkeit vorgestellt wurde, kam es zu erregten Debatten. Zahlreiche Protestanten fanden ihre Auffassung von der Rechtfertigungslehre nicht berücksichtigt. Eberhard Jüngel meinte, dass man hier einmal wieder habe erleben können, was mit der Bezeichnung evangelisch theologisch gemeint sei. Im Zentrum stehe *„das Wort vom Kreuz"*(1998, S. 1). Und dieses besage in Kurzfassung und zugleich als Verkündigung: *„Gott für die Gottlosen! Leben für vom Tode bedrohte und dem Tode Verfallene! Heil für eine heillos verfahrene und in selbstverschuldetem Unheil festgefahrene Menschheit! Befreiende Wahrheit für Menschen, die die Wahrheit unterdrücken (Röm 1,18) und mit der Wahrheit zugleich sich selber und ihre Mitmenschen in lebensfeindliche Lebenslügen verstricken!"*. Für den sogenannten gesunden Menschenverstand, meint Jüngel, sei die Lehre von der Rechtfertigung überhaupt nicht selbstverständlich. Sie ist wie schon Paulus bemerkte eher eine Torheit. „Es bedarf einiger Anstrengung, um zu verstehen, dass diese Torheit eine tiefe, lebensrettende Weisheit in sich birgt und also in Wahrheit ein heilsamer Skandal. Verlangt schon die reflexive Gestalt der Rechtfertigungslehre von denen, die verstehen wollen, worum es geht, so etwas wie die Anstrengung des Begriffs, so steigert die Abgründigkeit der Sache die Verstehensschwierigkeiten noch einmal. Doch wer sich die Anstrengung des Nachdenkens abverlangt, für den wird das Evangelium von der Rechtfertigung des Gottlosen das, was in seinem Kern ist, nämlich *ganz einfach*" (S. 2). Als an lutherischer oder dialektischer Theologie geschulter Theologe oder geschulte Theologin kann man solchen Sätzen zustimmen. Doch wenn man an die Mehrheit der Mitglieder denkt, kommen einem Zweifel daran, dass eine große Bereitschaft zur Anstrengung besteht bei etwas, zu dem man zunächst überhaupt keinen Zugang hat. Jüngel fragt sich das offenbar auch, wenn er gleich sagt, dass die Rechtfertigungslehre nichts für den gesunden Menschenverstand sei. Doch geht es wirklich darum, dass das Wort vom Kreuz den Menschen im Sinne von Paulus eine Torheit ist? Geht es nicht auch für viele darum, dass schon die Denkmuster und die Sprache nicht der Erfahrungswelt der Menschen entsprechen? Wo gibt es eine solche Dramatik, die von Gottlosen, vom Tode Bedrohten, dem Tode Verfallenen, in Lebenslügen Verstrickten sprechen lässt? Wo spielen lebensrettende Weisheit oder Abgründigkeit einer Rolle? Ist das nicht eher die Sprache und Sichtweise eines Existenzialismus, denn die einer Zeit der Postmoderne mit den vielen Wahlmöglichkeiten? Das Leben als Drama, als Drama auch zwischen Gott und Mensch mögen Menschen zuweilen erfahren. Doch diese Sicht der Dinge hatte für Mehrheiten ihre Zeit nach dem Ersten Weltkrieg bis in die Zeit nach dem Zweiten Weltkrieg. Religiöses Fragen gilt heute nicht dem gnädigen

Gott, sondern der Orientierung, der Lebensgestaltung, der Deutung des eigenen Lebens. Damit soll die Rechtfertigungslehre nicht abgetan werden, aber ihre direkte Verwendbarkeit als Hilfe für die religiöse Praxis der Zeit in Frage gestellt werden. Und es hat ja nach der Reformationszeit durchaus Zeiten gegeben, in denen weder die Rechtfertigungslehre noch das Kreuz im Zentrum des Theologisierens standen. Im Pietismus ging es um die Wiedergeburt, bei Schleiermacher um Gefühl und Geschmack an der Unendlichkeit, in der liberalen Theologie um das Gesegnetsein. Bei Adolf von Harnack etwa spielt das Kreuz keine Rolle. Man braucht sich nur einmal die Bildprogramme in und an evangelischen Kirchen anzusehen. Das Bild des segnenden Christus von Thorvaldsen etwa beherrscht das 19. Jahrhundert. Beliebte Motive sind die Rettung des sinkenden Petrus, die Bergpredigt oder der verlorene Sohn. All das sind Motive der Annahme, der Segnung und der Rettung, die direkt mit der Person Jesu in Verbindung gebracht werden. Wenn man so will, hat das 19. Jahrhundert sich damit mehr an die Evangelien gehalten als an den theologischen Lehrer Paulus mit der Rechtfertigungslehre. Das wurde anders unter dem Eindruck der Katastrophen des Ersten und Zweiten Weltkriegs, in denen die Menschen hautnah erfuhren, was Tod, Schuld und Opfer bedeuten können. Die Theologie hat mit ihren Deutungsmustern jeweils auf die Grundstimmung der Zeit geantwortet. Zu Beginn des einundzwanzigsten Jahrhunderts scheint erneut die Suche nach Segen für das persönliche Leben im Vordergrund zu stehen. Man möchte etwas Heilsames, einen guten Zuspruch erfahren. Salbungs- und Segnungsgottesdienste erfreuen sich einer gewissen Beliebtheit. Über die vielfach gewünschte Segnung von homosexuellen Paaren wird diskutiert. An die Stelle des Wortes vom Kreuz und der Frage nach dem gnädigen Gott tritt sinngemäß wieder der Heilandsruf aus Matthäus 11,28 „Kommet her zu mir alle, die ihr mühselig und beladen seid; ich will euch erquicken", mit dem Thorvaldsens Statue des segnenden Christus in der Frauenkirche in Kopenhagen beschriftet ist.

Der Wandel hat nichts mit Unglauben zu tun, ist vielmehr eine notwendige Weiterentwicklung. Die theologischen Denkmuster wechseln, mit den die Heilserfahrung des Glaubens ausgedrückt wird. Solcher Wechsel kann schmerzhaft sein und Empörung auslösen. Das ändert an seiner Notwenigkeit nichts. Die Religion ist nicht einfürallemal festgeschrieben. Das lehrt die Geschichte. Auch in der Gegenwart müssen wir auf lieb gewordene Denkmuster verzichten lernen und neue (vielleicht auch ganz alte) nutzen lernen. Für Klaus-Peter Jörns geht es dabei aber nicht um Anpassung an den Zeitgeist, sondern um die Wirkkraft des Glaubens selbst: „Das Christentum muss seine bisherige Gestalt in vielem hinter sich lassen, um zu sich selbst zu finden" (2004, S. 69).

Das gilt von theologischen Zentralaussagen genauso wie von Bildern, mit denen wir die kirchliche Wirklichkeit beschreiben. Das Bild von Hirt und Herde ist dafür ein Beispiel. Das Bild vom Hirten und seiner Herde wird gern auf den Pfarrer bzw. die Pfarrerin und seine bzw. ihre Gemeinde angewandt. Der Titel Pastor drückt dies auf Latein auch aus. Die einzelnen Gläubigen müssen sich als Schafe sehen, die nur vergemeinschaftet gedacht werden. Der Hirte weiß, was gut ist für seine Schafe. Einen eigenen

Willen haben die Schafe nicht. Man kann auch von ihnen nichts lernen. Wenn etwas schief geht, hat der Hirte versagt. Dieses ländliche Bild kommt vor allem im Alten Testament, nur gelegentlich im Neuen Testament und gar nicht bei Paulus vor. Paulus war ein Stadtmensch. Seine Gemeinden, für die er sich verantwortlich wusste, waren Stadtgemeinden. In der Stadt geht es anders zu. Da geht es um Angebot und Nachfrage. Das Modell ist der Markt. Die Areopag-Szene in Apostelgeschichte 17 zeigt Paulus als Anbieter auf dem religiösen Markt. Der Anbieter stellt sein Licht nicht unter den Scheffel. Aber es ist die Entscheidung der Nachfragenden, ob sie das Angebot annehmen oder nicht. Die Nachfragenden stimulieren auch die Angebote. Der Anbieter versucht ihnen entgegenzukommen. In den Briefen hat sich Paulus vielfach mit Mitbewerbern unter den Anbietern auseinander zu setzen gehabt. Beide Bilder, das von der Herde wie das vom Markt, haben Anhalt an den biblischen Schriften. Das Modell der Herde ist dabei monopolitisch. Es passt zu der Situation von Parochie und Pfarrzwang. Das Modell des Marktes ist pluralistisch. Es passt zur Situation in der Stadt und ihren Wahlmöglichkeiten. Durch die Wahl von Bildern werden Prioritäten gesetzt. Das vorrangig benutzte Bild von Hirt und Herde lässt die Parochie als vorrangig erscheinen. Andere Möglichkeiten wie die Region und die Stadt kommen so nicht in den Blick, obwohl sie vielleicht gerade an der Zeit wären, für die Mitglieder eine Problemlösung darstellen könnten und damit die Inkulturation des Christentums in der Gegenwart unterstützen würden.

„Notwendige Abschiede" (Jörns 2004) gehören dazu, wenn Protestanten und Kirchenverantwortliche nicht aneinander vorbeireden wollen. Für Theologie und Kirche gehört dazu, dass sie ihre Strukturen daraufhin überprüfen, ob sie noch als Instrumente für die gegenwärtige Religionspraxis taugen. Strukturen können bereits verhindern, dass die gesellschaftliche und religiöse Situation angemessen wahrgenommen werden. Das gilt besonders von der Praktischen Theologie. Im Lehrkanon, in der Bestimmung und Besetzung von Lehrstühlen oder auch in den Prüfungsordnungen ist die Praktische Theologie weitgehend in Homiletik, Seelsorge und Katechetik eingeteilt. In der Forschung gibt es zweifellos ein größeres Spektrum. Doch die durch die Beschreibung von Lehrstühlen, von Prüfungsordnungen usw. vorgegebene Struktur legt die Praktische Theologie zunächst einmal fest auf die klassischen Tätigkeiten des Pfarrers und der Pfarrerin. Pfarrerinnen und Pfarrer erscheinen so als die für das kirchliche Handeln allein entscheidenden Personen. Wie bereits mehrfach angesprochen, ist auch die Erwartung der Mehrheit der Mitglieder vor allem auf die so herausgestellten Tätigkeiten gerichtet: Gottesdienstliche und seelsorgerliche Begleitung, sowie die Traditionsvermittlung. Doch kann das ja nicht heißen, dass eine moderne Kirche sich auf diese Aufgaben beschränkt und sie auch in klassischer Weise in Einwegkommunikation und am Ort der Parochie wahrnehmen muss. Dies aber geschieht de facto weitgehend, weil das klassische Predigen, Seelsorgen und Unterrichten nicht nach dem Gegenüber fragt. Die Predigthörenden und die Schülerinnen und Schüler kommen mehr oder weniger nur als Empfangende in den Blick. Pfarrer und Pfarrerin sind die Gebenden. Kaum einmal wird reflektiert, dass man es bei den Empfangenden nicht mit unbeschriebenen Blättern zu tun hat. Die Frage, was man gegebenenfalls von diesem Personenkreis lernen könnte, wird selten gestellt. Der soziale und reale Ort, an dem die Aktivitäten stattfinden, bleibt im Nebel: Veranstaltungstypen, Räume, andere Anbietende. Kooperationen mit anderen an denselben Themen und mit denselben Zielgruppen Arbeitenden erscheinen gar nicht erst am Denkhorizont. Religionspädagogik endet oft beim Schulabschluss, obwohl bekannt ist, dass Lernen ein lebenslanger Prozess ist. Es bleibt auch offen, wie und wo sich Glaube bildet. Implizit wird vorausgesetzt, dass dies in der Familie geschieht. Die Menschen, die nicht von sich aus zu den Angeboten kommen, werden keines Blicks gewürdigt. Konfessionslose kommen nicht vor. Es gibt auch kein Marketing, d.h. eine Erforschung von Bedürfnissen und möglicher Nachfrage. Obwohl es seit vielen Jahren in dem Statistikbogen der Evangelischen Kirche in Deutschland Fragen nach Erwachsenenbildungsveranstaltungen, nach Gruppen und Kreisen gibt, werden diese Bereiche wenig erforscht und es gibt kaum Lehrveranstaltungen dazu. Auch die in der kirchlichen Praxis recht umfangreichen Leitungsaufgaben kommen allenfalls am Rande vor.

Obwohl dieses Bild vielleicht ein wenig einseitig gezeichnet ist, kann in der Realität der Praktischen Theologie nicht die Rede davon sein, dass die religiöse Praxis in persönlichem, öffentlichem und kirchlichem Christentum in ihrer ganzen Breite wirklich vorkommt. Damit wird der Eindruck erweckt, dass alles, was nicht unter die klassische Homiletik, Katechetik und Seelsorge fällt, nicht so wichtig ist. Und dazu gehören dann auch die Mitglieder mit ihrer Spiritualität und ihren Glaubensvorstellungen. Die traditionellen Strukturen können zu einer gewissen Blindheit und Beschränkung führen und die Inkulturation des Christentums in die gegenwärtige Gesellschaft behindern. Die Theologie muss deshalb an ihre Verantwortung auch für den Wandel erinnert werden.

In die Verantwortung der Kirche fällt es, dass sie für Arbeitsstrukturen sorgt, die der religiösen Praxis ihrer Mitglieder und anderer Menschen in einer individualisierten, pluralisierten, biografisierten und privatisierten Welt dienlich sind und die bei der Aufgabe der Inkulturation des Christentums helfen. Dabei geht es um drei Grundaufgaben. Es geht darum eine religiöse Grundversorgung zu organisieren und zu garantieren, dann ist die Selbstorganisation von Christinnen und Christen zu unterstützen, schließlich geht es darum die evangelische Perspektive in das gesellschaftliche und kulturelle Leben einzubringen. Darin lässt sich unschwer eine gewisse Parallele zu den drei Typen des persönlichen, kirchlichen und gesellschaftlichen Christentums erkennen. Fritz Erich Anhelm spricht – in etwas anderer Reihenfolge – von drei Ebenen von kirchlichen Sozialgestalten im Blick auf die Zivilgesellschaft: „Einmal die Institution im engeren Sinne, die die Sakramente verwaltet, die Liturgie bewahrt und auch dem Arkanum, dem Mysterium Raum gibt. Zum anderen die Organisationen der Kirche, die stärker auf den Dienst an und in der Welt ausgerichtet sind und darin an Verkündigung und Mission teilhaben und schließlich die selbstorganisierten Initiativen, Gruppen, Zusammenschlüsse und Netzwerke, die ihren christlichen Glauben in ihrer Lebenswelt durch Aktivitäten, Aktionen und Lobbyarbeit bezeugen“ (Anhelm 2002, S. 50). Worum geht es bei diesen Aufgaben im einzelnen?

Die Aufgaben der Kirchenorganisation

1. Die religiöse Grundversorgung organisieren

Zu einer religiösen Grundversorgung gehört es, das religiöse Leben mit Ritualen und Frömmigkeitsformen, mit besonderen Orten und Personen zu versorgen. Und es gehört dazu die Weitergabe der Tradition, d.h. die religiöse Bildung. Es geht darum, dass die Mitglieder Zugang zur Religion bekommen, dass ihnen religiöse Praxis ermöglicht wird und dass sie darin unterstützt werden. Aufgabe einer Kirche, die sich als Mitgliederkirche oder Gemeinschaftswerk versteht, ist es deshalb dafür zu sorgen, dass allgemein zugängliche Gottesdienste angeboten werden, dass Amtshandlungen, geöffnete Kirchen und Personen zur Verfügung stehen. Die religiöse Grundversorgung zielt vor allem auf die Biographie der Menschen. Sie bietet rituelle Begleitung genauso wie die Begleitung durch lebensphasengerechte Bildungsangebote. Und sie ist darin Grundversorgung, dass sie leicht zugänglich und ortsnah erreichbar ist.

Grundlage für diese Verpflichtung ist die Taufe. Mit der Taufe beginnt die Geschichte des einzelnen mit der Kirche, die weder durch die Kirche gestiftet ist, noch durch den einzelnen erworben wurde, sondern immer als ein Handeln Gottes an je diesem einzelnen konkreten Menschen verstanden werden muss. Der mit der Taufe namentlich zugesprochene Segen kann genauso wenig zurückgenommen werden, wie die Zugehörigkeit zu den „Evangelischen“. Selbst Konvertiten wird noch nachgesagt, dass sie eigentlich noch immer „evangelisch“ seien. An der Gültigkeit des Segens der Taufe und an der Zugehörigkeit zu den Evangelischen ändert auch der Kirchenaustritt nichts. Die individuelle Geschichte mit der Kirche kann sehr verschieden verlaufen. Sie kann Phasen der Nähe und der Distanz durchlaufen. Sie kann auch zum völligen Bruch mit der Institution führen, der aber nicht unbedingt endgültig sein muss. Jan Hermelink meint hinsichtlich solcher Überlegungen: „Im Blick auf den unmittelbaren Umgang mit Ausgetretenen selbst plädiere ich schließlich dafür, den auch in der neuen EKU-Lebensordnung formulierten Grundsatz ernst zu nehmen, dass ‚der Kirchenaustritt die Verheißung des Evangeliums nicht aufheben kann, die in der Taufe sichtbaren Ausdruck gefunden hat‘. Pastorales Handeln im Kontext eines Kirchenaustritts wird sich dann wesentlich als *Tauferinnerung* verstehen müssen: Es wird die einzelnen in ihren Lebenskonflikten an eine Geschichte erinnern, die mit der Taufe begonnen und sich in kirchlichen Begegnungen fortgesetzt hat“ (Hermelink, Gefangen 2000, S. 51f.).

Damit ist nicht gesagt, dass die Kirche verpflichtet sei, auch allen Nichtmitgliedern Amtshandlungen, Gottesdienste usw. anzubieten. Da sie aber theologisch an die Getauften gewiesen ist, bedarf es besonderer Überlegungen, wenn Ausgetretene um entsprechende Handlungen nachsuchen. Der Horizont der religiösen Grundversorgung reicht aber noch über den Kreis der Getauften hinaus. Nach allgemeiner Auffassung sind die Kirchen der Ort in der Gesellschaft, an dem Religiöses verhandelt wird. Wenn Sekten auftreten und junge Menschen in größerer Zahl für sich gewinnen, wird den Kirchen Versagen vorgeworfen. Wenn Sitte, Moral und ethische Grundsätze zu fehlen scheinen, wird nach den Kirchen gerufen. Nicht nur Politikerinnen und Politiker gehen dabei offenbar von einer Art gesellschaftlicher Arbeitsteilung aus. Religion, Weltanschauung, Ethik und alles, was damit zusammenhängt, ist Sache der Kirchen. Man denkt wie in der Schule fachbezogen. Für alle Fragestellungen gibt es ein zuständiges Fach. Man kann diese Zuschreibung kritisieren, doch aus der Welt geschafft ist sie damit noch nicht. Zu einer religiösen Grundversorgung gehört deshalb meines Erachtens, dass das gesamte religiöse Leben der Gesellschaft im Blick ist. Und wer sagt denn, dass aus solchen Zuschreibungen nicht auch Katechumenen, d.h. Taufbewerber hervorgehen können? Die religiöse Grundversorgung muss zwar von der Kirche wahrgenommen werden, aber sie richtet sich nicht nur an die eigenen Leute und sie geschieht auch nicht in eigener Sache. Sie geschieht vielmehr als ein Dienst am Bau Gottes, von dem die Gemeinde oder Kirche nur ein Teil ist: „Erbaut auf den Grunde der Apostel und Propheten, da Jesus Christus der Eckstein ist, ...auf welchem auch ihr miterbaut werdet zu einer Behausung Gottes im Geist" (Epheser 2,20-22).

Die religiöse Grundversorgung braucht ortsnahe Gebäude und Personen. Aber sie ist damit nicht identisch mit der örtlichen Kirchengemeinde. Die Kirchengemeinde kann eine und vielleicht auch die wichtigste Basis für die religiöse Grundversorgung sein. Aber sie bietet noch vielmehr an als die Grundversorgung, die in etwa den Umfang der alten Parochie hat.

Sie bietet die Möglichkeiten des Engagements der Christinnen und Christen und sie sucht danach, die evangelische Stimme im gesellschaftlichen und kulturellen Leben hörbar zu machen. Wenn die Kirchengemeinde zur Voraussetzung für die religiöse Grundversorgung gemacht würde, entstünde der Eindruck, dass erwartet wird, dass Getaufte das gesamte Angebot wahrnehmen. Der ehemalige Parochialzwang begegnet den Menschen durchaus noch und zwar in Gestalt von Erwartungen, die in der modernen Kirchengemeinde zudem noch einen viel größeren Angebotskatalog umfasst als es in der alten Parochie der Fall war. Die religiöse Grundversorgung kann auch deshalb nicht identisch sein mit der Kirchengemeinde, weil Religion für viele Menschen in der Gegenwart Distanz erfordert. Religiöse Praxis verträgt für viele keine Sozialkontrolle, wie sie in der Kirchengemeinde zwangsläufig stattfindet. Außerdem kann sich heute religiöse Begleitung nicht mehr ausschließlich auf den Wohnort beschränken. Die Lebensgeschichte führt die Menschen in die verschiedensten Zusammenhänge. Erfolgte ein Abbruch im Wohnbereich, ist ein Neuanfang an eben dieser Stelle kaum denkbar. Für neue Anfänge braucht man dann andere und vielfältigere Kontaktmöglichkeiten als die Kirchengemeinde sie bieten kann. „Kirchliche Mitgliedschaft als unstete Kontaktform und diskontinuierliche Lernform verlangt andere ‚didaktische' Vorstellungen und breite Kontaktflächen, also Öffentlichkeit, auch im Sinne von ‚Markt der Möglichkeiten', übergreifender Fest- und Feierkultur, differenzierter Gottesdienststruktur etc." (Failing 2004, S. 82). Da die Kirchengemeinde die oft notwendige Freiheit, Distanz und Vielfalt nicht bieten kann, braucht man eine weitere Angebotsebene. Für manche wird das die evangelische Akademie oder ein anderes landeskirchliches Angebot sein können. Im Normalfall aber braucht es die mittlere Ebene mit ihren offenen, öffentlichen und vielfältigen Angeboten.

Auch auf der mittleren Ebene sind gottesdienstliche und seelsorgerliche Angebote im Sinne eines Grundangebots erkennbar, genauso wie Bildungsveranstaltungen. Citykirchenarbeit, Beratungsstellen und Erwachsenenbildungsprogramme gehören dazu. Sie gewähren die erforderliche Distanz, sind vielfältig und lassen Neuanfänge der verschiedensten Art und aus verschiedenen Motivationen zu. Einen ähnlichen Effekt haben die an verschiedenen Orten angebotenen besonderen Gottesdienstformen mit Titeln wie Thomasmesse oder Gospecial, Gottesdienst für Paare am Valentinstag oder monatliches Totengedenken. Hierbei handelt es sich nicht um neue Normalprogramme für Kirchengemeinden, sondern um Angebote auf einer anderen Ebene, die sich gerade als Alternative zum Normalprogramm verstehen, auch wenn sie von Kirchengemeinden getragen werden. Sie sind gewissermaßen ein zweites Programm im religiösen Grundangebot. Dadurch bekommen Menschen ein Angebot, für die die Biographie mit der Kirche abgebrochen oder unterbrochen war, oder die aufgrund besonderer Lebenssituationen sich erst der Kirche nähern.

In der Regel nicht ortsnah sind solche Aktivitäten, die in Häusern der Stille oder bei den inzwischen recht zahlreichen Schwestern- und Bruderschaften zu finden sind. Retraiten, Auszeiten verschiedener Art, meditative Veranstaltungen usw. in solchen Einrichtungen kann man auch dem religiösen Grundangebot zurechnen, auch wenn sie in der Regel nicht für Anfangende, sondern eher für Fortgeschrittene interessant sind. Das religiöse Grundangebot muss, um seine Aufgabe erfüllen zu können, vielfältig hinsichtlich der Formen, wie der Anlässe und der Zielgruppen sein. Es lebt weitgehend davon, dass es die Menschen in ihrer Lebenswelt aufsucht. So wird man auch entsprechende Sendungen in Rundfunk und Fernsehen nennen müssen. Die Printmedien sind nicht zu unterschätzen. Dabei ist nicht nur an den Gemeindebrief zu denken, sondern auch an Meditationen in Tageszeitungen oder an eine ausgewählte Literatur. Den entsprechenden Markt zu beobachten und mitzugestalten gehört zu den Aufgaben, vor die ein religiöses Grundangebot stellt.

2. Die Selbstorganisation von Christinnen und Christen unterstützen

Wenn Christinnen und Christen sich selbst organisieren in Hauskreisen, in Vereinen und Initiativen oder Gruppen und Kreisen, wird das durchaus nicht immer begrüßt. Man fürchtet in solcher Initiative mögliche Konkurrenz, wohl auch Kritik und den Verlust der Kontrolle. Die Realität kann so aussehen wie bei dem Gemeindepfarrer, der gefragt wurde, ob er eine ehrenamtlich tätige Person, die das Fernstudium Evangelischer Erwachsenenbildung absolviert hatte, in seiner Gemeinde Angebote machen lassen würde. Er antwortete: „Nein; ich weiß ja nicht, was für ein Feuer der mir da anzündet". Bevor Gruppen oder einzelne in einer Kirchengemeinde etwas anbieten dürfen, bedarf es eines Beschlusses des Kirchenvorstands. Immer einmal wieder hört man von der Sorge, dass solche Gruppen die Einheit der Gemeinde gefährden könnten.

Evangelische Christen und Christinnen organisieren sich seit bald dreihundert Jahren selbst. Sie tun das innerhalb von Kirchengemeinden in Gestalt von Gruppen und Kreisen. Sie tun das in der Region in Vereinen und Initiativen der verschiedensten Art. Und sie tun es neben der Kirche und ihren offiziellen Strukturen in Hauskreisen, offenen Foren und auch hier immer wieder in Vereinsform und als Initiative. Manche Gruppierungen verbinden sich auch zu Netzwerken in einem größeren Raum. Ehedem hatten die evangelischen Vereine ihr Vereinshaus, in dem sie zu Hause waren. Die Zeiten sind lange vorbei. Selbstorganisierte Gruppen treffen sich heute in den Räumen von regionalen Spezialpfarrstellen oder Fachstellen, meist jedoch im Gemeindehaus. Dabei unterliegen sie allerdings immer wieder den Beschränkungen nicht nur der Mehrfachnutzung der Räume, sondern auch dem Wunsch nach Kontrolle seitens der Gemeindeleitung. Es wird gefragt, inwiefern solche Gruppen Gemeinde sind. Diese Fragen treffen vor allem solche Gruppen, die eher Selbsthilfe zum Programm haben wie die Krabbelgruppen von Elterninitiativen. Doch eine solche Zurückhaltung gegenüber den Gruppen verkennt den Vorteil, den diese Gruppen für die Kirche und die Gemeinde mit sich bringen. Sie sind Andockstellen für Menschen, die sonst nichts mit der Kirche zu tun haben oder zu tun haben wollen. Dafür reicht es bereits, dass man sich im Gemeindehaus trifft. Darüber kann sich dann so mancher andere Kontakt ergeben. Derartige Gruppen können auch innovatorische Effekte haben. Aus der Beobachtung, dass es in mehreren Stadtteilen zahlreiche Krabbelgruppen gab, zog man in einer Stadt den Schluss, dass ein Bedarf an Familienbildung bestehe. Die daraufhin ins Leben gerufene dezentrale Familienbildungsstätte erfreut sich seither großer Nachfrage.

Zahlreiche Gruppen entlasten die Kirche auch bei ihren genuinen Aufgaben. Meditationsangebote, die Organisation von besonderen Gottesdiensten, Telefonseelsorge und vieles andere mehr liegen oft in der Hand von Ehrenamtlichen, die damit selbst organisiert ihren Beitrag zum religiösen Grundangebot leisten. Dasselbe gilt von der Aufgabe, den evangelischen Aspekt in das gesellschaftliche und kulturelle Leben einzubringen. Auch hier sind selbstorganisierte Gruppen unterstützend tätig. Es sind Bereiche wie Hospizarbeit, Umweltschutz, Friedensarbeit. Die Kirche profitiert von diesen Gruppen.

Ihre Aufgabe ist es umgekehrt, die Gruppen zu unterstützen. Dies gilt heute besonders für die Bereitstellung von Räumen. In den seltensten Fällen verfügen Gruppen über eigene Räume. Direkte finanzielle Unterstützung ist meist nicht nötig. Die Gruppen sind da in der Regel auch sehr erfinderisch. Nötig aber ist die Unterstützung durch Anerkennung und nicht bloß Duldung. Es sollte regelmäßige Kontaktrunden auf den verschiedenen Ebenen geben. Die Kirche muss der Selbstorganisation in jeder Hinsicht Raum geben. Hier aktualisiert sich der Gedanke von der Kirche als dem Volk Gottes. Die selbstorganisierten Gruppen sind nicht einfach als fester Bestandteil der Institution zu verbuchen. Der Kontakt zu ihnen muss leben. Dafür ein Beispiel aus eigener Erfahrung: Über etliche Jahre hatte ich in der Kirchengemeinde, in der ich Pfarrer war, eine Abteilung des Evangelischen Jugendwerks mit Pfadfindern ansiedeln können. Nach meinem Weggang beklagte sich diese Abteilung, dass sich niemand mehr für sie interessiere. Sie hatten zwar noch die Räume zur Verfügung, aber es gab kaum Kontakt zu Personen in der Gemeinde. Eines Tages, so wurde erzählt, hätten die Pfadfinder ihre Sachen gepackt. Auf dem Tisch in der Mitte ihres Raumes hinterließen sie einen Zettel. Darauf stand: „Wir sind mal gespannt, wann einer merkt, dass wir nicht mehr da sind". Das Jugendwerk war weiter gewandert. Die sich engagierenden Mitglieder suchen sich ihr Feld selbst. Sie lassen sich nichts vorgeben, aber sie erwarten auch, dass man sie wahrnimmt.

3. Die evangelische Perspektive einbringen

Eine „neue Sachlichkeit" hat Wolf-Eckart Failing für das Verhältnis von Kirche und Gesellschaft angemahnt (2004, S. 83). Die Gefahr bei der Individualisierung und Biografisierung der Religion liege darin, dass die Wahrheitsfrage ausgesetzt wird und die Kirche in der Gesellschaft nicht mehr mit ihrer „Sache" wahrgenommen wird und sich in das gesellschaftliche und kulturelle Leben nicht mehr sachlich einbringt. „Eine fromme Kirche wird sprachlos und kontaktunfähig, verstrickt sich in theologisch gesetzlichen Appellen an die Öffentlichkeit und Pflege intimer Gefühlswelten". Es geht aber gerade um eine Sachpartnerschaft mit Bildung, Kultur, Politik, Recht oder Wirtschaft.

Nun hat die Kirche schon seit langem Arbeitszweige aufgebaut, die solche Sachpartnerschaft leisten können, Arbeitszweige, die die evangelische Perspektive in den anstehenden Sachfragen zu verdeutlichen vermögen. Die Arbeit geschieht auf den verschiedenen Ebenen von der Kirchengemeinde bis zur Landeskirche. Zu nennen sind hier die Kindertagesstätten, die ambulanten Pflegedienste, Jugendarbeit, evangelische öffentliche Büchereien, Familienbildungsstätten, Erwachsenenbildungsstellen, Stadtakademien, Akademien, Kirchenmusik, Sozialarbeit, Heime der verschiedensten Art, Entwicklungshilfedienste usw. usw. Die Kirche nimmt diese Aufgaben wahr, um die evangelische Perspektive in dem entsprechenden Gebiet zur Geltung zu bringen. Rechtlich werden die meisten dieser Aufgaben nach dem Subsidiaritätsprinzip behandelt. So kommt es zu einer gemeinsamen Finanzierung mit der öffentlichen Hand, Kommunen, Ländern oder Bund. Es geht aber immer um einen Sachbeitrag zu dem jeweiligen Feld in Gesellschaft und Kultur. Evangelisches Profil zu zeigen, ist nicht nur eine Sache der Öffentlichkeitsarbeit, sondern auch und gerade der Auseinandersetzung mit den Sachfragen. Aufgabe von Kirche und Theologie ist es, sich der Mühe der Konzeptionsarbeit zu unterziehen. Theologisches Motto oder Kirchenbild ist Matthäus 5,13-15: „Ihr seid das Licht der Welt. ... Man zündet auch nicht ein Licht an und setzt es unter einen Scheffel, sondern auf einen Leuchter; so leuchtet es allen, die im Hause sind". Wenn man die evangelische Perspektive einbringt, geht es nicht um die Kirche, sondern um „alle, die im Hause sind". Nicht nur das, was die Mitglieder nach Umfragen von der Kirche erwarten, ist außerdem das, was auf den Leuchter gehört, sondern auch das, was aufgrund des Evangeliums auf die zu verhandelnden Sachfragen ein eigenes Licht wirft. Es geht nicht darum, für die Kirche zu werben, nicht darum möglichst viele Menschen anzuziehen, sondern die Dinge im evangelische Licht erscheinen zu lassen. Dazu gehören dann natürlich nicht nur die oben genannten Arbeitszweige. Da gibt es auch anderes wie etwa Kirchentage, Kinderkirchentage oder Beteiligung an öffentlichen Festen wie Rheinland-Pfalz- oder Hessentagen. Auch die besonderen Gottesdienste an verschiedenen Orten sind hier zu nennen. Sie sollten allerdings nicht als Werbemaßnahmen von einzelnen Gemeinden verstanden werden und erkennbar sein. Wenn sie die evangelische Perspektive aufzeigen sollen, dann müssen sie gemeindeunabhängig sein. Wichtig ist die Nennung der Kirche, in der sie stattfinden. Die Menschen müssen sehen können, was auch inhaltlich und sachlich das „evangelisch" heißt, ohne dass sie gleich einem Vergemeinschaftungsdruck ausgesetzt sind.

Die Verantwortung für die evangelische Perspektive hat insgesamt sicher die Kirchenleitung. Aber sie gehört auch auf die mittlere Ebene, in den Kirchenkreis, das Dekanat usw. und auch auf die Ebene der Kirchengemeinde. Sie sollte aber nicht aus einsamen Entschlüssen kommen, sondern inhaltlich durch einen kollegialen Diskussionsprozess erarbeitet und untermauert sein. Das Zeigen der evangelischen Perspektive sollte zudem nicht als Alleingang verstanden werden. Auch andere gesellschaftliche Gruppen sind auf den genannten Feldern tätig. Neben den evangelischen, gibt es katholische und kommunale Kindergärten. Dasselbe gilt von der Erwachsenenbildung, den ambulanten Pflegediensten usw. Die evangelische Perspektive aufzeigen, heißt zugleich auch immer Partnerschaft mit anderen gesellschaftlichen Gruppen und Einrichtungen zu pflegen, Kooperationen einzugehen, Absprachen zu treffen. Das gilt in besonderer Weise von der Schule, in der viele Pfarrerinnen und Pfarrer unterrichten. Der Religionsunterricht ist keine Gemeinde oder Kirche in der Schule, sondern ist Unterricht, in dem die evangelische Perspektive von Religion zur Sprache gebracht wird.

In den Bereich der evangelischen Perspektive gehört auch die immer häufiger gebrauchte Rede von der Kirche als intermediärer Institution (u.a. Huber 1998, S. 267ff). Anhand von konkreten Sachfragen und Inhalten kann hier eine Vermittlung von Individuen und Gesellschaft geleistet werden.

Mancher wird geneigt sein, das Zeigen der evangelischen Perspektive auch unter dem Begriff der Mission zu verhandeln. Dem könnte zugestimmt werden, wenn es wirklich um das Darstellen und Präsentieren geht, durch das selbstverständlich Menschen für die Sache gewonnen werden können. Doch sollten entsprechende Vorhaben nicht als Rekrutierungsmaßnahmen angelegt sein. Diese Mahnung steht am Schluss nicht nur dieses Kapitels über das Gemeinschaftswerk Kirche, sondern auch am Ende der Überlegungen zur Mitgliederkirche. Damit soll noch einmal der Geist angesprochen werden, der in der Mitgliederkirche sein Wesen hat. Dieser Geist kennt keinen Zwang, keinen Druck, keine moralischen Vorhaltungen und auch keine Vorgaben, die ohne Wenn und Aber anzuerkennen wären. Die Mitgliederkirche lebt von dem Gespräch zwischen Person und Institution, vom Aushandeln dessen, was gelten soll, selbstverständlich auch von der gemeinsamen Bereitschaft, sich von der biblischen, jüdisch-christlichen Tradition leiten und immer neu in Frage stellen zu lassen. Die Mitgliederkirche lebt von der Freude über die Schätze der Kirche, des Protestantismus und der Gemeinden, die nicht nur im Rahmen der Organisation der Kirche zu finden sind, sondern auch überall in der Kultur, im persönlichen, gesellschaftlichen und kirchlichen Christentum. Sie lebt von dem Reichtum der Vielfalt, den sie nur zu einem kleinen Teil selbst erzeugt, sondern der ihr geschenkt wird durch die Geschichte und ihre Mitglieder. Diesen Reichtum zu sehen, ist eine ihrer wichtigsten Aufgaben.

SCHLUSS:

ICH HABE EINEN TRAUM

Wenn ich anfange hinzusehen, meine ich manchmal, ich träume. Ich sehe so vieles, so Reiches, dass ich gar nicht mehr auf die vielen Negativmeldungen achten mag. Ich sehe die Aufbrüche und nicht die Abbrüche. Ich träume keinen Wunschtraum, sondern eher eine Vision, die viel Anhalt an den realen Verhältnissen hat. Ich suche dabei aus, was mir wichtig ist. Ich sage nicht, dass die Realität des Protestantismus insgesamt so ist. Ich behaupte auch nicht, dass sie sich in diese Richtung gänzlich wird entwickeln lassen. Ich bestreite nicht, dass man auch viel berichten kann von Abnehmen, Wenigerwerden, Bedeutungsschwund. Aber mich überzeugt, wie Michael Ebertz für den katholischen Bereich in seinem Buch „Aufbruch in der Kirche. Anstöße für ein zukunftsfähiges Christentum" vorgeht (2003): „Aufbruch ist möglich, auch in der Kirche heute. Dafür gibt es Gründe und Beispiele, häufig verkannt, wenig bekannt und gefördert" (S. 9). Am Schluss stehen bei Ebertz 50 Thesen, die beginnen mit „Kirche ist besser als ihr Ruf" und enden mit „Kirche hat Chancen: wenn sie ‚Mensch wird'" (S. 190f.). In diesem Geist habe ich in den vorangehenden sieben Kapiteln einiges beschrieben und füge hier noch etwas hinzu. Vielleicht bekommt der Gedanke der Mitgliederkirche dadurch noch einen anderen Akzent. Ich träume keine Gebrauchsanweisung. Ich führe nur vor Augen, was ich zu sehen glaube. Und es gibt so manches zu sehen, wenn man die Brille der evangelischen Mitgliederkirche aufsetzt. Dafür am Schluss noch ein paar Beobachtungen.

Kaum jemandem ist wahrscheinlich bedeutsam gewesen, was neulich in der lokalen Tageszeitung zu lesen stand. Da hatte der Pfarrer einer Stadtteilkirchengemeinde darauf hingewiesen, dass seine Kirche einen anderen Namen trägt als seine Kirchengemeinde. Die Kirche heißt nach dem Stadtteil Bessungen Bessunger Kirche. Die Kirchengemeinde aber hat einen eigenen Namen. Sie heißt Petrusgemeinde. Was ist daran so bemerkenswert? Für mich wird in dieser Unterscheidung die Differenz zwischen gesellschaftlichem und persönlichem Christentum einerseits und kirchlichem Christentum andererseits signalisiert. Das ist beabsichtigt. Und ich sehe, dass diese Differenz auch praktiziert wird. Das Kirchgebäude ist eindeutig auf den Stadtteil bezogen. Es gehört zur Ortsgesellschaft. Die Kirchengemeinde sieht sich mit dem Gebäude und wie noch zu schildern ist auch mit ihrem Pfarrer auf den Stadtteil bezogen. Ihr Gemeindebrief heißt „Wir Bessunger". Unter der Bezeichnung Petrusgemeinde hat sie ein eigenes, kirchliches Programm. Der Pfarrer am Ort ist auch im Ort anzutreffen. Er geht zu Fuß und ist ansprechbar. Er ist bei besonderen Anlässen des Stadtteillebens dabei. Er lässt sich durchaus als Kulturgut gebrauchen. Allen Gemeindegliedern schreibt er zum Geburtstag. Das trägt ihm eine Wahlbeteiligung bei den Kirchenvorstandswahlen von mehr als 20% ein, ein Wert, der sonst nur auf Dörfern üblich ist. Er trägt der Religion der Menschen Rechnung. Es gibt Gottesdienste im Freien. Predigten beziehen sich auf Ortsbekanntes wie etwa Denkmäler auf dem örtlichen Friedhof. Es gibt Kinder- und Familiengottesdienst. Das Kirchengebäude wird sorgfältig renoviert. Man bekommt Fenster gestiftet. Genutzt wird weiterhin der Brautgang mit einem Brünnchen, der schon vor hundert Jahren gebaut wurde. Bei der Tausendjahrfeier wurde in der Kirche nicht nur die Bibel in einem Marathon gelesen, sondern auch Seite für Seite abgeschrieben. Die Kirche wird mittwochs für Besucherinnen und Besucher geöffnet und es gibt für die Offene Kirche auch einen Kreis von Ehrenamtlichen. Die Schulen des Stadtteils halten regelmäßig Schulgottesdienste in der Kirche. Zu Orgelvespern und anderen kleinen Konzerten wird des Öfteren öffentlich eingeladen. Man beteiligt sich mit einem eigenen Wagen beim Kerbeumzug. Ein Kerbepreisausschreiben gehört auch dazu. Die Kirchengemeinde greift auf, was immer in der Stadt oder dem Stadtteil dran ist. Als in der Stadt Jugendstiltage veranstaltet wurden, gab es in der Kirche einen Jugendstilsonntag, bei dem die Altargeräte und andere vom Jugendstil geprägten Gegenstände besonders zur Darstellung kamen. Und die Bessunger reagieren. Zwei Bäckereien bieten „Petrusbrot" an, das mit Hahn und Schlüssel verziert ist.

Die Petrusgemeinde hat daneben ihr eigenes Programm im Gemeindehaus, in der Kindertagesstätte, mit Musik, Frauenhilfe usw. Die Dinge sind alle nicht spektakulär. Aber man erkennt die Differenzierung. Das macht die Sache traumhaft.

Ich bleibe in der Stadt. Vieles ist hier durch ehrenamtliches Engagement einmal angestoßen worden und wird jetzt z.T. hauptamtlich unterstützt. So gab es einen Arbeitskreis für Erwachsenenbildung, der Seminare plante und organisierte und der ein Programmheft zusammenstellte und herausgab, lange bevor es zur Einrichtung einer Stelle kam. Lange vorher gab es schon die Evangelische Akademie, die sich als Stadtakademie verstand und ehrenamtlich von einem Pfarrer aus der Stadt geleitet und von einem ehrenamtlichen Arbeitskreis begleitet wird. Hier werden hochkarätige Vortragsreihen und Diskussionsveranstaltungen angeboten. Außerdem werden Studienfahrten veranstaltet.

Die Telefonseelsorge ist noch immer überwiegend von Ehrenamtlichen getragen. Selbstverständlich findet man all die vielen Spezialseelsorgestellen: Altenheimseelsorge, Krankenhausseelsorge, Blindenseelsorge usw. usw. Was daran so interessant ist: Um diese Stellen herum wachsen Gruppen und Kreise von Engagierten. Eine ganz bunte Szene kann so entstehen um die Kirchenmusik herum, um die Evangelische Fachhochschule, um das Diakonissenhaus mit Ausbildungsstätten und Krankenhaus und nicht zu vergessen um das Diakonische Werk mit einem eigenen Übernachtungsheim für Obdachlose und die Innere Mission mit ihren Altenheimen. In diesen Kreisen kommt es zu eigenen Aktivitäten. Die einen machen Kunstausstellungen, die anderen kümmern sich um Asylbewerber und Flüchtlinge, die dritten sorgen für interreligiöse Begegnungen. Eine kleine Gruppe stellte einen Religionsatlas für die Stadt her. Die Grünen Damen machen regelmäßig ihre Besuche. Außer einigen öffentlichen evangelischen Büchereien in Kirchengemeinden gibt es auch eine evangelische Patientenbücherei. An der Citykirche ist eine Stadtkirchenarbeit eingerichtet. Ein Weltladen bringt Produkte aus aller Welt zu fairen Preisen ins Angebot. Diese bunte evangelische Szene bildet fast so etwas wie eine eigene Gemeinde. Sie ist vielfältig mit dem kulturellen und sozialen Leben der Stadt sonst verbunden. Es sind die Evangelischen in der Stadt, die ihren Beitrag zum städtischen Leben leisten. Viele kennen sich. Manchmal entsteht der Eindruck als gebe es tatsächlich so etwas wie „Salons", in denen die Evangelischen ihren Austausch pflegen und sich ihre Meinung bilden (Schieder 2002, S. 59). Etliche sind auch in Kirchengemeinden engagiert. Verbindungen bestehen zum Dekanat, das sich seit einiger Zeit auf die Stadt als ganze zu beziehen beginnt. Ein Haus der Kirche mit dem Namen „Offenes Haus. Evangelisches Forum Darmstadt" gibt es seit kurzem in der Innenstadt. Darin ist auch der schon lange existierende ökumenische Kirchenladen integriert. Das „Offene Haus" bietet neben einem beachtlichen Programm auch ein vom Diakonischen Werk betriebenes Café. Zu innerstädtischen Festen trägt man mit Gottesdiensten bei. Im evangelischen Jugendzentrum treffen sich Jugendliche aus den verschiedensten Nationen. Der CVJM unterhält in zwei Stadtteilen eigene Zentren. Die Studierendengemeinde hat einen Schwerpunkt in der Diskussion ethischer Fragen und von Fragen im Grenzbereich zwischen Naturwissenschaften und Theologie. Die Evangelische Fachhochschule ist vorbildhaft im Bereich der Pflegewissenschaften. Sie sucht mit verschiedenen Veranstaltungen immer wieder auch den Kontakt zur Bürgerschaft der Stadt. Eine ähnliche Fülle an evangelischen Aktivitäten in Kirchengemeinden und außerhalb von Kirchengemeinden findet man in vielen Städten. Auch auf dem Land kann man erstaunlich viele Aktivitäten beobachten. Wenn man will, kann man das sehen. Michael Vester fasst in der Studie über Soziale Milieus und Kirche u.a. zusammen: „Gerade im Vorfeld ist die Kirche eine der am meisten diversifizierten Institutionen unserer Gesellschaft, die die meisten sozialen Gruppen auch anspricht. In unserem Forschungsprojekt näherten wir uns dem kirchlichen Arbeitsfeld gewissermaßen wie Leute, die vom Mars kommen, von außen und ohne ein vorgefasstes Urteil. Aus dieser Sicht ist es unglaublich, wieviele soziale Gruppen von der Kirche erreicht werden. Es gibt keine andere ‚Nicht-Regierungs-Organisation', die das in diesem Maße kann. Die Kirche kann das sozusagen als eine Gestalt konstruieren. Von der Diakonie bis zu den Bildungsangeboten für die oberen Milieus hat sie fast überall im sozialen Raum Angebote" (Vögele/Bremer/Vester 2002, S. 417). Sicher sind es oft Hauptamtliche, die den Kristallisationspunkt abgeben. Es entsteht jedoch durchaus kein Konsumverhalten. Im evangelischen Bereich kann man kaum von einer Angebotskirche ausschließlich sprechen. Hier entsteht immer wieder ein Wir, das die Arbeit trägt.

Die Hauptamtlichen beklagen, dass man zu wenig voneinander weiß und zu wenig koordiniert und gemeinsam plant. Sie beklagen auch, dass doch noch zu wenig Menschen erreicht werden. Und die, die erreicht werden, seien doch nur eine bestimmte Schicht, ein kleiner Ausschnitt der verschiedenen Milieus in der gegenwärtigen Gesellschaft. So mag man aus der Sicht der Organisation denken. Doch kann die Organisation für das alles die Verantwortung tragen? Kann sie Vielfalt wirklich organisieren? Kann man ein buntes evangelisches Leben planen? Muss die Kirche sich nicht auf die vielen verschiedenen Einrichtungen, Personen und Engagierten verlassen? Eigentlich kann man es nur feiern. Hier haben Dekanatskirchentage und vergleichbare Feste ihren Ort. Und weshalb müssen alle Milieus hinsichtlich Teilnahme und Teilhabe bei jeder Art von Veranstaltungen vertreten und angesprochen sein? Die zu beobachtenden Aktivitäten sind ihrerseits vom Typ her einfach milieu- und schichtabhängig. Muss man auch die Menschen noch zu etwas anderem gewinnen, die die Amtshandlungen in Anspruch nehmen und zur Finanzierung der Kirche beitragen? Reicht es nicht, wenn sie von Amtswegen wahrgenommen werden, z.B. wie oben erzählt durch eine Karte zum Geburtstag? Hier träume ich von mehr Zurückhaltung, einer Zurückhaltung, die weder die anderen noch die Verantwortlichen in der kirchlichen Praxis unter Druck setzt. Und ich träume von mehr Anerkennung auch für Menschen, die in der Gesellschaft sonst nicht so geachtet sind. Die Mitgliederkirche der Evangelischen ist nach meiner Vorstellung von einer großen Gelassenheit, von Entdeckerfreude und Zutrauen zu den Menschen einerseits und zu dem Wirken des Evangeliums andererseits geprägt. Das heißt nicht, alles käme von allein. Es müssen schon Menschen angeredet werden. Menschen muss die Botschaft weitergesagt werden. Und die Schätze sind auszubreiten. Dafür braucht es die Organisation Kirche oder wie oben vorgeschlagen das Werk Kirche. Doch was daraus entsteht, muss nicht nach vorgedachtem Bilde sein. Da darf man sich überraschen lassen. Das sollte man jedoch auch nachzeichnen, ein Bild davon malen, dokumentieren, veröffentlichen und vorzeigen. In dieser Hinsicht gibt es noch zu wünschen. Doch das ändert an der Situation nichts grundsätzlich. Auch unter neuen Verhältnissen darf man das Vertrauen Adolf von Harnacks heute noch haben, das er mit dem schon zitierten Satz ausdrückte: „Der Protestantismus – das ist die Lösung – *rechnet darauf, dass das Evangelium etwas so Einfaches, Göttliches und darum wahrhaft Menschliches ist, dass es am sichersten erkannt wird, wenn man ihm Freiheit lässt, und dass es auch in den einzelnen Seelen wesentlich dieselben Erfahrungen und Überzeugungen schaffen wird. ...* Eine wirkliche geistige Gemeinschaft evangelischer Christen, eine gemeinsame Überzeugung in dem Wichtigsten und in der Anwendung desselben auf das vielgestaltete Leben ist entstanden und ist in Kraft“ (von Harnack 1977, S. 161f). Diesem Bekenntnis möchte ich nichts hinzufügen. Es ist ein Bekenntnis zum Hinsehen, Wahrnehmen und Wahrhaben, das auch heute noch Geltung haben kann. Und es ist ein Bekenntnis für die Zukunft der Kirche, die sich die Protestanten im 21. Jahrhundert gestalten werden und sollten.

LITERATUR

Adam, Gottfried: Was ist gute Bildung? In: Amt und Gemeinde 54.2002, S. 104-110

Anhelm, Fritz-Erich: Die Kirche und die Milieus der Gesellschaft, in: Vögele, Wolfgang/Bremer, Helmut/ Vester, Michael (Hg.): Soziale Milieus und Kirche, Würzburg 2002, S. 13-23

Anhelm, Fritz-Erich: Vorboten einer neuen Kirchengestalt, in: Zeitzeichen 2002, S. 48-50

Anselm, Reiner: Ekklesiologie als kontextuelle Dogmatik. Das lutherische Kirchenverständnis im Zeitalter des Konfessionalismus und seine Rezeption im 19. Und 20. Jahrhundert, Göttingen 2000

Assmann, Jan: Das kulturelle Gedächtnis, München 1992

Assmann, Jan: Moses der Ägypter. Entzifferung einer Gedächtnisspur, München 1998

Auftrag und Gestalt. Vom Sparzwang zur Besserung der Kirche. Theologische Leitvorstellungen für Ressourcenkonzentration und Strukturveränderung. Eine Studie des Leitenden Geistlichen Amts der Evangelischen Kirche in Hessen und Nassau, Frankfurt 2. Aufl. 1996

Ayaß, Ruth: Heiliges und Alltägliches. Die Fernsehserie „O Gott, Herr Pfarrer" stellt kulturkritische Vorurteile in Frage, in: medium 23, 1993, S. 7-10

Barth, Karl: Der Römerbrief, 2. Aufl. München 1922

Barth, Karl: Evangelium und Bildung, Zollikon 1947

Barz, Heiner: Postmoderne Religion. Jugend und Religion Bd 2, Opladen 1992

Beier, Peter: Über die Schwierigkeiten der Protestanten, mit Räumen umzugehen, in: Bürgel, Rainer (Hg.): Raum und Ritual, Göttingen 1995, S. 39-45

Bibelriether, Eberhard: Das ökumenische Stadtkirchenkonzept in Nürnberg, in: City-Kirchen. Bilanz und Perspektiven, Hamburg 1995, S. 22-58

Bild Frankfurt: Von der Kanzel zum Konzern. Auf Pfarrer warten Spitzenjobs, in: BILD 1.9.1999, S. 5

Bollnow, Otto Friedrich: Mensch und Raum, 9. Aufl. Stuttgart usw. 2000

Bolte, Karl Martin: Art. Schichtung, in: Soziologie. Das Fischer Lexikon, Frankfurt a.M. 1967, S. 266-267

Bonhoeffer, Dietrich: Die Kirche, in: Gesammelte Schriften Bd 5, München 1972, S. 439

Busch, Eberhard: Karl Barths Lebenslauf, München 1975

Buttler, Gottfried: Teilnehmer- und Problemorientierung, in: Buttler, Gottfried u.a. (Hg.): Lernen und Handeln. Bausteine zu einer Konzeption evangelischer Erwachsenenbildung, Gelnhausen u.a. 1980, S. 53-67

Christsein gestalten. Eine Studie zum Weg der Kirche, hg. vom Kirchenamt der EKD, Gütersloh 1986

Colpe, Carsten: Die wissenschaftliche Beschäftigung mit „dem Heiligen" und „das Heilige“ heute, in: Kamper, Dietmar/ Wulf, Christoph (Hg.): Das Heilige. Seine Spur in der Moderne, Frankfurt 1987, S. 33-61

Dahm, Karl-Wilhelm: Pfarrerberuf zwischen Selbstbild und Gemeindeerneuerung. Hauptergebnisse einer Erhebung über Pfarrerbild, Pfarrberuf und Pfarrhaus in der EKiR, in: Ausführungen zum Berufsbild der Gemeindepfarrerinnen und Gemeindepfarrer und Umsetzung der Dienstrechtsreform in das Dienst- und Besoldungsrecht der Pfarrerinnen und Pfarrer. Ergebnisse der Landessynode der Evangelischen Kirche im Rheinland Januar 1999, Düsseldorf 1999, S. 19-29

Daiber, Karl-Fritz: Kirchengemeinde und Kirchenkreis, in. Hb. der PTh Bd 3, Praxisfeld Gemeinden, hg. P.C. Bloth u.a., Gütersloh 1983, S. 621-631

Daiber, Karl-Fritz: Religion unter den Bedingungen der Moderne. Die Situation in der Bundesrepublik Deutschland, Marburg 1995

Dargel, Matthias: Management kirchlichen Wandels, in: PrTh 37,2002, S. 270-282

Das Amt des Pfarrers und der Pfarrerin in der modernen Gesellschaft. Ein Diskussionspapier der Theologischen Kammer der Evangelischen Kirche von Kurhessen-Waldeck, Kassel 2001

Das Leben. Gemeinschaft. Die Kirche, Evangelische Kirche in Hessen und Nassau (Darmstadt) 2003

Dautermann, Richard: Pfarrerberuf im Wandel. Ergebnisse einer Zufriedenheitsbefragung aller PfarrerInnen der EKHN, in: Hessisches Pfarrblatt 2002, S. 83-89

Demke, Christoph: Manches muss man aus der Hand geben. Der Abschied vom Strukturmodell „Mutter Kirche“ ist unvermeidlich, in: Zeitzeichen 4/2001, S. 11-13

Der Beruf der Pfarrerin und des Pfarrers in der Gemeinde. Überlegungen zur Zukunft des Pfarrerberufs. Arbeitsergebnis der vom Evangelischen Oberkirchenrat eingesetzten „Arbeitsgruppe Pfarramt“, Karlsruhe 1998

Der Beruf des Pfarrers/ der Pfarrerin heute. Ein Diskussionspapier zur V. Würzburger Konsultation über Personalplanung in der EKD, Hannover 1989

Dibelius, Otto: Das Jahrhundert der Kirche, Berlin 1926

Die Kunst zu leben – schön, sinnvoll und gut. Eine Arbeitshilfe des Ausschusses für Theologische Bildung der Deutschen Evangelischen Arbeitsgemeinschaft für Erwachsenenbildung e.V. (DEAE), Darmstadt und Frankfurt 2001

Die Wiederkehr des Genius loci, Wiesbaden-Berlin 1987

Drehsen, Volker: Vom Amt zur Person. Eine Standortbestimmung des Pfarrberufs, in: Deutsches Pfarrerblatt 1997, S. 615-621

Drehsen, Volker: Wie religionsfähig ist die Volkskirche?: Sozialisationstheoretische Erkundungen neuzeitlicher Christentumspraxis, Gütersloh 1994

Dutzmann, Martin: Das Fernsehen ist nicht die Kirche. „Traumhochzeit“ und kirchliche Trauung, in: PTh 88,1999, S. 24-28

Ebertz, Michael N.: Aufbruch in der Kirche. Anstöße für ein zukunftsfähiges Christentum, Freiburg 2003

EKD-Synode: Kundgebung der 10. Synode der Evangelischen Kirche in Deutschland auf ihrer 1. Tagung zum Sachthema, in: Kirchenamt der EKD (Hg.): Der Seele Raum geben. Kirche als Orte der Besinnung und der Ermutigung, Hannover 2003, S. 2-4

Eliade, Mircea: Das Heilige und das Profane. Vom Wesen des Religiösen, Hamburg 1957

Engelhardt, Klaus, von Loewenich, Hermann, Steinacker, Peter (Hg.): Fremde Heimat Kirche. Die dritte EKD-Erhebung über Kirchenmitgliedschaft, Gütersloh 1997

Evangelische Kirche in Hessen und Nassau (Hg.): Ordnung der Evangelischen Kirche in Hessen und Nassau (KO), in: Kirchengesetze 2003, S. 1-21

Evangelische Kirche von Westfalen: Kirche mit Zukunft. Zielorientierungen für die Evangelische Kirche von Westfalen, Bielefeld (2000)

Evangelisches Bildungsverständnis in einer sich ändernden Arbeitsgesellschaft. Ein Beitrag der Kammer der Evangelischen Kirche in Deutschland für Bildung und Erziehung, EKD-Texte 37, Hannover 1991

Failing, Wolf-Eckart: „In den Trümmern des Tempels". Symbolischer Raum und Heimatbedürfnis als Thema der Praktischen Theologie, in: PTh 86,1997, S. 375-391

Failing, Wolf-Eckart: Theologischer Kommentar zum Reformprozess, in: Kirchenleitung der Ev. Kirche in Hessen und Nassau (hg.): Stufen des Reformprozesses. Eine Dokumentation, Lautertal 2004, S. 75-85

Failing, Wolf-Eckart/ Heimbrock, Hans-Günter: Gelebte Religion wahrnehmen. Lebenswelt – Alltagskultur – Religionspraxis, Stuttgart u.a. 1998

Failing, Wolf-Eckart/ Heimbrock, Günter: Praktische Theologie als Theorie gelebter Religion, in: Failing, Wolf-Eckart/ Heimbrock, Günter/ Thomas A. Lotz (Hg.): Religion als Phänomen, Berlin/New York 2001, S. 14-45

dies.: Das Heilige, in: Failing, Wolf-Eckart/ Heimbrock, Günter/ Thomas A. Lotz a.a.O. S. 192-207

Famos, Cla Reto: Auftragsbestimmte Bedürfnisorientierung. Ein Beitrag zur ökonomischen Reflexionsperspektive in der Praktischen Theologie, in: PTh 92,2003, S. 385-402

Famos, Cla Reto: Management-Konzepte in der Kirche, in: Theol. Literaturzeitung 128,2003, S. 991-1012

Feige, Andreas: Vom Schicksal zur Wahl. Postmoderne Individualisierungsprozesse als Problem für eine institutionalisierte Religionspraxis, in: PTh 83,1994, S. 93-109

Fischer, Johannes: Pluralismus, Wahrheit und die Krise der Dogmatik, in: ZThK 91,1994, S. 487-539

Flügel, Heinz: Salon oder Asyl. Das evangelische Pfarrhaus in der neueren Literatur, in: Riess, Richard (Hg.): Haus in der Zeit. Das evangelische Pfarrhaus heute, München 1979, S. 62-78

Fremde Heimat Kirche. Ansichten ihrer Mitglieder (Studien- und Planungsgruppe der EKD), EKD Hannover 1993

Fritzsche, Hans-Georg: Lehrbuch der Dogmatik. Teil IV: Ekklesiologie – Ethik – Eschatologie, Berlin 1988

Gestaltung und Kritik. Zum Verhältnis von Protestantismus und Kultur (Hg. EKD und VEF) EKD-Texte 64, Hannover 1999

Gieseke, Wiltrud: Zielgruppenarbeit als Etappe in der Entwicklung von Frauenbildungsarbeit, in: Gieseke, Wiltrud (Hg.): Handbuch zur Frauenbildung, Opladen 2001, S. 47-56

Gräb, Wilhelm: Auf den Spuren der Religion. Notizen zur Lage und Zukunft der Kirche, in: ZS f. Ev. Ethik, 39,1995, S. 43-56

Graf, Friedrich Wilhelm: Art. Eisenacher Konferenz, in: RGG 4. Aufl. 1999, Bd 4, Sp. 1179-1180

Graf, Friedrich Wilhelm: Art. Postmoderne, I. Soziologisch und sozialgeschichtlich, in: RGG 4. Aufl. Bd 6, 2003, Sp. 1514-1515

Graf, Friedrich Wilhelm: Innerlichkeit und Institution. Ist eine empirische Ekklesiologie möglich? In: PTh 77,1988, S. 382-394

Greiffenhagen, Martin: Vorwort, in: ders. (Hg.): Pfarrerskinder, Gütersloh 1987, S. 7-9

Grethlein, Christian: Pfarrer(in)sein als christlicher Beruf, in: ZThK 98, 2001, S. 372-398

Grözinger, Albrecht: Die Kirche – ist sie noch zu retten? Anstiftungen für das Christentum in postmoderner Gesellschaft, Gütersloh 2.Aufl. 1998

Gronemeyer, Reimer: Wozu noch Kirche? Berlin 1995

Grünberg, Wolfgang: Die Gastlichkeit des Gotteshauses. Perspektiven der City-Kirchenarbeit, in: City-Kirchen. Bilanz und Perspektiven, Hamburg 1995, S. 162-175

Grünberg, Wolfgang / Meister-Karanikas, Ralf: Vorwort, in: City-Kirchen. Bilanz und Perspektiven, Hamburg 1995, S. 7-9

Grünberg, Wolfgang: Was ist Stadtkirchenarbeit? In: Glaube und Lernen 18,2003, S. 46-59

Grünewald, Erika: Kirchenpädagogik in kleinen Schritten. Eine Ermutigung zur Berührung, in: Die Brücke. Jahresheft 2002, S. 10-12

Grunwald, Klaus-Dieter: Das neue Dekanatsstrukturgesetz in der EKHN, in Dt. Pfarrerblatt 101,2001, S. 348-351

Gutmann, Hans-Martin: Die Gemeinde als Lebensort – eine kritische Liebeserklärung, in: Jürgen Ebach, Hans-Martin Gutmann, Magdalene L. Frettlöh und Michael Weinrich (Hg.): Bloß ein Amt und keine Meinung? – Kirche, Gütersloh 2003, S. 110-167

Haase, Johannes: Der praktische Geistliche in seinem Werden und Wirken, Hamburg 1905

Habermas, Jürgen: Glauben und Wissen. Friedenspreis des Deutschen Buchhandels 2001, Frankfurt a.M. 2001

Hahn, Udo: Prägen und Bewegen. Wie evangelische Werke und Verbände Kirche und Gesellschaft gestalten, Frankfurt a.M. 2001

Hammer-Schenk, Harold: Art. Kirchenbau III, in: TRE 18 (Studienausgabe), S. 456-498

Hanselmann, Johannes, Hild, Helmut, Lohse, Eduard (Hg.): Was wird aus der Kirche? Ergebnisse der zweiten EKD-Umfrage über Kirchenmitgliedschaft, Gütersloh 1984
Harnack, Adolf von: Das Wesen des Christentums, Gütersloh 1977
Hartinger, Walter: Religion und Brauch, Darmstadt 1992
Hauschildt, Eberhard: Kirche verändern. Die gegenwärtigen Krisen und ihre Reformpotenziale, in: Pohl-Patalong, Uta: Kirchliche Strukturen im Plural, Schenefeld 2004, S. 15-27
Hauschildt, Eberhard: Milieus in der Kirche, in: PTh 87 (1998) S. 392-404
Heckel, Martin: Art. Cura religionis, in: RGG 4. Aufl. Bd 2, Sp. 505-506
Heimbrock, Günter: Öffnung zum Leben. Ein Forschungsbericht zur Phänomenologie in der neueren Praktischen Theologie, in: IJPT 4,2000, S. 253-283
Heimbrock, Günter: Wahr-Nehmen der Gestalten von Religion, in: Lämmlin, Georg/ Scholpp, Stefan (hg.): Praktische Theologie der Gegenwart in Selbstdarstellungen, Tübingen und Basel 2001, S. 219-237
Heimbrock, Hans-Günter: Wahrnehmung als Element der Wahr-Nehmung, in: Grözinger, Albrecht/ Pfleiderer, Georg (Hg): „Gelebte Religion“ als Programmbegriff Systematischer und Praktischer Theologie, Zürich 2002, S. 65-90
von Hentig, Hartmut: Bildung: Ein Essay, München 1996
Hermelink, Jan: Gefangen in der Geschichte? Zur praktisch-theologischen Wahrnehmung des Kirchenaustritts, in: PTh 89,2000, S. 36-52
Hermelink, Jan: Organisation der christlichen Freiheit. Beispiele, Tendenzen und Programme gegenwärtiger Kirchenreform, in: ThLZ 128,2003, S. 127-138
Hermelink, Jan: Praktische Theologie der Kirchenmitgliedschaft. Interdisziplinäre Untersuchungen zur Gestaltung kirchlicher Beteiligung, Göttingen 2000
Hermelink, Jan: Unternehmerische Konzepte in evangelischen Kirchen, in: PrTh 37,2002, S. 245-253
Hermelink, Jan/ Kähler, Reinhard/ Weyel, Birgit: In der Vielfalt liegt die Stärke, in: Zeitzeichen 11/ 2001, S. 38-40
Herre, Petra: Zwischen Alltagsorientierung und feministischer Kritik, in: Seiverth, Andreas (Hg.): Re-Visionen Evangelischer Erwachsenenbildung, Bielefeld 2002, S. 439-474
Heusel, Hans-Martin: Votum, in: Hessisches Pfarrblatt 2/2003, S. 52-56
Heussi, Karl: Kompendium der Kirchengeschichte, Tübingen 12. Aufl. 1960
Hild, Helmut (Hg.): Wie stabil ist die Kirche? Bestand und Erneuerung. Ergebnisse einer Meinungsbefragung, Gelnhausen/ Berlin 1974
Hölscher, Lucian: Kirchliche Demokratie und Frömmigkeitskultur im deutschen Protestantismus, in: Greschat, Martin / Kaiser, Jochen-Christoph (Hg.): Christentum und Demokratie im 20. Jahrhundert, Stuttgart u.a. 1992, S. 187-205
Holtz, Gottfried: Die Parochie. Geschichte und Problematik (Handbücherei für Gemeindearbeit Heft 40) Gütersloh 1967
Holtz, Gottfried: Die Parochie. Geschichte und Problematik, Berlin 1971

Huber, Wolfgang: Kirche, Stuttgart / Berlin 1979
Huber, Wolfgang: Kirche in der Zeitenwende: gesellschaftlicher Wandel und Erneuerung der Kirche, Gütersloh 1998
Hund, Stefan und Lück, Wolfgang: Berufsperspektiven für Theologinnen und Theologen, Frankfurt a.M. 2000
Identität und Verständigung. Standort und Perspektiven des Religionsunterrichts in der Pluralität. Eine Denkschrift der Evangelischen Kirche in Deutschland, Gütersloh 1994
Initiativkreis „Kontextuelle Evangelisation im gesellschaftlichen Wandel“: Auf die missionarischen Herausforderungen des kirchlichen Alltags vorbereiten, in: PTh 91,2002, S. 126-136
Janz, Oliver: Bürger besonderer Art. Evangelische Pfarrer in Preußen 1850-1914, Berlin/ New York 1994
Janz, Oliver: Das evangelische Pfarrhaus als deutscher Erinnerungsort, in: Jahrbuch für Berlin-Brandenburgische Kirchengeschichte 64, 2003, S. 86-103
Janz, Oliver. Kirche, Staat und Bürgertum in Preußen. Pfarrhaus und Pfarrerschaft im 19. und 20. Jahrhundert, in: Luise Schorn-Schütte, Walter Sparn (Hg.): Evangelische Pfarrer. Zur sozialen und politischen Rolle einer bürgerlichen Gruppe in der deutschen Gesellschaft des 18. bis 20. Jahrhunderts, Stuttgart u.a.1997, S. 128-147
Jetter, Werner: Die Chancen der Ortsgemeinde, in: WUPKG 66,1977, S. 2-18
Jörns, Klaus-Peter: Zur Leitbild-Diskussion, in: Dt. Pfarrerblatt 102,2002, S. 571-573
Josuttis, Manfred: Religion als Handwerk. Zur Handlungslogik spiritueller Methoden, Gütersloh 2002
Jüngel, Eberhard: Das Evangelium von der Rechtfertigung des Gottlosen als Zentrum des christlichen Glaubens, Tübingen 1998
Jüngel, Eberhard: Untergang oder Renaissance der Religion? Überlegungen zu einer schiefen Alternative, in: Teufel, Erwin (hg.): Was hält die moderne Gesellschaft zusammen? Frankfurt 1996, S. 176-197
Jung, Martin H.: Der Protestantismus in Deutschland von 1870 bis 1945 (Kirchengeschichte in Einzeldarstellungen III/5), Leipzig 2002
Kade, Jochen/ Nittel, Dieter/ Seitter, Wolfgang: Einführung in die Erwachsenenbildung/ Weiterbildung, Stuttgart u.a.1999
Kade, Sylvia: Frauenaltersbildung, in: Gieseke, Wiltrud (Hg.): Handbuch zur Frauenbildung, Opladen 2001, S. 533-547
Kähler, Reinhard: Missionarische Kompetenz, in: PTh 91,2002, S. 137-145
Kallmeyer, Lothar: Wandel der Raumerfahrung, in: Ansorge, Dirk u.a. (Hg.): Raumerfahrungen, Münster 1999, S. 54-61
Kamper, Dietmar/ Wulf, Christoph: Einleitung, in: diess. (Hg.): Das Heilige. Seine Spur in der Moderne, Frankfurt 1987, S. 1-30
Karle, Isolde: Der Pfarrberuf als Profession. Eine Berufstheorie im Kontext der modernen Gesellschaft, Gütersloh 2001

Karle, Isolde: Pfarrerinnen und Pfarrer in der Spannung zwischen Professionalisierung und Professionalität, in: Dt. Pfarrerblatt 103, 2003, S. 629-634

Kirchenkreis Dortmund-West: Evangelische Kirche in Dortmund und Lünen o.J.

Klie, Thomas: Wenn Liturgik und Didaktik sich küssen. Tagungsprotokolle – Institut für Kirche und Gesellschaft, Iserlohn o.J. S. 68-78

Körtner, Ulrich: Religion oder Wort Gottes? In: Amt und Gemeinde 53, 2002, Heft ¾, S. 62-74

Kolakowski, Leszek: Die Rache des Heiligen an der profanen Kultur, in: Volp, Rainer (Hg.): Chancen der Religion, Gütersloh 1975, S. 17-31

Kreß, Hartmut: Art. Heimat, in: TRE Bd 14 (Studienausgabe) S. 778-781

Kretschmar, Gerald: Distanzierte Kirchlichkeit. Eine Analyse ihrer Wahrnehmung, Neukirchen 2001

Kroeger, Matthias: Die Notwendigkeit der unakzeptablen Kirche. Eine Ermutigung zu distanzierter Kirchlichkeit, München 1997

Kroeger, Matthias: Im religiösen Umbruch der Welt: Der fällige Ruck in den Köpfen der Kirche, Stuttgart 2004

Kumlehn, Martin: Kirche im Zeitalter der Pluralisierung von Religion: ein Beitrag zur praktisch-theologischen Kirchentheorie, Gütersloh 2000

Kunstmann, Joachim: Selbstentfaltung und Sinn für das Leben. Was hat das Christentum mit Bildung zu tun? In: Pohl-Patalong, Uta: Religiöse Bildung im Plural, Schenefeld 2003, S. 49-64

Kuphal, Armin: Abschied von der Kirche. Traditionsabbruch in der Volkskirche, Gelnhausen/ Berlin 1979

Ladenthin, Volker: „Was ist „Bildung"? Systematische Überlegungen zu einem aktuellen Begriff, in: Evangelische Theologie 63,2003, S. 237-260

Lämmlin, Georg/ Scholpp, Stefan: Praktische Theologie der Gegenwart in Selbstdarstellungen, Tübingen und Basel 2001

Landau, Peter: Art. Kirchenverfassungen, in: TRE Bd 19 (Studienausgabe) S. 110-165

Lange, Ernst: Kirche für die Welt. Aufsätze zur Theorie kirchlichen Handelns, München 1981

Leipziger Erklärung: Nehmt eure Kirchen wahr! (Arbeitsausschuss des Evangelischen Kirchbautages) in: KuK 2003, S. 54

Leitbild Pfarrerinnen und Pfarrer in der Gemeinde, Hg.: Verband der Vereine Evangelischer Pfarrerinnen und Pfarrer in Deutschland e.V. Mannheim (2003)

Lindemann, Andreas: Die Kirche als Leib. Beobachtungen zur „demokratischen" Ekklesiologie bei Paulus, in: ZThK 92,1995, S. 140-165

Lindner, Herbert: Spiritualität und Modernität, in: PTh 86,1997, S. 244-264

Löwe, Frank W.: Das Problem der Citykirchen unter dem Aspekt der urbanen Gemeindestruktur, Münster 1999

Loth, Heinz-Jürgen: Judentum, in: Klöcker, Michael; Tworuschka, Udo (Hg.): Hand-

buch der Religionen: Religionen und Glaubensgemeinschaften in Deutschland, III-1-6.4, Landsberg am Lech 1997
Lübking, Hans-Martin: Protestantisches Profil heute, in: Lübking, Hans-Martin (Hg.): Kirche braucht Bildung, Bielefeld 1998, S. 121-134
Lück, Wolfgang: Die Volkskirche, Stuttgart u.a. 1980
Lück, Wolfgang: Kirche, Arbeiter und kleine Leute, Bochum 1992
Lück, Wolfgang: Lebensform Protestantismus. Reformatorisches Erbe in der Gegenwart, Stuttgart u.a. 1992
Lück, Wolfgang: Praxis: Kirchengemeinde, Stuttgart u.a. 1978
Lück, Wolfgang/ Schweitzer, Friedrich: Religiöse Bildung Erwachsener. Grundlagen und Impulse für die Praxis, Stuttgart u.a. 1999
Lück, Wolfgang: Stadtluft macht frei. Kirchliches Handeln auf der mittleren Ebene, in: PrTh 31,1996, S. 218-230
Lück, Wolfgang: Was die Ebenen der Kirche zusammenhält. Überlegungen zum Reformprozess in der Evangelischen Kirche in Hessen und Nassau, in: Hessisches Pfarrblatt 1/2003, S. 12-22
Luckmann, Thomas. Die unsichtbare Religion, Frankfurt a.M. 1991
Luther, Martin: An die Ratsherren aller Städte deutsches Lands, dass sie christliche Schulen aufrichten und halten sollen. 1524. In: Luthers Werke, hg. Otto Clemen, 2. Bd, Berlin 1950, S. 442-464
Luther, Martin: Dass eine christliche Versammlung oder Gemeine Recht und Macht habe, alle Lehre zu urteilen und Lehrer zu berufen, ein- und abzusetzen, Grund und Ursach aus der Schrift. 1523. In: Luthers Werke, hg. Otto Clemen, 2. Bd, Berlin 1950, S. 395-403
Marsch, Wolf-Dieter: Institution im Übergang. Evangelische Kirche zwischen Tradition und Reform, Göttingen 1970
Maße des Menschlichen. Evangelische Perspektiven zur Bildung in der Wissens- und Lerngesellschaft. Eine Denkschrift des Rates der Evangelischen Kirche in Deutschland, Gütersloh 2003
Matthes, Joachim: Die Emigration der Kirche aus der Gesellschaft, Hamburg 1964
Mehlhausen, Joachim: Eine kleine Geschichte der evangelischen Kirche in der Bundesrepublik Deutschland. Erwägungen zu der Frage, warum es ein solches Buch nicht gibt, in: Der ev. Erzieher, 42, 1990, S. 419-431
Mehlhorn, Annette: Obdach für die Seele. Zur Bedeutung offener Kirchenräume in einer säkularisierten, individualisierten und globalisierten Umwelt, in: Kron, Christine (Hg.): Offene Kirche (OKE 44), Darmstadt 2003, S. 7-15
Meinung, Adolf: Thesen zu den Kirchen am Mittelrhein, in: Offene Kirche (Hg. Christine Kron), OKE 44, Darmstadt 2003, S. 20
Meister, Ralf: Gottes Raum. Theologische Notizen zum Kirchenraum, in: Green, Friedemann u.a. (Hg.): um der Hoffnung willen: Praktische Theologie mit Leidenschaft, Hamburg 2000, S. 90-95

Merkel, Friedemann: Vereine als Lebensform der Kirche, in: PTh 83,1994, S. 160-171
Mette, Norbert: Kirchlich distanzierte Christlichkeit. Eine Herausforderung für die praktische Kirchentheorie, München 1982
Mey, Ulrike; Neumeier, Klaus; Utter, Tobias: Kirche anders. Wege zu einer offenen Gemeinde, München 2003
Miegel, Meinhard: Die deformierte Gesellschaft. Wie die Deutschen ihre Wirklichkeit verdrängen, München 9.Aufl.2002
Nassehi, Armin und Saake, Irmhild: Die Religiosität der religiösen Erfahrung, in: PTh 93,2004, S. 64-81
Neddens, Martin C.: Gefährdeter Genius loci der Stadt im ökologischen Horizont, in: Die Wiederkehr des Genius loci, Wiesbaden, Berlin 1987, S. 20-61
Nestvogel, Wolfgang: „Wir sind die Kirche!" Von der Zukunft der Evangelikalen in der Volkskirche, in: Informationsbrief Bekenntnisbewegung „Kein anderes Evangelium" 168,1995, S. 28-30
Nethöfel, Wolfgang: Der Pfarrberuf und seine Bilder. Inhalt, Form, Sitz im Leben, in: Deutsches Pfarrerblatt 2003, S. 241-246
Neumann, Birgit/ Rösener, Antje: Kirchenpädagogik. Kirchen öffnen, entdecken und verstehen. Ein Arbeitsbuch, Gütersloh 2003
Niebergall, Friedrich: Pfarrerspiegel, Frankfurt a.M. 1930
Nipkow, Karl Ernst: Bildung als Lebensbegleitung und Erneuerung. Kirchliche Bildungsverantwortung in Gemeinde, Schule und Gesellschaft, Gütersloh 2. Aufl. 1992
Nüchtern, Michael: Bestattungskultur in Bewegung, in: Dt. Pfarrerblatt 103,2003, S. 451-454
Offenes Memorandum der Pfarrer und Pfarrerinnen des Dekanats Bad Homburg, Bad Homburg o.J. (unveröffentlichte Vervielfältigung)
Onasch, K.: Art. Synagoge, in: RGG 3. Aufl., Tübingen 1962, Bd.VI, Sp. 557-559
Orientierung in zunehmender Orientierungslosigkeit. Evangelische Erwachsenenbildung in kirchlicher Trägerschaft, hg. Kirchenamt der EKD, Gütersloh 1997
Otto, Gert: Grundlegung der Praktischen Theologie (Praktische Theologie Bd 1), München 1986
Otto, Gert: Handlungsfelder der praktischen Theologie (Praktische Theologie Bd 2), München 1988
Person und Institution. Volkskirche auf dem Weg in die Zukunft, Frankfurt 1992
Pfarramt und Gemeinde. Zur Klärung ihrer Aufgaben. Das Leitende Geistliche Amt der Evangelischen Kirche in Hessen und Nassau nimmt Stellung, Frankfurt 2. Aufl. 1998
Pfeifer, Günter: Raum und Psychologie, in: Ansorge, Dirk u.a. (Hg.): Raumerfahrungen, Münster u.a. 1999, S. 11- 35
Pfleiderer, Georg: Ende des Kalten Krieges. Plädoyer für ein bewußtes Mit- und Gegeneinander unterschiedlicher evangelischer Theologien, in: Zeitzeichen 9/2002, S. 18-21

Pohl-Patalong, Uta: Ortsgemeinde und übergemeindliche Arbeit im Konflikt. Eine Analyse der Argumentationen und ein alternatives Modell, Göttingen 2003

Pollack, Detlef: Wandel im Stillstand. Eine traditionelle Institution wandelt sich und bleibt doch dieselbe, in: Weltsichten. Kirchenbindung. Lebensstile. Vierte EKD-Erhebung über Kirchenmitgliedschaft, Kirchenamt der EKD Hannover 2003, S. 71-75

Preul, Reiner: Religion – Bildung – Sozialisation. Studien zur Grundlegung einer religionspädagogischen Bildungstheorie, Gütersloh 1980

Psychologie heute. April 2004

Raab, Heribert: Kirche und Staat, München 1966

Räume der Begegnung. Religion und Kultur in evangelischer Perspektive. Eine Denkschrift der Evangelischen Kirche in Deutschland und der Vereinigung Evangelischer Freikirchen, Gütersloh 2002

Raschzok, Klaus: Spuren im Kirchenraum. Anstöße zur Raumwahrnehmung, in: PTh 89,2000, S. 142-157

Religionen, Religiosität und christlicher Glaube. Eine Studie, Gütersloh 1991

Rendtorff, Trutz: Reflexiver Protestantismus. Die Gleichzeitigkeit von ‚Altprotestantismus' und ‚Neuprotestantismus' als Problemstellung der Theologie, in: von Scheliha, Arnulf; Schröder, Markus (Hg.): Das protestantische Prinzip, Stuttgart u.a. 1998, S. 317-330

Reuter, Hans-Richard: Die Bedeutung der kirchlichen Dienste, Werke und Verbände im Leben der Kirche, in: PTh 85,1996, S. 33-50

Riedel, Ingrid: Beseelte Orte, Stuttgart/ Zürich 2001

Rössler, Dietrich: Grundriß der Praktischen Theologie, Berlin/ New York 1986, 2. Aufl. 1994

Rössler, Dietrich: Positionelle und kritische Theologie, in: ZTHK 67,1970, S. 215-231

Roessler, Roman und Dienst, Karl: Die Ortsgemeinde im Nachbarschaftsbezirk, Versuche zur kirchlichen Praxis 4, München 1971

Rogge, Joachim: Luthers Kirchenverständnis in seinen Spätschriften, in: Theol. Literaturzeitung 120, 1995, S. 1051-1058

Roosen, Rudolf: Die Kirchengemeinde – Sozialsystem im Wandel. Analysen und Anregungen für die Reform der evangelischen Gemeindearbeit, Berlin/ New York 1997

Rothe, Richard: Theologische Ethik, Bd 3, Wittenberg 1848

Rottwilm-Böhm, Jutta; Holzbrecher, Frank: Erprobungsgesetz und die Folgen. Resümee zum Abschlussbericht. Kirchenverwaltung der EKHN, Darmstadt 1998

Sachau, Rüdiger: Der schlafende Riese. Erwachsenenbildung unter den Bedingungen der Moderne, in: Pohl-Patalong, Uta: Religiöse Bildung im Plural, Schenefeld 2003, S. 7-18

Scharfe, Martin: Die Religion des Volkes. Kleine Kultur- und Sozialgeschichte des Pietismus, Gütersloh 1980

Schieder, Rolf: Wieviel Religion verträgt Deutschland? Frankfurt a.M. 2001

Schleiermacher, Friedrich: Über die Religion. Reden an die Gebildeten unter ihren Verächtern, Hamburg 1958 (Neudruck der Ausgabe von Berlin 1799)

Schloz, Rüdiger: Suche nach Lebensgewissheit. Amelies Religion und was Kirche und Theologie damit zu tun haben, in: PTh 93,2004, S. 82-98

Schmidt, Thomas E.: Heimat. Leichtigkeit und Last des Herkommens, Berlin 1999

Schulze, Gerhard: Erlebnisgesellschaft, Frankfurt, 2. Aufl. 1992

Schwebel, Horst: Art. Kirchenbau V, in: TRE 18 (Studienausgabe) S. 514-528

Schweitzer, Friedrich: Evangelische Bildungsverantwortung – neue Herausforderungen, in: PrTh.38,2003, S. 5-15

Schweitzer, Friedrich: Pädagogik und Religion. Eine Einführung (Grundriss der Pädagogik/ Erziehungswissenschaft Bd 19), Stuttgart 2003

Schweitzer, Friedrich: Postmoderner Lebenszyklus und Religion. Eine Herausforderung für Kirche und Theologie, Gütersloh 2003

Schwindt, Christian: Aisthetik und Askese. Kunst und Lebenskunst, in: Artheon. Mitteilungen der Gesellschaft für Gegenwartskunst und Kirche 17, 2003, S. 1-6

Sein Licht leuchten lassen. Zur Erneuerung von Gemeinde und Pfarrerschaft. Ein Votum des Theologischen Ausschusses der Arnoldshainer Konferenz, Neukirchen-Vluyn 1988

Sieverts, Thomas: Die Wiederentdeckung des Ortes, in: Ansorge, Dirk u.a. (Hg.): Raumerfahrungen, Münster u.a. 1999, S. 36-53

Sölle, Dorothee: Die Hinreise. Zur religiösen Erfahrung. Texte und Überlegungen, Stuttgart 7. Aufl. 1983

Sprengler-Ruppenthal, Anneliese: Art. Bremen, in: RGG Bd 1, 4. Aufl. 1998, Sp. 1745-1748

Steck, Wolfgang: Praktische Theologie. Horizonte der Religion. Konturen des neuzeitlichen Christentums. Strukturen der religiösen Lebenswelt, Bd 1, Stuttgart u.a.2000

Steck, Wolfgang: Praktische Theologie als Topographie des zeitgenössischen Christentums – Grundlagen, Gegenstandsbereich und Methodik eines praktisch-theologischen Theoriemodells, in: Pastoral-Theologische Informationen 22, 2002, Heft 1&2, Folge 45, S. 167-185

Steffensky, Fulbert: „Der Seele Raum geben – Kirchen als Orte der Besinnung und Ermutigung", in: Kirchenamt der EKD (Hg.): Der Seele Raum geben. Kirchen als Orte der Besinnung und Ermutigung, Hannover 2003, S. 5-16

Steffensky, Fulbert: Gott loben, das Recht ehren, Gesicht zeigen. Das Wesen und die zentralen Aufgaben der Kirche, in: PTh 92,2003, S. 352-367

Thema Volkskirche. Ein Arbeitsbuch für die Gemeinde im Auftrag des Präsidiums der Evangelischen Kirche in Deutschland herausgegeben von der Kirchenkanzlei, Gelnhausen/ Berlin 1978

Tönnies, Ferdinand: Gemeinschaft und Gesellschaft (Neudruck) Darmstadt 1991

Ulrich, Bernd: Glauben oder eifern. Amerikas unheimliche Religiosität fordert das liberale Christentum in Europa heraus, in: DIE ZEIT 59 Jg. 2004, Nr. 47, S. 1

Vester, Michael: Epilog: Die geistlich Reichen und die geistlich Armen, in: Vögele, Wolfgang/ Bremer, Helmut/ Vester, Michael (Hg.): Soziale Milieus und Kirche, Würzburg 2002, S. 411-418

Vögele, Wolfgang/ Bremer, Helmut/ Vester, Michael (Hg.): Einleitung, in: diess., Soziale Milieus und Kirche, Würzburg 2002, S. 7-12

Volkskirche – Kirche der Zukunft? Leitlinien der Augsburgischen Konfession für das Kirchenverständnis heute, hg. Wenzel Lohff und Lutz Mohaupt, Zur Sache 12/13, Hamburg 1977

Volp, Rainer: Einleitung, in. Ders.(Hg.): Chancen der Religion, Gütersloh 1975, S. 7-13

Volp, Rainer: Liturgik. Die Kunst, Gottesdienst zu feiern. Bd 1: Einführung und Geschichte, Gütersloh 1992

von Engelhardt, Michael: Biographie und Identität. Die Rekonstruktion und Präsentation von Identität im mündlichen und autobiographischen Erzählen, in: Wer schreibt meine Lebensgeschichte? Sparn, Walter (Hg.), Gütersloh 1990, S. 197-247

Wagner, Falk: Zur Lage des gegenwärtigen Protestantismus, Gütersloh 1995

de Wall, Heinrich: Art. Asyl IV. Rechtlich, in: RGG 4. Aufl. Bd 1, 1998, Sp. 866-867

Wegner, Gerhard: Kirchliche Wahrnehmung und Wahrnehmung von Kirche. Studien zum Verhältnis von Eigen- und Fremdwahrnehmung der evangelischen Volkskirche, Hannover 1996

Wegner, Gerhard: Leiden als Bedingung der Freiheit. Kirchliche Organisation und geistliche Entscheidung, in: PTh 92,2003, S. 403-417

Wegner, Gerhard: Was dem einen sein Bach, ist dem anderen sein Baltruweit. Glaube und kulturelle Form, in: Vögele, Wolfgang/ Bremer, Helmut/ Vester, Michael (Hg.): Soziale Milieus und Kirche, Würzburg 2002, S. 25-51

Weltsichten. Kirchenbindung. Lebensstile. Vierte EKD-Erhebung über Kirchenmitgliedschaft. Kirchenamt der EKD Hannover 2003

Wendland, Gerhard: Gotteshaus und Gemeindehaus – ein Plädoyer für die offene Kirchentür, in: PTh 86, 1997, S. 360-374

Weyel, Birgit: Wer ist der Pfarrer/die Pfarrerin: Mystagoge, Musterprotestant, Außenseiter? Zur gegenwärtigen theologischen Deutung eines krisenhaften Berufes, in: Evang. Theol. 60, 2000, S. 389-397

Winkler, Eberhard: Art. Pfarrei. II. Evangelisch, in: TRE Bd 26 (Studienausgabe) S. 348-350

Winnig, August: Pfarrer und Arbeiter, in: Der Pfarrerspiegel, Berlin 1940, S. 134-141

Zahrnt, Heinz: Mutmaßungen über Gott. München-Zürich 1994

Ziegert, Richard: Kirche ohne Bildung. Die Akademiefrage als Paradigma der Bildungsdiskussion im Kirchenprotestantismus des 20. Jahrhunderts, Frankfurt a.M. 1997

Zink, Markus: Was ist Raum? In: Ansorge, Dirk u.a. (Hg.): Raumerfahrungen, Münster 1999, S. 102-125